高等院校经济管理类核心课程系列规划教材

国际贸易理论与实务

THEORY AND PRACTICE FOR INTERNATIONAL TRADE

主　编　林　俐　陈　婷

副主编　陈　翊　朱雪桢

任宝东　何首超

浙江大学出版社

ZHEJIANG UNIVERSITY PRESS

图书在版编目（CIP）数据

国际贸易理论与实务 / 林俐，陈婷主编. —杭州：
浙江大学出版社，2012.5（2024.7重印）
ISBN 978-7-308-09750-5

Ⅰ. ①国… Ⅱ. ①林…②陈… Ⅲ. ①国际贸易理论
②国际贸易－贸易实务 Ⅳ. ①F740

中国版本图书馆 CIP 数据核字（2012）第 046057 号

国际贸易理论与实务

林 俐 陈 婷 主 编

丛书策划　朱 玲 樊晓燕
责任编辑　朱 玲
封面设计　联合视务
出版发行　浙江大学出版社
　　　　　（杭州市天目山路 148 号　邮政编码 310007）
　　　　　（网址：http://www.zjupress.com）
排　　版　杭州青翊图文设计有限公司
印　　刷　嘉兴华源印刷厂
开　　本　787mm×1092mm　1/16
印　　张　20
字　　数　500 千
版 印 次　2012 年 5 月第 1 版　2024 年 7 月第 8 次印刷
书　　号　ISBN 978-7-308-09750-5
定　　价　56.80 元

前　言

国际贸易理论与实务(theory and practice for international trade)，是一门经济与管理类专业必修的课程，也是一门具有涉外活动特点的综合性应用学科。全书共12章，主要分为两大部分：一是国际贸易理论，主要介绍国际贸易理论、政策与措施、区域经济一体化、WTO等相关内容；二是国际贸易实务，主要介绍进出口业务的合同条款(商品品名、品质、数量与包装、国际货物运输与保险、贸易术语与商品价格、国际货款的收付、商品检验等)、商订与履行等具体内容。通过以上教学体系设计，使本课程的教和学始终保持思路连贯。

本教材建议授课时间为54学时，实验时间6学时(可根据实际情况酌情考虑)。每章后附有习题。

本教材与国内同类教材相比，具有以下几个特点：

1.力求实用性。参与本教材编写的教师均具有多年的进出口业务经验，并在国内核心的国际经济与贸易类杂志上发表过多篇论文。编写过程中力求实用性，使本教材能较好地指导实践操作，尽量使教材体现"务实"。

2.体系更合理。本教材对内容体系作了较大调整，国际贸易理论部分内容整合为5章内容(第1至5章)；国际贸易实务部分内容按照合同条款(第6至10章)、合同的商订(第11章)与合同的履行(第12章)的思路进行编写。该内容体系已运用在我校三届学生的教学实践中，取得了理想的效果。

3.突出案例教学。本教材充分利用编写组前期的教改成果，每章节都会适当地配以与内容相关的教学案例，帮助学生理解和巩固教学内容。本教材共编写及收录了49个案例，为便于查看，特编了案例目录。必要时，对部分篇幅较长、案情较为复杂的案例配以图解。

4.教材正文形式创新。(1)每章均设计：本章学习目标、本章重点、本章难点、本章小结，根据需要，部分章节还增加了"实验教学"等。全文最后的附录，还提供了丰富的国际惯例、参考文献等。(2)缩小案例的篇幅,加大案例的比重,对案例的表现形式进行创新(图、表)。

本教材由林俐、陈婷、陈翊、朱雪桢、任宝东、何首超合作完成。具体分工如下:陈婷负责第 7 和 8 章,陈翊负责第 2 和 11 章,朱雪桢负责第 9 和 12 章,任宝东负责第 1 章,何首超负责第 4 和 5 章,林俐负责第 3、6 和 10 章,并负责全书的修改与统稿。

本书在编写过程中,得到浙江省教育厅、温州大学、温州工贸职业技术学院的领导及老师的大力支持和帮助,还得到外经贸专业教授、实务界专家的指导,谨此致谢!

由于时间仓促,书中难免存在不妥之处,敬请指正。

编 者

2012.2

联系方式:

Email:linli305@yahoo.com.cn 或 linli305@126.com

QQ:932282864

目　录

案例目录

第1章 国际贸易概述

学习目标

通过本章的学习,了解国际贸易的产生、发展和现状特征,掌握有关国际贸易的基本概念与基本分类,能够从日常生活中认识、分析国际贸易问题,加深对中国的开放和经济发展的认识与关心。

本章重点

1. 国际贸易的产生和发展
2. 国际贸易的基本概念
3. 国际贸易的分类

本章难点

国际贸易的基本概念

1.1 国际贸易的产生和发展

1.1.1 国际贸易的产生

国际贸易是在人类社会生产力发展到一定的阶段时才产生和发展起来的,它是一个历史范畴。国际贸易的产生必须具备两个基本的条件:一是要有国家的存在,二是产生了对国际分工的需要,而国际分工只有在社会分工和私有制的基础上才可能形成。这些条件不是人类社会一产生就有的,而是随着社会生产力的不断发展和社会分工的不断扩大逐渐形成的。

1.1.2 原始社会的贸易

在原始社会初期,人类的祖先结伙群居,打鱼捕兽,生产力水平极度低下,人们处于自然分工状态,劳动成果仅能维持群体最基本的生存需要,没有剩余产品用以交换,因此谈不上有对外贸易。

人类历史的第一次社会大分工,即畜牧业和农业的分工,促进了原始社会生产力的发展,产品除维持自身需要以外,还有少量的剩余。人们为了获得本群体不生产的产品,便出现了氏族或部落之间用剩余产品进行原始的物物交换。当然,这种交换还是极其原始且只是偶然发生的物物交换。

在漫长的年代里,随着社会生产力的不断发展,手工业从农业中分离出来成为独立的部门,形成了人类社会的第二次大分工。由于手工业的出现,便产生了直接以交换为目的的生产——商品生产。当产品是专门为满足别人的需要而生产时,商品交换就逐渐成为一种经常性的活动。随着商品生产和商品交换的扩大,出现了货币,于是,商品交换就变成了以货币为媒介的商品流通。这样就进一步促使私有制和阶级的形成。由于商品交换的日益频繁和交换的地域范围不断扩大,又产生了专门从事贸易的商人阶层。

人类社会的第三次大分工使商品生产和商品流通进一步扩大。商品生产和流通更加频繁和广泛,最后阶级和国家相继形成。于是,到原始社会末期,商品流通开始超越国界,这就产生了对外贸易。

人类社会的三次大分工,每次都促进了社会生产力的发展和剩余产品的增加,同时也促进了私有制的发展和奴隶制的形成。在原始社会末期和奴隶社会初期,随着阶级和国家的出现,商品交换超出了国界,国家之间的贸易便产生了。可见,在社会生产力和社会分工发展的基础上,商品生产和商品交换的扩大以及国家的形成,是国际贸易产生的必要条件。

1.1.3　奴隶社会的国际贸易

在奴隶社会,自然经济占主导地位,其特点是自给自足,生产的目的主要是为了消费,而不是为了交换。奴隶社会虽然出现了手工业和商品生产,但在一国整个社会生产中显得微不足道,进入流通的商品数量很少。同时,由于社会生产力水平低下和生产技术落后,交通工具简陋,道路条件恶劣,严重阻碍了人与人的交流,对外贸易局限在很小的范围内,其规模和内容都受到很大的限制。

奴隶社会是奴隶主占有生产资料和奴隶的社会,它的对外贸易是为奴隶主阶级服务的。当时,奴隶主拥有财富的重要标志是其占有多少奴隶,因此奴隶社会国际贸易中的主要商品是奴隶。据记载,希腊的雅典就曾经是一个贩卖奴隶的中心。此外,粮食、酒及其他专供奴隶主阶级享用的奢侈品,如宝石、香料和各种织物等,也都是当时国际贸易中的重要商品。

奴隶社会时期从事国际贸易的国家主要有腓尼基、希腊、罗马等,这些国家在地中海东部和黑海沿岸地区,主要从事贩运贸易。我国在夏商时代进入奴隶社会,贸易集中在黄河流域沿岸各国。

1.1.4　封建社会的国际贸易

封建社会时期的国际贸易比奴隶社会时期有了较大的发展。在封建社会早期,封建地租采取劳役和实物的形式,进入流通领域的商品并不多。到了中期,随着商品生产的发展,封建地租转变为货币地租的形式,商品经济得到进一步的发展。在封建社会晚期,随着城市手工业的发展,资本主义因素已孕育生产,商品经济和对外贸易都有较快的发展。

在封建社会,封建地主阶级占统治地位,对外贸易是为封建地主阶级服务的。奴隶贸易在国际贸易中基本消失。参加国际贸易的主要商品,除了奢侈品以外,还有日用手工业品和食品,如棉织品、地毯、瓷器、谷物和酒等。这些商品主要是供国王、君主、教堂、封建地主和部分富裕的城市居民享用的。

在封建社会,国际贸易的范围明显扩大。亚洲各国之间的贸易由近海逐渐扩展到远洋。早在西汉时期,中国就开辟了从长安经中亚通往西亚和欧洲的陆路商路——丝绸之路,把中国的丝绸、茶叶等商品输往西方各国,换回良马、种子、药材和饰品等。到了唐朝,除了陆路贸易外,还开辟了通往波斯湾以及朝鲜和日本等地的海上贸易。在宋、元时期,由于造船技术的进步,海上贸易进一步发展。在明朝永乐年间,郑和曾率领商船队七次下"西洋",经东南亚、印度洋到达非洲东岸,先后访问了 30 多个国家,用中国的丝绸、瓷器、茶叶、铜铁器等与所到的国家进行贸易,换回各国的香料、珠宝、象牙和药材等。

在欧洲,封建社会的早期阶段,国际贸易主要集中在地中海东部。在东罗马帝国时期,君士坦丁堡是当时最大的国际贸易中心。公元 7～8 世纪,阿拉伯人控制了地中海的贸易,通过贩运非洲的象牙、中国的丝绸、远东的香料和宝石,成为欧、亚、非三大洲的贸易中间商。11 世纪以后,随着意大利北部和波罗的海沿岸城市的兴起,国际贸易的范围逐步扩大到整个地中海以及北海、波罗的海和黑海的沿岸地区。当时,南欧的贸易中心是意大利的一些城市,如威尼斯、热那亚等;北欧的贸易中心是汉撒同盟的一些城市,如汉堡等。

综上所述,资本主义社会以前的国际贸易是为奴隶主和封建地主阶级利益服务的。随着社会生产力的提高以及社会分工和商品生产的发展,国际贸易不断扩大。但是,由于受到生产方式和交通条件的限制,商品生产和流通的主要目的是为了满足剥削阶级奢侈生活的需要,贸易主要局限于各洲之内和欧亚大陆之间,国际贸易在奴隶社会和封建社会经济中都不占有重要的地位,贸易的范围和商品品种都有很大的局限性,贸易活动也不经常发生。15 世纪的"地理大发现"及由此产生的欧洲各国的殖民扩张则大大发展了各洲之间的贸易,从而开始了真正意义上的"世界贸易";而到了资本主义社会,国际贸易才获得了广泛的发展。

1.1.5　资本主义时期的国际贸易

15 世纪末至 16 世纪初,哥伦布发现新大陆,瓦斯哥达·加成从欧洲经由好望角到达亚洲,麦哲伦完成环球航行,这些地理大发现对西欧经济发展和全球国际贸易产生了十分深远的影响。大批欧洲冒险家前往非洲和美洲进行掠夺性贸易,运回大量金银财富,甚至还开始买卖黑人的罪恶勾当;同时,还将这些地区沦为本国的殖民地,妄图长久地保持其霸权。这些既加速了资本原始积累,又大大推动了国际贸易的发展。

17 世纪中期,英国资产阶级革命的胜利,标志着资本主义生产方式的正式确立。随后英国夺得海上霸权,意味着它在世界贸易中占据主导地位,这也为它向外掠夺扩张铺平了道路。18 世纪中期的产业革命又为国际贸易的空前发展提供着十分坚实而广阔的物质基础。一方面,蒸汽机的发明使用开创了机器大工业时代,生产力迅速提高,物质产品大为丰富,从而真正的国际分工开始形成。另一方面,交通运输及通讯联络的技术和工具都有了突飞猛进的发展,各国之间的距离似乎骤然变短,这就使得世界市场真正得以建立。正是在这种情况下,国际贸易才有了惊人的巨大发展,并且从原先局部的、地区性的交易活动转变为全球性的国际贸易。这个时期的国际贸易,不仅贸易数量和种类有了长足增长,而且贸易方式和机构职能也有创新发展。显然,国际贸易的巨大发展是资本主义生产方式发展的必然结果。

19 世纪 70 年代后,资本主义进入垄断阶段,此时的国际贸易不可避免地带有"垄断"的特点。主要资本主义国家的对外贸易被为数不多的垄断组织所控制,由它们决定着一国对外贸易的地理方向和商品构成。垄断组织输出巨额资本,用来扩大商品输出的范围和规模。它们又互相勾结,建立起国际联盟组织,共同瓜分势力范围。此时,资本主义国际贸易完全是为了攫取高额垄断利润,为了更有效地争夺原料产地、商品市场和投资场所。正因为这样,从全球范围来看,总的说国际贸易的范围和规模在不断扩大,国际贸易越来越成为各国经济发展的重要因素。

两次世界大战期间,资本主义世界爆发了三次经济危机,战争的破坏和空前的经济危机使世界工业生产极为缓慢,在 1912—1938 年的 25 年间,世界工业生产量只增长了 83%。同时,这一时期贸易保护主义显著加强,奖出限入措施交互推进,螺旋上升,给国际贸易的发展设置了层层的人为障碍。因此,两次世界大战期间,国际贸易的扩大过程几乎处于停滞状态。1913—1938 年,世界贸易量只增长了 3%,年增长率为 0.7%,世界贸易值反而减少了32%,而且这一时期,国际贸易的增长更为明显地落后于世界工业生产的增长,许多国家对对外贸易的依赖性减小了。

1.1.6　第二次世界大战后的国际贸易

第二次世界大战后,世界经济又一次发生了巨大变化,国际贸易再次出现了飞速增长,其速度和规模都远远超过了 19 世纪工业革命以后的贸易增长。从 1950 到 2000 年的 50 年间,全世界的商品出口总值从约 610 亿美元增加到 61328 亿美元,增长了将近 100 倍。即使扣除通货膨胀因素,实际商品出口值也增长了 15 倍多,远远超过了工业革命后乃至历史上任何一个时期的国际贸易增长速度。而且,世界贸易实际价值的增长速度(年平均增长 6% 左右)超过了同期世界实际 GDP 增长的速度(年平均增长 3.8% 左右)。这意味着国际贸易在各国的 GDP 中的比重在不断上升,国际贸易在现代经济中的地位越来越重要。

1.1.7　当代国际贸易新趋势

1. 知识密集型产品成为重要的交易对象

随着知识经济的发展,产业结构中技术、服务的比重将大大提高,经济重心将由工业经济时代的制造业向高新技术、服务业转变。近年来,主要工业化国家高技术产品出口增长均高于全部出口的增长速度,成为国际贸易新的增长点。在此背景下,国际贸易的商品结构也随之发生变化,高新技术产业在制造产业出口贸易的份额越来越大。

在高新技术产品中增长最快的是信息产品与服务贸易。信息产品将成为未来贸易的主角。目前,发达工业化国家的信息技术产品出口占总出口的比重越来越大,这也是知识经济发展的一个重要标志。高技术产品的出口使美国对经济紧缩或经济周期的抵抗力更强,成为美国自 20 世纪 90 年代以来经济持续增长的主要因素。

2. 网络贸易成为新的贸易方式

国际互联网的发展,创造了一个全新的网上贸易市场,网络贸易将会得到迅猛发展,成为 21 世纪国际贸易的主要方式。网络贸易使整个交易过程,包括交易磋商、签约、货物交付、货款收付等大都在全球电信网络上进行。其交易的产品主要是数字化产品,如金融服务、网上娱乐、售票服务、音像书刊、软件设计、咨询服务、信息传递等;也有实物产品交易,它的交易磋商、签约、货款支付在网上进行,实物交付在具体地点进行。正是由于网络贸易具有如此强大的生命力,它才引起了世界各国和国际经济组织的关注,纷纷制订各种政策、采取各种措施来维护和促进网络贸易的发展。

3. 跨国公司飞跃发展,国际市场将高度一体化

信息化加快了经济全球化的进程,企业的跨国经营变得更加容易和有效,跨国公司的发展出现了新的飞跃。当前,跨国公司纷纷调整其发展战略,进行经济结构的升级和技术更

新。可以预见,在未来的国际贸易中,跨国公司的垄断地位将进一步加强。跨国公司在实现全球经济扩张战略的同时,也将给发展中国家带来最大的益处——技术转让。跨国公司以高新技术与各国开展合作或合资,这无疑将促进国际技术贸易的发展。

随着各国产业结构调整和发展战略的变化,一方面,发达国家将加快自身过剩技术、设备和资本的向外转移,以求产业结构的进一步高级化;另一方面,由于技术寿命周期的不断缩短,发展中国家单纯引进技术的后发优势将减弱,这就要求发展中国家在不断提高自身技术开发、创新能力的前提下,加快有效吸收国际技术贸易的步伐,积极参与科技领域的国际分工和高技术领域的国际合作,发展技术贸易。

1.2　国际贸易基本概念

1.2.1　国际贸易与对外贸易

国际贸易(international trade)是指不同国家、地区之间的商品和服务的交换活动,它是各个国家(或地区)在国际分工的基础上相互联系的主要形式。国际贸易的规模在一定程度上反映了经济国际化、全球化的发展与趋势。

对外贸易是指一国(或地区)同其他国家(或地区)所进行的商品和服务的交换活动。因此,提到对外贸易时要指明特定的国家(或地区),如中国的对外贸易等。对外贸易在某些岛国如英国、日本等也称海外贸易。

可见,国际贸易与对外贸易是一般与个别的关系,两者既有联系,又有区别。如果从国际范围考察,国际贸易是一种世界性的商品与服务的交换活动,是各国(或地区)对外贸易的总和。对外贸易则是从一个国家的角度出发,考察这个国家与其他国家间的贸易。一般而言,国际贸易多用于理论研究的场合,对外贸易通常用于有关政策和实务研究的场合。

1.1.2　贸易额和贸易量

1.贸易额

贸易额,又称贸易值,是用货币表示的贸易金额,反映一定时期内世界贸易规模。国际贸易额就是用货币表示的一定时期内世界各国(地区)对外贸易的总和。国际贸易额一般用美元来表示,这是因为美元是当代国际贸易中的主要结算货币,也是国际储备货币。

就一个国家(或地区)而言,出口额和进口额之和就是该国(或地区)的对外贸易额或对外贸易值,是用货币表示的反映一国(或地区)一定时期内对外贸易规模的指标。有的国家用本国货币表示,有的用外国货币表示。在计算时,出口额一般以 FOB 价格计算,进口额一般以 CIF 价格计算。根据统计,2009 年中国的货物出口总额是 12016.6 亿美元,进口额是10056.0 亿美元,进出口贸易总额即对外贸易额为 22072.7 亿美元。如表 1-1 所示为我国从2003—2008 年进出口额的变化。

表 1-1 2003—2008 年我国对外贸易额增长情况

年 份	进出口		出 口		进 口	
	金 额	增速(%)	金 额	增速(%)	金 额	增速(%)
2003	8509.9	37.1	4382.3	34.6	4127.6	39.8
2004	11545.6	35.7	5933.3	35.4	5612.3	36.0
2005	14219.0	23.2	7619.5	28.4	6599.5	17.6
2006	17606.8	23.8	9690.7	27.2	7916.1	20.0
2007	21738.4	23.5	12180.2	25.7	9558.2	20.8
2008	25616.3	17.8	14285.5	17.3	11330.9	18.5

资料来源:中国商务部商务统计资料。

但是,当我们计算国际贸易额时,不能简单地将各个国家的对外贸易额相加。这是因为一国的出口就是另一国的进口,如果把各国进出口额相加作为国际贸易总值,就是重复计算。因此,一般是把各国出口额相加,作为国际贸易额。由于各国一般都是按离岸价格(FOB 即装运港船上交货价,只计成本,不包括运费和保险费)计算出口额,按到岸价格(CIF 即成本、保险费加运费)计算进口额,因此世界出口总额略小于世界进口总额。

2.贸易量

由于以货币表示的贸易额经常受到商品价格变动的影响,因此,国际贸易额往往不能准确地反映国际贸易的实际规模及其变化趋势。如果能以国际贸易的商品数量来表示,则可避免上述矛盾。但是,参加国际贸易的商品种类繁多,计量标准各异,因而无法将它们直接相加。所以,只能选定某一时点的不变价格为标准,来计算各个时期的国际贸易量,以反映国际贸易实际规模的变动。具体来说,就是以固定年份为基期而确定的进出口价格指数去除报告期的进出口额,得出按不变价格计算的贸易额。这样就可以剔除价格因素的影响。

贸易量计算公式如下:

贸易量=进出口额÷进出口价格指数

其中,进出口价格指数=报告期价格÷基期价格×100

【案例 1-1】 贸易量到底说明了什么?

假定 1991 年世界出口值为 14000 亿美元,2001 年世界出口值为 30000 亿美元,设 1991 年出口价格指数为 100,2001 年为 160,试比较 2001 年世界出口值和世界出口贸易量与 1991 年世界出口值的增长变化情况。

2001 年出口额÷1991 年出口额=30000÷14000=2.14 倍,增加了 114%。

2001 年出口贸易量÷1991 年出口贸易额=30000÷(160÷100)÷14000=1.34,增加了 34%。

由此可见,按贸易额(值)计算,2001 年世界出口额是 1991 年世界出口额的 2.14 倍,增加了 114%;按贸易量计算,剔除价格上涨的因素,2001 年世界出口贸易量是 1991 年世界出口贸易量(当 1991 年为基期时,价格指数为 100,贸易量等于贸易值)的 1.34 倍,仅增加了 34%。由于计算贸易量可以得出较为准确的反映贸易实际规模变动的情况,所以许多国家和国际组织都采用这种方法计算贸易量。

1.2.3　贸易差额

贸易差额是指一个国家在一定时期内(通常为一年)出口总额与进口总额之间的差额。

贸易顺差,我国也称之为出超,表示一定时期内出口额大于进口额。

贸易逆差,我国也称之为入超、赤字,表示一定时期内出口额小于进口额。

贸易平衡,就是一定时期的出口额等于进口额。

贸易差额是衡量一国对外贸易状况的重要指标。一般而言,贸易顺差表明一国在对外贸易收支上处于有利地位,而贸易逆差则表明一国在对外贸易收支上处于不利地位。单纯从国际收支角度来看,当然是顺差比逆差好。但是长期保持顺差也不一定是好事。首先,长期顺差意味着大量的资源通过出口输往了外国,得到的只是资金积压;其次,巨额顺差往往会使本币升值,不利于扩大出口,还可能造成与其他国家的贸易关系紧张。

1.2.4　国际贸易商品结构

贸易的商品结构就是各类商品在贸易总值中所占的比重。

国际贸易商品结构是指一定时期内各大类商品或某种商品在整个国际贸易中的构成,表示各类商品在国际贸易中所处的地位。贸易商品类别首先可以分成初级产品和工业制成品两大类。例如,2000—2004年,世界农产品出口额占总出口额的比重均保持在8.8%的水平上,燃料及矿产品的比重由13.9%上升到14.4%;而同期,工业品的比重却从74.8%下降到73.8%。国际贸易商品结构可以反映整个世界的经济发展水平、产业结构状况和科技发展水平。

对外贸易商品结构是指一定时期内一国进出口贸易中各种商品的构成,即某大类或某种商品进出口贸易与整个进出口贸易额之比,以份额表示。对外贸易商品结构可以反映整个世界的经济发展水平、产业结构状况和科技发展水平。如发达国家出口机器设备等制成品占最大比重,而发展中国家则以初级产品和劳动密集型制成品为主。如表1-2所示是2008年10月中国出口商品的结构。

表1-2　2008年10月中国进出口商品结构

商品构成(按SITC分类)	出口		进口	
	金额(亿美元)	增减(%)	金额(亿美元)	增减(%)
总　值	12023.3	21.9	9863.4	27.6
一、初级产品	648.8	32.0	3222.8	66.3
0类　食品及活动物	268.1	10.6	119.8	25.4
1类　饮料及烟类	12.3	13.9	13.8	34.3
2类　非食用原料(燃料除外)	94.7	30.0	1468.1	57.2
3类　矿物燃料、润滑油及有关原料	268.7	64.6	1530.7	82.2
4类　动植物油、脂及蜡	4.9	106.2	90.4	54.1
二、工业制品	11374.5	21.4	6640.6	14.7

续表

商品构成(按 SITC 分类)	出口		进口	
	金额(亿美元)	增减(%)	金额(亿美元)	增减(%)
5类 化学成品及有关产品	686.4	42.2	1047.9	18.9
6类 按原料分类的制成品	2241.0	23.2	926.1	9.1
7类 机械及运输设备	5676.3	22.9	3783.3	13.2
8类 杂项制品	2757.7	13.3	849.1	21.2
9类 未分类的商品	13.2	—27.1	34.2	85.0

资料来源:商务部网站

1.2.5 国际贸易的地理方向

国际贸易地理方向又称国际贸易地区分布,用来表明世界各个地区或各个国家在国际贸易中所占的地位,通常用它们的出口额或进口额占世界出口贸易额或世界进口贸易额的比重来表示。如表 1-3 所示为 2007 年世界货物贸易进出口额前十名的国家或地区。

表 1-3 2007 年世界货物贸易进出口额前十名

国家或地区	出口额(亿美元)	占比(%)	增速(%)	国家或地区	进口额(亿美元)	占比(%)	增速(%)
德国	1327	9.5	20	美国	2017	14.2	5
中国	1218	8.8	26	德国	1059	7.5	17
美国	1163	8.4	12	中国	956	6.7	21
日本	713	5.1	10	日本	621	4.4	7
法国	552	4.0	11	英国	617	4.3	3
荷兰	551	4.0	19	法国	613	4.3	13
意大利	492	3.5	18	意大利	505	3.6	14
英国	436	3.1	—3	荷兰	491	3.5	18
比利时	432	3.1	18	比利时	416	2.9	18
加拿大	418	3.0	8	加拿大	390	2.7	9
世界	13900	100.0	15	世界	14200	100.0	14

资料来源:世界贸易组织,贸易快讯,2008 年 4 月 19 日。

就一个国家而言,对外贸易地理方向是指该国进口商品原产国和出口商品消费国的分布情况,它表明该国同世界各地区、各国家之间经济贸易联系的程度。如表 1-4 所示为 2007 年中国进出口贸易伙伴情况。

表 1-4　2007 年中国进出口贸易伙伴情况

主要出口贸易伙伴情况				主要进口贸易伙伴情况			
位　次	国家或地区	出口额 (亿美元)	增速 (%)	位　次	国家或地区	进口额 (亿美元)	增速 (%)
、	总值	10100.8	—		总值	7088.6	—
1	欧盟	2451.9	29.2	1	日本	1339.5	15.8
2	美国	2327.0	14.4	2	欧盟	1109.6	22.4
3	中国香港	1844.3	18.8	3	东盟	1083.7	21.0
4	日本	1020.7	11.4	4	韩国	1037.6	15.6
5	东盟	941.8	32.1	5	中国台湾	1010.2	16.0
6	韩国	561.4	26.1	6	美国	693.8	17.2
7	俄罗斯	284.9	79.9	7	澳大利亚	258.5	33.8
8	印度	240.2	64.7	8	俄罗斯	196.8	12.1
9	中国台湾	234.6	13.1	9	巴西	183.3	42.0
10	加拿大	194.0	25.0	10	沙特阿拉伯	175.6	16.4

资料来源:中国商务部商务统计资料。

1.2.6　国际贸易条件

贸易条件是指一个国家或地区以出口交换进口的条件,即出口与进口的交换比例,又称进口比价或交换比价。它表示出口一单位商品能够换回多少单位进口商品。很显然,换回的进口商品越多,越为有利。贸易条件反映了一国宏观上对外贸易的经济效益。

在实际中,贸易条件常用贸易条件指数来衡量。贸易条件指数是出口价格指数和进口价格指数的比值,出口价格指数和进口价格指数是相对于基期(指数 100)而言的报告期价格指数。计算公式如下:

贸易条件指数＝出口价格指数÷进口价格指数×100

贸易条件指数大于 100,说明报告期的贸易条件较基期改善,贸易利益随之增大;若贸易条件指数小于 100,说明报告期的贸易条件较基期恶化,贸易利益随之缩小;若结果等于 100,则说明贸易条件不变。贸易条件不仅是衡量一国贸易利益大小的指标,也是反映国际贸易中不等价交换的重要指标。

1.2.7　对外贸易依存度

对外贸易依存度是衡量一个国家(或地区)国民经济外向程度大小的基本指标之一,又称外贸系数、外贸贡献度和经济开放度,它是指对外贸易额在该国国民收入或国民生产总值中所占的比重。它主要用于反映一国对外贸易在国民经济中的地位,同其他国家经贸联系的密切程度以及该国参与国际分工、世界市场的广度和深度。一般而言,就横向比较,一国外贸依存度越高,则对外贸易在国民经济中的作用越大,与外部的经贸联系越多,经济开放度也越高;就纵向比较,如一国外贸依存度提高,则不仅表明外贸增长率高于国民生产总值的增长率,还意味着其对外贸易对经济增长的作用加大,经济开放度提高。如表1-5所示为1999—2007年中国国内生产总值、进出口与外贸依存度。

表1-5 1999—2007年中国国内生产总值、进出口与外贸依存度

年份	GDP(亿元)	进出口总额(亿美元)	出口额(亿美元)	进口额(亿美元)	外贸依存度(%)
1999	82 068	3 606.3	1 949.3	1 657.0	36.4
2000	89 468	4 741.0	2 492.0	2 250.8	43.9
2001	97 315	5 096.5	2 661.0	2 435.5	43.3
2002	102 398	6 207.2	3 255.7	2 952.0	50.2
2003	116 694	8 215.2	4 382.3	4 127.6	60.4
2004	136 515	11 547.4	5 933.3	5 612.0	70.0
2005	183 868	14 221.2	7620.0	6 601.2	58.0
2006	211 923	17 606.9	9 690.7	7 916.1	59.8
2007	249 530	21 738.3	12 180.2	9 558.2	61.0

外贸依存度还可分为出口依存度和进口依存度。进口依存度反映一国市场对外的开放程度,出口依存度反映一国经济对外贸的依赖程度。一般来说,对外贸易依存度越高,表明该国经济发展对外贸的依赖程度越大,同时也表明对外贸易在该国国民经济中的地位越重要。

1.2.8 贸易摩擦

贸易摩擦又叫贸易争端或贸易纠纷,从微观层面看就是具体贸易活动中的纠纷,如债务纠纷、质量纠纷;从宏观层面看就是参加贸易的两国之间的贸易利益冲突和贸易不平衡,进而使认为受损的国家政府采取应对政策措施或报复手段如提高关税、数量限制、反倾销、反补贴、技术贸易壁垒等。

作为成长中的经贸大国,中国在现阶段遭受了许多贸易摩擦。我国贸易摩擦既受世界贸易保护主义影响,也受发达国家国内经济政治化倾向的影响。我国产业与外部竞争加剧了利益矛盾,同时产品市场集中和出口激增也给国外制造贸易摩擦以把柄。

据世贸组织统计,自1995年世贸组织成立以来,成员方反倾销立案中涉及中国产品的调查案件占总数的1/7左右。中国已连续多年成为世界上遭受反倾销调查最多的国家,目前全世界1/3的反倾销案件针对中国。

【案例1-2】 世界经济危机下的贸易摩擦

世界经济增速放缓和不景气将导致国际贸易保护的加剧和贸易争端的增多是个基本规律。由于世界经济衰退带来的严重冲击仍将持续,保护主义伴随着经济危机而来,2009年给我国出口产品遭遇了更多贸易摩擦,且贸易摩擦呈现日趋多样化、综合化和隐蔽化等特点,这对政府和企业带来新的挑战。

中国出口产品在遭遇越来越多以安全和环保为名的技术壁垒的同时,反补贴、反倾销等新型贸易摩擦在2008年里呈现出更加频密的态势。反补贴已成为我国贸易摩擦的新领域

和热点,中国遭遇反补贴调查数量已跃居全球第一。

如何应对经济危机下的贸易摩擦,专家给出了以下五点建议:①了解WTO规则和贸易救济调查的相关知识。②遭遇贸易摩擦案件时要积极应诉,特别是在应诉时要注意团结作战一致对外。③要建立健全内部管理机制。在研发、生产、营销、会计等方面要规范管理,建立一套完善的财务会计制度和知识产权保护体系。④加强行业自律,维护良好的外贸经营秩序,遵守商业道德和市场规则,主动抵制低价竞销等扰乱出口经营秩序的行为。⑤逐步增强适应国际市场的能力,及时了解国外市场环境的变化,努力提高产品质量和附加值,调整产品结构,提升竞争力。在出口市场的选择上,实现"产品多元化"和"市场多元化",尽力减少和分散风险。

1.3　国际贸易的分类

国际贸易按照不同的划分标准可以分为不同的种类。

1.3.1　按商品或劳务的移动方向划分

按商品或劳务的移动方向划分,国际贸易可分为进口贸易、出口贸易和过境贸易。

1.进口贸易

进口贸易将外国的商品或服务输入本国市场销售的贸易活动。

2.出口贸易

出口贸易将本国的商品或服务输出到外国市场销售的贸易活动。就一笔交易而言,对卖方是出口贸易,对卖方是进口贸易。

3.过境贸易

甲国的商品经过丙国境内运至乙国市场销售,对丙国而言就是过境贸易。其中过境贸易货物不经过过境国海关仓库保存,为直接过境贸易;由于种种原因,把货物先存放在过境国的海关仓库,再转运出境,为间接过境贸易。

外国商品进口以后未经加工制造又出口,称为"复出口",也称再出口。复出口在很大程度上同经营转口贸易有关。相应的,本国商品输往国外未经加工又输入国内,称为"复进口",也称再进口。复进口多因偶然原因(如出口退货)所造成。

1.3.2　按货物进出口统计标准的不同划分

按货物的进出口统计标准的不同划分,国际贸易可分为总贸易和专门贸易。

1.总贸易

总贸易是"专门贸易"的对称,是指以国境为标准统计的进出口贸易。凡进入国境的商品一律列为总进口;凡离开国境的商品一律列为总出口。总进口额加总出口额就是一国的总贸易额。过境贸易列入总贸易。美国、日本、英国、加拿大、澳大利亚、中国、苏联、东欧各国等采用这种划分标准。

2. 专门贸易

专门贸易是"总贸易"的对称,是指以关境为标准统计的进出口贸易。只有从外国进入关境的商品以及从保税仓库提出进入关境的商品才列为专门进口。从国内运出关境的本国产品以及进口后未经加工又运出关境的商品列为专门出口。过境贸易不列入专门贸易。专门进口额加专门出口额称为专门贸易额。德国、意大利等国采用这种划分标准。

总贸易与专门贸易的数额是不同的。这是因为经济特区、关税同盟的广泛存在,使得国境和关境往往不一致。对于某些特殊形式的贸易,两者的处理不同,例如,过境贸易会计入总贸易额,但不会计入专门贸易额。因此,联合国在公布各国对外贸易统计数字时,一般都注明该国是总贸易体制还是专门贸易体制。我国采用的是总贸易体制。

总贸易和专门贸易反映的问题各不相同。前者包括所有进出该国的商品,反映一国在国际商品流通中所处的地位;后者只包括那些进口是用于该国生产和消费,出口是由该国生产和制造的商品,反映一国作为生产者和消费者在国际贸易中所起的作用。

1.3.3 按有无第三方参加划分

按有无第三方参加划分,国际贸易可分为直接贸易、间接贸易和转口贸易。

1. 直接贸易

直接贸易是指商品生产国与商品消费国不通过第三国进行买卖商品的行为。贸易的出口国称为直接出口,进口国称为直接进口。

2. 间接贸易

间接贸易是指商品生产国与商品消费国通过第三国进行买卖商品的行为。间接贸易中的生产国称为间接出口国,消费国称为间接进口国。

3. 转口贸易

转口贸易是指一国或地区进口某种商品不是以消费为目的,而是将它作为商品再向别国出口的贸易活动。在间接贸易中,第三国就是转口贸易国,第三国所从事的就是转口贸易。

从事转口贸易的大多是运输便利的国家(地区)的港口城市,如伦敦、鹿特丹、新加坡、香港,由于它们的地理位置优越,便于货物集散,因而转口贸易相当发达。

转口贸易和过境贸易的主要区别在于:第一,转口贸易必须由转口国或地区的商人来完成交易手续,而过境贸易中第三国不直接参与商品交易的过程;第二,转口贸易以盈利为目的,要有一个正常的商业加价,而过境贸易通常只收取少量的手续费或印花税。

1.3.4 按商品的形态国际贸易划分

按商品的形态划分,国际贸易可分为有形贸易和无形贸易。

1. 有形贸易

有形贸易是"无形贸易"的对称,是指商品的进出口贸易。由于商品是可以看得见的有形实物,故商品的进出口被称为有形进出口,即有形贸易。国际贸易中的有形商品种类繁多,为了便于统计,联合国秘书处于 1950 年起草了"联合国国际贸易标准分类",分别在 1960 年和 1974 年进行了修订。在 1974 年的修订本里,把国际贸易商品共分为 10 大类、63 章、233 组、786 个分组和 1924 个基本项目。这 10 类商品分别为:食品及主要供食用的活动物(0);饮料及烟类(1);燃料以外的非食用粗原料(2);矿物燃料、润滑油及有关原料(3);动植物油脂及油脂(4);未列名化学品及有关产品(5);主要按原料分类的制成品(6);机械及运输设备(7);杂项制品(8);没有分类的其他商品(9)。在国际贸易中,一般把 0 到 4 类商品称为初级产品,把 5 到 8 类商品称为制成品。

2.无形贸易

无形贸易是"有形贸易"对称,是指劳务或其他非实物商品的进出口而发生的收入与支出。主要包括:①和商品进出口有关的一切从属费用的收支,如运输费、保险费、商品加工费、装卸费等;②和商品进出口无关的其他收支,如国际旅游费用、外交人员费用、侨民汇款、使用专利特许权的费用、国外投资汇回的股息和红利、公司或个人在国外服务的收支等。以上各项中的收入,称为"无形出口";以上各项中的支出,称为"无形进口"。

有形贸易因要结关,故其金额显示在一国的海关统计上;无形贸易不经过海关办理手续,其金额不反映在海关统计上,但显示在一国国际收支表上。

1.3.5　按清偿工具不同划分

按清偿工具不同划分,国际贸易可分为现汇贸易和易货贸易。

1.现汇贸易

现汇贸易又称自由结汇贸易,是指买卖双方以现汇(通常是国际上通用的可兑换货币,如美元、欧元、日元等)来进行结算或收付的贸易。由于现汇贸易具有应用上的灵活性和广泛性,可自由地兑换成其他货币,所以,该方式是当前国际贸易中运用最普遍的一种方式。其特点是银行逐步支付款项以结清债权债务;结算方式以信用证为主,辅以托收、汇付和银行保函等方式。

2.易货贸易

易货贸易是指以货换货,即货物经过计价后进行交换,以补充现汇不足的贸易方式。此种方式比较适合于那些由于外汇不足,或外汇汇率波动剧烈,或其他原因无法以自由结汇方式进行相互交易的国家之间或有关贸易商之间。如伊拉克的"石油换食品"计划。

除了上述的分类之外,国际贸易还可以按照参与贸易活动国家或地区的多少划分为双边贸易和多边贸易;按贸易双方经济发展水平划分水平贸易和垂直贸易;按贸易政策划分为自由贸易、保护贸易和管理贸易等。

小　结

国际贸易是指世界各国(或地区)之间的商品和服务的交换活动,它是各个国家(或地区)在国际分工的基础上相互联系的主要形式。对外贸易则是指一个特定国家(或地区)同其他国家(或地区)之间所进行的商品和服务的交换活动。两者既有联系又有区别。

国际贸易属于历史范畴,是随着社会生产和社会分工的发展而产生和发展起来的。伴随着财产私有制的形成及原始社会末期阶级和国家的出现,商品经济得到进一步发展,并最终超越国家的界限,形成了最早的对外贸易。经过奴隶社会和封建社会,特别是资本主义社会——生产力的巨大发展和商品经济的不断成熟,国际贸易获得了长足的发展。

要研究和分析国际贸易活动,必须掌握一些重要概念,如贸易值与贸易量、贸易差额、贸易顺差和逆差、贸易商品结构和地区分布、贸易条件与对外贸易依存度等。

国际贸易按照不同的标准可以分为不同的种类。如按商品流向分为出口贸易、进口贸易和过境贸易;按商品形态分为有形贸易和无形贸易;按国境和关境分为总贸易和专门贸易;按贸易关系分为直接贸易、间接贸易和转口贸易;按清偿方式不同分为现汇贸易和易货贸易。

习 题

1. 单选题

(1)我国纺织品出口经香港商人之手转卖到非洲,这种国际贸易形式称为(　　)。

A. 直接贸易　　　　　B.间接贸易　　　　　C.转口贸易　　　　　D.服务贸易

(2)专门贸易体系是指以(　　)作为统计界限。

A. 关境　　　　　B.国境　　　　　C.货物进出口　　　　　D. 服务进出口

(3)一国的进出口贸易收支状况用(　　)来表示。

A. 对外贸易　　　　　B.贸易顺差　　　　　C.有形贸易　　　　　D. 贸易差额

(4)通过(　　)可以分析出一国际贸易实际规模的变化情况和进出口商品价格指数的浮动状况及其贸易条件的好坏。

A. 贸易值　　　　　B.贸易量　　　　　C.贸易值和贸易量　　D.贸易额

(5)(　　)属于贸易摩擦。

A. 贸易依存度过高　B. 贸易商品结构单一　C. 实施反倾销措施　D. 贸易条件恶化

2. 判断题

(1)商品从甲国经过乙国向丙国运送,对乙国来说是过境贸易。　　　　　　(　　)

(2)一个国家(或地区)在一定时期(如一年)内,出口额与进口额的差值,叫做"贸易差额"。　　　　　　(　　)

(3)对外贸易地理方向越集中越好。　　　　　　(　　)

(4)国际贸易商品结构是指一定时期内一国进出口贸易中各类货物的构成,即各大类或各种货物进出口贸易额与整个进出口贸易额之比,以份额表示。　　　(　　)

(5)净贸易条件是出口价格指数与进口价格指数之比。　　　　　　(　　)

3. 简答题

(1)简述有形贸易的分类。

(2)简述贸易额与贸易量之间的联系与区别。

(3)一国对外贸易商品结构与其经济发展水平有什么联系?

(4)与国内贸易相比,国际贸易有哪些特点?

(5)转口贸易和过境贸易有什么区别?

第 2 章　国际贸易理论

学习目标

通过本章的学习,了解国际贸易基本理论的历史演变与发展情况,掌握自由贸易理论和保护贸易理论的主要观点和发展轨迹,重点理解和掌握绝对成本理论、比较成本理论、要素禀赋理论、里昂惕夫之谜和李斯特的幼稚产业保护理论,了解现代国际贸易理论的新发展。

本章重点

1.绝对成本理论

2.比较成本理论

3.要素禀赋理论

4.里昂惕夫之谜

5.幼稚产业保护理论

本章难点

1.绝对成本理论与比较成本理论

2.要素禀赋理论

3.幼稚产业保护理论

一般地说,国际贸易理论通常需要回答以下三个问题:一是为什么存在着国际间的贸易？或者说国际贸易产生的原因是什么？二是国际贸易究竟会产生什么样的利益？是只对一方有利还是贸易双方都可以从中获利？三是各国进出口商品是按照什么样的相对价格进行交换的？也就是各国的贸易条件是怎样决定的？

早在 16 世纪,西欧重商主义者就开始对国际分工、国际贸易问题进行了探讨。随着社会生产力的发展,对国际分工的理论探讨到 18—19 世纪取得了巨大发展,英国古典经济学的重要代表人物亚当·斯密、大卫·李嘉图为国际贸易提供了重要的理论基础。几乎与此同时,美国的汉密尔顿和德国的李斯特则提出了贸易保护主义的基本思想,从而丰富了国际贸易理论,并与自由贸易理论共同构成完整的国际贸易理论体系。进入 20 世纪以后,又出现了以瑞典经济学家赫克歇尔和俄林为代表的新古典国际贸易理论。20 世纪中期出现的第三次科技革命有力地推动了第二次世界大战后世界经济的发展,同时也对国际贸易格局产生了巨大影响。它使国际贸易量、贸易的商品结构和地理方向发生了根本性的变化。对此,传统的国际贸易理论无法作出令人信服的解释,于是出现了新的国际贸易分工理论。

2.1 古典自由贸易理论

古典政治经济学在经济学说史上占有重要地位。其主要贡献是:奠定了劳动价值论的基础;在不同程度上对剩余价值作了论述;同时也对分工和国际贸易理论作了重要论述。100多年来,古典学派的国际贸易理论一直被奉为资产阶级国际贸易理论的基石和经典。

2.1.1 绝对成本理论

绝对成本理论是由英国古典政治经济学家亚当·斯密(Adam Smith,1723—1790)提出的。亚当·斯密是资产阶级经济学家、古典学派的主要奠基人之一,也是国际分工和国际贸易理论的创始人。他所处的时期是英国的产业革命时期,工场手工业向大机器工业过渡。大机器生产使生产力大大提高,客观上要求贸易迅速发展。而当时英国政府在重商主义思想的影响下,依然实行严格的对外贸易管制,鼓励出口,限制进口。因此,亚当·斯密在其代表作《国富论》(1776)中,提出了国际分工和国际贸易理论,并以此作为他反对重商主义的"贸易差额论"和保护贸易政策的重要武器,对国际分工和国际贸易理论作出了重要贡献。

斯密首先分析了分工的利益。他认为分工可以提高劳动生产率,原因是:①分工可以提高劳动的熟练程度;②分工使每个人专门从事某项作业,可以节省与生产没有直接关系的时间;③分工有利于发明创造和改进工具。他还以制造业中手工工场的例子来说明分工可以提高劳动生产率。斯密认为,根据当时的情况,在没有分工的情况下,1个粗工1天连一根针也制造不出来;而在分工的情况下,10个人每天可以制造48000根针,每个工人的劳动生产率提高了几千倍。因此,他认为在生产要素不变的条件下,依靠分工,劳动生产率可以得到提高。

在斯密看来,适用于一国内部的不同职业之间、不同工种之间的分工原则,也适用于各国之间。他主张,如果外国产品比自己国内生产的便宜,那么最好是输出本国在有利生产条件下生产的产品去交换外国的产品,而不要自己生产。他举的例子是,在苏格兰,人们可以利用温室生产出很好的葡萄,并酿造出同国外葡萄酒质量一样的葡萄酒,但要付出30倍的代价。如果真这么做,那就是明显愚蠢的行为。斯密认为,每一个国家都可利用适宜于其生产的某些特定产品的绝对有利条件去进行专业化生产,然后彼此进行交换,则对所有交换国家都是有利的。因此,斯密这个理论也被称为绝对利益理论(theory of absolute advantage)。

为了说明这个理论,斯密还举例说明。

假定英国、葡萄牙两国都生产葡萄酒和毛呢两种产品,生产情况如表2-1所示。

表 2-1　绝对成本学说举例(分工前)

国　家	酒产量（单位）	所需劳动人数（人/年）	毛呢产量（单位）	所需劳动人数（人/年）
英国	1	120	1	70
葡萄牙	1	80	1	110

斯密认为，英国毛呢的劳动生产率高于葡萄牙，而葡萄牙酒的劳动生产率更高。所以，两国应该分别生产毛呢和酒，并进行国际交换。这对两国都有利，如表 2-2。

表 2-2　绝对成本学说举例(分工后)

国　家	酒产量（单位）	所需劳动人数（人/年）	毛呢产量（单位）	所需劳动人数（人/年）
英国	—	—	2.7	190
葡萄牙	2.375	190	—	—

假定分工后，英国以 1 单位毛呢交换葡萄牙 1 单位酒，则两国拥有的产品状况如表 2-3。

表 2-3　绝对成本学说举例(交换结果)

国家	酒产量（单位）	毛呢产量（单位）
英国	1	1.7
葡萄牙	1.375	1

从表 2-1 至表 2-3 可以看出，英国和葡萄牙两国在分工的情况下，产量比分工前都提高了，通过国际贸易，两国人民可以消费的产品都增加了。

绝对成本理论以生产的绝对成本的差别为出发点，认为各国应按照各自在绝对成本方面的优势进行分工，生产并出口绝对成本低的商品，进口绝对成本高的商品，即"以己之所长，换己之所需"。按绝对成本差异进行国际分工和国际贸易，各国都能发挥生产中的绝对优势而获得贸易利益。因此，生产成本绝对差异的存在，是国际贸易分工产生的基础和原因。

斯密绝对成本理论的重大意义有：①揭露了国际贸易的根本原因在于各国有利的自然禀赋与后天的有利生产条件；②指出一个国家只要根据有利生产条件参加国际分工与国际贸易就可以获得比自己生产更多的利益；③提出了自由贸易政策，既然各国都有自己的有利生产条件，既然国际贸易会增加各国的国民财富，那么政府限制国际贸易政策就是错误的。该理论阐述了进行国际分工、开展国际贸易对所有参加国都有利的观点，不仅为扩大世界贸易奠定了理论基础，同时也反映了当时社会经济中业已成熟了的要求，成为英国工业资产阶级反对封建残余、发展资本主义的有力工具，在历史上起过进步作用。

但是，这一理论完全撇开国际生产关系，而只用自然条件来分析资本主义国际分工、国际贸易的形成，这是错误的。同时，该理论仅仅论述了绝对优势条件下的国际贸易。如果在现实生活中，有些国家没有产品处于绝对有利的地位，那它是不是就不能参与国际分工和进行国际贸易了呢？或者说它还能不能从国际贸易中获得利益呢？对于这一重要问题，斯密没有涉及，直到大卫·李嘉图才给予了研究和解答。

2.1.2　比较成本理论

绝对成本理论留下的问题,由英国古典政治经济学家大卫·李嘉图(David Richado, 1772—1823)做出了回答。大卫·李嘉图是英国工业革命深入发展时期的经济学家,是当时英国工业资产阶级的思想家。在其代表作《政治经济学及赋税原理》(1817)一书中,提出了比较成本理论。

大卫·李嘉图的比较成本理论是在亚当·斯密的绝对成本理论的基础上发展起来的。根据斯密的观点,国际分工应按绝对的成本差异进行,即一个国家输入的商品一定是生产上具有绝对优势、生产成本绝对低于他国的商品。李嘉图进一步发展了这一观点,他认为,参与国际分工和国际贸易的双方,不一定是每一商品的生产绝对成本都低,只要各自生产相对成本较低的商品进行交换,双方都可以获利,即"两优取其最优,两劣取其次"。李嘉图沿用了英国和葡萄牙的例子,但对条件作了一些修改,如表 2-4 所示。

表 2-4　比较成本学说举例说明

		葡萄酒		毛　呢	
		产量 (单位)	所需劳动人数 (人/年)	产量 (单位)	所需劳动人数 (人/年)
分工前	英国	1	120	1	100
	葡萄牙	1	80	1	90
	合计	2	200	2	190
分工后	英国	—	—	2.2	220
	葡萄牙	2.215	170	—	—
	合计	2.215	170	2.2	220
国际交换	英国	1		1.2	
	葡萄牙	1.215		1	

从表 2-4 中可以看出,葡萄牙生产酒和毛呢,所需劳动人数均少于英国,从而英国在两种产品的生产上都处于不利地位。根据斯密的绝对成本理论,两国之间不能进行分工。而李嘉图认为,葡萄牙生产酒所需劳动人数比英国少 40 人,毛呢生产只少 10 人,即分别少 1/3 和 1/10;显然,葡萄牙在酒的生产上优势更大一些,虽然它在毛呢生产上也具有优势;英国在两种产品生产上都处于劣势,但在毛呢生产上劣势较小一些。根据李嘉图的比较成本理论,应按"两利取重,两害取轻"的原则分工生产,即英国专业化生产毛呢,葡萄牙专业化生产酒。分工后虽然两国投入的劳动量都没有增加,但是酒的产量却从 2 单位增加到 2.215 单位,毛呢从 2 单位增加到 2.2 单位。如果英国以 1 单位毛呢交换葡萄牙 1 单位酒,那么两国就都从这种国际分工和国际贸易中获利了。

综上所述,李嘉图比较成本理论的基本含义是:各国应该根据自己相对有利的生产条件进行专业化生产,然后进行国际交换,就能保证双方都得到贸易利益。也就是说,按比较成本差异进行国际分工和国际贸易,各国都能发挥生产中的比较优势而获得贸易利益。因此,生产成本相对差异的存在,是国际贸易分工产生的基础和原因。

李嘉图比较成本理论的问世,标志着国际贸易学说总体系的建立。美国当代著名经济学家萨缪尔森(Paul A. Samuelson)称它为"国际贸易不可动摇的基础"。比较成本理论作为反映国际贸易领域客观存在的经济运行的一般原则和规律学说,具有很高的科学价值和现实意义。

然而,比较成本学说也是有其局限性的。首先,它未能揭示国际分工形成和发展的主要原因。国际分工发生和发展的最重要因素是社会生产力,劳动力、自然条件等因素对国际分工的形成有一定的影响,但不是唯一的和根本的因素。其次,这个理论把世界看做是永恒的、不变的,这是不符合历史事实和经济发展规律的。再次,这个理论的分析方法属于静态分析,提出的假定只考虑两个国家、两种商品、坚持劳动价值论等因素,作为论述的前提条件,把多变的经济状况抽象为静态的,是不客观的。最后,比较成本学说未能揭示出国际商品交换所依据的规律,即价值规律的国际内容。

【案例 2-1】　为什么他们选择物理专业?

美国的 GRE 考试是为要进入美国大学研究所的学生所举办的测试,它包括两个部分:语文测试(即英语水平测试)和量化测试(即物理、数学等学科综合测试)。某学院对其1975—1980 年入学的学生的 GRE 水平测试成绩作了统计,发现主修物理的考生在语文测试上的成绩普遍优于主修英语的学生。因此,我们不免要好奇地问:为什么英语成绩较好的学生没有选择英语专业,反而选择了物理专业呢?比较成本原理可以解释这令人困惑的现象。因为他们虽然在语文测试中的成绩平均高于英语专业的学生 19%,但是他们在量化测试的成绩上比主修英语的学生平均高出 55%。因此,他们在物理上有更多的比较优势,选择物理无疑是正确的。

2.1.3　相互需求理论

相互需求理论是由英国经济学家约翰·穆勒(1806—1873)在《政治经济学原理》一书中提出的。该理论在大卫·李嘉图的比较成本理论的基础上,回答了国际间商品交换的比例如何确定问题。他认为商品的国内交换比例是国际交换比例的基础,而国际交换比例最终由两国相互对商品的需求关系来决定。穆勒用毛呢和麻布上的例子来阐述其思想。

假设英国和德国在毛呢的生产上成本相同,在麻布的生产上成本不同。在英国,10 码毛呢可以交换 15 码麻布,在德国,10 码毛呢可以交换 20 码麻布。由此,英国在毛呢上和德国在麻布具有相对比较成本优势,英国应生产毛呢,德国应生产麻布,对于英国,只要 10 码毛呢可以交换 15 码以上的麻布就有利可图,对于德国,只要以 20 码以下的麻布交换 10 码以上的毛呢就有利可图,两者之间只是利大利小的问题。

国际交换比价必须等于两国需求对方产品数量之比。假设国际交换比价为 10∶17,进口需求麻布为 17 码时,英国提供 10 码毛呢就可以成交。同样,德国出口 17 码麻布就能换回英国 10 码毛呢。双方进出口价值平衡。

假如其中一方需求发生变化,英国对麻布需求减少,德国对毛呢的需求大于英国对麻布的需求,毛呢的价格上升。假定交换比价上升到 10∶18,德国因毛呢涨价,对毛呢的需求减少,英国因麻布跌价,对麻布的需求上涨。这时双方对产品的需求重新达到均衡,交换比价稳定在 10∶18 上。

在国际相互需求中,外国对本国商品的需求越大,两国间的两种商品的交换比例越接近外国国内这两种商品的交换比例,对本国越有利。反之,本国对外国的商品需求越大,两国间的两种商品的交换比例越接近本国国内这两种商品的交换比例,对外国越有利。

当然,相互需求理论依然是以商品的交换价值代替商品的价值,背离了劳动价值论,从而不能揭示交换比例的确定是由不同商品所包含的价值量不同来决定的。

2.2 幼稚产业保护理论

19世纪初,当产业革命在英、法两国深入发展时,北美以及欧洲其他后进国家的资产阶级要求保护其本国的幼稚产业,不允许别国商品自由占领其市场,于是形成了与古典学派自由贸易理论相抗衡的保护贸易理论,即幼稚产业保护理论。该理论的代表人物是美国首任财政部部长汉密尔顿和德国经济学家李斯特。

2.2.1 汉密尔顿的贸易保护思想

1776年以前,北美洲完全是大英帝国的农产品及原料的供应地和工业品的销售市场,经济发展水平落后,尤以工业为甚。美国独立后,由于战争创伤,加上英国的经济封锁,其经济更加凋敝。如何选择经济发展的道路成了美国当务之急。当时摆在美国面前的有两条道路:一是实行保护关税政策,独立自主地发展自己的工业,特别是制造业,以彻底摆脱西欧殖民主义的经济束缚和控制;二是实行自由贸易政策,继续充当英、法、荷等国的原料产地和工业品的销售市场。在这样的背景下,美国第一任财政部长汉密尔顿(A. Hamilton,1757—1840)代表工业资产阶级利益、愿望和要求,于1791年12月向国会递交了题为"关于制造业的报告"(Report on manufacture)的报告,明确提出实行保护关税政策的主张。在报告中,他系统地阐述了保护和发展制造业的必要性和有利条件,提出了以加强国家干预为主要内容的一系列措施。

汉密尔顿指出,美国要维护其经济和政治独立,应当保护美国的幼稚工业。由于美国工业起步较晚,基础薄弱,技术落后,生产成本高,效率低下,根本无法与英、法等西欧国家相抗衡。若就此实行自由贸易政策,将断送美国工业,以及美国经济和政治上的独立地位。新的工业在其初始阶段,相对来说可能效率不高,即使工业扩大到最优规模,劳动和管理技术有了发展,市场联系已经建立,还是经不住来自更有经验的外国生产者的低费用竞争。如果能有一段时间用关税壁垒来保护一下,把效率提高到可以在免税基础上与外国竞争的水平,那么,"幼稚"产业就成长壮大了,保护壁垒就可以拆除了。

汉密尔顿的幼稚产业保护思想的提出,标志着与自由贸易理论体系相对立的保护贸易理论体系的初步形成,其理论意义是不言而喻的。显然,该理论反映的是经济发展水平落后的国家独立自主地发展民族工业的正当要求和愿望,是落后国家进行经济自卫并通过经济发展与先进国家进行经济抗衡的保护贸易学说。它对当时美国对外贸易政策的制定产生了深刻的影响,促进了美国资本主义的发展,具有历史进步意义。事实证明,这些思想对发展美国工业和增强经济实力起到了很大的推动作用。

2.2.2　李斯特的幼稚产业保护理论

李斯特(F. List,1789—1846)是德国历史学派的先驱者,早年在德国提倡自由主义。自 1825 年出使美国以后,受到汉密尔顿的影响,并亲眼见到美国实施保护贸易政策的成效,转而提倡贸易保护主义。他在 1841 年出版的《政治经济学的国民体系》一书中,系统地提出了以生产力理论为基础,以保护关税制度为核心的幼稚产业保护学说,这不仅为落后国家工商界保护贸易的需求提供了理论根据,也进一步完善和系统化了汉密尔顿的贸易保护思想。

1.李斯特对古典学派自由贸易理论的批评

(1)"比较成本说"不利于德国生产力的发展

李斯特认为,向外国购买廉价的商品,表面上看起来是要合算一些,但是这样做的结果是德国的工业就不可能得到发展,而会长期处于落后和从属于外国的地位。如果德国采取保护关税政策,一开始会使工业品的价格提高,但经过一段时期,德国工业得到充分发展,生产力将会提高,商品生产费用将会下降,商品价格甚至会低于外国进口的商品价格。

(2)古典学派自由贸易学说忽视了各国历史和经济上的特点

古典学派自由贸易理论认为,在自由贸易下,各国可以按地域条件、按比较成本形成和谐的国际分工。李斯特认为,这种学说是一种世界主义经济学,它抹煞了各国的经济发展与历史特点,错误地以"将来才能实现"的世界联盟作为研究的出发点。李斯特根据国民经济发展程度,把国民经济的发展分为五个阶段,即"原始未开化时期、畜牧时期、农业时期、农工业时期、农工商业时期"。各国经济发展阶段不同,应采取的贸易政策也应不同。处于农业阶段的国家应实行自由贸易政策,以利于农产品的自由输出,并自由输入外国的工业产品,以促进本国农业的发展,培育工业化的基础。处于农工业阶段的国家,由于本国已有工业发展,但并未发展到能与外国产品相竞争的地步,故必须实施保护关税制度,使它不受外国产品的打击。而处于农工商业阶段的国家,由于国内工业产品已具备国际竞争能力,国外产品的竞争威胁已不存在,故应实行自由贸易政策,以享受自由贸易的最大利益,刺激国内产业进一步发展。

李斯特认为英国已达到最后阶段(农工商业时期),法国在第四与第五阶段之间,德国与美国均在第四阶段,葡萄牙与西班牙则在第三阶段。因此,李斯特根据其经济发展阶段说,主张当时德国应实行保护工业政策,促进德国工业化,以对抗英国工业产品的竞争。

(3)主张国家干预对外贸易

自由贸易理论视国家为被动的警察,李斯特则把国家比喻为国民生活中如慈父般的有力指导者。他认为,国家的存在比个人的存在更为重要,国家的存在是个人与人类全体的安全、福利、进步及文化等的第一条件。因此,个人的经济利益应从属于国家的真正财富的增进与维持。他认为,国家在必要时要限制国民经济活动的一部分,以保持其经济利益。他以风力和人力在森林成长中的作用比喻国家在经济发展中的重要作用。他说:"经验告诉我们,风力会把种子从这个地方带到那个地方,因此荒芜原野会变成稠密森林,但是要培养森林因此就静等着风力作用,让它在若干世纪的过程中来完成这样的转变,世界上岂有这样愚蠢的办法吗?如果一个植林者选择树秧,主动栽培,在几十年内达到了同样的目的,这倒不算是一个可取的办法吗?历史告诉我们,有许多国家,就是由于采取了那个植林者的办法,胜利实现了他们的目的。"因此,李斯特主张,在国家干预下实行贸易保护。

2.贸易保护的条件和手段

李斯特保护贸易政策的目的是促进生产力的发展。经过比较,李斯特认为应用动力与大规模机器的制造工业的生产力远远大于农业。他认为,着重农业的国家,人民精神萎靡,一切习惯与方法偏于守旧,缺乏文化福利与自由;而着重工商业的国家则不然,其人民充满增进身心与才能的精神。工业发展以后,农业自然跟着发展。他提出的保护对象的条件是:①农业不需保护。只有那些刚从农业阶段跃进的国家,距离工业成熟期尚远,才应适宜的保护。②一国工业虽然幼稚,但在没有强有力的竞争者时,也不需要保护。③只有刚开始发展且有强有力的外国竞争者的幼稚工业才需要保护。李斯特提出的保护时间以30年为最高期限。在此期限内,被保护的工业还扶植不起来,就不再予以保护,任其自行垮台。

在具体的保护手段上,李斯特主张,取禁止输入与征收高关税来保护幼稚工业,以免税或征收轻微进口税方式鼓励复杂机器进口。

3.对李斯特贸易保护学说的评价

李斯特贸易保护学说在德国工业资本主义的发展过程中曾起过积极的作用,它促进了德国资本主义的发展,有利于资产阶级反对封建主义势力斗争。它对保护对象要经过选择,以将来有前途的幼稚工业为限,对国际分工和自由贸易的利益也予以承认,贸易保护系过渡手段,自由贸易为最后目的。其保护也是有限度的,不是无限度的。李斯特的理论对经济不发达国家是有重大参考价值的。

但是,李斯特的贸易保护理论存在的缺陷也是十分明显的。他对生产力这个概念的理解是十分错误的,对影响生产力发展的各种因素的分析也很混乱。他以经济部门作为划分经济发展阶段的基础是错误的,歪曲了社会经济发展的真实过程。

【案例2-2】 日本的汽车工业

20世纪30年代,美国和日本都是制造汽车、化学品和打字机的国家,但美国是这些产品的输出国,日本是输入国。虽然当时日本的工资水平要比美国低很多,日本仍然需要规定极高的进口关税,以防止美国产品全部控制日本市场。第二次世界大战结束后不久,日本银行总裁直田一真说:"在日本建立汽车工业是没有意义的。这是一个国际分工的时代,日本最好是依赖美国来进口汽车。"但日本产业界并没有听从这一劝告,50年代初期,在朝鲜战争的刺激下,日本开始着手重建自己的汽车工业,他们从西欧引进新技术,改善经营管理,从而使汽车的产量不断增长,质量不断提高。到60年代,日本超过西德一跃成为世界第二大汽车生产国,70年代末又超过美国成为世界第一大汽车出口国。而美国的汽车工业生产则不断衰退,每况愈下。80年代起轮到美国对日本的汽车进行限制,保护自己的汽车市场了。

2.3　新古典贸易理论

由亚当·斯密和大卫·李嘉图建立和发展起来的古典贸易理论的一个基本特点,就是只用单一要素的生产率差异来说明国与国之间为什么会发生贸易行为,以及为什么生产率不同的两个国家可以通过国际分工与贸易增加各自的收入和提高各自的福利水平。而新古典贸易理论则是假定各国在生产商品时所使用的生产技术是一样的,即生产函数相同,因而排除了各国劳动生产率的差异。在新古典国际贸易理论中,瑞典经济学家赫克歇尔和俄林作出了巨大贡献。他们提出了资源禀赋理论(亦称"H-O 模型"),指出国际贸易的内在动因是国与国之间要素生产率的差异,而国与国之间要素生产率的差异又主要来源于各国的不同生产要素存量的相对差异以及在生产各种商品时利用各种生产要素强度的差异,这些不同要素的供给会影响到特定商品的生产成本。然而,进入 20 世纪 50 年代,经济学家里昂惕夫用美国的贸易实践数据对 H-O 模型进行检验后发现结果并不符合该理论,这一结论被称为"里昂惕夫之谜",于是各国经济学家开始致力于对"谜"的解释。

2.3.1 要素禀赋理论

李嘉图的比较成本理论,是以劳动价值论为基础的。它以耗费在商品中的劳动时间亦即劳动生产率的差异来说明和论证比较成本。该理论是以单一生产要素(劳动)的成本差异,即劳动生产率的差异来说明比较利益的。但是,如果假定各国之间生产要素的生产率相同,即单位生产要素的效率世界各地都是一样的,那么,产生比较成本差异的原因是什么呢?这个问题是由要素禀赋理论,又称资源赋予理论得到解释的。

要素禀赋理论是由瑞典经济学家赫克歇尔和俄林提出的用生产要素的丰缺(即供给差异)来解释国际贸易的原因和商品流向的理论。该理论最早是由赫克歇尔(E. F. Heckscher,1879—1952)于 1919 年提出的,在这之后,其弟子俄林(Beltil Gotthard Ohlin,1899—1979)在 1933 年出版的《区际贸易和国际贸易》一书中系统地阐述了生产要素比例的理论,进一步完善了要素禀赋理论。但是,因为俄林承袭了赫克歇尔的主要观点,因此,人们一般将该理论称为"赫-俄理论",或称"H-O 定理"。其基本原理可归结为:①各地区和国家资源禀赋的差异,也就是生产要素供给情况不同是产生国际贸易的基本原因,即要素供给比例理论;②国际贸易的结果,可以逐渐消除不同地区和国家之间的商品价格差异,进而消除生产要素的价格差异,即要素价格均等化定理。

1. 要素供给比例说

要素供给比例理论的主要假设是:

①假设只有两个国家,每个国家只生产两种商品,每种商品都使用两种生产要素,即两国两商品两要素模型,又称 2×2×2 模型,这是对古典学派的两国两商品模型的进一步发展;

②假定生产要素在每一个国家内部可以自由流动,在两国之间则不能流动;

③假定国际贸易中的一切人为限制都不存在,不考虑运输费用;

④假定只有商品贸易,且贸易是平衡的,即出口恰好能够支付进口,同时假设所有市场都是完全竞争市场;

⑤假定生产要素可以无限可分,并且两国的生产要素是同质的,两国的技术水平和生产函数相同,不存在规模收益递增、递减的变化;

⑥两国需求偏好相同,不考虑需求因素对贸易的影响。

在完成上述假定之后,俄林按照如下程序进行推导:

(1)国际贸易的原因在于价格的国际差异

各国之间为什么会彼此进行贸易呢?俄林认为原因就在于,同样的商品在各国之间的价格是不同的,在自由贸易的条件下,每一个国家都会进口比在国内生产更便宜的商品,而将自己价格低廉的商品拿到国际市场上去出售。只要两国之间存在着价格差异,那么把商品从价格低的国家运到价格高的国家去出售就是有利可图的,这样必然就会有人在两国之间从事进口和出口的活动,国际贸易也就不可避免了。

既然价格的国际绝对差异是两国之间进行贸易的直接基础,那为什么两国之间会存在着价格的绝对差异呢?这种价格差异只是暂时现象还是长期存在的呢?这些问题则需要进一步进行探讨。

(2)价格的国际差异来源于成本的国际差异

成本决定价格,各国生产同一商品的成本不同,必然导致其价格的不同。这是 H-O 模型解释贸易发生原因的第一个条件。

(3)各国不同的成本比例

除了第一个条件之外,贸易发生还必须具备第二个条件:各国不同的成本比例,如表 2-5 所示。

表 2-5　英国和美国的不同成本比例

	小麦单位成本	布单位成本
英国	$3	$1
美国	$1	$2

从表 2-5 中可以看到,小麦和布的成本比例,英国是 3∶1,美国是 1∶2,按照李嘉图比较成本理论,英国在布的生产上具有比较利益,而美国在小麦的生产上具有比较利益,如果两国之间开展贸易,必然是英国出口布、进口小麦,而美国进口布、出口小麦,通过贸易两国都能获得利益。但是,如果两国之间的成本比例是相同的,即一国两种商品的成本都按同一比例低于另一国,则两国只能发生暂时的贸易关系,如表 2-6 所示。

表 2-6　暂时发生贸易关系的成本比例

	小麦单位成本	布单位成本
英国	$2	$4
美国	$1	$2

在表 2-6 中,如果开展贸易的话只能是单方面的,美国向英国同时出口小麦和布两种商品,而英国则没有任何商品出口到美国,结果是美国纯粹的出超和英国纯粹的入超。俄林认为在这种情况下,即使两国之间存在贸易,这种贸易也只能是暂时的,不可能长久进行下去。这是由于,如果两国实行纸币制度,英国为了支付进口必然大量买进美元,这样外汇市场上美元的汇价就会上升,英镑的汇价就会下跌。美元汇价上升后用美元表示的英国商品的价格就会下降,英镑汇价下跌后以英镑表示的美国商品的价格就会上升。如果在正常情况下,两国货币汇率的变化会对他们之间的贸易状况进行调整,当两国进出口实现彼此平衡时,汇率也就达到了稳定的状态。但是在表 2-6 中就不同了,汇率变动的结果最终只能是使两国的商品价格变得完全相等。因为当美元对英镑升值一倍时,两国的生产成本就一样了,这样两国之间就不可能再有贸易发生了,所以不同的成本比例是两国贸易的一个重要前提,这是 H-O 模型的核心内容。

到现在为止,我们的分析实际上还属于比较利益原理的范畴,至于两国之间为什么会有不同的成本比例存在,即为什么会在不同的商品生产上具有不同的比较利益呢？李嘉图并没有就此进行继续探究,而俄林则在此基础上进一步进行了思考,他认为成本比例差异的原因就在于生产要素的不同价格比例。

(4)生产要素的不同价格比例

商品是由各种生产要素组合在一起生产出来的,要素报酬之和就构成商品的成本,各国商品生产的成本比例实际上就反映了该国各种生产要素的价格比例关系。如在一国可能劳动要素比较便宜,资本要素比较贵,而在另一国可能劳动要素比较贵,资本要素比较便宜,这样,前一国在那些较多地使用劳动、较少地使用资本的商品的生产上,比需要较多地使用资本、较少地使用劳动的商品的生产上更具有优势,成本会较低,价格也会相对便宜些,而后一个国家则会出现相反的情况,在较多使用资本、较少使用劳动的商品生产上成本较低。下面我们通过一个例子来对此进行说明。

假定英国1单位资本的价格是3美元,1单位劳动的价格是1美元;美国1单位资本的价格是1美元,1单位劳动的价格是2美元。再假定每生产1单位小麦在两个国家都是使用2单位劳动和1单位资本,每生产1单位布在两国都需要1单位劳动和3单位资本。则两国的要素价格与商品成本如表2-7所示。

表 2-7　要素价格不同情况下的商品成本差异

| | | 要素投入结构(K/L) | 要素价格 | | 商品成本 |
			资本	劳动	
英国	小麦 布	1:2 3:1	$3	$1	$3×1+1×2=5$ $3×3+1×1=10$
美国	小麦 布	1:2 3:1	$1	$2	$1×1+2×2=5$ $1×3+2×1=5$

从表2-7中可以看到,小麦和布两种商品的成本比例在英国是1:2,在美国是1:1。可见,英国在小麦的生产上具有比较成本优势,美国在布的生产上具有比较成本优势。这是由于小麦的生产需要投入较多的劳动和较少的资本,属于劳动密集型产品,英国能够充分地利用它劳动要素比较便宜的优势,把更多的劳动投入到小麦的生产上;而布的生产需要投入较多英国相对比较昂贵的资本要素。对于美国则正好相反。所以每一国家都会在那些大量使用自己价格较低的生产要素的生产上具有比较优势,而在那些大量使用自己价格较高的生产要素的生产上具有比较劣势。

可见,生产要素价格的差异是造成各国生产各种商品时成本比例差异的原因,但是为什么各国之间的要素价格会不同呢？我们知道,生产要素价格是由生产要素的供给和需求共同决定的,要探讨要素价格的差异就必须从要素的供给和需求状况着手。

(5)生产要素不同的供给比例

各国在要素的供给方面是存在着巨大差异的,不同的国家所拥有的土地、劳动、资本以及企业家才能等各种生产要素的数量、质量和种类是各不相同的,这就构成了各国生产要素价格差异的基础。如果不考虑需求因素,各国生产要素的供给丰裕程度就决定了其要素的价格,一般来说,供给丰富的要素的价格就要低些,而供给稀缺的要素的价格就会较高。

这一点可以用大量的事实来验证。像澳大利亚、新西兰、阿根廷等国,土地资源丰富而资本、劳动要素较少,这就使得这些国家的地租较低而工资、利息较高,反映在贸易结构上,这些国家出口的多是较多使用土地而较少使用资本、劳动的产品,如小麦、羊毛、肉类等,而进口的多是大量使用资本、劳动的产品。像中国、印度等人口众多的国家,劳动密集型产品的出口就占较大比重。此外,北欧各国出口森林制品、中东国家出口石油制品等也说明了这一道理。

各国的生产要素的禀赋程度决定了各国要素价格的差异,要素价格不同又产生了不同的商品成本和价格,进而导致国际贸易的产生,这就是 H-O 模型的主要内容。由于该理论是从各国要素资源的禀赋程度来分析国际贸易的原因的,所以被称作要素禀赋理论。

(6)生产要素的不同需求比例

除了供给因素外,决定生产要素价格的还有需求,即使两个国家的要素供给比例是完全一样的,对这些生产要素的不同需求比例也会形成各国不同的要素价格比例,从而为国际贸易创造一个基础。

以上就是 H-O 模型的简要推导过程,我们可以看到,俄林从商品价格的国际差异出发,分析了商品成本的国际差异,又从成本的国际差异进而探讨了各国不同的成本比例,由此又推导出各国生产要素的价格差异,由要素的价格差异最后归结到生产要素的供给和需求的不同。这样他的整个推理过程就形成了一个环环相扣的链条,在这一链条中,俄林认为最重要的一环就是要素的不同供给比例,即各国不同的资源禀赋程度,这是国际贸易之所以存在的根本原因。

通过上述推导,俄林得出了以下结论:一个国家出口的是它在生产上大量使用该国比较充裕的生产要素的商品,而进口的是它在生产上大量使用该国比较稀缺的生产要素的商品。各国比较利益的地位是由各国所拥有的生产要素相对充裕程度来决定的。

2.要素价格均等化说

当各国以自己的资源供给的相对优势进行生产和开展国际贸易以后,各国要素禀赋的情况亦将随之发生变化,并随着国际间商品流通而出现生产要素价格均等化的趋势。

以前述英国与美国的国际贸易为例。英国利用相对便宜的生产要素——劳动,生产并出口劳动密集型商品——小麦;而美国则利用相对便宜的生产要素——资本,生产并出口资本密集型商品——布。随着两国间贸易的不断扩大,英国就要增加小麦的产量,为此必须有更多的劳动被用来生产小麦。对劳动的需求增加,就会使原来比较丰裕的劳动资源变成比较稀缺的资源,劳动的价格就会逐渐上升;同时,由于英国不断地从美国进口资本密集型产品——布,减缓了对资本的需求,使资本资源变得比较丰裕,价格就随之下降。而对于美国来说,为了向英国出口布,就会有更多的资本被投入来生产布,对资本的需求增加,就会使原来比较丰裕的资本资源变成比较稀缺的资源,资本的价格就会逐渐上升;同时,由于不断地从英国进口劳动密集型产品小麦,减缓了对劳动的需求,使劳动资源变得比较丰裕,价格就随之下降。可见,国际贸易的发展使得参加贸易的各国原先较为丰裕的资源变得相对稀缺,价格逐步上升;而原先比较稀缺的资源变得较为丰裕,价格随之下降。于是,各国生产要素价格趋于均等化,亦即各国的工资、地租、利息率和利润率等趋于均等化。

在赫克歇尔和俄林论述生产要素价格通过国际间商品交换而趋向均等化问题以后,当代美国经济学家萨缪尔森又对此进行了数学论证,证明生产要素完全均等化是必然的。为此,西方经济学界将他们的理论合称为"H-O-S 定理",或称"要素价格均等化定理"。

3. 对赫—俄理论的评价

H-O 模型从生产要素禀赋程度的差异来解释国际贸易的原因,这对于古典贸易理论来讲是一大创新,它在以下几个方面对国际贸易理论的发展起到了重要作用。首先,它将一般均衡方法引入国际贸易理论的分析当中,将贸易理论向客观现实推进了一大步,也为国际贸易理论研究提供了一个新的方向和角度。其次,从多种生产要素的角度来解释国际贸易问题。再次,李嘉图的比较成本理论是建立在各国生产者在生产同一商品是具有不同的劳动生产率的基础上的,而俄林排除了这一假设,认为国际贸易的根本原因是各国资源的禀赋程度不同,技术水平或劳动生产率是否相同与国际贸易无关。从这一角度讲,李嘉图的比较成本理论实际上只是 H-O 模型的一个特殊情况,H-O 模型更具有一般意义。

当然,该理论也存在着一定局限性。它以要素比例学说来反对李嘉图和马克思的劳动价值论,抹杀了劳动收入和财产收入的差别,使比较成本理论庸俗化了。该理论认为,劳动、资本和土地是决定国际分工和国际贸易产生和发展的最重要因素,这就否认了劳动是价值的唯一源泉。它建立在一系列复杂的假定之上,而这些假定与现实有一定的距离,从而影响了它对现实的国际贸易现象的解释力。事实上,很多经济学家对该理论进行验证时,就发现它存在很多无法解释的矛盾。

2.3.2　里昂惕夫之谜

第二次世界大战后,在第三次科技革命的推动下世界经济迅速发展,国际分工和国际贸易都发生了巨大变化,传统的国际分工和国际贸易理论更显得脱离实际。在这种形势下,一些西方经济学家力图用新的学说来解释国际分工和国际贸易中存在的某些问题,这个转折点就是里昂惕夫反论(The Leontief Paradox),或叫里昂惕夫之谜。

美国经济学家里昂惕夫(Vassily W. Leontief)由于他的投入—产出分析法对经济学的杰出贡献,获得了 1973 年诺贝尔经济学奖。他的主要著作有《投入—产出经济学》、《生产要素比例和美国的贸易结构:进一步的理论和经济分析》等。

里昂惕夫对 H-O 理论确信无疑,按照这个理论,一个国家拥有较多的资本,就应该生产和输出资本密集型产品,而输入在本国生产中需较多使用国内比较稀缺的劳动力要素的劳动密集型产品。基于以上认识,他利用投入—产出分析方法对美国的对外贸易商品结构进行具体计算,其目的是对 H-O 理论进行验证。他把生产要素分为资本和劳动力两种,对 200 种商品进行分析,计算出每百万美元的出口商品和进口替代商品所使用的资本和劳动量,从而得出美国出口商品和进口替代商品中所含的资本和劳动的密集程度。其计算结果如表 2-8 所示。

表 2-8　美国出口商品和进口替代商品对国内资本和劳动的需求量

	1947 年		1951 年	
	出口	进口替代	出口	进口替代
资本(美元)	2550780	3091339	2256800	2303400
劳动(人/年)	182.313	170.004	173.91	167.81
人平均年资本量	13991	18184	12977	13726

从表 2-8 可以看出,1947 年平均每人进口替代商品的资本量与出口商品的资本两相量是 18184 : 13991＝1.30,即高出 30％,而 1951 年的比率为 1.06,即高出 6％。尽管这两年的比率的具体数字不同,但结论基本相同,即这两个比率都说明美国出口商品与进口替代商品相比,前者更具劳动密集型特征。据此可以认为,美国出口商品具有劳动密集型特征,而进口替代商品更具有资本密集型特征。这个验证结论正好与 H-O 理论的结论相反。正如里昂惕夫的结论所说:"美国参加国际分工是建立在劳动密集型生产专业化基础上的,而不是建立在资本密集型生产专业化基础上的。"

里昂惕夫发表其验证结论后,使西方经济学界大为震惊,因而将这个不解之谜称为里昂惕夫之谜,并掀起了一个验证和探讨里昂惕夫之谜的热潮。一些经济学家仿效里昂惕夫的做法,对一些发达国家的对外贸易状况进行了验证,发现其他国家也存在着这个"谜"。

2.4　国际贸易新理论

20 世纪中期出现的第三次科技革命有力地推动了"二战"后世界经济的发展,同时也对国际贸易格局产生了巨大的影响,使国际贸易量、国际贸易的商品结构和地理方向发生了根本变化。这突出表现在三个方面:一是发达国家之间的贸易比重快速上升,并逐渐成为国际贸易的主体类型,在发达国家之间的相互贸易中,"产业内贸易"越来越成为主要的贸易形式;二是公司内贸易的迅速发展,大量国际贸易是由公司内贸易构成的,跨国公司成了国际贸易舞台上的重要角色;三是知识密集型产品在国际贸易中的比重不断上升。对此,传统的国际贸易理论(包括古典和新古典国际贸易理论等)无法作出令人信服的解释,于是出现了新的国际贸易分工理论。这些理论包括技术差距理论、需求相似理论、产品生命周期理论和产业内贸易理论等。

2.4.1　技术差距理论

技术差距理论又称技术间隔说,是由美国经济学家波斯纳(M. U. Poaner)提出的,格鲁伯(W. Gruber)和弗农(R. Vernon)等人进一步论证的。该理论认为,技术领先的国家,具有较强开发新产品和新工艺的能力,形成和扩大了国际间的技术差距,而有可能暂时享有生产和出口某类高技术产品的比较优势。

波斯纳认为,人力资本是过去对教育和培训进行投资的结果,因而可以将其作为一种资本或独立的生产要素,而技术是过去对研究与发展进行投资的结果,也可以作为一种资本或独立的生产要素。但是,由于各国对技术的投资和技术革新的进展不一样,因而存在一定的技术差距。这样就使得技术资源相对丰裕的或者在技术发展中处于领先的国家,有可能享有生产和出口技术密集型产品的比较优势。

为了论证这个理论,格鲁伯和弗农等人根据 1962 年美国 19 个产业的有关资料做出了统计分析,其中 5 个具有高度技术水平的产业(运输、电器、工具、化学、机器制造)的科研和发展经费占 19 个产业全部科研和发展经费总数的 89.4％;5 个产业中的技术人员数占 19 个产业总数的 85.3％;5 个产业的销售额占 19 个产业总销售额的 39.1％;5 个产业的出口量占 19 个产业总出口量的 72％。这种实证研究表明，美国在上述 5 个技术密集型产品的生产和出口方面，确实处于比较优势。因此可以认为，出口科研和技术密集型产品的国家也就是资本要素相对丰裕的国家。根据上述统计分析，美国就是这种国家。从这个意义上说，技术差距理论是完全可以与赫－俄理论相衔接的。

2.4.2　需求相似理论

需求相似理论，又称偏好相似学说或收入贸易说，是由瑞典经济学家林德(S. B. Linder)提出的，用国家之间需求相似来解释工业制成品贸易发展的理论。他认为 H-O 理论只适用于工业制成品和初级产品之间的贸易，而不能适用于工业制成品的贸易。这是因为，前者的贸易发展主要由供给方面决定的，而后者的贸易发展主要是由需求方面决定的。需求相似理论认为，发达国家工业制成品双向贸易的增加，主要是由消费者需求偏好来决定的，而人均收入与贸易收入的趋同性，需求结构的相似性，增大了双方贸易的数量和机会。

1. 国内需求是出口贸易的基础

工业制成品生产的初期是为了满足国内的需求。厂商开发新产品，往往是因为国内经济增长，人均收入提高，国内需求强劲。当别的国家经济增长，人均收入提高，本国开发的新产品的国内需求与国际需求相一致时，厂商可以国内需求为依据，把代表国内大多数消费者需求的产品，作为出口产品。因为是最先开发的新产品，并已在国内收回了大量先期投资，因此在向国外出口时，价格上具有很强的优势，可以大量出口。

2. 需求结构越相似，两国贸易量越大

由于该产品是为满足国内市场喜好和收入水平而生产的，故该产品较多地出口到那些喜好相似的国家。两个国家的收入和水平越相似，则两国的需求结构越接近，需求的重合部分越大。若两国需求结构完全相似，则一个国家所有可能进出口的物品，同时也是另一个国家可能进出口的物品。在这种情况下，国内需求就是外国的进口需求。

3. 影响一国需求结构的决定因素是平均收入水平

一国的需求结构和人均收入是直接相关的。人均收入越相似的国家，其消费偏好和需求结构越相近，产品的相互适应性就越强，贸易交往也就越密，其贸易量就越大。

林德认为，人均收入水平和消费品、资本品的需求结构有着紧密的联系。人均收入水平较低的国家，其选择的消费品质量也较低，因为他要让有限的收入满足多样化的需求；同时，为了实现充分就业和掌握生产技术，也只能选择通用的技术、简单的资本设备，这又导致了这些国家的消费品结构的低级化。人均收入水平较高的国家，其选择的消费品质量与档次较高，而资本设备需求结构也必须更先进、更高级。因此，人均收入水平相同的国家之间的贸易范围可能是最大的，而人均收入水平的差异却是贸易发展的潜在障碍。这就是说，即使一个国家拥有比较优势产品，但由于其他国家的收入水平与它不同，而对其产品没有需求，这种比较优势的产品就不能成为贸易产品。

【案例 2-3】　广受欢迎的高档车

价格是国际贸易需求的一个重要因素。一般而言，低价格是吸引消费者的一个有效的手段。尽管如此，有时低价格反而不利于商品销售，而高价格却更能使商品畅销。

1983 年，奔驰公司决定进入美国低档豪华轿车市场。公司推出了 190 型车，价格为 2.3 万美元。刚开始销售很好，但由于德国马克升值，将车价抬到 3 万美元一辆，汽车销量急剧下降。此时,奔驰公司更昂贵的车型却异常畅销。于是,公司开始放弃低档豪华车市场,推出了标价为 6 万~9 万美元的 S 级轿车。

到 1985 年,售价为 7.85 万美元和 8.9 万美元的 300SL 和 500SL 型赛车非常抢手,甚至一些新车主转手将其以 11 万美元转让。新型的 S 型轿车外形扁平宽阔,进行了多项技术改进,配备了更小、更强有力的发动机。奔驰公司董事长解释说:"世界上总会有愿意为极好的汽车支付极高价钱的顾客。"试问:德国奔驰汽车为何在美国能出现如此反常现象?

分析:

美德两国是汽车消费需求结构极为相似的国家。双方汽车贸易更容易贴近对方市场的需求。美国的平均收入水平及市场容量要略高于德国,由于收入水平较高,对更精致的产品需求的偏好较强,因而价格昂贵的车型反而受美国消费者的喜爱。

2.4.3 产品生命周期理论

产品周期理论是由美国哈佛大学弗农教授受林德的启发,于 1966 年在《产品周期中的国际投资和国际贸易》中提出的,后由威尔斯(L. T. Wells)进一步发展。它是关于产品生命不同阶段决定生产与出口该产品的国家转移理论。

弗农注重强调技术革新的时机及规模经济效益,而不是比较利益。从这一角度出发,弗农把由于新技术生产的产品的生命周期分为三个阶段。

第一阶段为新生期,是新产品的发明和研制阶段。此时期需要大量开发费用及技术。所以,新产品的发明大多是拥有丰富物质和人力资本的发达国家。

第二阶段为成长期。随着新产品的开发和生产,生产技术逐渐扩散,吸引了大量国外消费者,从而为一些发达国家厂商提供了生产这种产品的前提条件。此时,如何提高经营管理水平和销售技巧成为能否产生比较优势的重要条件。这一时期,尽管国外也有生产,但相对而言规模较小,而由于开发国市场广阔,规模经济致使成本低,仍然有很强的竞争力和比较优势。因此,这一阶段应注意用低成本的产品开拓更多市场。

第三阶段为成熟期。在这一阶段,生产技术已经成熟,生产已达到适当规模。国外也实现了规模经济而使产品成本下降,并彼此展开竞争,逐渐使原新产品厂商失去技术优势。由于此阶段低工资的非熟练劳动成为比较优势的重要条件,因此,这种新产品的生产转移到具有一定工业化基础的发展中国家。而原发明厂商又开始了另一种新产品的研制和生产。可见,弗农强调的是技术、产品规模的动态变化因素在国际贸易中的重要作用。

1968 年威尔斯在《国际贸易中有一个产品生命周期》一文中,以美国为例,将产品生命周期分为四个阶段。

第一阶段是创新国新产品出口垄断时期。创新国一般是最发达的工业国,比如美国。由于有较多的科研与发展费用的投入,又有较高的收入支持的市场,因此能不断地推出新产品。当这种新产品试制成功并生产出来以后,创新国(美国)享有了出口垄断优势。由于新产品的设计和设计的改进要求靠近市场和供应者,因此新产品必然在创新国本土生产。这时成本问题对于厂商来说不是最重要的,因为没有其他的竞争者。新产品一旦制造出来,创新国厂商就垄断了这种产品的世界市场。

第二阶段是外国生产者模仿生产时期。创新国新产品在国外打开销路、扩大市场以后,吸引了其他发达国家或次等发达国家的大量消费者。这些发达国家通过自己的生产节省了国际间的运费和关税,也不需要像创新国那样花费大量的科技研发费用,其成本显然要比创新国厂商要少。因此,它们的产品价格极有可能比创新国进口货的价格便宜。

第三阶段是国外生产者大量增多,参与国际市场的竞争时期。由于实现了规模经济,成本降低,从而在与创新国(美国)产品的竞争中逐渐占优势,出口大量增加,致使原创新国(美国)的出口不断下降,但创新国国内市场国内市场因为关税的保护作用,仍然被创新国(美国)厂商所垄断。

第四阶段是外国生产者的产品开始进入创新国(美国)市场,使创新国(美国)由出口国变为进口国,创新国(美国)的出口减少到几乎没有的程度。至此,这种产品在创新国(美国)的生命周期便告结束。这种产品的周期虽然在创新国(美国)结束了,但在开始生产该产品的其他国家还在进行,并可能处于第二或第三阶段上。正是由于这种技术的传递和扩散,使各国处于产品周期的不同阶段,在国际贸易中的地位也随之变化。

在实践中,新技术和新产品的创新通常首先在美国出现,然后传递到西欧发达国家,再扩散到世界其他国家(如发展中国家)。这种新技术和新产品的转移、扩散像波浪一样,不断地向前传递和推进。如图 2-1 所示为这种产品结构推进的情形。

图 2-1 中,横坐标表示时间的推移,纵坐标表示产品净出口状况,横坐标以下或 0 以下为净进口。创新国革新和生产始于时间 t_0,t_1 为贸易开始时,美国出口,较有购买能力的西欧和日本先进口,然后到 t_2 时其他国家也进口。西欧与日本到 t_3 时已经成为净出口国,这时,产品是"成熟"的,美国则于 t_4 成为净进口国,到 t_5 其他国家也终于成为净出口国,产品"标准化"了。至此,该产品在整个世界的生命周期进入了最后阶段。

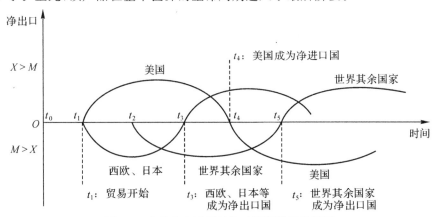

图 2-1　产品生命周期理论对国际贸易的解释

【案例 2-4】　计算机与国际产品生命周期

产品生命周期的例子是很常见的。个人计算机(PC)是一个很好的例子,尽管有多种个人计算机,并且其中某些品种尚处于新产品和成熟中产品阶段。于 1984—1987 年间上市的早期 PC 机已于 1991 年进入标准产品阶段,并主要以基础价格出售;于 1988—1991 年进入市场的 PC 机于 1991 年处于成熟中产品阶段;1991 年尚处于新产品阶段的具有高存储能力的 PC 机快速走向成熟,并已于 1995 年被更好的机器所取代。在 1995—1998 年,桌上机逐渐被更轻、更快、更高级和更便宜的笔记本电脑所取代。这种计算机装有先进的奔腾芯片、彩色监视器、高容量电池和大容量硬盘,还装有电话设备,成为一个完的通信中心。经理们可以通过它在全球各处进行联络。这种机器将首先在国内生产,之后再在外国生产。以这种方式,各种 PC 机将连续不断、周而复始地通过国际产品生命周期。

2.4.4　产业内贸易理论

产业内贸易理论是 20 世纪 60 年代开始在西方产生和发展起来的一种解释国际贸易分工格局的理论分支。

1.产业内贸易的概念

国际贸易从产品内容上看,大致可分为两种基本类型:产业间贸易和产业内贸易。前者是指一国进口和出口属于不同产业部门生产的产品,如出口初级产品、进口制成品;出口自行车、进口计算机等。后者是指一国既出口又进口某种同类型制成品,其贸易对象是同一产业内具有异质性的产品。所谓相同类型的产品,是指按国际商品标准分类法统计时,至少前三位数都相同的产品,也就是至少属于同类、同章、同组的商品,其既出现在一国的进口项目中,又出现在该国的出口项目中。

2.产业内贸易的特点

一般说来,产业内贸易具有以下特点:

(1)它与产业间贸易在贸易内容上有所不同。它是产业内同类产品的交换,而不是产业间同类产品的交换。

(2)产业内贸易的产品流向具有双向性,即同一产业内的产品,可以在两国之间相互进出口。

(3)产业内贸易的产品具有多样性。这些产品中既有资本密集型,也有劳动密集型,既有高技术,也有标准技术。

(4)产业内贸易的产品必须具备两个条件:一是在消费上能够相互替代;二是在生产上需要相近或相似的生产要素投入。

3.产业内贸易形成的原因

(1)同类产品的异质性是产业内贸易的重要基础

从实物形态上看,同类产品可以由于商标、牌号、款式、包装、规格等方面的差异而被视为异质产品,即使实物形态相同,也可以由于信贷条件、交货时间、售后服务和广告宣传等方面的差异而被视为异质产品。这种同类的异质性产品可以满足不同消费心理、消费欲望和消费层次的消费需要,从而导致不同国家之间产业内贸易的产生与发展。

(2)规模经济收益递增是产业内贸易的重要成因

大多数经济学家认为,规模经济能够解释产业内贸易的形成。他们指出,生产要素比例相近或相似的国家之间能够进行有效的国际分工和获得贸易利益,主要原因是其企业规模经济的差别。一国的企业可通过大规模专业化生产,取得规模节约的经济效果,其生产成本随着产量的增加而递减,使生产成本具有比较优势,打破了各生产企业之间原有的比较优势均衡状态,使自己的产品处于相对的竞争优势,在国际市场上具有更强的竞争力,扩大了产品出口。这样,产业内部的分工和贸易也就形成了。例如,"二战"后日本的汽车、彩电进入美欧市场就是有力的见证。

(3)经济发展水平是产业内贸易的重要因素

经济发展水平越高,产业部门内异质性产品的生产规模也就越大,产业部门内部分工就越发达,从而形成了异质性产品的供给市场。同时,经济发展水平越高,人均收入水平也越高,较高收入水平的消费者的需求会变得更加复杂、更加多样化,呈现出对异质性产品的强烈需求,从而形成异质性产品的需求市场。当两国之间人均收入水平趋于相等时,其需求结构也趋于接近,产业内贸易发展倾向就越强。

【案例 2-5】　美国和加拿大的汽车自由贸易区

1965 年以前,美国和加拿大的关税保护使得加拿大成为一个汽车基本自给自足的国家,进口不多,出口也少得可怜,而且加拿大的汽车工业被美国汽车工业的几个大厂商所控制。美国厂商发现,在加拿大大量建立分散的生产体系比支付关税要划算。因此,加拿大的汽车工业实质上是美国汽车工业的缩小版,大约为美国汽车工业规模的 1/10。

但是,美国厂商在加拿大的子公司发现了小规模带来的种种不利。一部分原因是在加拿大的分厂比其在美国的分厂要小,更重要的原因可能是美国工厂更"专一"——集中精力生产单一车型的汽车或配件。而加拿大的工厂则不得不生产各种各样的产品,以至于工厂不得不经常停产以实现从一个产品项目向另一个产品项目的转换,不得不保持较多的库存,不得不少采用专业化的机器设备,等等。如此一来,加拿大汽车工业的劳动生产率比美国要低 30% 左右。

为了消除这些因素,美国和加拿大政府通过努力于 1964 年建立了汽车自由贸易区。这一措施使得汽车厂商得以重组生产:美国厂商在加拿大各子公司大力削减其产品种类。例如,通用汽车削减了其在加拿大生产的车型的一半。但是,加拿大的总体生产及就业水平并未改变。加拿大一方面从美国进口自己不再生产的汽车车型,另一方面向美国出口加拿大仍生产的车型。1962 年,加拿大向美国出口了价值 1600 万美元的汽车产品,从美国进口了5.19 亿美元的汽车产品,到 1968 年,这两个数字已经分别成为 24 亿美元和 29 亿美元。换言之,加拿大的进口和出口均大幅度增长。到 20 世纪 70 年代初,加拿大汽车工业的生产效率已经可以与美国同行相媲美了。

小　结

系统的国际贸易理论是从古典贸易理论开始的。古典贸易理论主要有亚当·斯密的绝对成本理论和大卫·李嘉图的比较成本理论。由于亚当·斯密的绝对成本差异的约束条件在现实生活中很难满足,存在一定的局限性,大卫·李嘉图放松了绝对成本差异的前提条件,以比较成本的差异为前提假设,建立了比较成本理论,从而奠定了自由贸易理论的基础。

汉密尔顿和李斯特的幼稚产业保护理论也是产生于资本主义自由竞争时期,这说明了资本主义国家在工业化进程中发展的不均衡性,即使在自由竞争时期,弱国同样惧怕竞争。汉密尔顿和李斯特的贸易保护理论为工业发展较为落后的国家实行贸易保护政策提供了理论依据。

新古典贸易理论承认比较优势是国际贸易发生的基本原因,而且找到了比较优势得以形成的源泉,那就是贸易双方要素禀赋的差异。但是新古典贸易理论的前提过于苛刻,不能解释一些贸易现象。由于"里昂惕夫之谜"的提出,许多经济学家试图对此作出解释,丰富和发展了国际贸易理论。

"二战"后,伴随着科技革命和国际贸易格局的变化,国际贸易理论也呈现出新的发展局面,这些理论发展迅速,而且一直处于发展中,且理论众多,结构庞杂。具有代表性、影响较大的理论主要包括产品生命周期理论、产业内贸易理论等。

习　题

1. 单项选择题

(1)"如果国外制造的产品比我们自己制造的更加便宜,就应当用我们自己有利的产业生产出来的一部分商品去换他们的产品。"这种观点属于(　　)。

A. 绝对成本理论　　　　　　　　　　B. 相对成本理论

C. 相互相似理论　　　　　　　　　　D. 产业内贸易理论

(2)如果贸易双方有一方的产品并不具备成本优势,但是仍然参与国际交换,那么可以用(　　)理论来解释。

A. 绝对成本理论　　B. 相对成本理论　　C. 要素禀赋理论　　D. 贸易保护理论

(3)按照要素禀赋理论的解释,在国际贸易中,一国要出口本国(　　)要素所生产的产品。

A. 稀少　　　　　　B. 丰裕　　　　　　C. 低价　　　　　　D. 高价

(4)甲国生产一只手表需要5个单位劳动时间,生产一个时钟需要8个单位劳动时间;乙国生产手表需要6个单位劳动时间,生产时钟需要10个单位劳动时间。请问若两国要进行国际贸易,应该(　　)。

A. 甲国同时生产手表和时钟　　　　　B. 乙国同时生产手表和时钟

C. 甲国生产手表,乙国生产时钟　　　　D. 甲国生产时钟,乙国生产手表

(5)在第4题中,甲乙两国应该按照(　　)原则进行分工生产并交换?

A. 绝对成本理论　　B. 相对成本理论　　C. 要素禀赋理论　　D. 产业内贸易理论

(6)根据李斯特的贸易保护理论,在(　　)时期应当实行贸易保护政策?

A. 原始未开化时期　B. 畜牧业时期　　C. 农业时期　　　　D. 农工业时期

(7)李斯特主张贸易保护要有一定的期限,最长为(　　)年。

A. 10　　　　　　　B. 20　　　　　　　C. 30　　　　　　　D. 40

(8)里昂惕夫用投入—产出的方法考察美国对外贸易商品结构,发现美国出口的是(　　)。

A. 劳动密集型产品　　　　　　　　　B. 资本密集型产品

C. 技术密集型产品　　　　　　　　　D. 资本和技术密集型产品

(9)产业内贸易产生的重要原因是(　　)。

A. 同类产品的异质性　　　　　　　　B. 贸易两国消费者偏好相似

C. 贸易两国的技术差异　　　　　　　D. 产品处于不同生命周期

(10)两国的需求结构越相似,两国的贸易量就越大。这属于(　　)。

A. 产品生命周期理论　　　　　　　　B. 产业内贸易理论

C. 需求相似理论　　　　　　　　　　D. 技术差距理论

2. 简答题

(1) 绝对成本理论与比较成本理论的区别是什么?

(2) 要素禀赋论的主要内容是什么?

(3) 李斯特的贸易保护理论的主要内容是什么?

(4) 谈谈你对里昂惕夫之谜的理解。

(5) 论述产业内贸易产生的原因与结果。

(6) 何谓产品生命周期理论?

第3章 国际贸易政策

学习目标

　　了解国际贸易政策的概念和基本类型,了解自由贸易政策、保护贸易政策的政策措施;掌握关税的概念、分类、作用以及关税的优缺点,理解关税在不同时期、不同国家的应用;重点掌握非关税壁垒的种类和发展历程、非关税壁垒在当代各国对外贸易政策中的应用以及各种鼓励出口的措施和出口限制的措施。

　　本章重点

　　1.国际贸易政策概论

　　2.关税壁垒

　　3.非关税壁垒

　　4.鼓励出口的措施

　　本章难点

　　1.关税壁垒

　　2.非关税壁垒

　　一国的国际贸易政策随着世界政治、经济与国际关系的变化,本国在国际分工体系中地位的变化,以及本国产品在国际市场上竞争能力的变化而不断变化。因此,在不同时期,一个国家往往实行不同的对外贸易政策;在同一时期的不同国家,也往往实行不同的对外贸易政策。

3.1 国际贸易政策概述

3.1.1 国际贸易政策的含义、特征及内容

1.含义

　　在当今世界经济中,国际贸易政策在各国经济增长和经济发展中起着重要的作用,它已成为国际贸易环境的重要组成部分。一个国家的对外贸易政策是该国在一定时期内对进口贸易和出口贸易所实行的政策,是一个国家经济政策和对外政策的重要组成部分。这一范畴包含四个基本因素,即贸易政策理论、贸易政策措施、贸易政策目标和贸易政策福利效果。其中,国际贸易政策理论是国际贸易政策得以确立的理论基础。而各种形式的对外贸易干预措施是贸易政策得以贯彻、落实的工具,如关税措施、非关税措施、汇率措施、利率措施、税收措施等,也包括建立某种贸易制度。至于贸易政策的福利效果,则是以本国获取最大限度

的利益为尺度的评估或成本—效益分析。人们评价一种贸易政策的好坏或福利水平的高低,关键在于这种政策是否达到了政府选定的目标。因此,在研究一种贸易政策时,目标是非常重要的,应该说,不同的政策目标是评价一种贸易政策优劣的前提。

2.特征

一个国家的对外贸易政策具有如下特征:

(1)对外贸易政策是国家整体经济政策的组成部分

对外贸易政策服从于国家整体经济发展的需要,并与一个国家经济发展的阶段相适应。在产品短缺的经济阶段,国内有效需求旺盛,对外贸易政策的目标主要在于鼓励紧缺物资的进口和外贸他汇;而当经济发展过渡到产品过剩阶段,国内有效需求严重不足,需要通过鼓励出口推动经济增长,对外贸易政策的目标在于鼓励出口。这样对外贸易政策目标与手段,就要与国家整体经济政策目标和手段相协调。

(2)对外贸易政策与外交政策紧密相联

对外贸易政策与外交政策是相互促进、相互服务的,但从整体上说,由于国家经济利益是最大的和最实际的利益,因此外交政策通常服务于对外贸易政策。

(3)对外贸易政策具有很强的实践性和时效性

各国对外贸易政策的制定、执行,应根据世界贸易活动的大环境,针对本国经济发展的实践,不断进行选择和修订。由于世界上国家众多,经济发展水平和发展速度不同,各国的对外贸易政策常常处于频繁的变动之中,因此国际贸易的操作也处于不断变化中。

(4)对外贸易政策与对外贸易措施是既相关又不能混同的一对概念

政府的对外贸易管理是通过各项措施来实施的,对外贸易政策是通过对外贸易措施得到贯彻和体现的,两者密不可分。但是,它们又有根本的区别,主要表现在:①对外贸易措施只是管理手段,或者说是政策工具,它体现对外贸易政策的内容,是政策的载体,而不直接等于政策本身。②对外贸易政策在对外贸易管理中处于决定的、主导的地位;对外贸易措施是根据对外贸易政策的目标和内容确定的,处于从属地位。③对外贸易措施作为手段和工具,其本身是中性的,可以对对外贸易进行不同方向的调节;对外贸易政策却是政府的主观选择,有明显的倾向性,并且是相对稳定的。④对外贸易措施依据经济规律、市场经济法则起作用,在对外贸易政策的形成过程中,则渗透着许多非经济因素的影响。

3.内容

(1)对外贸易总政策

对外贸易总政策是各国从整个国民经济出发,根据本国国民经济的整体状况及发展战略,结合本国在世界经济格局中所处的地位而制定的,是在较长时期内实行的政策。例如,实施保护贸易政策或比较开放的自由贸易政策。它是各国发展对外经济关系的基本政策,是整个对外贸易政策的立足点。

(2)进出口商品政策

进出口商品政策是各国在本国对外贸易总政策的基础上,根据经济结构和国内外市场的供求状况而制定的政策。其基本原则是对不同的进出口商品实行不同的待遇,主要体现在关税的税率、计税价格和课税手续等方面的差异。

(3)国别政策

国别政策是各国根据对外贸易总政策,依据对外政治经济关系的需要而制定的国别和地区政策。它在不违反国际规范的前提下,对不同国家采取不同的对外贸易政策和措施。对不同国家规定差别关税率和差别优惠待遇是各国国别政策的基本做法,如对美贸易政策、对日贸易政策等。

3.1.2 国际贸易政策的类型

国际贸易政策类型是指各种贸易政策组合状态的基本倾向。一个国家的对外贸易政策若按政策倾向来划分则可分为自由贸易政策和保护贸易政策两大基本类型。

1. 自由贸易政策

自由贸易政策是指国家对进出口贸易活动一般不干预或尽可能不干预,对商品进出口不设置障碍,对进出口商不给予优惠特权,也不对外贸活动进行管制和干涉,从而使商品和服务能自由地进出口和实行自由竞争的贸易政策。

自由贸易政策的渊源可追溯到 15—17 世纪,最早提倡自由经济思想的是法国重农学派的代表人物魁奈。他认为,自然界有自然法则,人类社会的活动也与自然界一样有其自然秩序,实现自然秩序的唯一途径就是经济自由。这种思想应用于经济政策上,表现为反对重商主义的干预与征收高额进口关税的做法,倡导自由经济政策,鼓励以农产品为中心开展自由贸易。

英国学者休谟在重农主义的影响下,提出了"物价与金银流通的调整机能"理论。该理论认为,一个国家出超时,黄金将流入,国内货币供给量自动增加,国内物价上涨,外国产品将变得更便宜,输入将增加;当一个国家入超时,黄金将流出,国内货币供给量减少,物价下跌,本国产品将更具有国际竞争力,输出将增加。这样,在物价与金银流动的调整下,贸易不平衡情况会自然得到改善,政府采取干预政策毫无意义。休谟的理论使重商主义发生了根本性动摇。

这一时期,英国发生了产业革命。为了解决国内市场狭小、原材料供应不足的矛盾,人们逐渐认识到重商主义的弊端,因此亚当·斯密的《国富论》应运而生。在亚当·斯密的绝对优势理论的基础上,大卫·李嘉图继而提出了根据各国比较优势来参与国际分工的理论,从而为自由贸易政策提供了强有力的理论依据。

自由贸易政策的具体措施如下:

(1)取消外贸经营特权

外贸经营特权是指只有具备进出口经营权的公司,才能直接经营进出口业务。没有进出口权的公司,可以采用委托外贸公司代理出口等方式进行。为了促进国际贸易的发展,早期英国废止东印度公司对印度和中国的贸易垄断权,将贸易经营权范围扩大到一般涉外公司。中国改革开放后,中国的外贸经营权逐渐下放。在计划经济体制下,我国的外贸经营属绝对的"特权",在高度集中的外贸垄断经营体制下,只有十余家外贸部直属的国营外贸总公司。改革开放 30 年来,我国外贸经营权从集权到放权、分权,单一的垄断经营格局最终为主体多元、全面竞争的经营格局取代。

(2)降低关税税率

资本主义自由竞争时期,各发达国家纷纷降低关税;"二战"后贸易自由化时期,各国关税水平更是大幅度降低。目前,发达国家进口工业品的平均关税由 40% 下降到 4.7%,发展中国家进口工业品的加权平均关税也下降到 14%。

（3）签订自由贸易条约

签订自由贸易条约是指一国或多国之间签订双边或多边贸易条约，如欧洲煤钢共同体条约、欧洲经济共同体条约、欧洲联盟条约、美加自由贸易协定、北美自由贸易协定、东南亚自由贸易宣言等。"二战"后最初建立了调整缔约国对外贸易政策和国际贸易关系方面的相互权利、义务的关税及贸易总协定（GATT）。由于关贸总协定的临时地位及其局限性，关贸总协定从 1948 年 1 月 1 日起实施，到 1994 年 12 月 31 日结束其历史使命，被世界贸易组织（WTO）取代。

（4）减少非关税壁垒

除关税措施以外的一切限制进口的措施，都是非关税壁垒。如进口配额制、进口许可证制、外汇管制和进口押金制等。例如放宽或取消进口数量限制；放宽或解除外汇管制。

在 20 世纪 30 年代资本主义世界性经济危机时期，价格暴跌，仅仅通过大幅度提高关税税率，难以有效地限制商品进口，因此，资本主义国家广泛采用进口配额、进口许可证和外汇管制等非关税壁垒措施。此外，复杂的海关手续，繁苛的技术标准和卫生检疫规章等也被广泛地用来限制进口。第二次世界大战后初期，许多资本主义国家仍然实行严格的限制进口措施，但从 50 年代到 70 年代初，发达资本主义国家除了大幅度降低关税外，还放宽和取消了非关税壁垒的措施，扩大进口自由化，增加"自由进口"商品，放宽与取消外汇管制，实行货币自由兑换。

2. 保护贸易政策

保护贸易政策是指国家广泛利用各种限制进口和控制经营领域与范围的措施，保护本国产品和服务在本国市场上免受外国商品和服务等的竞争，并对本国出口商品和服务贸易给予优惠和补贴。

保护贸易政策始于 15—16 世纪的重商主义时期，当时正是资本主义生产方式的准备阶段，为了促进资本原始积累，西欧各国实行强制性的贸易保护政策。通过限制货币（金银）出口和扩大贸易顺差的办法增加货币的积累。至 18 世纪末 19 世纪初，随着产业革命的完成和资本主义生产方式统治地位的确立，保护贸易政策的主导地位逐步被自由贸易政策所取代，但是美国和德国还是坚持奉行保护贸易政策，以保护本国的新兴工业即幼稚产业，使之免受与英国商品的竞争。到了 19 世纪末 20 世纪初，资本主义进入垄断阶段，各国争夺世界市场的斗争加剧，为了垄断国内市场和开拓国际市场，西方发达国家纷纷推行超保护贸易政策。20 世纪 70 年代以后，由于美国经济地位的下降，西欧、日本等国的崛起，美国在世界市场上的优势地位逐渐丧失，导致国内保护主义势力抬头，继而导致美国采取保护贸易政策。

保护贸易政策具体措施如下：

（1）关税壁垒

较高的关税税率，可以大幅增加进口商品的成本，抬高进口商品的价格，使进口商品失去与当地商品竞争的能力，进而阻止外国商品的进口。因此，税率较高的关税又叫做关税壁垒。重商主义时期，各国使用关税壁垒是为了增加贸易顺差，积累金银货币财富。资本主义自由竞争时期，美国、德国实行保护贸易政策，扶持本国幼稚工业，主要是使用关税壁垒来保护国内市场。

（2）非关税壁垒

进入 20 世纪 70 年代以后，西方国家普遍出现了较为严重的经济"滞胀"局面，即经济增长缓慢,通货膨胀率和失业率居高不下。在此情形下,为了增加国内需求,刺激经济增长,西方各国又普遍推行了保护贸易的政策,被称为"新贸易保护主义"。它们主要采用非关税壁垒限制商品进口。"二战"后由于关税壁垒受到关贸总协定的制约,以提高关税水平来实现贸易保护已不现实。

各种非关税壁垒措施在 20 世纪 60 年代只有 800 多种,到 90 年代则已发展到上千种。在这个过程中,非关税措施的歧视性不断增强。发达国家往往根据与不同国家的政治经济关系,采取不同的非关税措施,甚至将非关税措施作为手段,对某些特定的国家进行"报复",以达到某种政治经济目的。

(3)鼓励出口措施

一国政府为了调动企业及个人的出口创汇积极性,扩大本国产品的出口,在经济、立法、组织上所采取的一切措施和方法。

重商主义时期和自由竞争时期的保护贸易政策主要采取关税壁垒的限入措施,"新贸易保护主义"奖出限入措施的重点从限制进口转向鼓励出口。

(4)区域性贸易壁垒

同区域内的国家组成区域经济集团,对内实行贸易自由化,对外实行贸易保护政策,由此构成区域性贸易壁垒。

自从"新贸易保护主义"兴起,保护贸易壁垒便从国家贸易壁垒转向区域性贸易壁垒。世界经济区域集团化是"二战"后世界经济的一个重要发展趋势,目前世界范围内的多数国家都已不同程度地加入了某个或某几个区域经济一体化组织。在此基础上建立起来的贸易集团具有排他性,即在对内加强贸易自由化的同时,又联合起来一致对外,排挤和打击集团以外的竞争者。在这种情况下,区域性的贸易壁垒正在逐渐取代国家性的贸易壁垒,在"新贸易保护主义"的潮流中发挥着越来越大的作用。

3.1.3　影响一国对外贸易政策的因素

一个国家在一定时期内是采取自由贸易政策还是推行保护贸易政策,一般取决于下列因素的综合作用。

1.经济发展水平和产品竞争能力

一般来说,如果一个国家的经济发展水平较高,技术较为先进,资金较为充裕,产品竞争力较强,就会倾向于推行自由贸易政策,以期在国际市场的自由竞争中获得更大的经济利益;反之,如果一个国家的经济发展水平较低,资金和技术等生产要素处于劣势,其产品在国际市场上缺乏竞争能力,就会倾向于实行保护贸易政策,以避免在国际市场上遭受更大损失。

2.经济结构与产业结构

在传统产业占主导地位,现代工业尚未得到成长的国家,为了保护传统产业免遭国外同类行业先进力量的冲击,促进幼稚工业的发展,往往会推行保护贸易政策;相反,经济结构和产业结构已高度现代化的国家,则一般通过推行自由贸易政策来获得更多的外部市场。

3.经济发展战略

一般而论,采取外向型经济发展战略的国家,就会制定较开放和自由式的外贸政策,因为在外向型经济发展战略的国家对外贸易对经济发展非常重要,因此会主张在世界范围内实行竞争和合作;相反,采取内向型经济发展战略的国家则对世界范围内的贸易竞争和合作缺乏紧迫感。不仅如此,为了保护本国产业的成长,它们还往往会采取较为强硬的贸易保护政策。

4. 国内经济状况

当一国国内经济发展滞缓,尤其出现经济萧条,进而失业增加,国际收支失衡,外贸逆差扩大,产品竞争力下降时,它就会倾向于阻碍和排挤外来商品的输入,实行贸易保护主义政策;反之,如果一国国内经济发展势头良好,兴旺繁荣,国际竞争力上升时,其对外贸易政策中的自由主义成分就会增加。

5. 各种利益集团力量的对比

不同的贸易政策对本国不同的利益集团会产生不同的利益影响。如自由贸易政策有利于出口集团、进出口贸易商和消费者,但不利于进口竞争集团。因为在实行自由贸易政策的条件下,这个集团生产的商品面临着进口产品的有效竞争。因此,一般而言,那些同进口商品发生竞争关系的行业及其外围组织,是推行贸易保护主义的中坚力量;而以出口商品生产部门为中心的参与许多国际经济活动的各种经济力量,则是自由贸易的推崇者。

6. 政府领导人的经济思想与贸易思想

虽然各国对外贸易政策的制定与修改是由国家立法机构来进行的,但是政府机构尤其是政府领导人往往拥有某些特殊的合法权力,如通常授予美国总统在一定范围内制定某些对外贸易法令、进行对外贸易谈判、签订贸易协定、增减关税和确定进口商品数量等权力。因此,政府领导人的经济贸易思想也是影响贸易政策去向的重要因素之一。

7. 本国与他国的政治经济关系

一般情况下,一国往往对那些政治外交关系友好、经济上不与自身构成威胁的国家开放国内市场,扩大商品和技术的出口;而对那些政治上或经济上对立的国家,则倾向于采取保护贸易政策。

3.1.4　对外贸易政策的历史演变

一国的对外贸易政策随着世界政治、经济与国际关系的变化以及本国在国际分工体系中地位的变化、本国产品在国际市场上竞争能力的变化而不断变化。因此,在不同时期,一个国家往往实行不同的对外贸易政策;在同一时期的不同国家,也往往实行不同的对外贸易政策。

1. 重商主义时期(15—17 世纪)

在 15—17 世纪资本主义生产方式准备时期,商业成为人们生活不可或缺的业态,商业资产阶级占据了经济生活的主流地位。为了完成资本的原始积累,英法等欧洲资本主义国家信奉重商主义的学说和政策,积极推行国家干预对外贸易的做法,采取严厉的贸易保护措施。早期重商主义者认为,只有货币才是财富,它们追求的目标是获取对外贸易顺差,在国内积累货币财富,把贵重金属留在国内。因此,由政府或国王本人直接垄断或管制对外贸易,采取一系列行政法律措施,严禁奢侈品进口和金银出口。重商主义晚期,工场手工业和航海运输业迅速发展,商业资产阶级认识到不应当对货币的运动过分加以限制,于是,由管制金银的进出口变为管制货物的进出口,试图用更多的出口来获取贸易顺差和金银进口。这样,它们除了向原料进口提供优惠外,对其他进口货物实行保护关税和种种限制措施,同时采用各种强有力的政策手段奖励出口。因此,该时期西欧各国普遍推行的是典型的保护贸易政策。保护贸易政策代表了商业资产阶级的利益。

2.自由贸易政策和保护贸易政策并行时期(18世纪中叶—19世纪末)

18世纪中叶至19世纪末,资本主义进入自由竞争时期,资本主义工业生产占据了经济生活中的统治地位。各国在资本主义的经济基础上建立了适合工业资产阶级利益的对外贸易政策。但由于各国工业发展水平不同,所采取的贸易政策也不完全相同。

英国首先采取自由贸易政策。一方面,英国在产业革命后,工业迅速发展,"世界工厂"的地位确立并巩固,其产品具有强大的国际竞争力;另一方面,英国需要以工业制成品的出口换取原料和粮食的进口。为此,英国资产阶级迫切要求国内外政府放松对外贸易活动的管制。经过长期斗争,英国在19世纪初期逐步取得自由贸易政策的胜利。当时的自由贸易政策是国家对进出口贸易不设置任何障碍,不进行干预,让商品在国内外市场自由竞争,所以是一种开放性的贸易政策。

同时期,与英国形成鲜明对照的是美国和西欧的一些国家(如德国)推行保护贸易政策。基本原因是这些国家工业发展水平不高,经济实力和商品竞争能力都无法与英国相抗衡,需要采取强有力的政策措施(主要是保护关税措施)以保护本国的幼稚工业,避免遭受英国的商品竞争。因而逐步实行了一系列鼓励出口和限制进口的措施。

3.超保护贸易政策时期(19世纪末—"二战"结束)

从19世纪末到第二次世界大战期间,资本主义处于垄断时期。在这一时期,垄断代替了自由竞争,成为一切社会经济生活的基础。此时,各国普遍完成了产业革命,工业得到迅速发展,世界市场的竞争变得越来越激烈。尤其是1929—1933年的世界性经济危机,使市场矛盾进一步尖锐化。于是,各国垄断资产阶级为了垄断国内市场和争夺国外市场,纷纷要求实行超贸易保护政策。超贸易保护政策是一种侵略性的贸易保护政策,与自由竞争时期的保护贸易政策相比有着明显的区别:它不是防御性地保护国内幼稚工业,以增强其自由竞争能力,而是为了保护国内高度发达或出现衰落的垄断工业,以巩固国内外市场的垄断;保护的对象不是一般的工业资产阶级,而是垄断资产阶级;保护的手法也趋于多样化,不仅仅是高关税,还有其他各种奖出限入的措施。不过同时期,美国的对外经济政策的自由贸易成分越来越强,这反映出"金元帝国"在其鼎盛时期的战略态势。

4.贸易自由化时期("二战"后—20世纪70年代初)

"二战"后,百废待兴,市场需求旺盛,缓解了垄断资产阶级激烈的市场竞争,这为"二战"后贸易自由化提供了大前提。同时,美国的实力空前提高,强大的经济实力和膨胀的经济,使其既有需要又有能力冲破当时发达国家所流行的高关税政策。日本和西欧为了"二战"后经济的恢复和发展,也愿意彼此放松贸易壁垒,扩大出口。此外,科技的发展和国际分工的进一步深化,推动了生产国际化、资本国际化,跨国公司迅速兴起,因而迫切需要一个自由贸易环境以推动商品和资本的流动。于是,这一时期发达资本主义国家的对外贸易政策先后出现了自由化倾向。这种倾向主要表现在大幅度削减关税和降低或撤销非关税壁垒。其中关贸总协定(GATT)缔约方的平均进口最惠国税率下降至5%左右。欧共体(现为欧盟)实行关税同盟,对内取消关税,对外减让关税,使关税大幅度下降。此外,在发展中国家的努力下,发达国家给来自发展中国家的制成品和半制成品的进口以普遍优惠制待遇。在非关税减让方面,发达国家不同程度地放宽了进口数量限制,扩大了进口自由化,增加了自由进口的商品。放宽或取消外汇管制,实行货币自由兑换,促进了贸易自由化的发展。

5.新贸易保护主义时期(20 世纪 70 年代后)

新贸易保护主义形成于 70 年代中期。期间,资本主义国家经历了两次经济危机,经济出现衰退,陷入滞胀的困境,就业压力增大,市场问题日趋严重。以国内市场为主的产业垄断资产阶级和劳工团体纷纷要求政府采取保护贸易措施。此外,由于工业国家发展不平衡,美国的贸易逆差迅速上升,其主要工业产品如钢铁、汽车、电器等,不仅受到日本、西欧等国家的激烈竞争,甚至还面临一些新兴工业化国家以及其他出口国的竞争威胁。在这种情况下,美国一方面迫使拥有巨额贸易顺差的国家开放市场,另一方面则加强对进口的限制,因此美国成为新贸易保护主义的重要策源地。美国率先采取贸易保护主义措施,引起了各国贸易政策的连锁反应。各国纷纷效尤,致使新贸易保护主义得以蔓延和扩张。

新贸易保护主义是相对于自由竞争时期的贸易保护主义而言的,它与自由竞争时期的保护贸易有相同之处,但更多的是不同。相同的是它们都是防御性的政策;不同的是自由竞争时期的保护贸易是弱国保护幼稚产业,防御强国优势产业的进攻。新贸易保护主义是强国保护衰退产业,防御弱国新兴产业的进攻,这是国内各个利益集团平衡的结果。另外,市场的不完全性越来越强以及规模经济的现实,使得自由贸易不能让一国的总体利益哪怕是短期内的利益最大化。新贸易保护主义越来越走向自由贸易与保护贸易相结合的结果——管理贸易。

6.发展中国家的对外贸易政策(“二战”后)

(1)进口替代政策(20 世纪 50 年代后)

进口替代(import substitution),有时也称内向型的经济发展战略,是指通过建立和发展本国的制造业,实现对进口制成品的替代,以达到加快工业化进程和减少对国外经济依附的目的。

“二战”后,广大发展中国家普遍采取了进口替代的对外贸易政策。

这种政策的目的是用国内生产的工业品替代进口产品,以减少本国对国际市场的依赖,促进民族工业的发展。这种政策的出台与“二战”后发展中国家贸易条件的恶化有关。

在殖民时期,由于殖民政策的影响,殖民地国家严重依赖宗主国的工业产品。“二战”后,初级产品对制成品的比价下降,这就迫使发展中国家必须用更多的出口商品(初级产品)来换取进口商品(制成品),国际收支逆差与年俱增。

因此,发展中国家开始改变单一经济结构,发展民族工业。进口替代的贸易政策主要采取保护贸易政策措施,例如,关税壁垒和非关税壁垒,扶持和保护本国替代工业部门等。

(2)出口替代政策(20 世纪 60 年代中期后)

出口替代(export oriented),有时也称外向型的经济发展战略。其主要特点是以大量的商品出口为导向,把经济活动的重心从以本国或本地区市场为主转向以国际市场为主,进而推动整个国民经济或地区经济的发展。

20 世纪 60 年代中期后,发展中国家纷纷转向出口替代政策——以发展出口工业为重点,用工业制成品和半制成品的出口代替初级产品的出口,促进出口产品的发展多样化,以增加外汇收入,并代替工业体系的建立和经济的持续增长。由于各国具体条件不同,实施这一政策的措施和策略也不尽相同。大致来看,主要有三种表现形式:一种是拉美国家的做法(如巴西、墨西哥、阿根廷等国),它们是在原来进口替代工业的基础上发展出口替代工业,即把出口替代与进口替代结合起来。第二种是原来出口初级产品的国家日益提高初级产品的加工度,用制成品和半制成品出口替代原来的初级品出口,如马来西亚、泰国等。第三种是亚洲"四小龙",它们地域狭小,矿产资源贫乏,就充分利用劳动力资源发展劳动密集型装配加工工业。

3.2 关税壁垒

3.2.1 关税概述

关税是最传统的贸易政策工具。第二次世界大战以来,关税在政策工具中的地位下降,但它仍然是市场经济条件下政府调节对外经济关系的有效手段。

1. 关税的概念

关税(customs duty;tariff)是指进出口货物经过一国关境时,由政府设置的海关向本国进出口商课征的一种税收。由于征收关税提高了进出口商品的成本和价格,客观上限制了进出口商品的数量,故关税又被称为关税壁垒(tariff barrier)。

关税的历史悠久,早在欧洲古希腊、古罗马时代就出现了带有关税性质的税收。英国很早有一种"例行人市税",是商人在进入市场时向当地领主交纳的通行税,后来把这种税称为"关税",这个名词一直沿用至今。在封建时期,各国国内诸侯割据,关卡林立,形成了重重征税的内地关税,这不仅限制了对外贸易,也阻碍了国内的商品流通,影响了社会生产力的发展。近代关税制度是在资本主义生产方式确立以后逐渐形成的,它的一个基本特点是国境关税制,即进出口货物统一在一国国境上一次性征收关税,而在同一国境内不再重征。英国最早实行这种统一的国境关税制,以后逐渐为世界各国所普遍采用。

关税的征收是通过海关来执行的。海关是设在关境上的国家行政管理机构,它由国家授权,行使国家权力,对外代表国家行使国家主权,对内代表中央政府行使对地方的权力。海关是贯彻执行本国有关进出口政策、法令和规章的重要工具,它的基本职责是根据这些政策、法令和规章对进出口货物、货币、金银、行李、邮件和运输工具等实行监督管理,征收关税,查禁走私,临时保管通关货物和统计进出口商品等。

海关对进出口货物实行监督和管理,需要规定一个地域界线,货物进入这个地域时作为进口,离开这个地域时作为出口,这个地域称为关境。一般来说,关境和国境是一致的,但在许多国家两者并不一致。例如,有些国家在国境内设有自由港、自由贸易区和出口加工区等经济特区,这些地区虽然在国境之内,但从征收关税的角度来看,它们是在该国的关境之外,进出经济特区的货物免征关税,这时关境在范围上小于国境。有些国家相互之间结成关税同盟,参加同盟的国家领土合并成为一个关境,成员国之间免征关税,货物自由进出口,只对来自或运往非成员国的货物进出共同关境时征收关税,这时关境则大于成员国各自的国境。

2. 关税的特征

关税与其他税收一样,具有强制性、无偿性和预定性。强制性是指关税由海关凭借国家权力依法强制征收,而不是一种自愿性的捐纳,纳税人必须按照法律规定无条件地履行其义务,否则就要受到国家法律的制裁。无偿性是指关税由海关代表国家单方面地向纳税人征取,作为国库收入,而国家不需要给予任何补偿。预定性是指关税由海关根据国家预先制定的法令和规章加以征收,海关与纳税人均不得任意更改有关的法规。除此之外,关税还具有以下特征:

(1)关税是一种间接税

关税的纳税人是进出口货物的当事人,但负税人却最终是消费者。货物被征收关税以后,纳税人会把税款加在商品价格中,通过商品的流转而最终转嫁给消费者。

(2)关税的课税主体和客体

关税的课税主体是本国进出口商,课税客体是进出境的货物。当商品进出国境或关境时,进出口商根据海关的规定向当地海关交纳关税,海关根据有关税法及规定,对课税客体即各种进出口商品征税。

(3)关税具有涉外性

关税的征收与减免将在不同程度上影响到贸易方国家的经济利益,所以,关税又是国际经济合作与斗争的一个重要手段,有时还会引起国际争端,目前已成为国际谈判和协定的重要内容。

(4)关税是对外经贸政策的重要组成部分

一个国家的海关是实施其对外贸易政策的主要机构,海关完成这一任务的主要方式是征收关税。国家通过对不同国家和地区、不同种类的商品征收不同的关税,从而把一国的对外贸易政策表现出来。

3. 关税的作用

一国征收关税既会产生积极作用,又会产生消极作用。一国在制定关税政策时应尽量发挥关税的积极作用,减少消极作用。

(1)积极作用

1)增加财政收入

增加财政收入是关税出现之初的基本职能。在资本主义以前和资本主义发展初期,由于各国工业不发达,税源有限,当时征收关税的主要目的是获取财政收入。这种以增加国家财政收入为主要目的而征收的关税,称为财政关税。财政关税是一国财政收入的重要组成部分。

2)保护国内的产业和市场

对进口货物征收关税,提高了进口货物的成本,削弱了它与本国同类产品的竞争能力,因而可以起到保护本国产业和市场、限制进口的作用,达到保护的目的。在现代国际贸易中,各国设置的关税主要是保护关税。广大的发展中国家往往通过关税来保护本国的幼稚工业,以促进民族工业的发展;而主要发达国家设置关税则更多地是为了保护本国的成熟工业和衰退工业,以维护其既得利益。

3)调节进出口贸易

长期以来,关税一直是各国对外贸易政策的重要手段。一国可以通过制定和调整关税税率来调节进出口贸易。在出口方面,通过低税、免税和退税来鼓励商品出口;在进口方面,通过税率的高低、减免来调节商品的进口。对于国内能大量生产或者暂时不能大量生产但将来可能发展的产品,规定较高的进口关税,以削弱进口商品的竞争能力,保护国内同类产品的生产和发展;反之,则制定较低的税率或免税,鼓励进口以满足国内生产和生活的需要。

4)调整贸易差额

当贸易逆差过大时,可以调高某些产品的进口税率或征收进口附加税,以减少进口,缩小贸易逆差;当贸易顺差过大时,可以通过调低某些产品的进口税率来增加进口,缩小贸易顺差,以缓和与有关国家的贸易矛盾。

5)调节国民收入的分配

一般,各国对高价的生活奢侈品征收高额关税,对日用必需品征收较低关税或免税。这样可以发挥关税的再分配作用,调节社会的贫富不均。

(2)消极作用

1)降低了社会福利

关税提高了进口商品的价格并减少其进口数量,使进口国消费者多花了钱或减少了消费。

2)不适当的关税保护阻碍生产力发展

长期用过高的关税保护国内产业会使该产业养成"惰性",不努力改进技术以提高生产效率与产品质量,反而会阻碍生产力发展。

3)会加剧走私活动

过高的关税是走私的客观根源,反而造成财政收入减少和对国内市场的冲击。

4)阻碍世界经济自然发展

关税阻碍世界经济的自然发展,不利于各国充分发挥自己的经济优势。

3.2.2 关税的种类

关税可以按照征税商品的流向、课征的方法、税率等不同标准进行分类。

1.按征税商品的流向分类

(1)进口税(import duties)

进口税是指进口国海关在外国商品输入时,对本国进口商所征收的关税。进口税是关税中最主要的税种,一般是在外国商品(包括从自由港、自由贸易区或海关保税仓库等地提出运往进口国国内市场的外国商品)进入关境,办理海关手续时征收。进口税可以是常规性的,按海关税则征收的关税;也可以是临时加征的,在正税以外额外征收的附加税。进口税税率可以根据征税国与贸易伙伴的贸易关系性质的差异而不同。

征收进口税的目的就是限制外国商品进口,在保护国内生产和市场方面具有很明显的作用。因为关税的征收提高了进口商品的价格,从而降低其与本国同类产品相竞争的能力,达到保护本国产品的目的。同时进口税也是国家财政收入的来源之一。一般而言,税率越高,其保护程度越强。

(2)出口税(export duties)

出口税是指出口国海关在本国商品输出时,对本国出口商所征收的关税。它通常是在本国出口商品出离关境时征收的。为了鼓励出口,追求贸易顺差和获取最大限度的外汇收入,许多国家,特别是西方发达国家已不再征收出口税。征收出口税的主要是发展中国家,多数以燃料、原料或农产品为对象。

出口税的作用是通过增加出口商品负担实现的。一般为保护资源而设的出口税税率较高,这样才能起到限制出口的目的。具体税率水平视该类商品的重要程度和稀缺状况而定。而以财政收入为目的的出口税税率相对较低。

【案例 3-1】　日中两国对有关产品的高关税措施

2001 年 4 月,日本决定对从中国进口的大葱、生鲜蘑和蔺草席等产品采取紧急进口限制措施,即在一定的额度内,保持原关税水平不变(葱 3%、生鲜蘑 4.3%、蔺草席 6%),如果超过额度,则将征收高额关税(葱 256%、生鲜蘑 266%、蔺草席 106%)。6 月 21 日,中国政府也决定自 6 月 22 日起,对原产于日本的汽车、手机、空调加征税率为 100% 的特殊关税,即在原关税的基础上再加征 100% 的关税。这就意味着,如果每辆征收的关税后售价 30 万元的汽车,在加征 100% 的关税后,其价格就变成了 33 万元,即多出 3 万元要由消费者来承担,其结果是相关产品的价格竞争优势被削弱了。

由此可见,两国之间所采取的高关税措施,使得相关产品在进口国中的价格竞争优势被削弱,起到阻止进口并影响其经济贸易发展的作用。

(3)过境税(transit duties)

过境税也称通过税,即一国对于通过其领土(或关境)运往另一国的外国货物所征收的关税。过境税最早产生于中世纪并流行于欧洲各国,但是作为一种制度,则是在重商主义时期确定起来的。征收过境税的条件是征税方拥有特殊的交通地理位置,征税方可以凭借这种得天独厚的条件获取一定的收入。

但是,较高的过境税可能使过境货物锐减甚至消失,使优越的地理位置不能发挥作用,政府也不能从中获利。另外,它也会招致对方报复,对本国出口不利。由于运输业的发展及运输竞争的加剧,货物过境对增加运输收入、促进运输业发展的作用日益增强,加上各国财政来源收入增加,从 19 世纪后半期开始,各国相继废止了过境税,代之以签证费、准许费、登记费、统计费和印花税等形式,鼓励货物过境,以增加运费收入、保税仓库内加工费和仓储收入等。

2.按关税征收方法分类

关税按征收方法划分,可分为从量税、从价税、混合税和选择税等。

(1)从量税

从量税(specific duties)是以商品的重量、数量、长度、容积、面积等计量单位为标准计征的关税。从量税的税额是商品数量与单位从量税的乘积。各国征收从量税大都以商品的重量为单位,但各国应纳税的商品重量计算方法则不同,一般有毛重、净重和公量三种。

1)从量税的优点

①手续简便,无须审查货物的规格、价格和品质,可以节约征收成本费用。

②进口品价格跌落时,仍有适度保护。

③可以防止进口商谎报价格。

2)从量税的缺点

①对等级、品质及价格差异的货物,按同一税率征收,税负不合理。

②税率固定,没有弹性,税额不能随物价涨落而增减,失去了市场的价格机能。当物价下跌时,保护作用增大;当物价上涨时,保护作用减小。从量税有累退税的特征,进口商品价格越高,其相对税负越轻。

③对部分不能以数量计算的商品不能适用,如古董、字画、钟表、钻石等。从量税通常用

于国外质量低、次的廉价商品进口。发达国家使用从量税主要针对食品、饮料、动植物油等的进口。美国约有 33%的栏目是适用从量税的。由于发展中国家出口以初级产品为主,从量税就使这类产品的税负相对较重。

(2)从价税

从价税(advalorem duties)是按进口商品的价格为标准计征的关税,其税率表现为货物价格的百分比。

1)从价税的优点

①税负合理。按货物的品质、价值等级比率课税,品质佳、价值高者,纳税较多;反之则较少。

②税负明确,且便于各国关税税率比较。

③税负公平。税额随物价的涨落而增减,纳税人的负担可以按比例增减。

④物价上涨而进口数量不变时,财政收入增加。

2)从价税的缺点

①估价繁难,需有专业人才胜任,因此征收成本高。

②通关不易。在估定货物价格时,海关与业者容易引起争议。

③调节作用弱,保护性不强。税额随物价涨落而增减,对物价不能产生调节作用。对价税的保护作用也略显不足。当国外市场价格上涨时,国内产业所需的保护要求降低,但实际上进口税额是随物价上涨而增加;反之,国外市场价格跌落时,国内生产所需的保护增强,但关税却随之减少。

3)完税价格的核定

从价税的一个关键问题是如何核定完税价格(duty paid value)。完税价格是经海关审定作为计征关税依据的货物价格。由于完税价格标准的选择直接关系到对本国的保护程度,各国对此均十分重视。各国所采用的完税价格的依据各不相同,大体有三种:①以运、保费在内价(CIF)作为完税价格的基础;②以装运港船上交货价(FOB)为征税价格标准;③以法定价格或称进口国官定价格为征税价格标准。世界上大多数国家以运、保费在内价为基础计征关税,也有的国家使用进口地市场价格。

完税价格的认定也即海关估价(customs value),是指出口货物的价格经货主(或申报人)向海关申报后,海关按本国关税法令规定的内容审查,估定其完税价格。由于各国海关估价规定的内容不一,有些国家可以利用估价提高进口关税,形成税率以外的一种限制进口的非关税壁垒措施。

(3)混合税

混合税(mixed duties)又称复合税,是对同一种商品,同时采用从量、从价两种标准征收关税的一种方法。按从量税和从价税在混合税中的主次关系不同:有的以从价税为主,加征从量税;有的以从量税为主,加征从价税。混合税率应用于耗用原材料较多的工业制成品。美国采用混合税较多,如它对提琴除征收每把 21 美元的从量税外,加征 6.7%的从价税。

1)混合税的优点

混合税兼有从价税和从量税的优点,使税赋适度。当物价高涨时,所征税额比单一从量税多;当物价下跌时,其所征税额又比单一从价税要多,增强了关税的保护程度。

2)混合税的缺点

从价税与从量税之间的比例难以确定,且征收手续复杂,征收成本高,不易实行。

(4)选择税

选择税(aIternative duties)是指对同一物品,同时有从价税和从量税两种税率,征税时由海关选择。通常按税额较高的税率征收的一种关税。

1)选择税的优点

当高价品市价上涨时,选择从价税率;而廉价品物价低落时,选择从量税率。选择税具有灵活性的特点,可以根据不同时期经济条件的变化、政府关税目的以及国别政策进行选择。若为了增加财政收入或加强保护,可以选择税额高的税率;若为了鼓励进口或给予某特定国家进口的优惠,可以选择税额低的征税。

2)选择税的缺点

选择税征税标准经常变化,令出口国难以预知,容易引起争议。

3.进口附加税的分类

进口附加税(import surtax)是指对进口商品除了征收正常的进口关税以外,根据某种目的再加征的额外进口税。由于这类关税在海关税则中并不载明,并且是为特殊目的而设置的,因此,进口附加税也称特别关税。

进口附加税通常是一种为特定目的而设置的临时措施。其目的主要有:应付国际收支危机,维持进出口平衡;防止国外商品低价倾销;对某个国家实行歧视或报复等。有些进口附加税对所有进口商品征收,有些只针对某项商品征收,以限制这种特定商品的进口。

1971 年上半年美国经历了 78 年来首次贸易逆差,国际收支恶化。1971 年 8 月 15 日,为了应付国际收支危机,美国政府宣布对进口商品一律加征 10% 的进口附加税,以限制进口,调节国际收支失衡。

根据不同的目的,进口附加税主要有反贴补税、反倾销税和报复关税等。

(1)反贴补税

反贴补税(countervailing duties)又称抵消税或补偿税,是对于直接或间接接受任何奖金或贴补的外国商品进口所征收的一种附加税。凡进口商品在生产、制造、加工、买卖、输出过程中所接受的直接或间接的奖金或贴补都构成征收反贴补税的条件,不论奖金或贴补来自政府或同业公会等。反贴补税的税额一般按奖金或贴补数额征收。

在国际贸易中,一般认为对出口商品采取补贴方式是不合适、不公平的,它与国际贸易体系的自由竞争原则相违背。为此,反贴补税被视作是进口国抵御不公平贸易的正当措施。征收的目的在于抵消进口商品所享受的补贴金额,降低其竞争能力,保护本国产业。

(2)反倾销税

反倾销税(anti-dumping duties)是对于实行商品倾销的进口货物所征收的一种进口附加税。其目的在于抵制商品倾销,保护本国的市场和产业。所谓倾销,是指低于本国国内市场价格或低于正常价格,在其他国家进行商品销售的行为。它会造成国际市场价格的不合理,使进口国厂商处于不平等竞争地位,从而对国内市场冲击。进口国政府为了保护本国产业免受外国商品倾销的冲击,就有可能考虑对实施倾销的产品征收反倾销税。

但是,对于倾销的认定、对所谓“正常价值”的解释、反倾销的实施方式等,各个国家之间存在着一定的分歧。一些发达国家则利用反倾销限制来自低成本的发展中国家的产品进口。反倾销扩大化的趋势明显,成为关税壁垒的手段之一。

【案例 3-2】 温州皮鞋遭遇欧盟反倾销壁垒

2005 年 7 月 7 日,欧委会在欧盟《官方公报》上发布立案公告称,正式决定对从我国和越南进口的皮面皮鞋及合成革面鞋类开始反倾销调查,所调查皮鞋的生产日期为 2004 年 4 月 1 日至 2005 年 3 月 31 日。据悉,在这次反倾销调查中,我国涉案企业有 1000 多家,涉案金额达到 6 亿美元,涉及地区主要为广东、浙江、福建,其中温州市出口到欧盟的涉案产品约为 4500 万美元,涉案企业约 130 家。

2006 年 10 月 5 日,欧盟对华皮鞋反倾销案终裁,中国涉案企业中除 1 家因获得市场经济待遇被征收 9.7% 的反倾销税外,其余企业均被课以 16.5% 的反倾销税。反倾销税从 10 月 7 日起征收,为期 2 年。

温州是我国鞋类出口的重要基地,而欧盟的反倾销措施已经对温州皮鞋的出口造成一定影响。据杭州海关统计,2006 年第四季度,温州皮鞋共出口欧盟 3141.46 万双,货值 1.465 亿美元,两项指标分别比 2006 年第三季度下降了 32.63% 和 41.55%;出口企业也比第三季度减少了 7.89%。

2006 年 10 月 9 日商务部公平贸易局负责人指出,欧盟对华皮鞋征收反倾销税,是对少数成员国贸易保护主义势力的屈从,是"损人不利己"的短视行为。

这位负责人指出,欧委会在调查、裁决中违背了 WTO 所倡导的自由贸易、公平贸易的原则。首先,中国产品并不存在倾销。中国鞋类产业是一个高度竞争性的产业,仅对欧盟出口的企业就达 1000 家以上,绝大多数是私营企业或外商投资企业。这些企业不可能以低于自己成本的价格出售产品,以使自己亏损。这些企业也不存在政府给予的补贴。中国加入世贸后,已严格按照世贸的规定取消了各种出口补贴。2005 年以来,中国皮鞋对欧出口增长较快,主要原因是欧盟对华鞋类产品实施 10 年的配额体制终结后,中国出口潜力得到释放,与倾销毫无关系。欧盟裁决中国企业存在倾销完全是基于否定中国企业的市场经济待遇这一前提,这是不符合中国实际的。第二,欧盟鞋类产业由于劳动力成本高、技术投资不足已不再具有比较优势。多年来,欧洲鞋类产业不断向盟外转移,就业减少,这也是国际产业转移的一个正常现象。即使在欧盟对中国鞋实施 10 年配额期间,这一现象也一直存在,将这一现象归结于中国产品的进口是立不住脚的。

这位负责人强调,WTO 成员方有权使用反倾销措施,但反倾销的调查和裁决应符合 WTO 协议的规定,不能借反倾销之名,行贸易保护主义之实。

(资料来源:温州都市报,2005 年 7 月 25 日;温州日报,2006 年 10 月 10 日;新华每日电讯,2007 年 1 月 15 日)

(3)报复关税

报复关税(retaliatory duties)是指对特定国家的不公平贸易行为采取行动,而临时加征的进口附加税。加征报复关税大致有几种情况:对本国输出的物品课以不合理的高关税或差别税率,对本国物品输出设置的障碍,对贸易伙伴违反某种协定等所采取的措施。20 世纪 80 年代中期,美国曾因日本将高级电子计算机输出苏联,而对日本输美的电子产品加征 100% 的关税。美国是 90 年代以来运用"报复性关税"最频繁的国家。1999 年 3 月因"香蕉贸易战",美国对欧盟的部分产品加征报复关税。

3.2.3　关税水平

从总体来讲,关税水平(tariff level)是指一个国家的平均进口税率。它有不同的计算方法,最基本的有简单平均法和加权平均法两种。

按照差别待遇和特定的实施情况,关税有如下几种税率。

1.普通税率

普通税率适用于无任何外交关系国家的进口商品,是最高的税率。最惠国税率比普通税率低,两者税率差幅往往很大。例如,美国对玩具的进口征收最惠国税率为 6.8%,普通税率为 70%。第二次世界大战后,大多数国家都加入签订有最惠国待遇条约的关税与贸易总协定(现世界贸易组织),或者通过个别谈判签订了双边的最惠国待遇条约(如中美之间)相互提供最惠国待遇,享受最惠国税率,因此这种关税实际上已成为正常关税。

2.最惠国税率

最惠国税率适用于签有最惠国待遇条款的贸易协定国家的进口商品。最惠国税率是互惠的,且比普通税率低。由于世界上大多数国家都加入了签订有多边最惠国待遇条约的世界贸易组织(WTO),或者通过个别谈判签订双边最惠国待遇条约,因而最惠国税率实际上已成为普遍实施的税率。但最惠国税率并非是最低税率。在最惠国待遇中往往规定有例外条款,如在缔结关税同盟、自由贸易区或有特殊关系的国家之间规定更优惠的关税待遇时,最惠国待遇并不适用。

3.普惠制税率

普惠制税率是发达国家向发展中国家提供的优惠税率。它在最惠国税率基础上实行减税或免税,通常按最惠国税率的一定百分比征收,并且不是互惠的,而是单项的。

普遍优惠制度(generalied system of preferences,GSP),简称普惠制,是当前国际贸易中的一种政策措施。它是工业发达国家承诺对来自发展中国家的某些商品,特别是制成品或半制成品给予普遍的关税减免优惠的制度。普遍性、非歧视性和非互惠性是普惠制的三项主要原则。普遍性是指所有发达国家对发展中国家出口的制成品和半制成品给予普遍的优惠;非歧视性是指所有发展中国家都不受歧视,无例外地享受普遍优惠待遇;非互惠性是指发达国家单方面给予发展中国家或地区关税优惠,而不要求发展中国家或地区提供反向优惠。

4.特惠税率

特惠关税(preferential duties)是一种特别优惠的关税,是对特定的某一国家或地区进口的全部或部分商品,给予特别优惠的低关税或免税待遇。特惠关税最早实行于宗主国与殖民地之间,其目的是为了保持宗主国在殖民地市场上占据优势。

现在,实行特惠税条约主要是欧盟向非洲、加勒比海和太平洋地区发展中国家单方提供特惠的"洛美协定"。"洛美协定"在关税方面的优惠主要有三点:①欧盟对来自上述国家或地区的工业品全部给予免税优惠;②农产品的 96% 免税;③不需要这些发展中国家给予反向优惠。

3.2.4　关税的经济效应

关税的经济效应是指一国征收关税对其国内价格、贸易条件、生产、消费、贸易、税收、再分配及福利等方面所产生的影响。关税的经济效应可以从整个经济的角度来分析,也可以从单个商品市场的角度来考察。前者属于一般均衡分析,后者属于局部均衡分析。本书仅从局部均衡的角度分别讨论小国和大国征收关税所产生的静态经济效应。

1. 小国征收关税的经济效应

小国是指一个国家在国际贸易中所占的比重或份额非常之小,以至于其进出口数量的任何变化对世界市场不具备价格影响力的国家。

(1)价格效应

价格效应(price effect)是指征收关税对进口国价格的影响。由于小国对商品的国际价格没有影响力,因此课征关税后,商品的国际价格不变,但国内价格上升。上升幅度相当于关税的单位额度。

(2)贸易条件效应

贸易条件效应(terms-of-trade effect)是指征收关税对进口国贸易条件的影响。由于小国征收关税不能影响该商品的国际价格,故小国的关税贸易条件效应并不存在。

(3)消费效应

消费效应(consumption effect)是指征收关税对进口商品消费的影响。因为征收关税后国内价格上升,国内消费减少。

(4)生产效应

生产效应(production effect)是指征收关税对进口国进口替代品生产的影响。因为征收关税后国内价格上升,刺激进口替代品的生产扩张。生产效应使进口替代品产量增加。

(5)贸易效应

贸易效应(trade effect)是指征税引起的进口量的变化。征收关税后,由于生产增加、消费减少,所以进口数量也减少。关税的贸易效应为消费效应与生产效应之和。

(6)财政效应

财政效应(revenue effect)是指征收关税对国家财政收入发生的影响。征收关税后,使财政收入增加,此乃关税的财政效应。财政收入增加的数量等于关税额乘以进口数量。

(7)收入再分配效应(income-redistribution effect)

征税后,国内价格上升,消费减少,替代品生产增加,因此消费者剩余减少,生产者剩余增加,政府财政收入增加。因为消费者负担增加,社会收入由消费者转移给生产者和政府。

(8)福利效应(welfire effect)

如上所述,征税后,消费者剩余减少,生产者剩余增加,政府关税收入增加。但是生产者剩余增加与政府关税收入增加之和小于消费者剩余减少,因此,整个社会福利减少,这种减少是征税所致的福利净损失或无谓的损失,即关税的社会成本。

2. 大国征收关税的经济效应

大国是与小国相对应的经济学概念,是指一个国家在国际贸易中占有很大的比重,其进出口数量的任何变化对世界市场具有价格影响力的国家。

大国与小国征收关税最主要的差异在于大国征收关税可以影响贸易条件,小国则不然。大国征收关税与小国征收关税经济效应的不同点如下:

(1)贸易条件效应(terms-of-trade effect)

大国征收关税后,使其国内价格提高,并使国际价格下降,表示关税由进出口国共同负担,同时大国的贸易条件改善。

(2)福利效应(welfire effect)

国际价格下降,出口国承担一部分关税,有可能弥补生产效应的效率损失和消费效应的效用损失,所以大国征收关税的福利效应有可能使整个国家的福利增加。而可以使这种福利增加达到最大的关税税率叫做最适关税。

大国征收关税很可能遭到关税报复,因为大国征收关税,使其贸易条件改善,福利水平提高,却使贸易伙伴国贸易条件恶化,福利水平下降。

3.3 非关税壁垒

非关税壁垒泛指一国政府为了调节、管理和控制本国的对外贸易活动,从而影响贸易格局和利益分配而采取的除关税以外的各种行政性、法规性措施和手段的总和。

早在重商主义时期,限制和禁止进口的非关税壁垒就开始盛行。但直到 20 世纪 70 年代以后,非关税壁垒才成为保护贸易政策的主要手段。

3.3.1 非关税壁垒兴起的原因

(1)"二战"后在 GATT 的努力下,关税大幅减让,且以后只降不升,各国不得不转向非关税壁垒来限制进口,保护国内生产和国内市场。

(2)各国经济发展依然不平衡,这是非关税壁垒迅速发展的根本原因。

(3)20 世纪 70 年代中期以后,许多国家相继进行了产业结构调整。在产业调整期间,新兴产业、升级产业比较脆弱,容易受到冲击,为了保护自身的经济利益,各国纷纷采用了非关税措施来限制进口。

(4)科技水平迅速提高,相应地提高了进口商品的检验能力。通过检验,可获得各种商品的详细信息,为实施技术壁垒提供了可能。如对含铅量、噪音大小的测定等。

(5)非关税措施本身具有隐蔽性,不易被发觉,而且在实施中往往可以找出一系列理由来证明它的合理性,从而使受害国难以进行报复。

(6)各国在实施非关税措施时互相效仿,也使这些措施迅速扩大。

【案例 3-3】 日本对中国纺织品的限制进口

2002 年 2 月 26 日,日本毛巾工业联合会上书日本政府,要求对从中国进口的毛巾发动"紧急进口限制措施",理由是:大量中国低价毛巾进入日本,对日本毛巾生产行业造成毁灭性打击。为了日本企业的生存,为了取得企业重整旗鼓的时间,该联合会希望政府按有关规定启动"紧急进口限制措施"。京都的一些领带制造商也表示,他们将要求政府运用 WTO 限制进口的相关规定,以使他们免遭廉价中国出口领带的冲击。据日本领带业协会表示,日本领带制造商无法与中国竞争。中国产领带的售价大约在 1500 至 2000 日元之间,而日本产的领带则一般卖到 1 万日元左右。其实,这类通过关税以外的措施限制进口的做法在国际贸易中普遍存在,这就是各贸易国出于保护国内市场、产业等目的,而日益加强的非关税壁垒。

3.3.2 非关税壁垒的类型

1. 按实施手段的特性分类

按实施手段的特性分类,可分为制度性关税壁垒和技巧性关税壁垒。

(1)制度性非关税壁垒

如利用进口配额、许可证、反补贴、反倾销、海关估价、原产地规则、政府采购等制度形成制度性壁垒,对进口进行限制。

(2)技巧性非关税壁垒

如利用技术标准、质量标准、环境标准、劳工标准、商品检验、包装、标签等形成技巧性壁垒。技巧性壁垒的隐蔽性极高,看上去似乎并不违背国际贸易的公共规则,但内容却变幻莫测,行之有效,使人防不胜防。它不仅直接阻碍了来自别国商品的进口,出口国为适应其看似合理的要求,还要对生产要求、技术标准、产品规格等做出一系列的调整,增加了不合理的成本和费用负担。

2. 按影响方式及程度分类

按影响方式及程度分类,可分为直接影响性非关税壁垒、间接影响性非关税壁垒和旁及性或溢出性非关税壁垒。

(1)直接影响性非关税壁垒

直接影响性非关税壁垒是为了保护国内产业,加强国内产业在国外市场的竞争力,而采取的对外国进口的限制和对本国出口进行限制或激励的措施,如配额、许可证、进口押金制等。这类措施对贸易的限制很明显,亦比较直截了当。

(2)间接影响性非关税壁垒

从表面上看间接影响性非关税壁垒是出于其他目的而制定的,比较含蓄,不易发现,但仍被怀疑具有隐藏的限制贸易动机,如质量标准、广告数量、海关程序等。

(3)旁及性或溢出性非关税壁垒

旁及性或溢出性非关税壁垒是指并非主要针对贸易,却不可避免地导致国际竞争条件失常,从而对贸易产生影响的一些非关税壁垒措施。这类措施有政府对某种或某类商品在生产、销售和分配方面的垄断,影响贸易的产业结构和地区发展政策,政府制定的国际收支政策措施、关税制度的不同,国家社会保险制度的不同,折旧期限制度的不同,政府资助的防卫、航天和非军事采购引起的需求变动,国家标准和规定及做法的变动,国外运输费和国家批准的国际运输协定等。

3. 按实施目的或作用机制分类

按实施目的或作用机制分类,可分为数量限制型非关税壁垒和成本价格型非关税壁垒。

(1)数量限制型非关税壁垒

数量限制型非关税壁垒是指通过直接限制进口商品的数量或进口金额,从而达到有效限制进口的目的,如配额、许可证、国内采购法规、国内含量规定等。

(2)成本价格型非关税壁垒

成本价格型非关税壁垒是指通过直接影响进出口商品或国内产品的成本,进而削弱外国商品的竞争力来达到限制进口的目的,如运费差别待遇、进口押金制、海关估价做法、环境标准、劳工标准等。

3.3.3　非关税壁垒的特征

1. 有效性

关税措施的实施旨在通过征收高额关税提高进口商品的成本,它对商品进口的限制是相对的。当面对国际贸易中越来越普遍出现的商品倾销和出口补贴等鼓励出口措施,关税就会显得作用乏力。同时,外国商品凭借生产成本的降低,也能冲破高关税的障碍而进入对方国家。而有些非关税壁垒对进口的限制是绝对的,比如,用进口配额等预先规定进口的数量和金额,超过限额就禁止进口。这种方法在限制进口方面更直接、更严厉,因而也更有效。

2. 隐蔽性

与明显地提高关税不同,非关税措施既能以正常的海关检验要求和进口有关行政规定、法令条例的名义出现,又可以巧妙地隐蔽在具体执行过程中而无需做出公开规定,人们往往难以清晰地辨识和有力地反对这类政策措施,增加了反贸易保护主义的复杂性和艰巨性。

3. 歧视性

一些国家往往针对某个国家根据本国与他国之间的政治经济关系,采取不同的国别贸易政策,这大大强化了非关税壁垒的差别性和歧视性。比如,1989 年欧共体宣布禁止进口含有荷尔蒙的牛肉,这一作法就是针对美国作出的,美国为此采取了相应的报复措施。又比如,英国生产的糖果在法国市场上曾经长期有很好的销路,后来法国在食品卫生法中规定禁止进口含有红霉素的糖果,而英国糖果正是普遍使用红霉素染色的。这样一来,英国糖果大大失去了其在法国的市场。

4. 灵活性

关税是通过一定立法程序制定的具有一定延续性的贸易政策,在特殊情况下做灵活性调整比较困难。而制定和实施非关税措施,通常可根据需要,运用行政手段做必要的调整,具有较大的灵活性。正因为如此,非关税壁垒已逐步取代关税措施,成为各国所热衷采用的政策手段。

3.3.4　非关税壁垒的新趋势

1. 传统制度化非关税壁垒不断升级

传统制度化非关税壁垒,是指通过进口配额、许可证、反补贴、反倾销、海关估价、原产地规则、政府采购等制度形成的制度性壁垒,对进口进行限制。非关税壁垒是一些发达国家限制商品进口和争夺市场的重要手段。最初,非关税壁垒仅作为限制进口的防御性措施,后来往往用来作为同其他国家进行贸易谈判,迫使对方让步的手段。这些国家还经常利用非关税壁垒来对发展中国家实行贸易歧视。

2. 技术标准上升为主要的非关税贸易壁垒

由于各国的技术标准难以统一,使技术标准成为最为复杂的贸易壁垒,并常常使人难以区分其合理性。欧盟共有 10 多万个技术法规和标准,不少都比较苛刻复杂。自 1970 年以来,欧盟委员会已发布了 350 多个法令以协调其成员国有关机动车辆的各项指标,并在 1987 年形成了一系列法规,促进其成员国生产和销售车辆,限制非成员国车辆进入欧盟市场。例如,1987 年 6 月 25 日,欧盟颁布了 87/358/EEC 指令,对轮胎统一发放 CE 标志,如果检测数据不符合该指令的要求,就要禁止该类轮胎在统一市场上销售,并撤销 CE 标志。

3.绿色壁垒成为新的行之有效的贸易壁垒

一些国家特别是发达国家往往借环境保护之名行贸易保护之实。例如,欧盟从2000年7月起,提高了进口茶叶的安全及卫生标准,对其中的农药残留检查极其严格,比原标准高出100~200倍。又如日本、英国、加拿大等国要求进口花生中黄曲霉素含量不得超过20‰;丹麦要求所有进口啤酒、矿泉水、软饮料一律使用可再灌装容器;法国禁止含有红霉素的糖果进口等。

4.政治色彩越来越浓

发达国家甚至利用人权、劳工标准等形成带有歧视色彩的贸易壁垒,大肆推销其国内人权标准,干涉别国内政。劳工标准是由国际劳工组织的基本公约或核心标准构成的,主要包括劳动者的权利、人格尊严、禁止劳动歧视、下一代成长、工人工作条件等。近几年,欧美等发达国家推行的劳工标准已对我国出口产品构成贸易壁垒。如美国一些组织已提出应抵制中国玩具产品出口到美国,理由是:中国的PVC塑料等玩具残留氯乙烯等有毒物质,会损害儿童的健康,并且中国玩具在生产PVC玩具过程中没有采取有效的劳动保护措施,损害了中国工人健康,侵犯了人权。

5.非关税壁垒越来越复杂多样

非关税壁垒名目繁多,内容复杂。目前世界各国所实施的非关税壁垒已达2000多种,主要种类有以下11类:进口配额、"自动"出口配额、进口许可证、外汇管制、进口押金、最低限价制和禁止进口、国内税、进出口的国家垄断、技术性贸易壁垒、绿色壁垒等。

3.3.5 常见的非关税壁垒

1.进口配额

进口配额制(import quota)又称进口限额制,是一国政府对一定时期内(如一季度、一年)对于进口的某些商品的数量或金额加以直接限制。在规定的期限内,配额以内的货物可以进口,超过配额不准进口,或者征收较高关税后才能进口。因此,进口配额制是限制进口数量的重要手段之一。

根据控制的力度和调节手段,进口配额可分为绝对配额和关税配额两种类型。

(1)绝对配额

绝对配额(absolute quota),即在一定时期内,对某些商品的进口数量或金额规定一个最高限额,达到这个限额后,便不准进口。绝对配额按照其实施方式的不同,又分为全球配额、国别配额和进口商配额三种形式。

1)全球配额

全球配额(global quota unallocated quota)是指对某种商品的进口规定一个总的限额,主管当局通常按进口商的申请先后或过去某一时期内的进口实际额发放配额,直至总配额发完为止,超过总配额就不准进口。对来自任何国家或地区的商品一律适用。例如,加拿大规定,从1981年12月1日起,对除皮鞋以外的各种鞋类实行为期3年的全球配额。第一年的配额为3560万双,以后每年进口量递增3%。加拿大外贸主管当局根据有关进口商1980年4月1日至1981年3月31日期间所进口的实际数量来分配额度,但对进口国家或地区不加限制。

由于全球配额不限定进口国别或地区,因而进口商取得配额后可从任何国家或地区进口。这样,邻近国家或地区因地理位置接近、交通便捷、到货迅速,处于有利地位。这种情况使进口国家在限额的分配和利用上难以贯彻国别政策。为了避免或减少这些不足,故不少国家转而采用国别配额。

2)国别配额

国别配额(country quota)是在总配额内按国别或地区分配给固定的配额,超过规定的配额便不准进口。为了区分来自不同国家和地区的商品,在进口商品时,进口商必须提供进口商品的原产地证明书。

与全球配额不同的是,实行国别配额可以很方便地贯彻国别政策,具有很强的选择性和歧视性。进口国往往根据其与有关国家或地区的政治经济关系分别给予不同的额度。

一般来说,按照配额的分配由单边决定还是多边协商,国别配额可以进一步分为自主配额和协议配额。

①自主配额(autonomous quota),又称单方面配额(unilateral quota),是由进口国自主地、单方面强制规定在一定时期内从某个国家或地区进口某种商品的配额。这种配额不需征求输出国的同意。自主配额的确定一般参照某国过去一定时期内的出口实绩,按一定比例确定新的进口数量或金额。例如,美国就是采用自主配额来决定每年的纺织品配额。

自主配额由进口国家自行制定,往往带有不公正性和歧视性。由于分配额度差异,易引起某些出口国家或地区的不满或报复,因而更多的国家趋于采用协议配额,以缓和进出口国之间的矛盾。

②协议配额(agreement quota),又称双边配额(bilateral quota),是由进口和出口两国政府或民间团体之间通过协议来确定配额的。协议配额如果是通过双方政府协议达成,一般需将配额在进口商或出口商中进行分配,如果是双边的民间团体达成的,应事先获得政府许可,方可执行。由于协议配额是双方协商决定的,通常不会引起出口方的反感与报复,并可使出口国对于配额的实施有所谅解与配合,因而较易执行。

目前,双边配额的运用十分广泛。以欧盟的纺织服装业为例,为了保护其日益失去竞争力的纺织服装业,欧盟对80%以上的进口贸易实行双边配额管理。我国纺织品和服装受双边协议限制的对欧出口,就约占我国对欧出口总额的1/4。

3)进口商配额

进口商配额(importer quota)是进口国政府把某些商品的配额直接分配给进口商。进口国为了加强垄断资本在对外贸易中的垄断地位和进一步控制某些商品的进口,将某些商品的进口配额在少数进口厂商之间进行分配。比如,日本食用肉的进口配额就是在29家大商社间分配的。

(2)关税配额

关税配额(tariff quota)是指对商品进口的绝对数额不加限制,而对在一定时期内,在规定配额以内的进口商品,给予低税、减税或免税待遇,对超过配额的进口商品则征收较高的关税,或征收附加税甚至罚款。例如,在2000年12月16日至2001年12月31日,俄罗斯实行原糖进口配额制。总额为365万吨,第一季度为115万吨,第二季度为150万吨,第三季度为60万吨,第四季度为40万吨,对此征收5%的关税。超过额度部分征收30%的关税,但每公斤关税不低于0.09欧元。

关税配额按征收关税的优惠性质,可分为优惠性关税配额和非优惠性关税配额。

1)优惠性关税配额

优惠性关税配额是指对关税配额内进口的商品给予较大幅度的关税减让,甚至免税,而对超过配额的进口商品征收原来的最惠国税率。欧盟在普惠制实施中所采取的关税配额就属此类。

2)非优惠性关税配额

非优惠性关税配额,是对关税配额内进口的商品征收原来正常的进口税,一般按最惠国税率征收,对超过关税配额的部分征收较高的进口附加税或罚款。例如,1974年12月澳大利亚曾规定对除男衬衫、睡衣以外的各种服装,凡是超过配额的部分加征175%的进口附加税。如此高额的进口附加税,实际上起到了禁止超过配额的商品进口的作用。

关税配额与绝对配额的不同之处在于,绝对配额规定一个最高进口额度,超过就不准进口,而关税配额在商品进口超过规定的最高额度后,仍允许进口,只是超过部分被课以较高关税。可见,关税配额是一种将征收关税同进口配额结合在一起的限制进口的措施。两者的共同点是都以配额的形式出现,可以通过提供、扩大或缩小配额向贸易对方施加压力,使之成为贸易歧视的一种手段。例如,1992年12月,欧盟农业部长会议决定,欧盟对拉美国家的"美元香蕉"征收20%的关税,即每吨征收117美元而且年限额为200万吨,如果超过限额还要征收170%的税金。为此,拉美香蕉出口国每年要损失4亿多美元。

进口配额制作为数量限制的一种运用形式,受到了自关贸总协定到世界贸易组织旗帜鲜明的反对。总协定曾规定禁止数量限制条款,几乎把它放到与关税减让同等重要的地位,因而不少国家转而采取"灰色区域措施",如自动出口配额制等。

【案例3-4】 欧盟挥舞特保大棒,中国调高出口关税,纺织品贸易自由时代结束

对中国的很多纺织企业而言,2007年5月18日是寒意料峭的一天,当天,美国宣布对中国四类纺织品设限,规定出口额年增长率不得超过7.5%。因为,美国认为,中国出口到美国的纺织品已占美国市场的1/3以上,已造成美国1.7万名工人失去工作岗位。此次美国对中国四类纺织品设限会导致12.6亿美元损失,据此测算,这将导致我国将近10万纺织工人失去工作。

同一天,欧盟宣布对中国两类纺织品实行紧急特保,认为中国的廉价纺织品扰乱了欧盟市场,欧盟将与中方进行"正式磋商",即要求中方主动采取限制措施,把相关产品出口额限制在过去一年平均水平的基础上增加7.5%(羊毛制品为6%),即年增长率不得超过7.5%。这是因为中国纺织品已占欧盟市场的50%,并且已导致10多万人失业,而且还将导致100万人失去工作。

种种消息表明,中国纺织品享受未满半年的纺织品贸易自由时代结束。

在欧美单边设限时,中国迫于压力,财政部新闻办于5月20日发布,从6月1日起,将有74种纺织品提高出口关税,大多数由0.2美元提高到1美元。

2."自愿"出口限额

"自愿"出口限额(voluntary export quotas)又称自动限制出口,是20世纪60年代以来非关税壁垒中很流行的一种形式。几乎所有发达国家在长期贸易项目中都采用了这种形式。具体是指在进口国的要求或压力下,出口国"自动"规定某一时期内某些商品对该国的出口限制,在限定的配额内自行控制出口,超过配额即禁止出口。

自愿出口限制通常是两国政府之间谈判的结果。进口国和出口国都愿意接受这样的安排。

对于出口国来说:①通过自愿出口限制,作为 WTO 成员国的进口国可以避免违反 WTO 规则。②进口国可以一次性解决对商品种类、商品来源国、商品数量的限制。③自愿出口限制特别容易实施。直接的进口限制如关税配额,必须通过法律程序(如在美国)或高度透明的管理渠道(如在欧盟),而自愿出口限制可以秘密地进行谈判,不会为公开的政治过程和公众监督所妨碍。

对于进口国来说:①可以避免遭受进口国的关税、进口配额等贸易壁垒。②自愿出口限制可以像出口税那样发挥作用,全部税金被转移到出口国,可以提高出口企业的利润和出口国的福利。

3. 进口许可证

进口许可证制(import license system),是指商品的进口,事先要由进口商向国家有关机构提出申请,经过审查批准并发给进口许可证后方可进口,否则一律不准进口的制度。它实际上是进口国管理其进口贸易和控制进口的一种重要措施。

进口许可证按照其与进口配额的关系,可分为有定额的进口许可证和无定额的进口许可证两种。

(1)有定额的进口许可证

有定额的进口许可证是进口国预先规定有关商品的进口配额,然后在配额的限度内,根据进口商的申请对每笔进口货物发给一定数量或金额的进口许可证,配额用完即停止发放。可见,这是一种将进口配额与进口许可证相结合的管理进口的方法,通过进口许可证分配进口配额。若为"自动"出口限制,则通过出口国颁发出口许可证来实施。例如,德国对纺织品的进口便是通过有定额的进口许可证进行管理的。德国有关当局每年分三期公布配额数量,然后据此配额数量发放进口许可证,直到进口配额用完为止。

(2)无定额的进口许可证

无定额的进口许可证不与进口配额相结合,即预先不公布进口配额,只是在个别考虑的基础上颁发有关商品的进口许可证。由于这种许可证的发放权完全由进口国主管部门掌握,没有公开的标准,因此更具有隐蔽性,给正常的国际贸易带来困难。

进口许可证按照进口商品的许可程度,又可以分为公开一般许可证和特种商品进口许可证两种。

(1)公开一般许可证

公开一般许可证(open general license,OGL),又称公开进口许可证、一般许可证,或自动进口许可证。它对进口国别或地区没有限制,凡列明属于公开一般许可证的商品,进口商只要在填写公开一般许可证后,即可获准进口。因此,这一类商品实际上是可"自由进口"的商品。填写许可证的目的不在于限制商品进口,而在于管理进口。比如海关凭许可证可直接对商品进行分类统计。

(2)特种商品进口许可证

特种商品进口许可证(specific license,SL),又称非自动进口许可证。对于特种许可证下的商品,如烟、酒、军火武器、麻醉品或某些禁止进口的商品,进口商必须向政府有关当局提出申请,经政府有关当局逐笔审查批准后方能进口。特种进口许可证往往都指定商品的进口国别或地区。

进口许可证的使用已经成为各国管理进口贸易的一种重要手段。它便于进口国政府直接控制进口,或者方便地实行贸易歧视,因而在国际贸易中越来越被广泛地用作非关税壁垒措施。有的国家为了进一步阻碍商品进口,故意制定繁琐复杂的申领程序和手续,使得进口许可证制度成为一种拖延或限制进口的措施。

我国在新中国成立初期,为了迅速稳定进出口贸易的秩序,从1951年起,对进口商品实行了全面的进口许可证管理。1956年以后,实行国营外贸公司专营对外贸易业务,进口许可证实际上已不起作用,故于1959年取消。1979年改革开放后,我国外经贸体制发生了巨大变化,越来越多的公司、企业拥有了自营进出口权。为了便于进口管理,我国于1980年10月起重新恢复进口许可证制。1992年,我国实行进口许可证管理的商品有53类、743个税号。我国加入世界贸易组织后,逐步取消了部分商品的进口许可证。至2001年5月,我国实行进口许可证管理的商品只有3种、383个税号。

4. 技术性贸易壁垒

所谓技术性贸易壁垒,是指通过颁布法律、法令、条例、规定以及建立技术标准、认证制度、检验制度等方式,对外国进口商品制定的技术、卫生检疫、商品包装和标签标准,从而提高产品技术要求,增加进口难度,最终达到限制进口的目的。它实际上是一些发达工业国家,利用其科技上的优势,通过商品法规、技术标准的制定与实施以及商品检验及认证工作,对商品进口实行限制的一种措施。它是一种无形的非关税壁垒,是国际贸易中最隐蔽、最难对付的非关税壁垒之一。

技术性贸易壁垒的框架体系主要表现为技术法规与技术标准、包装和标签要求、商品检疫和检验规定、环境壁垒和信息技术壁垒。

【案例 3-5】 温州打火机遭遇欧盟 CR 法案

1998年,欧盟制定了CR(儿童防护)法案草案,即售价在2欧元以下的打火机必须安装"安全锁"。草案待欧盟成员国表决。

2001年10月2日,欧盟打火机进口商协会会长克劳斯·邱博致函中国温州打火机协会,欧盟制定的打火机CR草案将在不久进行表决。

2002年3月21日,温州打火机协会会长李坚、副会长黄发静、秘书长林嵊等组成交涉团在国家外经贸部公平交易局有关领导的带领下前往欧洲。

2002年4月30日,欧盟标准化委员会主持就CR法案进行表决,CR法案正式通过。

2003年12月,由于遭到中国企业的集体反对,欧盟有关机构决定暂不将CR标准作为《通用产品安全指导》(GPSD)的参考标准予以公布。2004年3月,欧盟提出将打火机安全标准ISO9994升级为强制执行标准。

2003年,温州的打火机企业数量减少至1000余家,2006年降至600家左右。

2006年10月24日,欧盟标准化委员会、健康和消费者保护委员会等官员一行抵达温州,向浙江打火机厂商宣布欧盟"CR法规"和具体实施细则。CR法案将于2007年3月11日起执行。欧盟的"CR大棒"被拉锯四年之后,还是狠狠地砸了下来。案情发展图解如图3-1所示。

分析:

温州市烟具协会常务副会长黄发静认为,并非温州打火机企业没有能力在产品上加装防儿童开启装置(即CR装置),而是该项装置必须经过检测机构认证后,才能通过欧盟标准

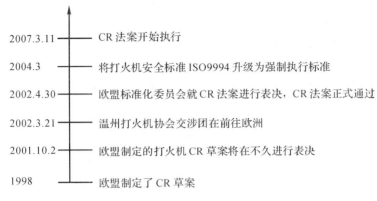

图 3-1　案例 3-5 图解

化委员会验收。温州大虎打火机有限公司周大虎说,即使加装了 CR 装置,还必须面对欧盟打火机厂商的侵权诉讼。CR 法案要求的安全锁知识产权,目前大多掌握在欧、美、日等国的生产商手中。

此次温州打火机 CR 法案事件,是中国进入世贸组织后,在国际贸易方面第一次遭遇来自 WTO 成员方的技术壁垒。从深度上分析,CR 法规主要是受欧洲著名的 BIC 公司、东海公司等欧洲制造商的影响,是为了保护自己在欧洲的市场。温州打火机协会在交涉中还明确指出,CR 法规草案所针对的温州制造的金属外壳打火机,在出口前均已通过国际公认的安全标准检测。在一些国家因儿童玩打火机造成伤害的案例中,均与温州产打火机无关。

（资料来源:东方早报,2005 年 4 月 18 日;都市快报 2006 年 10 月 24 日）

5.绿色贸易壁垒

绿色壁垒(green barriers)是一种新兴的非关税壁垒措施,是指一国以保护有限资源、生态环境和人类健康为名,通过制定苛刻的环境保护标准,来限制国外产品的进口。绿色壁垒以其外表的合理性及内在的隐蔽性成为继关税之后,国际上广泛采用的一种国际贸易壁垒。以保护自然资源、生态环境和人类健康为由,通过制定一系列复杂苛刻的环保制定和标准,对来自其他国家和地区的产品和服务设置障碍,以达到限制进口、保护本国市场的目的。如食品中的农药残留量及其化学物资含量的环保技术标准、保护臭氧层环保技术标准等。

【案例 3-6】　虾兵蟹将敌不住"绿色壁垒"

瑞安市水产品出口报告显示,受欧盟贸易壁垒影响,该市 2005 年 1 至 7 月份水产品出口值与去年同期相比下降了 20 多个百分点,部分水产品出口企业面临困境。

水产品出口遭遇绿色贸易壁垒缘于"氯霉素事件"。去年 5 月,我省舟山市出口欧盟的虾仁产品被检测出氯霉素,在进口动物产品中不得检出"氯霉素","不得检出"具体要求是氯霉素含量要在 1PPB 以下,即含量在十亿分之一以下。而我国出口的冻虾仁中含有 0.2～5 PPB 的氯霉素。"氯霉素事件"导致欧盟于今年 1 月发布了全面针对中国动物源性产品的进口禁令。瑞安的水产品加工和出口量一直位居我市首位、全省前列。去年,该市水产品总量达 13.8 万吨,创汇突破 3000 万美元。出口产品以虾仁、小黄鱼、梭子蟹为主。瑞安海洋与渔业局有关负责人介绍,欧盟是瑞安水产品重要的出口地。欧盟禁令使瑞安水产品出口受到重创,其中该市一家农业龙头企业今年的损失将达几万元之巨。目前瑞安的水产品加工企业正在积极寻求新的出口途径,在欧盟以外的国家寻求市场。但这位负责人认为,这只是权宜之计,要真正冲破壁垒,必须提高企业的生产质量,严格按照国际认可的 HACCP 质量体系标准生产,这样才能找回失去的市场。

注:氯霉素是一类广谱抗生素,它对人的造血系统、消化系统具有毒性反应,同时还会引起视神经炎、皮疹等不良反应。因此,氯霉素只在对其他抗生素耐药或不得不使用的严重病例中选用。

(资料来源:温州商报,2005 年,wzed.bbwz.com)

3.4 鼓励出口与出口管制

3.4.1 鼓励出口

1. 出口信贷

出口信贷(expon credit)是国家为增加本国商品的出口,鼓励本国银行对本国出口厂商、外国进口商或进口方银行提供的一种优惠贷款。其主要目的在于向国外推销商品时,吸引资金不足的进口商进口其商品。

出口信贷的主要特点是:①所贷款项仅限于购买提供贷款国家的资本货物、技术或劳务;②贷款利率一般低于银行普通贷款利率,其差额由出口国政府补贴;③出口信贷的发放一般与国家提供的信贷保险相结合;④贷款偿还期限分为短期、中期、长期三种,其中短期出口信贷偿还期以 1 年为限,中期为 1～5 年,长期为 5～10 年。

按照银行提供贷款的对象不同,出口信贷可分为卖方信贷和买方信贷两种形式。

(1)卖方信贷

卖方信贷是指出口方银行向出口商(即卖方)提供的贷款。其贷款合同由出口商与银行签订。卖方信贷通常用于那些金额大、期限长的项目。因为这类商品的购进需用很多资金,进口商一般要求延期付款,而出口商为了加速资金周转,往往需要取得银行的贷款。卖方信贷正是银行直接资助出口商向外国进口商提供延期付款,以促进商品出口的一种方式。卖方信贷的一般做法是,买卖双方在签订买卖合同后,由进口方预先支付买卖合同金额的15％～20％作为定金,其余货款在交货后若干年内分期偿还,并支付延期付款期间的利息。出口商凭出口单据和国外进口商开出的汇票,向本国的专业银行申请取得中长期贷款,作为生产的垫付资金以利中转。待国外进口商归还贷款后,出口商再按贷款合同的规定向银行偿付贷款的本金和利息。由此可见,卖方信贷实际上是一种出口商从供款银行取得贷款后向进口商提供延期付款的商业信用。

(2)买方信贷

买方信贷是指出口方银行直接向外国进口商(即买方)或进口方银行提供的贷款,其附加条件就是贷款必须用于购买债权国的商品,这就是所谓的约束性贷款(tied loan)。买方信贷由于具有约束性而能达到扩大出口的目的。

在买方信贷中,当出口方银行将款项直接贷给外国进口商时,进口商先用自身的资金,以即期付款方式向出口商交纳买卖合同金额 15%～20% 的定金,其余货款以现金付款方式付给出口商,然后再按贷款合同所规定的条件,向供款银行还本付息。当出口方银行将款项付给进口方银行时,进口方银行以即期付款的方式代进口商支付应付的贷款,并按贷款协议规定的条件向供款银行归还贷款和利息等。进口商与本国银行的债务关系按双方商定办法在国内结算清偿。

相比较而言,卖方信贷属于商业信用,风险较大;买方信贷则属于银行信用,风险较小,而且透明度较高,因此这种方式目前较为流行。

由于出口信贷能有力地扩大和促进出口,因此西方国家一般都设立专门银行来办理此项业务,如美国进出口银行、日本输出入银行、法国对外贸易银行、加拿大出口开发公司等。这些专门银行除对成套设备、大型交通工具的出口提供出口信贷外,还向本国私人商业银行提供低利率贷款或给予贷款补贴,以资助这些商业银行的出口信贷业务。

我国也于 1994 年 7 月 1 日正式成立了中国进出口银行。这是一家政策性银行,其资金来源除国家财政拨付外,主要是中国银行的再贷款、境内发行的金融债券和境外发行的有价证券,以及向外国金融机构筹措的资金等。其任务主要是对国内机电产品及成套设备等资本品货物的进出口给予必要的政策性金融支持,从根本上改善我国出口商品结构,以促进出口商品结构的升级换代。

2. 出口信贷国家担保制

出口信贷国家担保制(export credit guarantee system)是出口国为了扩大商品出口,设立专门的保险机构,对出口商和商业银行向国外进口商和银行提供的出口信贷进行担保,如果发生收回贷款或不能如期收回贷款的风险时,由担保机构负责偿还贷款,承担外国债务人不能清偿的风险。

出口信贷国家担保制承担的风险主要有政治性风险和经济性风险两类。

(1)政治性风险

政治性风险是指如进口国发生政变、革命、暴乱、战争以及政府实行禁运、冻结资金或限制对外支付等,使外国债务人不能清偿其债务,导致供款方的损失。这类风险的承保金额一般为合同金额的 85%～95%。

(2)经济性风险

经济性风险是指进口商或供款银行因破产倒闭无力偿付、货币贬值或通货膨胀等经济原因所造成的损失。此类风险担保金额一般为合同金额的 70%～80%,有的国家为了扩大出口,有时对于某些出口项目的承保金额可以达到 100%。

出口信贷国家担保制的担保对象有对出口商进行担保和对银行进行担保两种。

(1)对出口商进行担保

出口商输出商品时所需要的短期或中、长期信贷均可向国家担保机构申请担保。即使有些国家的担保机构本身并不向出口商提供出口信贷,但它也可以为出口商取得商业银行的出口信贷提供便利条件。例如,有的国家采用保险金额的抵押方式,允许出口厂商所获得的承保权利,以"授权书"方式转移给供款银行,而取得出口信贷这种方式使银行提供的贷款得到安全保障,一旦债务人不能按期还本付息,银行可直接从担保机构得到补偿。

(2)对银行进行担保

对银行进行担保是指国家担保机构直接对供款银行承担责任,银行所提供的出口信贷均可申请担保。有些国家为了鼓励出口信贷业务的开展和提供贷款安全保障,往往给银行更为优厚的待遇。根据出口信贷期限的不同,担保期限通常分为短期与中、长期。短期信贷担保一般为 6 个月,最长不超过 1 年,承保范围包括出口商所有的短期信贷交易。为了简化手续,有的国家还对短期信贷采用综合担保的方式,即出口商只要一年办理一次投保,就可承保在这期间的一切海外短期信贷交易。至于中、长期信贷担保,由于具有时间长、金额大的特点,因而采取逐步审批的特殊担保方式。中、长期信贷担保的期限通常为 2～5 年。承保的开始时间既可以是出口合同签订的时间,也可以是货物正式装运出口的时间。

对出口信贷进行担保往往要承担很大的风险。由于该措施旨在为扩大出口提供服务,收费并不高,以免加重出口商和银行的负担,因此,往往会因保险费收入总额不抵偿付总额而发生亏损。目前,世界上有的发达国家和许多发展中国家都设立了国家担保机构,专门办理出口信贷保险业务。我国的中国进出口银行除了办理出口信贷业务外,也办理出口信用保险和信贷担保业务。

3. 出口补贴

出口补贴(export subsidies)又称出口津贴,是指一国政府在出口某种商品时给予出口商现金补贴或财政上的优惠待遇,以降低出口商品的价格,加强其在国际市场上的竞争能力。

出口补贴有直接补贴和间接补贴两种方式。

(1)直接补贴

直接补贴(direct subsidies)是指出口某种商品时政府直接给出口商现金补贴。这样做的目的在于弥补出口商品国内价格高于国际市场价格所带来的损失,或者补偿出口商所获利润率低于国内利润率所造成的损失。有时候补贴金额可能大大超过实际的差价或利润差,因为这里已含有出口奖励的成分,而不属于出口补贴的范畴。第二次世界大战后,美国和西欧一些国家对某些农产品的出口实行直接的现金补贴.对保护国内农产品生产者的利益起到了重要的作用。

(2)间接补贴

间接补贴(indirect subsidies)是指政府对某些出口商品不是给予直接的现金补贴、而是给予财政上的优惠,从而间接地推动本国商品的出口。

政府对出口商品给予财政上的优惠措施通常有:①退还或减免出口商品的销售税、增值税和盈利税等国内税收,以减轻出口商品的纳税负担。按照世界贸易组织的有关规定,免征或退还相同产品供内销时必须缴纳的国内税,不能视为一种补贴,因为这些出口产品未能在生产国国内销售,并且它们在进口国可能被征收同种或类似的国内税。②对某些商品,如原材料或半成品,如果确定其不是用于国内消费,而是经加工制造后用于出口的,则允许其暂时免税进口,以降低制成品的成本,提高国际竞争能力。③对进口的原料或半成品,如果征收了关税,当其加工制造的成品出口时,政府负责退还其进口时缴纳的关税。④对出口商品一般都予以免征出口税,即使对某些商品仍征收出口税,在世界市场商品价格下跌时,也往往予以取消。

其他的财政优惠还有:延期付税,以减轻出口商品的税收负担;运费优惠,以降低出口商品的成本;低息贷款,以加快出口商的资金周转;采用复汇率,对不同商品实行不同的汇率,鼓励某些商品的出口等。

【案例 3-7】 波音与空中客车的交锋

2004 年 10 月 6 日,从美国贸易代表办公室传来一个坏消息:美欧双方就航空工业补贴纠纷议案进行的谈判已经失败,美国已把此案提至世贸组织。同日,欧盟委员会也向世贸组织提出申诉,指控美国政府向波音公司提供大量补贴,违反了世贸组织有关规则。欧盟委员会坚持认为,自 1992 年以来,美国政府对波音公司的非法补贴高达 230 亿美元。波音和空中客车曾于 1992 年达成一项协议,限定了双方接受补贴的数额。空中客车获得的补贴不能超过它研发一个新飞机的 33%,而波音获得的政府间接补贴则不可超过它销售额的 4%。2003 年空客推出的新机型数量和市场占有额超过波音,而 2004 年波音推出新机型 7E7,在同一市场内,空客也将推出 A380。因此,波音游说美国政府出面,把争端闹到 WTO。显然,本案争议的焦点在于美国与欧盟政府对波音与空客的出口补贴政策是否符合两者的根本利益。本案中由于美欧双方对于各自航空工业的补贴分别损害了对方的经济利益,导致最终起诉至 WTO。由此可见,在一个国家的对外贸易政策中如何运用鼓励出口措施,意义重大。

1)出口退税

退还或减免出口商品购销的销售税、增值税和盈利税等国内税收,以减轻出口商品的纳税负担;按照世界贸易组织的有关规定,免征或退还相同产品供内销时必须缴纳的国内税,不能视为一种补贴。因为这些出口产品未能在生产国国内销售,并且它们在进口国可能被征收同种或类似的国内税。

2)进口免税

对某些商品,如原材料或半成品,如果确定其不是用于国内消费,而是经加工制造后用于出口的,则允许暂时免税进口,以降低制成品的成本,提高国际竞争能力。

3)进口退税

对进口的原材料或半成品,如果征收了关税,当其加工制造的成品出口时,政府负责退还其进口时缴纳的关税。

4)出口免税

对出口商品一般都给以免征出口税,即使对某些商品仍征收出口税,在世界市场这些商品价格下跌时也往往予以取消。

4. 商品倾销

商品倾销(dumping)是指一国以低于国内市场的正常价格在国际上销售商品的行为。其主要目的在于打击竞争对手,推销国内的过剩商品,拓展或垄断国外市场以牟取暴利。

按照倾销的具体目的和时间的不同,商品倾销可以分为偶然性倾销、间歇性或掠夺性倾销和长期性倾销。

(1)偶然性倾销

偶然性倾销通常是因为销售旺季已过,或因公司改营其他业务,在国内市场不能售出剩余货物,而以倾销方式在国外市场抛售。由于这种倾销时间较短,对进口国的同类生产带来的不利影响有限,故较少遭到进口国的反倾销措施。

(2)间歇性或掠夺性倾销

间歇性或掠夺性倾销,是以低于国内价格甚至低于成本的价格,在某一国外市场上倾销商品,在挤垮或摧毁了所有或大部分竞争对手,垄断了该国市场之后,再提高价格,以获取高额利润。这种倾销行为严重地损害了进口国的利益,因而常常遭到这些国家反倾销税等措施的抵制。

(3)长期性倾销

长期性倾销是长期以低于国内的价格,在国外市场出售商品。为了弥补长期低价格倾销可能带来的亏损,倾销企业往往采用规模经济,扩大生产以降低成本。从总体上看,商品倾销对世界经济和国际贸易造成了不利影响。对出口国来说,出口生产企业往往通过提高国内售价,将低价竞销的损失转嫁给了国内消费者,从而损害了国内消费者的利益。对受到商品倾销的国家来说,其同类商品的生产会受到冲击和损害,从而影响这些产业的正常和健康发展。

5. 外汇倾销

外汇倾销(exchange dumping)是指一国利用本国货币对外贬值来扩大出口,限制进口的措施。当一国货币对外贬值后,出口商品用外国货币表示的价格降低,而用本国货币表示的进口商品价格就会上涨,从而起到扩大商品出口和限制商品进口的双重作用。

6. 促进出口的组织措施

(1)成立专门组织

成立专门组织主要是为了研究出口商品发展战略和具体的贸易政策以及协调政策制定与落实情况及有关部门之间的关系。美国在1960年成立了"扩大出口全国委员会",1978年成立了"出口委员会"和跨部门的"出口扩张委员会",1979年5月成立了"总统贸易委员会",负责领导美国对外贸易工作。日本于1954年设立了"日本贸易振兴会"以及"出口会议和海外商品贸易会议"等。欧洲为了扩大出口也成立了类似组织。

(2)建立商业情报网络

商业情报网络能够给出口商提供所需的商业信息和资料。英国的海外贸易委员会设有出口信息服务部,向有关出口商提供信息,以促进商品出口。上面提到的"日本贸易振兴会",其前身就是1951年设立的"海外市场调查部",因而也是一个从事海外市场调查并向企业提供信息服务的机构。

(3)设立贸易中心,组织贸易博览会

贸易中心是永久性设施,它可提供商品陈列展览的场所、办公地点和咨询服务等。而贸易博览会则是流动性的展出。通过这些活动,可以让外国进口商更好地了解本国商品,起到促销的作用。

(4)组织贸易代表团出访和接待来访

许多国家为了发展对外贸易,加强国际间的经贸联系,经常组织贸易代表团出访,并由政府支付大部分出访费用。另外,还设立专门机构接待来访团体,建立和协调与外国企业之间的关系。

(5)组织出口商的评奖活动

评奖活动主要是对企业出口成绩优秀者给予精神奖励。美国设立总统"优良"勋章和"优良"星字勋章,得奖厂商可以把奖章样式印在它们公司的文件、包装和广告上。英国从1919年起开始实行女王陛下表彰出口有功厂商的制度,并规定受表彰的厂商可在5年之内使用带女王名字的奖状来对自己的产品进行宣传。我国自改革开放以来,各级政府也组织过评奖活动,例如,给出口业绩优秀的企业授予"出口创汇大户"、"出口明星企业"等,并给予一定物质奖励。

7. 经济特区

为了发展转口贸易或鼓励吸收外资,引进先进技术,发展加工制造业,达到扩大出口贸易,增加外汇收入,促进本国或本地区经济发展的目的,一国通常会在其关境境外划出一定的区域,以地区开放的形式发挥作用。这样的区域被称为经济特区。建立经济特区是一国实行对外开放政策和鼓励扩大出口的一项重要措施。

(1) 自由港和自由贸易

自由港 (free port),有时又称作自由口岸,是外国船舶和货物可以自由进出的港口。自由港一般具有优越的地理位置和港口条件,可以很好地发挥商品集散中心的作用。目前,如德国的汉堡、不来梅,意大利的热那亚和里雅斯特,法国的敦刻尔克,丹麦的哥本哈根,葡萄牙的波尔等,都是当今世界著名的自由港。在东亚,我国香港就是世界最负盛名的自由港。

自由贸易区 (free trade zone),有时又称对外贸易区或自由区,是自由港的发展和延伸,即它以自由港为依托,并将范围扩大到自由港的邻近地区。自由贸易区侧重于商业贸易活动,以促进转口贸易及为转口贸易服务的商品储存和简单再加工为主要功能。这一点与自由港基本相同。但除此以外,在自由贸易区内还可设立金融中心、证券市场等,因此,自由贸易区的功能和业务一般要比自由港多。

自由港和自由贸易区的特点:一是贸易自由,即没有贸易管制,也不存在关税壁垒和非关税壁垒,没有国籍限制,除了少数国家禁运商品以外,大部分商品都可以自由进出自由港或自由贸易区,而不必办理报关手续和缴纳义税。二是金融自由,即外汇自由兑换,资金出入、转移及经营自由,没有国民待遇与非国民待遇之分。三是投资自由,即投资不受因国别差异导致的行业限制与经营方式限制。四是运输自由,船舶入港免办海关手续,移民、卫生检查手续从简。五是业务活功自由,对于允许进入自由港和自由贸易区的外国商品,可以依据具体需要进行储存、展览、拆散、分类、分组、修理、改装、重新包装、重贴标签、消洗、整理、加工和制造、销毁、与外国的原材料或所在国的原材料混合、再出口或向所在国国内市场出售。

(2) 保税区

保税区 (bonded area) 又称保税仓库区,它是海关所设置或经海关批准注册并受海关监督的特定地区和仓库,外国商品存入保税区,可以暂时不缴纳进口税,如再出口,也不缴纳出口税。运入区内的商品可以进行储存、改装、分类、混合、展览、加工和制造等,因此,对于一些没有专门设立自由港或自由贸易区的国家如日本、荷兰等来说,保税区起到了类似自由港或自由贸易区的作用。

在保税区内,其保税业务体系一般都设有现代而完备的各种设施,能够适应不同种类商品装卸、存储和运输的需要。外国厂商或贸易商在保税业务体系内用当地或他国进口的零部件、中间产品等从事装配和加工活动,由于这些零部件和中间产品等在通关时免征关税、加工后的制成品在销往其他国家和地区时也免缴关税,因此可以增强产品的竞争力。所以,保税业务体系的建立对推动转口贸易和三角贸易以及拓展经贸活动具有十分重要的作用。

(3) 出口加工区

出口加工区 (export processing zone) 是一个国家或地区在其港口或邻近港口、国际机场的地方,划出一定的范围,新建和扩建码头、车站、道路、仓库和厂房等基本设施以及提供免税等优惠待遇,鼓励外国企业在区内投资设厂,生产以出口为主的制成品的加工区域。出口加工区的设立与发展,对吸引外国投资,引进先进技术与设备,促进本国或本地区的生产技术和经济的发展,扩大出口加工工业,增加国家或地区的外汇收入,能起到十分重要的作用。

出口加工区是在 20 世纪 60 年代后期和 70 年代初,在一些发展中国家或地区建立和发展起来的,首先在亚洲地区得到迅速发展。1966 年,我国台湾地区建成了亚洲第一个正式以出口加工区命名的高雄出口加工区并获得成功。随后不久,韩国、新加坡、马来西亚、印度尼西亚等也建立了自己的出口加工区。

为了发挥和提高出口加工区的作用与经济效益,这些国家或地区一般都对外国企业在区内投资设厂作了许多优惠的规定。例如,对区内外资企业从国外进口生产设备、原料、燃料、零件、元件及半制成品一律免征进口税;提供减免国内所得税、营业税和贷款利息税等优惠待遇;放宽外国企业投资比率和外汇管制;对于外资企业的报关手续、工地仓库和厂房等租金、外籍职工的职务及其家属的居留权等予以优惠。但与此同时,许多国家或地区也对区内的外资企业作了一定的限制和引导。例如,在投资项目方面,根据国家或地区经济发展和产业结构升级的需要,规定外资企业的投资项目和类别;在投资的审批方面,为了保证投资与加工出口的收益,要求外国投资者必须具备一定的条件;在产品销售方面,规定区内的产品必须全部或大部分出口,即使准许在本国市场上销售,其数量一般也不超过总产量的10%;在招工和工资方面,则限定雇工的最低年龄和工人的最低工资标准,以保护本国公民的利益。

(4)自由边境区和过境区

自由边境区(free perimeter)曾被称作自由贸易区,一般设立在一国的一个或几个省的边境地区,对区内使用的机器设备、原材料和消费品实行减税或免税进口。外国货物可以在区内进行储存、展览、混合、包装、加工制造等业务活动,其目的在于利用外国投资开发边境地区的经济。自由边境区在拉丁美洲的少数国家中实行;与出口加工区不同的是,自由边境区的进口商品加工后大多是区内使用,只有少数是用于出口。因此,自由边境区享受的优惠待遇是有时间限制的,一旦它们的生产能力得到发展后,政府就会逐渐取消某些商品的优惠待遇,直至废除自由边境区。

过境区(transit zone)是沿海国家为了便利内陆邻国的进出口货物,开辟某些海港、河港或国境城市作为货物的自由中转区。对进入过境区的货物,一般予以简化海关手续,免征关税或只征小额过境费用的优惠待遇。与上述地区开放的形式不同,过境货物在过境区可作短期储存,重新包装,但不能加工。

(5)科学工业园区

科学工业园区(science-based industrial park),有时又称工业科学园、科研工业区、新产业开发区、高技术园区及科学城等,是一种在"二战"后科技革命背景下出现的新兴工业开发基地。它将智力和资金高度集中起来,专门从事新技术研究、试验和生产,以加速新技术研制及其成果应用,为本国或本地区工业的现代化服务。与侧重于扩大制成品加工出口的出口加工区不同,科学工业园区旨在扩大科技产品的出口和扶持本国技术产业的发展。科学工业园区一般设在靠近信息渠道通畅和交通网络发达的大城市附近,有充足的科技资源和教育设施,并以一系列设施先进、资本雄厚、技术密集度高的专业性企业群体为依托。

3.4.2 出口管制

在国际贸易中,各国政府在鼓励出口的同时,往往还出于一些政治目的、经济利益的考虑以及为履行贸易协定中应尽的义务,对一些商品实行出口管制,即限制或禁止有关商品的出口,限制或禁止某类商品对某些国家的出口,由此形成了出口管制制度。

1.出口管制的主要原因和目的

(1)政治原因

政治原因往往是实行出口管制的主要原因,也是各国实行国别政策的重要手段之一。一些西方发达国家经常对与自己"敌对"或"不友好"的国家实行出口管制,特别是武器、军事设备、高技术和重要战略物资的出口。如美国将阿富汗、叙利亚、伊朗、黎巴嫩等列入恐怖主义国家而实行禁运。此外,冷战时期结束以后,联合国在国际事务中发挥着日益重要的作用,对发动战争侵略的国家实行制裁,其中禁运就是迫使发动战争的国家停止侵略行为的主要措施。

(2)军事原因

为了保证世界的和平与安全,国际社会通过了"核不扩散条约",各国都有义务对可能用于核武器制造的技术与装置、原料的出口实行出口管制。同时,国际社会也禁止生化武器的研究与使用,有关化学武器及原材料的出口也受到限制。此外,西方国家为了在军事上领先社会主义国家,对武器及相关技术设备和战略物资向这些国家的输出也予以控制。

(3)经济原因

许多国家为了避免本国相对稀缺的商品过量流失而造成不利的影响,常常会对该类商品实行出口管制,以保证国内需要。此外,当一国的某些商品在国际贸易总额中占有很大比重时,为了控制、稳定国际市场价格,改善贸易条件,政府也将对此类商品实行出口管制。

(4)其他原因

如为了人权目的,禁止劳改产品的出口;为了保护地球生态环境和濒危动植物,对一些物资进行全球性的贸易禁运;为了保护历史文物,对一些特殊商品的出口实行管制。

2.出口管制的对象

(1)战略物资及其相关的尖端技术和先进技术资料

如武器、军用飞机、先进的电子计算机及相关技术资料等。多数国家对这类商品与相关技术资料实行严格控制,只有领取出口许可证后,才能被允许出口。

(2)国内的紧缺物资

国内的紧缺物资是指国内生产所紧迫需要的原材料和半制成品以及国内供应明显不足的商品。这些物品,如自由输往国外,势必加剧国内的供给不足和市场失衡影响经济的正常发展,因此,其出口常受到限制。

(3)需要"自动"限制出口的商品

迫于对方国家或某一集团的强大压力,某些国家不得不对某些具有很强国际竞争力的商品实行出口管制。如根据纺织品"自限协定",出口国必须自行管理本国的纺织品出口。

(4)本国在国际市场上占主导地位的重要商品和出口额大的商品

这对发展中国家来说尤为重要,因为发展中国家大多出口商品较为单一,出口市场也较集中,当国际市场价格下跌时,应尽量控制该商品的过多出口,以免加剧国际市场供大于求的不利形势,给本国经济造成更大的损失。

石油输出国组织对成员国的石油产量和出口进行控制,以稳定石油价格,保护国家利益,这就是一个很明显的例子。

(5)为保持生态平衡而得到保护的某些动植物

如象牙、犀牛角、虎骨等珍稀动物药材、珍稀动物本身及其制品,均在禁止出口商品的范围之列。

(6)历史文物和艺术珍品

各国出于保护本国文化艺术遗产和弘扬民族精神的需要,一般都要禁止该类商品输出,即使可以输出的,也实行较严格的管理。如文物、艺术品、黄金、白银等特殊商品。

3.出口管制的形式

(1)单方面出口管制

所谓单方面出口管制,是指一个国家根据本国的出口管制法案,设立专门的执行机构,对本国某些商品的出口实行管制。早在1917年,美国国会就通过了《1917年与敌对国家贸易法案》,禁止任何私人与美国的敌人及其同盟者在战时或国家紧急时期进行财政、金融和商业的往来。"二战"结束后,为了对当时存在的社会主义国家,如苏联实行禁运,又于1949年通过了《出口管制法案》,以禁止和削减经由贸易渠道出口的所有商品和技术资料进入社会主义国家。冷战结束后,美国继续对技术和设备实施严格的单方面出口管制,例如,美国仍对中国实行高技术控制,迫使英特尔公司、美国电报电话公司、国际商用机器公司等将它们最好的技术束之高阁。

(2)多边出口管制

所谓多边出口管制,是指一些国家为了协调彼此的出口管制政策和措施,通过了达成共同管制出口的协议。建立国际性的多边出口管制机构,共同制订多边出口管制的具体措施,以期达到共同的政治和经济目的。

冷战时期存在的巴黎统筹委员会就是一个典型的国际性多边出口管制机构。联合国对发动战争侵略的国家实行禁运就是一种多边出口管制措施。如伊拉克发动对科威特的侵略战争后,联合国安全理事会便通过了对伊拉克实行全面禁运的决议。

小 结

1.对外贸易政策是一国政府为了保护本国市场、扩大商品或劳务出口、积累资本和技术而制定的贸易方针、法规及措施。发达国家在20世纪50—70年代主要推行贸易自由化政策,之后开始推行新贸易保护主义政策。发展中国家主要有进口替代发展战略和出口导向发展战略。

2.关税是各国普遍采用的对外贸易政策工具。常见的关税是进口税。关税的征收首先影响到国内该商品的价格,进而产生一系列的经济效应。

3.非关税壁垒的形成和日益盛行是众多原因造成的,但根本原因是各国经济发展不平衡。非关税壁垒的形式五花八门,但其目的无非是减少进口数量、提高进口商品价格。

4."二战"后,各国采取了一些促进商品出口的鼓励措施,使贸易政策的重心从消极防御转向积极拓展。与此同时,由于某些政治原因和经济利益的考虑以及履行贸易协定中应尽的义务考虑,有些国家对一些商品实行出口管制,由此形成了出口管制制度。

习　题

1. 填空题

(1)进口许可证分为_____和_____。

(2)贸易条件指数＝_____,当指数＞1 时,表示_____;当指数＜1 时,表示_____。

(3)进口配额制主要分为_____和_____。

(4)对外贸易政策由_____、_____和_____构成。

2. 选择题

(1)一国在其国境内设有自由港或自由贸易区时,其关境(　　)。

A. 大于国境　　　　　B. 小于国境　　　　　C. 等于国境　　　　　D. 与国境概念无关

(2)许可证制度是一种(　　)。

A. 关税措施　　　　　B. 鼓励出口措施

C. 管制进出口措施　　D. 为了统计目的而采取的措施

(3)海关估价作为一种非关税壁垒措施,是因为(　　)。

A. 估价公证　　　　　B. 估价客观　　　　　C. 估价严格　　　　　D. 估价专断

(4)某国对某种商品规定全年进口额在 200 万美元以内者征税 10％,超过 200 万美元以上部分,除原征关税外,再加征 60％的关税,这种措施称为(　　)。

A. 混合税　　　　　　B. 进口附加税　　　　C. 关税配额　　　　　D. 罚款

(5)从量税的计算公式为(　　)。

A. 税额＝商品数量×从量税率　　　　　B. 税额＝商品价值×从量税率

C. 税额＝商品数量×每单位从量税　　　D. 税额＝商品价值×每单位从量税

(6)在物价上涨时,征收从量税,其保护作用(　　)。

A. 变大　　　　　　　B. 变小　　　　　　　C. 不变　　　　　　　D. 三种情况都有可能

(7)普惠制中的减税幅度是指(　　)。

A. 最高税率与普惠税率的差幅　　　　　B. 普通税率与普惠税率的差幅

C. 特惠税率与普惠税率的差幅　　　　　D. 最惠国税率与普惠税率的差幅

(8)关税壁垒通常是指(　　)。

A. 高额进口税　　　　B. 高额出口税　　　　C. 高额过境税　　　　D. 高额附加税

3. 判断题

(1)"二战"后,由于主要资本主义国家不断降低关税,各种非关税壁垒措施层出不穷,因此,关税已不再是资本主义国家保护贸易政策的一项基本措施。　　　　　　　　　　(　　)

(2)"自动"出口配额制也简称"自动"限制出口,它是出口国为了实现出口管制政策而自

动采取的一种出口措施。 （ ）

（3）出口税是在商品出口时由出口商向海关缴纳的一种税。由于当前资本主义国家,尤其是发展中国家,经济困难,因此,一般都对出口的商品征收一定的出口税,以增加国家的财政收入。 （ ）

（4）以 1980 年为基期,1990 年某国的进口价格指数为 120,出口价格指数为 140,由此可见,该国的贸易条件较之过去明显恶化了。 （ ）

（5）"自动"出口限制是出口国自愿实行的限制本国某些商品出口的措施。 （ ）

（6）对于受补贴的倾销商品,进口国可以既征收反倾销税又征收反补贴税。 （ ）

4. 问答题

（1）限制进口的非关税措施有哪几种?

（2）鼓励出口的措施有哪些?

（3）出口管制的原因有哪些?

（4）简述 20 世纪 90 年代后非关税壁垒的新趋势。

（5）大国关税与小国关税的经济效应有什么区别?

第 4 章　区域经济一体化

学习目标

通过本章的学习,了解区域经济一体化理论的基本历史演变与发展情况,掌握区域经济一体化理论的主要观点及其一体化层次,重点理解和掌握效应与影响,了解现代区域化经济一体化理论的新发展。

本章重点

1.区域经济一体化概念

2.区域经济一体化的不同层次

3.区域经济一体化的效应与影响

4.区域经济一体化理论

本章难点

1.区域经济一体化的效应与影响

2.关税同盟理论

3.自由贸易理论

4.1　区域经济一体化概述

经济一体化始于 20 世纪 50 年代,即第二次世界大战结束以后。当时世界经济处于战后的恢复,急需一些新的经济政策与改革血液为萎靡的世界经济打入一针强心剂。在 20 世纪 50 至 60 年代出现了大批的经贸集团,70 至 80 年代初期处于停滞的状态,80 年代后期又掀起了世界范围的经贸集团化的高潮。而如今,各种各样的经济一体化形式与组织遍布世界各地,它影响着世界政治与经济格局。区域经济一体化和贸易集团化已经成为当今世界经济贸易发展的趋势之一。

1.区域经济一体化的概念

经济一体化既可以描述一种状态,也可以描述一种过程。作为一种状态,它是指以前各自独立的各国经济最终达到相互间的融合。而作为一种过程,它是指国家之间经济边界的逐渐消失。这里的"经济边界",是指任何商品、服务以及生产要素流动的界限。从某种意义上来说,经济一体化是一个全球性的现象,它随着国际贸易和国际直接投资的网络而拓宽,是在各国政府机构的支持以及跨国公司的推动下发展起来的。在本章中,经济一体化被局限于由政府主导,在特定的一体化方案下,通过消除国家之间的经济边界而实现两个或多个国家经济的合作。

区域经济一体化是指地理位置毗邻的国家与地区或同属一个区域的国家和地区间,为实现共同的经济与政治目的,通过签订条约或协定制定共同的行为准则,逐步实现彼此之间在货物、服务和生产要素的自由流动,进行各种要素的合理配置,促进相互间的经济与发展,取消关税与非关税壁垒,进而协调产业、财政和货币政策;有的甚至通过让渡部分国家主权,建立"超国家"机构,其表现形式是各种形式的经济贸易集团的建立。

2.区域经济一体化的形式

(1)优惠贸易安排

优惠贸易安排(preferential trade arrangement)是区域经济一体化中最低级、最松散的一种形式,成员国之间通过协定或其他形式,对全部或部分商品规定特别的关税优惠,也可能包含小部分商品完全免税的情况。1932年英国与英联邦成员国建立的英联邦特惠制、第二次世界大战后初建的东南亚国家联盟、"非洲木材组织"等就属于此种形式的一体化组织。

(2)自由贸易区

自由贸易区(free trade area)是指各成员国之间取消了商品交易的关税壁垒与消除全部贸易壁垒,使商品在区域内完全自由流动,但每个成员国都保留各自对非成员国之间的贸易壁垒。

对外关税税率的不同,必然会导致贸易的偏转,即非成员国将商品出口至低税率的成员国,然后再转出口至高税率的成员国,从而使那些实行高税率的成员国的关税政策失效。因此,成员国政府一般采用原产地规则来阻止非成员国为了逃避高税率而进行的区内转运活动。1994年建立的北美自由贸易区是目前全世界范围内影响力最大的自由贸易区。

(3)关税同盟

关税同盟(customs union),是指缔约国间完全取消关税和非关税贸易壁垒,实现内部的自由贸易,并对非成员国设定统一的贸易政策的一种地区经济一体化形式。它与自由贸易区最大的不同点在于关税同盟以统一的贸易政策对待非成员国。关税同盟的目的在于使参加国的商品在统一关境以内的市场上处于有利地位,排除非成员国商品的竞争。世界上最早、最著名的关税同盟是比利时、卢森堡和荷兰组成的关税同盟。

(4)共同市场

共同市场(common market)是指取消成员国间所有商品、劳动力和资本流通的壁垒,制定统一的贸易政策对待非成员国的经济一体化形式。共同市场是在综合了自由贸易区和关税同盟的基础上,增加了劳动力和资本这两种重要生产要素的自由移动而形成的。但是,因为它至少要求经济和劳动力政策的合作,这种一体化形式很难实现,而且由于熟练的劳动力会向高收入国家转移以及投资会向高回报国家流动,结果就会使各成员国间出现利益不均问题。欧盟在1992年末由关税同盟过渡到共同市场,使各成员国经济一体化的程度进一步提高。

(5)经济同盟

所谓经济同盟(economic union),就是成员国之间不但商品与生产要素可以完全自由移动,建立共同的对外关税,而且要求成员国制定和执行某些共同经济政策(如货币、财政等经济政策)和社会政策,逐步废除政策方面的差异,使一体化的程度从商品交换扩展到生产、分配乃至整个国民经济,形成一个庞大的经济实体。经济同盟要求成员国让出一定的国家主权,但它仍然赋予各成员国一定的自治权或独立权。目前的欧盟就属于此类经济同盟。

(6)完全的一体化

完全的一体化(complete integration)是经济一体化的最后阶段。在此阶段,区域内各国在经济、金融、财政等政策上完全统一。在各成员国内完全消除商品、资金、劳动力等自由流通的各种障碍,实行单一的货币和统一的经济政策,存在超国家的机构来管理组织区域内的经济事务。在除经济之外的其他政策上也比较一致,达到高度统一。

区域经济一体化的各种表现形式如表 4-1 所示。

表 4-1　区域经济一体化的各种形式

形　式	商品关税优惠	自由贸易	共同对外关税	生产要素自由流动	统一的经济政策	统一的经济、政治政策
优惠贸易安排	√					
自由贸易区	√	√				
关税同盟	√	√	√			
共同市场	√	√	√	√		
经济同盟	√	√	√	√	√	
完全的一体化	√	√	√	√	√	√

3.经济一体化的组织类型

按参与国家的经济发展水平不同,经济一体化组织可分为水平经济一体化和垂直经济一体化两类。

(1)水平经济一体化

水平经济一体化组织(horizontal economic integration)是由经济发展水平大致相近的国家所组成,例如拉美自由贸易协会、欧洲自由贸易联盟、欧洲联盟等。

(2)垂直经济一体化

垂直经济一体化(vertical economic integration)是指经济发展水平、发展阶段差异较大的国家与地区所组成的经济一体化组织,例如北美自由贸易区中的美国、加拿大、墨西哥,其经济发展水平、实力、阶段均存在一定的差异。

4.2　区域经济一体化现状

区域经济一体化已成为当代世界经济发展的一大特点。现在,世界上有几十个区域经济一体化组织,以下介绍几个有代表性的区域经济一体化组织。

4.2.1　欧盟经济一体化

欧盟的建立并非一夜之举,而是经过了漫长的过程和曲折的经历,其产生和发展过程可以追溯到 1952 年开始的西欧煤钢联营。就欧盟的发展过程而言,可以分成三个阶段。

第一阶段(1958—1968):建立关税同盟阶段。1957 年 3 月,法国、联邦德国、意大利、比利时、卢森堡和荷兰六国签订了《罗马条约》,内部实行自由贸易,取消相互间的进出口关税和数量限制,撤销相互间的贸易壁垒,对外实行一致的贸易政策,建立共同的对外贸易壁垒。《罗马条约》的目标是建立一个关税同盟。这一目标虽然从一开始就提出了,但真正实现是在1968年以后。

第二阶段(1968—1992):实现关税同盟和建立统一市场。在关税同盟建立后的一段时间内,内部贸易的自由化推动了欧共体各国经济的发展。从1961到1970年,作为一个集团,欧共体国民生产总值年均增长4%,高于美国同期的2.5%。这无疑给了各成员国极大的鼓舞,因此,欧共体决定扩大各国之间的经济合作。

1985年6月,欧洲议会发表了一份白皮书,提出进一步消除内部障碍,建立包括商品、服务、资本、劳动力完全流动的统一市场的具体建议,并于1987年7月1日通过生效《单一欧洲法》,目标是在1992年底建立欧洲统一市场。具体内容包括取消所有有形障碍、技术障碍、税收差别和法律差别,建立允许劳动力、资本流动的统一机制。

这一时期,欧共体不断扩大,新增6个成员国。

第三阶段(1993至今):实行统一市场和建立经济政治共同体。为了继续推动欧洲的联合,12个成员国于1991年12月在荷兰小城马斯特里赫特举行了会议,提出了实现真正的、全面的欧洲统一的新目标。会议通过了《马斯特里赫特条约》(简称《马约》),旨在将欧洲共同体缔造成一个政治经济一体化的欧盟。

1993年1月1日,拥有12个成员国的欧共体拆除内部边界,取消海关,进入了单一市场,实现了《单一欧洲法》提出的目标。

1993年9月,《马约》生效。

1999年1月1日,欧元诞生。

2002年1月1日,欧元正式流通。至此,除英国等三国外,欧洲货币实现了货币统一。历次欧盟(欧共体)成员扩张情况如表4-2所示。

表4-2　历次欧盟(欧共体)成员国扩张情况

过　程	成员国
欧共体成立:1957年6月	法国、德国、意大利、荷兰、比利时、卢森堡
第一次扩张:1972—1973年	英国[①]、丹麦、爱尔兰
第二次扩张:1979—1981年	希腊
第三次扩张:1985—1986年	西班牙、葡萄牙
第四次扩张:1994—1995年	奥地利、瑞典、芬兰
第五次扩张:2004年5月1日	波兰、匈牙利、斯洛伐克、拉脱维亚、立陶宛、爱沙尼亚、塞浦路斯、捷克、斯洛文尼亚、马耳他
第六次扩张:2007年1月1日	罗马尼亚、保加利亚

【案例4-1】　欧盟的新难题

经过60年的努力,欧洲一体化建设在经济金融、外交安全、内政司法三大领域都取得了不同程度的进展。目前,欧盟经济总量和国际贸易量已超过美国,成为世界上最大的经济体,欧元已成为世界第二大国际货币。此外,欧盟在独立防务和共同外交上取得重要进展;

---

① 2020年1月30日,欧盟正式批准了英国脱欧。

在制定共同移民和难民政策、打击跨国犯罪上取得一致,并决定建立统一司法区,推动成员国的法律趋同。欧盟已名副其实地成为世界上一体化程度最高、综合实力最强的国家联合体。

近年来,随着欧盟成员国数量的加大,成员国内部发展差距过大的问题日益显现。按人均 GDP 和就业率划分,欧盟可以分为中心区域和边缘区域。中心区域是从英国北约克郡和伦敦,经法国北部、比利时、荷兰、德国汉堡等地,是欧盟发展速度最快、经济发展水平最高的地区,其形状像个香蕉,俗称"蓝香蕉带"。这一地带只占欧盟土地面积的 1/7,欧盟人口的 1/3,但将近一半的欧盟总收入产生于此。围绕这一中心地带的边缘区域则相对贫困,多数地区农业人口比例较大,竞争地位较弱。据统计,欧盟生活在最繁荣区域 10% 的人口,与生活在最贫困区域 10% 的人口比较,前者的人均 GDP 是后者的 2.6 倍。

就各成员国而言,欧盟 27 个成员国之间发展差距更大。卢森堡是欧盟中最富的国家,其人均 GDP 是欧盟平均水平的 20 多倍,法国、德国、英国和丹麦等国也比欧盟平均水平高 20%～60%。相对而言,新近入盟的东欧国家,由于各种原因,经济发展水平明显落后于西欧国家。据统计,10 个原社会主义国家目前经济总量只相当于荷兰一国,占欧盟原成员国国内生产总值的 5%。

经济贫富差距如此悬殊的国家入盟后,必然会成为相当沉重的负担,使得欧盟内部本已存在的利益分配矛盾更加尖锐。以农业补贴为例,成员国扩大使欧盟农业人口从 700 万增加到 1000 多万人,分配农业补贴就成了大问题。新成员国的农民在现阶段只能获得老成员国农民所获补贴的 1/4。经济差距悬殊也导致移民压力增大,在老成员国的强烈要求下,新成员国不得不接受限制其向老成员国移民的几年"过渡期"。再加之这些由社会主义国家转制而来的成员国,在各个方面还留有不少旧体制的烙印,在新老成员之间长期形成的隔阂绝非短期内能够化解。随着成员国多样性的增加,协调不同利益要求就显得更加困难、棘手。

事实上,自 2004 年 5 月一口气接纳 10 个新成员国开始,欧盟就面临着"消化不良"的难题。2005 年,法国、荷兰否决了旨在确保扩大后的欧盟更好运转的《欧盟宪法条约》,使欧盟在当时陷入制宪危机。2008 年,被视为"简版"宪法条约的《里斯本条约》又遭爱尔兰否决,"快速"的政治一体化进程出现了新问题。

在经济社会层面,欧洲经济一体化的成功推进曾使很多成员国对欧盟整体发展有着较为乐观的预期。但是,《欧盟宪法条约》遭否决而引发的有关发展模式的讨论,以及此后发生的金融危机,给这种乐观蒙上了一层阴影,2009 年的经济发展趋势更是不容乐观。在挑战中找到一条推动欧盟经济社会更好发展的道路,成为欧盟国家迫切需要解决的问题。

4.2.2　北美自由贸易协定(NAFTA)

1.北美自由贸易区的历程

关于建立北美自由贸易区的设想,最早出现在 1979 年美国国会关于贸易协定的法案提议中,1980 年美国前总统里根在其总统竞选的有关纲领中再次提出。但由于种种原因,该设想一直未受到重视,直到 1985 年才开始起步。

1985 年 3 月,加拿大总理马尔罗尼在与美国总统里根会晤时,首次正式提出美加两国加强经济合作、实行自由贸易的主张。由于两国经济发展水平及文化、生活习俗相近,交通运输便利,经济上的互相依赖程度很高,所以自 1986 年 5 月开始经过一年多的协商与谈判于 1987 年 10 月达成了协议,次年 1 月 2 日,双方正式签署了《美加自由贸易协定》。经美国国会和加拿大联邦议会批准,该协定于 1989 年 1 月生效。

《美加自由贸易协定》规定在 10 年内逐步取消商品进口(包括农产品)关税和非关税壁垒,取消对服务业的关税限制和汽车进出口的管制,开展公平、自由的能源贸易。在投资方面两国将提供国民待遇,并建立一套共同监督的有效程序和解决相互间贸易纠纷的机制。另外,为防止转口逃税,还确定了原产地原则。美加自由贸易区是一种类似于共同市场的区域经济一体化组织,标志着北美自由贸易区的萌芽产生。

由于区域经济一体化的蓬勃发展和《美加自由贸易协定》的签署,墨西哥开始把与美国开展自由贸易区的问题提上了议事日程。1986 年 8 月两国领导人提出双边的框架协定计划,并于 1987 年 11 月签订了一项有关磋商两国间贸易和投资的框架原则和程序的协议。在此基础上,两国进行多次谈判,于 1990 年 7 月正式达成美墨贸易与投资协定(也称"谅解"协议)。同年 9 月,加拿大宣布将参与谈判,三国于 1991 年 6 月 12 日在加拿大的多伦多举行首轮谈判,经过 14 个月的磋商,终于于 1992 年 8 月 12 日达成了《北美自由贸易协定》。该协定于 1994 年 1 月 1 日正式生效,北美自由贸易区宣告成立。

【案例 4-2】 全球的自由贸易区浪潮

近年以来,区域经济一体化和经济全球化一起,共同成为当今世界经济发展的两大潮流。世界各国都在加快发展自由贸易区的步伐,从而在全球的范围内形成了一股自由贸易区的热潮,这种自由贸易区热的特点实际上有两个。一个是从世界范围看,自由贸易区的数量在激增。截至 2007 年 9 月为止,已经向 WTO 通报并且仍然有效地按照区域贸易安排一共有 194 个(注:即各种形式的经济一体化组织数量总计 194 个),其中 90% 以上是自由贸易区。这其中 80% 以上是在过去的十年里面才出现的。绝大多数的世贸组织成员都参与一个或者多个区域贸易安排,其中每个非洲国家参加了 4 个,每个拉美国家参加了 7 个。另外是世界上的大国正在起着引领自由贸易区的建设作用。美国正在推动建立包括南美洲、北美洲在内的大美洲自由贸易区。美国和韩国也签署了自由贸易协定。欧盟除了加快自身的经济一体化以外,也在和欧洲以外的很多国家建立自由贸易区。

2. 北美自由贸易区的特点

(1)南北合作

北美自由贸易区既有经济实力强大的发达国家(如美国),也有经济发展水平较低的发展中国家,区内成员国的综合国力和市场成熟程度差距很大,经济上的互补性较强。各成员国在发挥各自比较优势的同时,通过自由的贸易和投资,推动区内产业结构的调整,促进区内发展中国家的经济发展,从而减少与发达国家的差距。

(2)大国主导

北美自由贸易区是以美国为主导的自由贸易区,美国的经济运行在区域内占据主导和支配地位。由于美国在世界上经济发展水平最高,综合实力最强;加拿大虽是发达国家,但其经济实力远不如美国;墨西哥是发展中国家,对美国经济的依赖性很强。因此,北美自由贸易区的运行方向与进程在很大程度上体现了美国的意愿。

(3)减免关税的不同步性

由于墨西哥与美国、加拿大的经济发展水平差距较大,而且在经济体制、经济结构和国家竞争力等方面存在较大的差别,因此,自《美加自由贸易协定》生效以来,美国对墨西哥的产品进口关税平均下降了 84%，而墨西哥对美国的产品进口关税只下降了 43%；墨西哥在肉、奶制品、玉米等竞争力较弱的产品方面，有较长的过渡期。同时，一些缺乏竞争力的产业部门也有 10—15 年的缓冲期。

3. 北美自由贸易区的成就

首先，促进了地区贸易增长。《北美自由贸易协定》自生效以来，由于关税的减免，有力地促进了地区贸易的增长。根据国际货币基金组织的数据，NAFTA 成员国之间的货物贸易额增长迅速，三边贸易额翻了一番，从 1993 年的 3060 亿美元增长到 2002 年的 6210 亿美元。2006 年，三国的 GDP 总额达到了 15.1 万亿美元，约占全世界总额的 1/3。

其次，发达国家继续保持经济强势地位。自由贸易区内经济一体化加快了发达国家与发展中国家间的贸易交往和产业合作，其中美国向墨西哥的出口增加了 3 倍，从 511 亿美元增至 2008 年的 1512 亿美元。自由贸易区还强化了各国的产业分工和合作，资源配置更加合理，协议国之间的经济互补性提高了各国产业的竞争力。如墨西哥、加拿大的能源资源与美国互补，加强了墨西哥、加拿大能源生产能力。特别在制造业领域，墨西哥的人力资源与美国的技术资本互补，大大提高了美国制造业的竞争力，使美国将一些缺乏竞争性部门的工作转移到更有竞争性的部门，把低技术和低工资的工作转变为高技术和高工资的工作。

最后，发展中国家受益明显。北美自由贸易区建立之后，墨西哥与伙伴国的贸易一直增长迅速，墨西哥出口的全球排名从 1996 年的第 21 位很快跃升到 2005 年的第 13 位，取代了日本成为对美国第二大出口国，取代了中国成为对美国纺织品第一大出口国。2008 年，墨西哥向美国出口 2159 亿美元，从美国进口 1512 亿美国，是美国的第三大进口国、第二大出口国。两国贸易总额达 3671 亿美元，而北美自由贸易区成立之前，1993 年两国的贸易总额仅为 896 亿美元。

4.2.3 亚太经济合作组织(APEC)

亚太经济合作组织，简称亚太经合组织(Asia-Pacific Economic Cooperation)，成立之初是一个区域性经济论坛和磋商机构。经过十几年的发展，已逐渐演变为亚太地区重要的经济合作论坛，也是亚太地区最高级别的政府间经济合作机制。它在推动区域贸易投资自由化、加强成员间经济技术合作等方面发挥了不可替代的作用。

亚太经合组织诞生于全球冷战结束的年代。20 世纪 80 年代末，随着冷战的结束，国际形势日趋缓和，经济全球化、贸易投资自由化和区域集团化的趋势逐渐成为主流。同时，亚洲地区在世界经济中的比重也明显上升。在此背景下，1989 年 1 月，澳大利亚总理霍克提出召开亚太地区部长级会议，讨论加强相互间经济合作。

1989 年 11 月，亚太经合组织第一届部长级会议在澳大利亚首都堪培拉举行，标志着亚太经合组织的正式成立。1991 年 11 月，亚太经合组织第三届部长级会议在韩国首都汉城（现称"首尔"）举行，会议通过的《汉城宣言》正式确立了该组织的宗旨和目标，即"为本地区人民的共同利益保持经济的增长与发展；促进成员间经济的相互依存；加强开放的多边贸易体制；减少区域贸易和投资壁垒。"

亚太经合组织的组织机构包括领导人非正式会议、部长级会议、高官会、委员会和专题工作组等。其中，领导人非正式会议是亚太经合组织最高级别的会议，其首次会议于 1993 年 11 月在美国西雅图召开。会议形成的领导人宣言是指导亚太经合组织各项工作的重要纲领性文件。亚太经合组织的正式工作语言是英语。

1991年11月,中国以主权国家身份,中国台北和香港(1997年7月1日起改为"中国香港")以地区经济名义正式加入亚太经合组织。截至2007年9月,亚太经合组织共有21个成员,分别为澳大利亚、文莱、加拿大、智利、中国、中国香港、印度尼西亚、日本、韩国、马来西亚、墨西哥、新西兰、巴布亚新几内亚、秘鲁、菲律宾、俄罗斯、新加坡、中国台北、泰国、美国和越南。1997年温哥华领导人会议宣布APEC进入十年巩固期,暂不接纳新成员。

亚太经合组织总人口达26亿,约占世界人口的40%;国内生产总值之和超过19万亿美元,约占世界的56%;贸易额约占世界总量的48%。这一组织在全球经济活动中具有举足轻重的地位。

1989—2006年,APEC成员的经济总量增长了一倍多。1989年,各成员的人均GDP为4794美元,与世界平均水平相当。但到2006年,各成员的人均GDP已超过1万美元,几乎是非成员平均水平的两倍。

4.2.4 中国—东盟自由贸易区

2000年9月,在新加坡举行的第四次东盟与中国(10+1)领导人会议上,中国国务院总理朱镕基提出建立中国—东盟自由贸易区的建议,该建议得到了东盟有关国家的赞同。2001年11月,在文莱举行的东盟首脑会议期间,中国和10个东盟成员国宣布了将在未来十年内建成自由贸易区的目标。2002年11月4日,第六次东盟与中国领导人会议在柬埔寨首都金边举行。中国国务院总理朱镕基和东盟10国领导人签署了《中国与东盟全面经济合作框架协议》,宣布2010年建成中国—东盟自由贸易区,从而启动了中国—东盟自由贸易区的进程。

中国—东盟自由贸易区的建成,将会创造一个拥有19亿消费者、近6万亿美元国内生产总值(注:2009年6月6日数据)、1.2万亿美元贸易总量的经济区。按人口算,这将是世界上最大的自由贸易区;从经济规模上看,将是仅次于欧盟和北美自由贸易区的全球第三大自由贸易区;由中国和东盟10国共创的世界第三大自由贸易区,是由发展中国家组成的最大的自由贸易区。

中国—东盟自由贸易区的建立,给双方带来了巨大的利益。2008年中国自东盟进口受惠货物61亿美元,为企业优惠税款32亿元人民币。同时,中国企业申领了18.4万份中国—东盟自由贸易区优惠原产地证,向东盟出口受惠货物51亿美元。2009—2010年,中国—东盟自由贸易区将迎来一个关键时期。按照自由贸易区规定的降税模式,2007年1月1日起,中国对东盟的平均关税已降到5.8%;2009年1月1日,又进一步降到2.4%;到2010年,中国自东盟进口的产品中,将有93%的产品实行零关税。同样,东盟国家也将做出类似安排。在服务贸易方面,我国和东盟国家在60多个服务部门相互作出了高于WTO水平的市场开放承诺。投资合作方面,自贸区投资协议即将签署,将为双方相互投资带来更多的便利。

表 4-3　中国—东盟自由贸易区发展进程

时　间	成　果
1995—2002 年	中国与东盟双边贸易额年均增长 15%
2003 年	中国与东盟双边贸易额达到历史性的 782 亿美元,比上一年增长 42.9%
2004 年 1 月 1 日	中国—东盟自由贸易区早期收获计划实施,下调农产品的关税,到 2006 年,约有 600 项农产品的关税降为零
2004 年底	双边签署了《货物贸易协议》和《争端解决机制协议》,标志着自由贸易区建设进入实质性执行阶段
2005 年 4 月	中国国家主席胡锦涛访问文莱、印度尼西亚和菲律宾时提出,到 2010 年,中国和东盟双边贸易额达到 2000 亿美元
2005 年 7 月 20 日	中国—东盟自由贸易区《货物贸易协议》降税计划开始实施,中国和东盟的 7000 种产品在大幅降低关税、免配额以及其他市场准入条件进一步改善的情况下,更加顺畅地进入对方市场,这有利于东盟国家的产品扩大对中国市场出口,也有助于中国企业以更低成本从东盟进口原材料、零部件和设备
2002 年	根据签署的《中国与东盟全面经济合作框架协议》,除少数敏感产品外,中国与相对发达的东盟六个老成员国和 4 个新成员国将分别在 2010 年和 2015 年实现关税降为零的目标,涉及产品超过 7000 余种
2010 年	中国—东盟自由贸易区建成后,东盟对中国的出口将增长 48%,中国对东盟的出口将增长 55%,对东盟和中国国内生产总值的增长贡献分别达到 0.9%(约合 54 亿美元)和 0.3%(约合 22 亿美元),将为中国和东盟商界创造无穷商机和广阔前景

表 4-4　中国—东盟自由贸易区部分关税削减时间表

起始时间	关税税率	覆盖关税条目	参与的国家
2000 年	对所有东盟成员国 0～5%	85% 的 CEPT 条目	原东盟 6 国
2002 年 1 月 1 日	对所有东盟成员国 0～5%	全部 CEPT 条目	原东盟 6 国
2003 年 7 月 1 日	WTO 最惠国关税税率	全部	中国与东盟 10 国
2003 年 10 月 1 日	中国与泰国果蔬关税降至 0	中泰水果蔬菜	中国、泰国
2004 年 1 月 1 日	农产品关税开始下调	农产品	中国与东盟 10 国
2005 年 1 月	对所有成员开始削减关税	全部	中国与东盟 10 国
2006 年	农产品关税降至 0	农产品	中国与东盟 10 国
2010 年	对所有东盟成员国 0	全部减税产品	原东盟 6 国
2010 年	关税降至 0	全部产品(部分敏感产品除外)	中国与原东盟 6 国
2015 年	对所有东盟成员国 0	全部产品(部分敏感产品除外)	东盟新成员国
2015 年	对中国—东盟自由贸易区成员国关税降至 0	全部产品(部分敏感产品除外)	东盟新成员国
2018 年	对东盟自由贸易区和中国—东盟自由贸易区所有成员国 0	剩余的部分敏感产品	东盟新成员国

(资料来源:中国—东盟年鉴,2006 年)

【案例 4-3】 中国参与 FTA 的现状

截至 2007 年 4 月,中国在与亚洲、大洋洲、拉美、欧洲、非洲的 28 个国家和地区商谈 11 个区域贸易安排。具体来看,中国内地和香港、澳门签署了《关于建立更紧密经贸关系的安排》及补充协议,与东盟、智利、巴基斯坦、新西兰已经签署了自由贸易协定;与海湾 6 国、澳大利亚、新加坡、冰岛等进行自贸谈判;与印度、韩国、秘鲁开展了自由贸易研究。

从中国目前建立的 FTA 来看,主要有以下几方面的特点。①广泛参与。如上所述,中国的 FTA 涉及 5 大洲 28 个国家和地区,同时还积极参加亚太经合组织、亚欧会议、上海合作组织、东盟和中日韩(10+3)、东亚峰会等多个区域经济组织及论坛,推动了包括很多周边邻国的大湄公河次区域合作、图们江合作开发等次区域合作机制的建设。②内容丰富。中国的 FTA 内容丰富、形式多样。如中国与东盟的自由贸易区协定,其内容远远超出传统的货物贸易范围,其还包括服务贸易、投资、经济合作等多领域。形式上采取首先启动"早期收获"方式,使双方提前享受到自由贸易的好处。除了贸易自由化、市场开放等内容外,还包括经济贸易政策对话、贸易投资便利化、技术合作等。而"早期收获"计划的实施给中国和东盟成员都带来了益处。据中国商务部统计,截至 2005 年 6 月,中国享受"早期收获"计划,从东盟国家进口的产品货值达 11.53 亿美元,税收优惠总额达到 10.16 亿元人民币。中国品种繁多的蔬菜、肉类和其他农产品,以优惠税率进入东盟市场,也为东盟国家人民带来了实惠。③时间短、经验有限。与其他大的经济体相比,中国参与自由贸易区建设的时间短,经验有限,目前还没有谈成涉及世界上主要经济体的先例。

(资料来源:2008 年 5 月 30 日"中国的崛起与东亚国际秩序"国际研讨会,会议论文)

4.2.5 区域经济一体化的作用

目前,全球范围内的区域经济一体化组织越来越多,它对各个国家和地区的平稳快速发展起到了巨大的作用。其主要表现在以下几个方面。

1.合理利用和配置人力、物力资源

人力和物力资源在各国的分布,是不平衡的。一国的各类物质资源和各层次劳动力的供给与需求的不平衡是绝对的。各生产要素的你多少少、我多你少的现象存在是普遍的。因此,一个国家和一个地区要合理利用和配置其人力和物力资源,以提高其经济发展速度和质量,就需要进行多国合作来互通有无与多寡。相邻相近的或特定的地理范围的国家实行区域经济一体化,也可以解决这一问题。

2.发展规模经济,提高劳动生产率的需要

在技术和资金日益密集的现代化生产中,要增强企业竞争力,就需要扩大经济规模,提高劳动生产率。实行区域经济一体化,各成员国的生产要素和商品可以自由流动,自然有利于企业经济规模的扩大和劳动生产率的提高。

3.降低生产和流通成本,稳定物价的需要

相邻相近的国家实行区域经济一体化,成员国间降低或取消关税,与邻近国家的贸易比重提高,使进口原材料和出口产成品的运输费用减少,自然使企业生产和流通成本降低,利润增加。产品的生产和流通费用降低,市场商品可供量的增加,则有利于物价的稳定和通货膨胀的控制。

4. 扩大商品贸易和要素市场的需要

实行区域经济一体化,在成员国之间通过签订政府条约或协定,规定相互取消或降低关税和贸易限额等非关税壁垒,允许商品和要素自由流动,实际上就是把各成员国以往一国统一的市场范围,扩大为多国统一的市场范围,使商品的要素市场范围绝对地扩大了。各成员国在区内减免关税、提供贸易和投资等便利的同时,对区外国家的关税和非关税壁垒依旧,那么,各成员国的商品和要素市场就相对扩大了。

5. 稳定货币汇率,防范金融危机的需要

任何国家,要稳定其货币汇率,防范金融危机或减少其损害,当然主要是靠自己,这是毫无疑问的。但是,在金融和资本日益国际化,伺机出击、无孔不入的国际投机资本高达成千上万亿美元(高于世界上大多数国家的国内生产总值)的今天,单靠一国特别是实力弱小的国家力量,是难以与强大到足可倾城倾国的国际投机者抗衡的。发生于 1997 至 1998 年的东亚金融危机就是证明。因此,相邻相近而又在经济上利害与共,生死攸关的国家联合起来,实行区域经济一体化,以共同稳定汇率,防范金融危机,是非常有必要的。

6. 协调一致,增强对外竞争实力的需要

经济实力弱小或相对弱小的国家,在世界市场上面对实力强大的国家或集团的激烈竞争,处于十分不利的地位。这些国家要摆脱其在市场竞争中的困境,就有必要成立区域经济一体化组织,通过多国联合来增强竞争实力。欧洲共同体当年成立的主要意图,就是为了增强成员国与美国和苏联的整体竞争抗衡实力。北美自由贸易区则是美国等面对日益紧密联合起来的欧洲的经济一体化挑战而成立的。

7. 实现地区和平与稳定的需要

在完全自愿平等的原则下实行区域经济一体化,各成员国就共上了一辆战车,经济利益就捆绑在了一起,彼此就成了一荣俱荣、一损俱损的关系。各成员国间有了矛盾和摩擦,就应该也能够通过平等协商来解决。各成员国跨国公司的相互投资、市场的相互渗透和融合,你中有我、我中有你的经济关系的形成,彼此生存空间的共享或趋向共享,使彼此诉诸武力解决争端成为不可能。政治关系决定于经济关系。经济上的一体化,会使极端的政治即战争失去生存的土壤。当年欧洲实行经济一体化的主要目的,就是为了在欧洲永远消除战争,实现欧洲持久的和平与稳定。

4.3　区域经济一体化理论

区域经济一体化的产生和发展引起了许多经济学家对这一现象的研究和探讨,形成了一些理论。

4.3.1　关税同盟理论

关税同盟是区域经济一体化的典型模式,很多区域经济一体化的理论把关税同盟作为基本的研究对象,用来描述区域经济一体化对贸易、投资、社会福利等所产生的经济效应。关税同盟的经济效应可以分成静态经济效应和动态经济效应两类。

1.静态经济效应

(1)贸易创造效应

贸易创造效应(trade creation effect)是指关税同盟内部取消关税,实行自由贸易后,关税同盟内某成员国国内成本高的产品被同盟内其他成员国成本低的产品所替代,从成员国进口产品,创造了过去不发生的那部分新的贸易。如图 4-1 所示,设 A、B、C 分别代表三个国家。纵轴 P 表示价格;横轴 Q 表示数量;S 和 D 分别表示 A 国国内的供给曲线和需求曲线。P_T 表示 A 国的价格;P_C 表示 A 国进口 C 国产品的价格;P_B 表示 A 国进口 B 国产品的价格。A 国与 B 国组成关税同盟前,A 国从 C 国进口商品,进口价格是 P_C,加上关税 $P_C P_T$,因而 A 国的国内价格是 P_T。A 国在 P_T 价格条件下,国内生产供应量 S_0,国内需求量 D_0,供需缺口为 $S_0 D_0$。A 国通过向 C 国进口 $S_0 D_0$ 数量的商品来达到国内的供求平衡。现在,我们来看 A 国与 B 国组成关税同盟所带来的贸易创造效应。A 国与 B 国组成关税同盟意味着两国间取消关税,实行自由贸易,并实施共同的对外关税。虽然 C 国的成本和价格比 B 国低,但是,如果共同对外关税能达到这样一种效果,即从 C 国进口的价格加上共同对外关税后的实际价格比从 B 国进口的价格高,显然,A 国的贸易商会从 B 国进口商品,而不会从 C 国进口。A、B 两国组成关税同盟后,由于 A 国从 B 国进口的价格 P_B 比同盟前的进口价格 P_T 要低,导致国内价格下降至 P_B 水平。在 P_B 价格水平上,A 国国内生产供应量缩减至 S_1,国内需求增加至 D_1,A 国进口 $S_1 D_1$ 量的商品来满足国内需求。把 A 国参加关税同盟前的进口量与参加同盟后的进口量相比,可以看到 A 国增加进口量 $S_1 S_0$ 和 $D_1 D_0$。这部分增加的进口量就是贸易创造效应。其中 $S_1 S_0$ 为生产效应,$D_1 D_0$ 为消费效应。

贸易创造效应通常被视为一种正效应。因为,A 国国内商品生产成本高于 A 国从 B 国进口的商品生产成本。关税同盟使 A 国放弃了一部分商品的国内生产,改为由 B 国来生产。从世界范围来看,这种生产转换提高了资源配置效率。

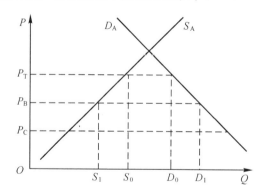

图 4-1 关税同盟的贸易创造效应

(2)贸易转移效应

贸易转移效应(trade diversion effect)是指由于关税同盟对内取消关税,对外实行统一的保护关税,成员国把原来从同盟外非成员国低成本生产的产品进口转为从同盟内成员国高成本生产的产品进口,从而使贸易方向发生了转变。我们仍以图 4-1 来加以说明。A 国与 B 国组成关税同盟后,由于 P_B 低于 P_C 与共同对外关税之和,A 国就不再从 C 国进口,而转向从 B 国进口。$S_0 D_0$ 的商品数量原由关税同盟前从 C 国进口转移到关税同盟后从 B

国进口。这就是贸易转移效应。贸易转移效应通常被视为一种负效应。因为,A 国从 C 国进口的商品生产成本低于 A 国从 B 国进口的商品生产成本,贸易转移导致低成本的商品生产不得不放弃,而高成本的商品生产得以扩大。从世界范围来看,这种生产转换降低了资源配置效率。

(3)贸易扩大效应

贸易扩大效应是指在关税同盟后,在贸易创造和贸易转移的综合影响下,产生贸易总量增加的结果。在图 4-1 中,A 国和 B 国组成关税同盟后,A 国的贸易创立 S_1S_0 和 D_1D_0,加上贸易转移 S_0D_0,大于关税同盟前 A 国的贸易量 S_0D_0,这就说明 A 国的贸易由于参加关税同盟而扩大了。

贸易创造和贸易转移效应是从生产方面考察关税同盟的贸易影响的,而贸易扩大效应则是从需求方面进行分析的。关税同盟无论是在贸易创造还是在贸易转移的情况下,由于都存在使需求扩大的效应,因而都能产生贸易扩大的结果。

(4)社会福利效应(social welfare effect)

关税同盟不仅会对成员国的对外贸易产生影响,而且对成员国的社会福利变化也会产生影响。如图 4-2 所示,关税同盟建立后,A 国的价格从 P_T 下降至 P_B,消费需求增加了 D_0D_1,获得消费者剩余 P_TCFP_B。但 A 国的价格下降导致国内生产供应缩减 S_1S_0,生产者剩余减少 P_TGHP_B。同盟建立后,A 国不能对 B 国的进口商品征收关税,因而关税收入减少 $GCXW$。A 国的社会福利净增加或净减少并不确定。因为福利所得的消费者剩余 P_TCFP_B 与福利所失的生产者剩余 P_TGHP_B 以及关税收入中的一部分 $GCVU$ 相抵后还剩下消费者剩余 GUH 和 CFV。然后,把 GUH 和 CFV 之和的福利所得与关税收入中 $UVXW$ 福利所失的大小进行比较。如果 $GUH+CFV$ 大于 $UVXW$,A 国的福利得到净增加;反之,则 A 国的福利净减少。

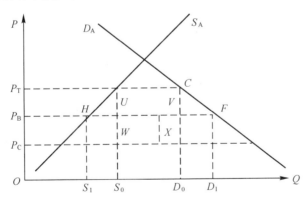

图 4-2 关税同盟的社会福利效应

那么,一国加入关税同盟后的福利在什么情况下是净增加,在什么情况下是净减少呢?一国福利变化主要受以下几个因素的影响:①加入同盟后国内价格下降的幅度。如果价格下降幅度足够地大,加入同盟后就能获得净增加。②国内价格供给和需求弹性。一国国内价格供给和需求弹性越大,该国加入关税同盟后获得的消费者剩余就越多,失去的生产者剩余就越少;从而就越有可能获得社会福利的净增加。③加入关税同盟前的关税水平。一国加入关税同盟前的关税水平越高,加入关税同盟后国内价格下降的幅度就越大,因而就越有可能获得福利的净增加。

2.动态经济效应

关税同盟的动态效应是指关税同盟对成员国就业、产出、国民收入、国际收支和物价水平会造成什么样的影响,动态效应主要包括规模经济效应、竞争效应、投资效应和技术进步效应。

(1)规模经济效应

关税同盟建立以后,突破了单个国内市场的限制,原来分散的国内小市场结成了统一的大市场,使得市场容量迅速扩大。各成员国的生产者可以通过提高专业化分工程度,组织大规模生产,降低生产成本,使企业获得规模经济递增效益。尽管向世界其他国家出口也可以达到规模经济的要求,但是世界市场存在激烈竞争和许多不确定性,而区域性经济集团的建立则可以使企业获得据以实现规模经济的稳定市场。但有学者认为,如果成员国的企业规模已经达到最优,则建立区域性经济集团后再扩大规模反而会使平均成本上升。

【案例4-4】 温州经济的转变

温州人牢固树立了"不求最大,但求最佳"的地方经济发展的集群战略。坚持做大不是不要小,放小不是不管小。温州95%以上的企业是中小企业。它们是就业的主渠道,税收的主要来源,活力的根本所在。"家家叮当响,处处是市场"就是温州中小企业发展的生动写照。社会化分工、专业化协作是温州中小企业发展的优势,"小商品、大市场"物美价廉,是温州中小企业发展的特点。温州依靠"一村一品"、"一乡一业"的中小企业集群战略,如打火机,联手打败了日本和韩国的同类产品,几乎垄断了欧盟和日本市场。温州的皮鞋、服装和低压电器等产品也在国际和国内市场占有很大的份额。温州创造了正泰、德力西、夏蒙、报喜鸟、奥康和红蜻蜓等一大批知名品牌,形成了"中国鞋都"、"中国皮都"、"中国低压电器之都"等一批全国知名商品集散地。中小企业在温州经济发展中功不可没。目前,温州随着工业化和市场化水平的提高,正在逐步从"市场型"规模经济,向"集团型"规模经济,进而向"网络型"信息化规模经济发展,这是温州这几年经济繁荣的重要因素之一。

(资料来源:赵倩.运筹帷幄:温州人的经营智慧与赚钱魔方.哈尔滨:哈尔滨出版社,2008)

(2)竞争效应

关税同盟的建立促进了成员国之间的相互了解,但却也使成员国之间的竞争更加激化。参加关税同盟后,由于各国的市场相互开放,各国企业面临着来自其他成员国同类企业的竞争。在这种竞争中,必然有一些企业被淘汰,从而形成在关税同盟内部的垄断企业,这有助于抵御外部企业的竞争,甚至有助于关税同盟的企业在第三国市场上与别国企业竞争。

(3)投资效应

关税同盟的建立会促使投资的增加。一方面,市场容量的扩大会促使同盟内企业为了生存和发展而不断增加投资;另一方面,同盟外的企业为了绕开关税同盟贸易壁垒的限制,纷纷到同盟内进行投资,在同盟内部设立"关税工厂"(tariff factory)。这样,客观上就增加了来自关税同盟以外的投资。

(4)技术进步效应

关税同盟后,市场扩大了,竞争加强了。为了在竞争中取胜,厂商务必要努力利用新技术开发新产品。而投资增加,生产规模扩大后,厂商更愿意投资于研究和开发活动,这样就推动了了技术水平不断地提高。

4.3.2　自由贸易区理论

自由贸易区是经济一体化最基本的形式,它通过消除区内贸易壁垒来实现成员国之间的贸易自由化,是比关税同盟在一定程度上应用更为广泛的一体化形式。按照国际经济学的解释,自由贸易区是指两个或者两个以上的国家或行政上独立的经济体之间达成协议,相互取消关税和与关税具有同等效力的其他措施而形成的国际区域经济一体化组织。世界贸易组织将自由贸易区解释为:由两个或两个以上的关税领土所组成的一个对这些组成领土产品的贸易,实质上已取消关税和贸易限制的集团(关贸总协定其他条款规定者除外)。与关税同盟等其他国际区域经济一体化形式相比,自由贸易区有以下两个显著特征:①自由贸易区成员国在实行内部自由贸易的同时,对外不实行统一的关税和贸易政策。②实行严格的原产地规则,只有原产于区域内或主要在区域内生产的产品才能进行自由贸易。

英国学者罗布森(Robson)比较全面地研究了自由贸易区理论,它将关税同盟理论应用于自由贸易区,提出了专门的自由贸易区理论。与关税同盟的情况一样,自由贸易区也可以有贸易创造效应和贸易转移效应,但与关税同盟的这两种效应在实际运作中存在着差异(见图 4-3)。

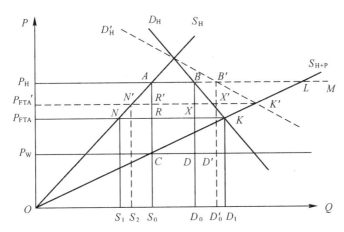

图 4-3　自由贸易区的创造效应和贸易转移效应

假设两个国家,H 国和 P 国。在某种产品的生产上,H 国的效率比 P 国低。这两个国家对该产品的进口各自实施不同的关税:H 国实施非禁止性关税,P 国实施禁止性关税。D_H 为 H 国的需求曲线,S_H 为 H 国的供应曲线。S_{H+P} 为 H 国和 P 国全部供应曲线。P_H 是 H 国加入自由贸易前的国内价格;P_W 是外部世界的价格。P_{FTA} 是两国组成自由贸易区后的区内价格。

H 国在加入自由贸易区前,从世界市场以 P_W 进口,征收 $P_W P_H$ 关税后,国内价格为 P_H。其国内生产供应 S_0,需求 D_0,进口数量为 $S_0 D_0$。H 国与 P 国组成自由贸易区后,只要整个自由贸易区仍为净进口方,则在 H 国原产于区内的产品价格就不会下降到 P_W 以下,同时也不会超过 P_H。从 H 国来看,包括区内和区外产品的有效供给曲线是 $P_{FTA}KLM$。该曲线与 H 国的需求曲线 D_H 一起决定了区内价格 P_{FTA}。在 P_{FTA} 价格水平上,H 国的生产供应为 S_1,消费需求为 D_1,从 P 国进口 $S_1 D_1$ 数量的产品。其中,$S_1 S_0$ 和 $D_0 D_1$ 是贸易创造的结果，S_0D_0 是贸易转移的结果。

另外需要说明的是，P 国国内价格始终在 P_{FTA} 以下。如果 P 国的全部生产供应能够满足 H 国的进口需求，P_{FTA} 就与 P 国的国内价格相同。若不然，P_{FTA} 就会高于 P 国国内价格，以实现 P 国出口供应和 H 国进口需求的平衡。那么，P 国向 H 国出口后，其国内需求如何得以满足呢？P 国的做法是从外部世界进口来满足国内需求。这种贸易流向就是所谓的"贸易偏转"（trade deflection），原产地规则对此是无能为力的。

自由贸易区给 H 国带来的福利效应是：获得的消费者剩余 P_HBKP_{FTA}，减去失去的生产者剩余 P_HANP_{FTA} 及关税收入损失的一部分 $ABXR$ 后，余下 ANR 和 BXK 所表示的消费者剩余。另外，关税收入损失中另一部分 $RXDC$ 与 ANR 和 BXK 所表示的消费者剩余相抵，如果前者（$BKDC$）小于后者（$ANR+BXK$），意味着 H 国的社会福利有净所得；反之，H 国的福利有净损失。由此看来，自由贸易区给 H 国带来的福利变化是不确定的。

H 国加入自由贸易区的贸易效应和福利效应与 H 国的需求曲线弹性有密切的关系。以上分析的是 H 国需求曲线为 D_H 的情形。如果 H 国的需求曲线为 $D_{H'}$，区内价格为 $PFTA'$。该价格将更接近于上限 P_H。此时，H 国对本国市场的供给限度为 S_2，国内市场需求为 D_2，向 P 国进口 S_2D_2。其中，S_2S_0 和 $D_0'D_2$ 为贸易创造，S_0D_0' 为贸易转向。H 国福利增加或减少需比较（$AN'R'+B'X'K'$ 之和）与 $R'X'D'C$ 的大小。

H 国的福利变化与关税同盟情形相似，但从 P 国来看，自由贸易区与关税同盟福利变化是不同的。在关税同盟条件下，P 国的价格必然上升，因而会带来消费者剩余的损失和负的生产效应。然而，在自由贸易区条件下，P 国的价格可以不变，就没有消费者剩余的损失和负的生产效应，而且，在贸易偏转中，P 国从外部世界进口还可获得关税收入。因此，在自由贸易区条件下 P 国福利水平的提高肯定优于关税同盟。此外，从外部世界来看，在关税同盟条件下，外部世界的出口会减少，社会福利水平随之下降；而在自由贸易区条件下，外部世界的出口不但不会减少，反而还会增加。这样，外部世界的福利水平也可得到提升。

国际货币基金组织专家也认为："自由贸易区可以使进口国避免因单边降低壁垒而蒙受不必要的贸易转移损失。这样可以获得区域外低成本供应来源。同时，已经实行比较自由的贸易体制或愿意放开贸易政策的成员国将不再受自由贸易区的限制。"

4.3.3　共同市场理论

关税同盟理论和自由贸易区理论是国际区域经济一体化的基本理论，它的一个主要假设是成员国之间的生产要素是不流动的。共同市场是比关税同盟更高一层次的国际区域经济一体化，它不仅通过关税同盟形成的贸易自由化实现了产品市场的一体化，而且通过消除区域内要素自由流动的障碍实现了要素市场的一体化。共同市场的概念早期出现在1956年斯巴克的报告中，但总的来讲，"二战"后，"共同市场"一词已被广泛使用。

在共同市场中，由于阻碍生产要素流动的壁垒已被消除，使得生产要素在逐利动机驱使下，向尽可能获得最大收益的地区流动，但由于社会、政治和人类的生活习性等原因，又使得劳动这种生产要素并不一定会因共同市场的建立而出现大规模的流动。而资本则不然，只要资本存在收益的不相等，即资本的边际生产率在不同地区存在一定的差异，那么它就会不停地流动，直到各地的边际生产率相等为止。如图4-4所示。

假设两地区都只有劳动和资本两种生产要素，并且两国的劳动数量是既定的。图4-6

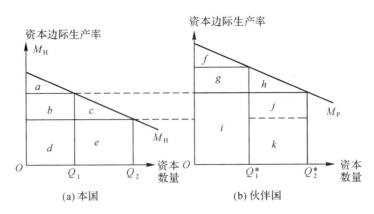

图 4-4　共同市场理论对资本的跨国流动分析

中,纵轴表示资本的边际生产率,横轴表示资本的数量,M_H 和 M_P 分别是本国和伙伴国的边际生产率曲线。在形成共同市场之前,本国和伙伴国的资本存量分别是 Q_2 和 Q_1^*,且资本都属于两国自己所有。此时,资本在两国间不流动,假定市场完全竞争,并且忽略税收因素,那么每单位资本的收益等于其边际生产率。于是本国的总收益是 $d+e$,伙伴国是 $g+i$;本国的总产出是 $a+b+c+d+e$,伙伴国是 $f+g+i$。因而,本国的劳动收益是 $a+b+c$,伙伴国是 f。

由于本国的资本收益率(边际生产率)低于伙伴国,因此,当要素实现自由流动以后,资本将从本国流向伙伴国,直到两国的资本收益率相等为止。此时,有数量为 Q_1Q_2($Q_1^* Q_2^*$)的资本从本国流向了伙伴国。因此本国的产出下降为 $a+b+d$,其国民产值还要包括作为资本从伙伴国回流的 $j+k$。因此,本国的国民产值增加了 $j-c$。伙伴国的国内产值增加了 $h+j+k$,但其国民产值增加了 h。在此过程中,本国资本所有者占国民生产总值的份额下降了,而伙伴国资本所有者占的份额却上升了。

从静态的角度上讲,配置收益是共同市场所能产生的高于关税同盟的收益,也就是要素自由流动后经济效率提高所增加的收益。按照传统的理论,在关税同盟的基础上,通过贸易可以实现要素边际生产率的趋同,但是所需条件非常严格。现实中,如成员国之间生产函数的不同或生产中规模经济的存在等原因都表明,预计可以从关税同盟到共同市场的发展中获得更多的收益。

共同市场理论主要是探讨在关税同盟的基础上消除生产要素自由流动的障碍以后成员国所获得的经济效应。当经济一体化演进到共同市场之后,区内不仅实现了贸易自由化,其要素可以在区内自由流动,从而形成一种超越国界的大市场。一方面,使生产在共同市场的范围内沿着生产可能线重新组合,从而提高了资源的配置效应。另一方面,区内生产量和贸易量的扩大使生产可能线向外扩张,促进了区内生产的增长和发展。

共同市场的目的就是消除贸易保护主义,把被保护主义分割的国内市场统一成一个大市场,通过大市场内的激烈竞争,实现专业化、大批量生产等方面的利益。通过对共同市场理论的分析,发展出了大市场理论,有代表性的说法(丁伯根)有“消除障碍最合理运营的各种人为障碍,通过有意识地引入各种有利于调整、统一的最理想因素,创造出最理想的国际经济结构”。

小 结

1.国际区域经济一体化已成为必然趋势,各国经济相互依存,相互渗透。从一体化最低层次的优惠贸易安排到一体化最高层次的政治同盟,每种一体化形式都综合了它前一层经济一体化形式的优点。

2.区域经济一体化的理论研究加速发展了经济一体化进程。其中尤为突出的是关税同盟理论,它是经济一体化组织的基本形式,也是国际一体化进程的核心内容。区域经济一体化的理论还包括自由贸易区理论、共同市场理论与协议性国际分工原理等理论。

习 题

1. 单项选择

(1)签订有自由贸易协定的、由两个或两个以上的国家或地区组成的贸易区域,它是（　　　）。

A. 关税同盟　　　　B. 自由贸易区　　　C. 共同市场　　　　D. 特惠贸易安排

(2)区域经济一体化的最后阶段是（　　　）。

A. 政治同盟　　　　B. 经济同盟　　　　C. 共同市场　　　　D. 关税同盟

(3)在经济一体化组织中,对非同盟国家实行统一的关税率而缔结的同盟是（　　　）。

A. 经济同盟　　　　B. 政治同盟　　　　C. 关税同盟　　　　D. 自由贸易区

(4)下列经济一体化组织属于特惠贸易安排的是（　　　）。

A. 东南亚国家联盟　B. 亚太自由贸易区　C. 欧洲煤钢联营　D. 欧洲联盟

(5)APEC属于（　　　）。

A. 部门经济一体化　B. 全盘经济一体化　C. 水平经济一体化　D. 垂直经济一体化

(6)1994年1月1日成立的北美自由贸易区,将经济发展水平不同的国家联系在一起,它属于经济一体化组织中的（　　　）。

A. 部门经济一体化　　　　　　　　B. 垂直经济一体化

C. 水平经济一体化　　　　　　　　D. 全盘经济一体化

(7)由于关税同盟对外实行保护贸易,导致从外部非成员国低成本的进口,转向从成员国的较高成本的进口,它是关税同盟的（　　　）。

A. 贸易创造效应　　　　　　　　　B. 贸易转移效应

C. 关税同盟的动态效应　　　　　　D. 关税同盟的静态效应

(8)对发展中国家经济一体化现象的阐述最有影响的是（　　　）。

A. 协议性国际分工理论　　　　　　B. 综合发展战略理论

C. 关税同盟理论　　　　　　　　　D. 大市场理论

(9)关税同盟理论的代表人物是( )。

A. 小岛清   B. 西托夫斯基   C. 鲍里斯·塞泽尔基   D. 维纳

(10)到目前为止,欧盟的成员国共有( )个。

A. 15   B. 25   C. 12   D. 18

2. 判断题

(1)北美自由贸易区是当今世界第一个由发达国家和发展中国家联合组成的经济贸易集团。   ( )

(2)关税同盟是比自由贸易区更高层次的经济一体化组织。   ( )

(3)从世界范围看,贸易创造会造成福利水平的下降。   ( )

(4)亚太经济合作组织已实现了贸易自由化。   ( )

(5)中国尚未参加任何区域经济合作组织。   ( )

(6)共同市场理论主要是探讨在关税同盟的基础上消除生产要素自由流动的障碍以后成员国所获得的经济效应。   ( )

(7)关税同盟的建立必将使成员国福利水平上升。   ( )

(8)自由贸易区内各成员国的商品实现了自由流动。   ( )

(9)欧元区包括了所有欧盟成员。   ( )

(10)从世界范围看,贸易转移造成福利水平的下降。   ( )

3. 简答题

(1)什么是贸易创造?

(2)贸易转移效应是指什么?

(3)经济一体化理论包括哪些理论?

(4)经济一体化对国际贸易有哪些影响?

(5)简述经济一体化的主要类型?

第 5 章　世界贸易组织

学习目标

通过本章的学习,了解关贸总协定(GATT)的基本历史、发展背景及被世界贸易组织(WTO)取代的原因,掌握世界贸易组织的宗旨与目标、职能与组织结构、基本原则,以及中国加入世界贸易组织后的权利与义务和世界贸易组织给中国带来的影响。

本章重点

1. 关贸总协定的发展

2. WTO 的组织结构、职能与地位

3. WTO 的基本原则

4. 中国加入 WTO 后的权利与义务

5. 中国加入 WTO 后给中国带来的影响

本章难点

1. WTO 的职能

2. WTO 的基本原则

3. 中国加入 WTO 后的权利与义务

20 世纪 90 年代后半期,世界贸易体制上的最大变化就是世界贸易组织(World Trade Organization,WTO)取代了运行将近半个世纪的关税与贸易总协定(General Agreement on Tariff and Trade,GATT)。世贸组织的产生给当代国际贸易提出了新的规范,在保证世界贸易健康稳定和持续发展方面发挥了重要的作用。中国经过 15 年的艰苦努力,于 2001 年 12 月 11 日正式加入世界贸易组织,成为该组织的第 143 个成员国。

5.1　关税与贸易总协定

关税与贸易总协定,简称关贸总协定,是世界贸易组织的前身,是关于调整缔约国对外贸易政策和国际贸易关系方面的相互权利、义务的国际多边协定。

关贸总协定是在美国策动下由包括中国在内的 23 个国家于 1947 年 10 月 30 日在日内瓦签订的,1948 年 1 月 1 日生效。1995 年 12 月正式退出历史舞台,1996 年 1 月 1 日为世界贸易组织所取代。47 年内,总协定的成员不断增加,截至 1994 年底,总协定已有正式缔约方 128 个。缔约方之间的贸易额不断提高,约占世界贸易的 90% 以上。其规范的领域不断扩大,由关税到非关税措施,由货物贸易延伸至服务贸易、知识产权保护和投资措施。总协定的多边贸易规则成了世界各国普遍接受的共同准则,对世界贸易乃至整个世界经济的发展发挥了非常重要的作用。从 1947 年总协定建立到 1994 年终止,世界贸易增加了 10 余倍。

5.1.1 关贸总协定的产生

第二次世界大战以后,除美国之外的发达资本主义国家,均留下了战争重创,在恢复本国国民经济的同时,也关心世界经济的重建。当时,国际经济关系上有三大问题急需解决:其一是在金融方面,重建国际货币制度,维持各国间汇率的稳定和国际收支的平衡,因金本位制度在"二战"前经济大危机中已经崩溃;其二是在国际投资方面,创立处理长期国际投资问题的国际组织;其三是在贸易方面,重建国际贸易秩序,扭转贸易保护主义和歧视性贸易政策,促进国际贸易自由化。美国作为"二战"后超级政治经济大国,积极倡导和推动"二战"后国际经济关系三大问题的解决。前两个问题的解决,分别产生了国际货币基金组织(International Monetary Fund,IMF)和世界银行(International Bank of Reconstruction and Development,IBRD)。对于第三个问题的解决,由于拟议中的国际贸易组织(International Trade Organization,ITO)的夭折而由关贸总协定代行。

国际贸易组织的构想是由美国国务院提出的。1946 年 2 月,联合国经济与社会理事会通过决议,决定召开联合国贸易与就业会议,负责国际贸易组织的筹建和宪章的起草工作。1947 年 4 月在日内瓦举行的第二次筹备会议上通过了《国际贸易组织宪章》草案,并达成了123 项双边关税减让协议。之后,参加国将这些协议与草案中有关贸易政策的部分加以合并,经修改后称为《关税与贸易总协定》,并将其作为一项过渡性的临时协议来处理各国在关税和贸易方面的问题,待《国际贸易组织宪章》生效后就用宪章的有关部分代替它。同年 10 月 30 日,23 个国家签署了《关税与贸易总协定临时适用议定书》,并于 1948 年 1 月 1 日起临时生效。

1947 年 11 月,在哈瓦那召开的世界贸易和就业会议上通过了《国际贸易组织宪章》(即《哈瓦那宪章》)。但由于美国国会对其他国家提出的修正案不予批准,其他各国也持观望态度,《哈瓦那宪章》没有得到必要数量国家的批准,因而成立国际贸易组织的计划未能实现。关贸总协定就成为各缔约国在贸易政策方面确立某些共同遵守的准则、推行多边贸易和贸易自由化的唯一的、带有总括性的多边协定,一直沿用至世界贸易组织正式成立,才结束其临时性地位。

5.1.2 关贸总协定的宗旨和原则

关贸总协定的宗旨是:各缔约国本着提高生活水平,保证充分就业,保障实际收入有效需求大量而稳定地增长,充分利用世界资源,扩大商品生产和交换,促进经济发展的目的,来处理它们在贸易和经济发展上的相互关系,彼此减让关税,取消其他贸易壁垒和消除国际贸易上的差别待遇。本着以上宗旨制定了如下原则。

1. 非歧视原则

非歧视原则是总协定最重要的原则,它要求总协定的缔约方在实施某种限制或禁止措施时,不得对另一缔约方实行歧视待遇。这一原则体现在总协定的最惠国待遇条款和国民待遇条款中。

（1）最惠国待遇条款

最惠国待遇条款是指缔约国一方现在和将来所给予任何第三国的一切特权、优惠及豁免，也同样给予缔约对方。换言之，就是要让一切外国人或外国企业处于同等地位，享有同样的待遇，不给予歧视待遇。

最惠国待遇分为无条件的和有条件的最惠国待遇两种。后者是指如果一方给予第三国的特权、优惠及豁免是有条件的，则另一方必须提供同样的补偿才能享有这种优惠待遇。WTO的最惠国待遇是无条件的最惠国待遇。

（2）国民待遇条款

国民待遇条款是指缔约一方保证缔约另一方的产品、服务或服务提供者及知识产权所有者和持有者所享有的待遇，不低于本国同类产品、服务或服务提供者及知识产权所有者和持有者所享有的待遇。

2.互惠贸易原则

互惠贸易原则是指要求缔约方之间在互惠互利基础上大幅度、普遍地降低关税，以及在修改关税减让表的谈判中要实现互惠互利；此外，当新成员加入时，要求申请加入方保证通过关税及其他一些事项的谈判，新加入的缔约方要做出一定的互惠承诺，付一定的"入门费"作为享受其他缔约方给予优惠的先决条件。

3.关税保护和关税减让原则

总协定主张各缔约方应主要通过关税来保护国内工业，且要求缔约国之间通过关税减让逐步降低关税。总协定原则上不允许采用非关税壁垒进行保护。

4.一般取消或禁止数量限制原则

总协定原则上禁止采用进出口数量限制。缔约方要求任何缔约方除征收税捐或其他费用外，不得设立或维持配额、进出口许可证或其他措施以限制或禁止其他缔约方领土上产品的输入，或向其他缔约方领土输出或销售出口产品。

5.公平贸易原则

总协定认为倾销和出口补贴是不公平的贸易手段，允许缔约方采取措施来抵消倾销行为和出口补贴对进口国造成的损害。

6.透明度原则

总协定要求缔约方应及时公布所制定和实施的贸易措施及其变化情况（如修改、增补或废除等），实施有关法律、法规和判决时应坚持公正、合理、统一的原则。

7.对发展中国家的特殊待遇原则

总协定规定给予发展中国家的贸易与经济发展方面以关税和其他特殊优惠待遇。如允许发展中国家的关税制度有更大的弹性；允许发展中国家在一定的范围内进行出口补贴；允许发展中国家享受普惠制待遇等。

8.磋商调解原则

总协定规定大部分贸易争端通过有关缔约方直接协商解决，经缔约方协商未能解决的问题，总协定理事会可设立专家小组来审查，寻求双方均满意的解决办法。

5.1.3　关贸总协定的成果和作用

1. 关贸总协定的成果

总协定以多边贸易谈判为其主要活动内容。自 1947 年以来,在总协定的主持下,共举行了八轮多边贸易谈判,每一轮谈判都取得了一定的成果。如表 5-1 所示。

表 5-1　关贸总协定八轮谈判的主题及成效

序　号	年　份	会议地点	参与国数量	谈判主题及成效
1	1947 年 4 月—10 月	瑞士日内瓦	23	关税,达成双边减税协定 123 项,涉及商品关税 45000 项
2	1949 年 4 月—10 月	法国安纳西	33	关税,达成双边协议 147 项,增加关税减让 5000 项
3	1951 年 9 月—1951 年 4 月	英国托奎	39	关税,达成双边协议 150 项,增加关税减让 8700 项,参加谈判国家的贸易占当时世界进口额的 80% 和出口额的 85% 以上。
4	1956 年 1 月—5 月	日内瓦	28	关税,达成的关税减让涉及 25 亿美元的贸易额。
5	1960 年 9 月—1962 年 7 月	日内瓦(狄龙回合)	45	关税,关税减让影响的贸易额约为 49 亿美元。
6	1964 年 5 月—1967 年 6 月	日内瓦(肯尼迪回合)	54	关税、反倾销措施,使工业国的进口关税下降了 35%,影响贸易额 400 亿美元。
7	1973 年 9 月—1979 年 4 月	日内瓦(东京回合)	99	关税、非关税措施、"框架协议",各国的减税幅度在 25%～93%,达成 9 项关于非关税壁垒协议和允许发展中国家享有优惠待遇的"授权条款"。
8	1986 年 9 月—1994 年 4 月	日内瓦(乌拉圭回合)	124	关税、非关税措施、法规、服务、知识产权、争端解决、投资措施、农产品、纺织品及服装、自然资源、WTO 的产生等。

(资料来源:约翰・J. 怀尔德,肯尼斯・L,怀尔德. 国际商务. 北京:北京大学出版社,2006)

2. 关贸总协定的作用

关贸总协定从 1948 年 1 月 1 日开始实施,到 1995 年 1 月 1 日 WTO 正式运行,共存续了 47 年,拥有 128 个缔约方(截至 1994 年底),其内容和活动涉及的领域不断扩大,缔约方不断增多,为推进国际贸易自由化乃至世界经济的发展起到了非常重要的奠基作用。其作用主要体现在以下几个方面。

(1)促进贸易自由化和国际贸易的发展

在关贸总协定主持下,经过八轮多边贸易,各缔约方的关税水平均有较大幅度的降低。发达国家加权平均关税从 1947 年的平均 35% 下降到 4% 左右,发展中国家的平均税率降至 12% 左右,在第七、八轮贸易谈判中对取消一些非贸易措施逐步达成协议,这些都对促进贸易自由化和国际贸易的发展起到了积极的作用。

(2)对缔约方之间的贸易摩擦和矛盾起到了缓和的作用

关贸总协定及其一系列协议是各缔约方之间谈判互相磋商让步的产物,执行协议产生的贸易纠纷可以通过协商、调节、仲裁方式解决,这对缓和各缔约方的贸易摩擦和矛盾起到了积极作用。

（3）关贸总协定及其一系列协议已发展为一套国际贸易政策体系,成为国际贸易的交易规则,为 WTO 法规体系的建立奠定了基础

关贸总协定的基本原则及谈判达成的一系列协议,形成了一套国际贸易政策与措施的规章制度和法律准则,成为各缔约方享受权利与承担义务的基本依据,并具有一定的约束力。关贸总协定要求其缔约方在从事对外贸易和制定修改其对外贸易的政策措施,处理缔约方间经贸关系时,遵循相关基本原则和一系列协议。这就为建立 WTO 的规范法规体系奠定了坚实的基础。

（4）对维护发展中国家的利益起到了一定的作用

随着发展中国家经济发展,越来越多的发展中国家加入关贸总协定成为缔约方,因而关贸总协定填补了有利于发展中国家的条款,并为发达国家、发展中国家维护自身利益和促进其对外贸易的发展起到了一定的作用。

总之,回顾“二战”后半个世纪的实践证明,关贸总协定在多边范围内削减关税和非关税壁垒,促进国际贸易自由化,增加贸易政策的平等和透明度,缓解贸易争端,扩大国际贸易规模,促进世界经济的发展起到了重要的作用。但是,关贸总协定由于产生时代背景的特殊性,决定了其发展过程中不可避免地存在着一定的局限性。

3.关贸总协定的局限性

（1）在法律地位上缺乏权威性

关贸总协定仅是根据《关贸总协定临时适用议定书》生效的临时协议,并不是正式生效的国际公约。从传统的法律和组织来看,关贸总协定是众多国际机构中级别较低的一个,没有自己的组织基础。

（2）在法律承诺上缺乏严格的约束力

关贸总协定是各缔约方在经济利益关系调整过程中妥协的产物,由一些“原则”和一系列“例外”所组成。这使各缔约方在援引例外条款时难以有效地加以约束。如各缔约方同意临时接受关贸总协定的法律义务,并且同意“在不违背国内现行立法的最大限度内临时适用总协定第二部分”。那些不能完全遵守关贸总协定规定而不需要改变其现有的国内立法使一些国家以此为理由在贸易立法或政策制定中有时偏离关贸总协定的基本义务,削弱了关贸总协定的权威性。

（3）在管理范围上缺乏全面的适应性

关贸总协定主要管辖货物贸易,而农产品、纺织品和服装还不受关贸总协定自由化的约束,这与世界产业结构的发展趋势向服务业、第三产业转变不相适应,与国际服务贸易及投资的迅速发展和与贸易有关的知识产权保护的要求不相适应。

（4）在争端解决机制的实施上缺乏相应的公平公正性

关贸总协定的争端解决机制在作出决策时要求所有缔约方“完全协商一致”作出决策。因此,使关贸总协定很难在公正、客观基础上就缔约方之间的贸易争端作出裁决,有贸易大国操纵或控制争端解决结果的可能性。这极大地削弱了关贸总协定解决贸易争端的能力。

鉴于上述关贸总协定的局限性,各缔约方普遍认为有必要在关贸总协定的基础上建立一个正式的国际经贸组织——世界贸易组织。

5.2　世界贸易组织

世界贸易组织(World Trade Organization,WTO),简称世贸组织。它是根据乌拉圭回合多边贸易谈判达成的《建立世界贸易组织协议》(Agreement Establishing the World Trade Organization)于 1995 年 1 月 1 日建立的,取代了 1947 年的关税与贸易总协定,并将乌拉圭回合多边谈判所达成的一整套协定和协议的条款作为国际法律规则,对各成员之间在经济贸易关系方面的权利和义务进行监督、管理和履行的正式国际经济贸易组织。

世贸组织成立于 1995 年 1 月 1 日,1995 年与关贸总协定并行了一年,1996 年 1 月 1 日真正取代总协定。世贸组织总部设在瑞士日内瓦,现任总干事麦克·穆尔(Mike Moore),截至 2007 年 2 月已有成员方 150 个,成员之间的贸易量占世界贸易的 95% 以上。

5.2.1　世界贸易组织的产生

世界贸易组织的产生是"乌拉圭回合"谈判的重要成果之一。在"乌拉圭回合"谈判时期,GATT 的成员由最初的 23 个发展到 128 个,调节的世界贸易量达到 95%,与成立初期相比,世界经济格局和运行方式都发生了巨大变化。最重要的特征是区域经济一体化的不断加强和以贸易、金融、投资三位一体的经济全球化运行方式取代了过去比较单一的货物贸易方式。除货物贸易外,其余经济活动则缺少比较权威的多边法则来进行约束和调节,相对于发展变化的世界经济贸易形势,GATT 无论就其范围和规则的刚性都难以符合现实要求。各种绕过 GATT 规则的"灰色区域"的措施和手段频频出现,一些国家,特别是一些贸易大国往往将单边手段置于多边规则之上,这使许多国家强烈感到对 GATT 这一旧有的多边体系进行彻底改革的必要。

在"乌拉圭回合"谈判中,由于服务贸易、与贸易有关的知识产权和与贸易有关的投资措施问题等新议题的出现,使得这些问题很难在 GATT 的旧框架内进行谈判。为此,在 1990 年初,欧共体时任主席国意大利首先提出了建立一个多边贸易组织的倡议。这个倡议后来以 12 成员国名义正式提出,得到美国、加拿大等主要西方大国的支持,同年 12 月召开的布鲁塞尔部长会议上正式作出决定,责成体制职能小组负责"多边贸易组织协议"的谈判。历经一年的紧张谈判,于 1991 年 12 月形成了一份《建立多边贸易组织的协议》。经过两年的修改和完善,最终于 1993 年 12 月 15 日"乌拉圭回合"结束时,根据美国建议改为世界贸易组织(World Trade Organization,WTO)。上述协议于 1994 年 4 月 15 日在摩洛哥的马拉喀什部长会议上获得通过,《建立世界贸易组织协议》连同其 4 个附件加上《部长会议宣言》及决定共同构成了"乌拉圭回合"。根据协议,世界贸易组织于 1995 年 1 月 1 日开始运行,完全取代 GATT,成为规范和协调当代全球经济贸易关系最权威的组织。

5.2.2　世界贸易组织的宗旨、目标、内容及原则

1.宗旨

世界贸易组织的宗旨是提高人民生活水平,保证充分就业,保证实际收入和有效需求的

大幅度稳定增长;扩大货物、服务的生产和贸易;坚定地走可持续发展之路。各成员应促进对世界资源的最佳利用,寻求保护和维护环境,并与它们各自在不同经济发展水平需要和相一致的方式,而为此加强采取各种措施;积极努力确保发展中国家,尤其是最不发达国家,在国际贸易增长中获得与其经济发展需要相当的份额和利益。

2. 目标

世界贸易组织的目标是建立一个完整的包括货物、服务及与贸易有关的投资和知识产权等更具活力、更持久的多边贸易体系,并包含关贸总协定贸易自由化的成果和"乌拉圭回合"多边贸易谈判的所有成果。

3. 内容

《建立世界贸易组织协定》(Marrakech Agreement Establishing the World Trade Organization),由序言、16 条案文和 4 个附件组成。序言和 16 条案文主要规定了世界贸易组织的宗旨和目标、职能、组织机构、成员资格、决策方式以及特定成员之间互不适用多边贸易协议等内容;4 个附件就规范和管理多边贸易关系作了实质性规定。附件 1 包括:①多边货物贸易协定;②服务贸易总协定及其各附件;③与贸易有关的知识产权协定。附件 2 是关于争端解决规则与程序的谅解。附件 3 为贸易政策审议机制协议。附件 4 是诸边贸易协议,包括:①民用航空器贸易协议;②政府采购协议;③国际奶制品协议;④国际牛肉协议。

4. 基本原则

世贸组织的基本原则是由若干规则及其例外所构成,主要包括贸易自由化原则、非歧视原则、最惠国待遇原则、国民待遇原则、互惠原则、关税约束与减让原则、透明度原则、有利于发展中国家的普惠制原则以及这些原则的例外所构成。

(1)WTO 原则的基础准则——市场准入和贸易自由化原则

WTO 是一个多边贸易组织,主张各成员国开放市场,提高市场准入度,从而实现各成员国之间的贸易自由化,但这必须以各成员国实行市场经济为基础。因此,WTO 成员必须是实行市场经济的国家,成员国的市场经济和成员国之间的贸易自由化是 WTO 的重要准则。

(2)非歧视原则

非歧视原则是指一成员方在实施一种优惠和限制措施时,不得对其他成员方采取歧视性的待遇。非歧视原则是世贸组织的基本原则,又可以称为无差别待遇原则,是与歧视待遇原则相对应的一项基本的原则。它要求成员双方在实施某种优惠和限制措施时,不能对成员对方实施歧视待遇。非歧视原则是 WTO 的基石和核心。它体现在 WTO 的所有文件和协议中。正是这一原则,WTO 筑起了国际自由贸易的舞台,数以百计的国家加入 WTO,使 WTO 发展成为一个具有重大影响的国际组织。

(3)最惠国待遇原则

最惠国待遇原则是指成员方现在和将来给予另一方的优惠、特权和豁免,都不应低于该成员方给予任何第三方的优惠、特权和豁免,否则就有差别待遇或者歧视。最惠国待遇原则的本质要求,是作为当事方的成员方处理同某其他成员方关系与处理同另一其他成员方关系时,不能有歧视。最惠国待遇原则要求在世界组织成员间进行贸易时,彼此不能实施歧视待遇,大小成员要一律平等,只要其进出口产品是相同的,那么享受的待遇也应该是相同的。世界组织的成员方之间签订最惠国待遇的目的是消除成员方之间在贸易、关税、航运、公民法律地位等方面的歧视,即消除特惠和差别待遇,使所有的成员方获得同等的贸易机会和条件,促进成员方之间的贸易往来和经济发展,推动自由贸易的发展。

最惠国待遇可分为无条件的最惠国待遇与有条件的最惠国待遇、互惠的与非互惠的最惠国待遇、无限制与有限制的最惠国待遇。

①无条件的最惠国待遇与有条件的最惠国待遇。无条件的最惠国待遇是指某成员方现在或者将来给予任何第三方的一切优惠待遇、豁免或特权应该无条件地、无补偿地使用于另一成员方。有条件的最惠国待遇是指如果一方给予第三方的优惠条件是有条件的,那么另一方必须提供同样的条件才能够享有这样的优惠、豁免或特权。无条件的最惠国待遇最早使用于英国与其他国家签订的通商条约中,后来在欧洲大陆被广泛使用,所以又叫做"欧洲式"的最惠国待遇条款。有条件的最惠国待遇最早使用于美国与其他国家签订的贸易条件中,被加拿大、美国等国家广泛使用,所以又叫做"美洲式"的最惠国待遇条款。

②互惠的与非互惠的最惠国待遇。互惠的最惠国待遇是指缔约双方给予的最惠国待遇是相互的、同样的,一方给予某一成员方优惠待遇,那么它可以从受惠国得到同样的待遇。非互惠的最惠国待遇是指一缔约方有义务给予另一缔约方以最惠国待遇,但是它无权从另一方享有同样的最惠国待遇。

③无限制与有限制的最惠国待遇。无限制的最惠国待遇是指对最惠国待遇的适用范围不加以任何限制,不仅适用于商品的进出口征收的关税以及手续、方法,也同样适用于移民、投资、商标、专利等各个方面。有限制的最惠国待遇是指将其适用的范围限制在经济贸易关系的某一些领域,规定仅在条约规定的范围内适用,除此之外都不适用。

(4)国民待遇原则

国民待遇原则是指缔约国一方保证缔约国另一方的公民、企业和船舶在本国境内享受与本国公民、企业和船舶同等程度的待遇。国民待遇条款的适用对象也是外国公民或企业的经济权利。如外国产品应该缴纳的国内税捐、利用铁路运输和转口过境的条件、船舶在港口的待遇、商标注册、著作权及发明专利权的保护等。但是,与最惠国待遇要求处理不同的外国公民、商品、企业法人关系时一视同仁没有歧视的要求不同,国民待遇要求在处理本国与外国的公民、商品、企业法人关系时一视同仁没有歧视。但是国民待遇只有在一种产品、服务、知识产权的产品进入本国市场以后才可以适用。在实现所有的世贸组织成员平等待遇的基础上,世贸组织成员的商品或服务进入另一成员方领土以后,也应该享受后者自己商品或服务同样的待遇。

国民待遇的适用范围也是有一定限制的。国民待遇一般适用于外国自然人与法人从事商业、外国天然物产和制造品所应该缴纳的国内税捐、利用铁路运输和转口过境的条件、船舶在港口的待遇,以及与商标权、著作权和发明权等相关的知识产权。至于本国人所享有的其他某些权利,如沿海贸易权、领海捕鱼权、沿海和内河航行权、购买土地权、零售贸易权以及充当经纪人等,一般不属于国民待遇的适用范围。根据现行的国际公约规定和有关国家之间双边条约的规定,以及一些国家国内立法的规定,一般只有在船舶遇难救援、商标注册、申请发明权、著作权以及民事诉讼权等方面,才给予外国自然人和法人以国民待遇。

(5)互惠待遇原则

在国际贸易过程中,互惠是指两国互相给予对方以贸易上的优惠待遇,互惠是利益和特权的相应让与,是两国之间确立起商务关系的一个基础。互惠原则是世贸组织的一个基本原则。一方面,互惠原则明确了各成员在谈判中应该建立一种什么样的经贸关系;另一方面,互惠互利又是世贸组织谈判的基础。互惠有双边互惠和多边互惠之分。多边互惠是将双边互惠的原则扩大适用到多个成员方之间,主要适用于关税减让。世贸组织通过成员方之间互相提供互惠待遇来保持其贸易平衡,维持各成员方在经济往来中的权利与义务的均衡,促进世界贸易向着自由化的方向发展。

(6)关税约束与减让原则

约束关税与减让是指一种要求关税水平不得高于承诺的受法律约束的水平。各成员方应当不使自己的关税超过承诺过的水平。发达国家通常将其关税约束在适用的水平,发展中国家通常采取最高约束税率的承诺,其约束水平通常要比适用水平高。

多年来,在关贸总协定和世界组织的倡导下,各成员方定期举行关税谈判,使得各个国家的关税水平逐步降低。关税谈判在未来的农业产品的谈判中还将起到作用。世贸组织的成员在加入谈判时,或通过多边贸易谈判达成关税减让协议时所达成的关税税率,是一种有约束性的税率,称为约束税率。约束税率是一国承诺开放本国市场的重要基础,也是本国在世贸组织中获取利益的重要条件。

(7)透明度的原则

透明度原则是指缔约国有义务公布法律、法规、司法判决和一般援用的行政决定以及货物贸易与服务贸易有关的国际协议和协定,缔约国还有义务以合理公正的方式来管理这些工具。

透明度原则是世贸组织的一项重要的原则,根据该原则的规定,世贸组织的成员应该公布有效实施的现行的贸易法规有:海关法规,有关商品进出口管理的法规和行政规章制度,有关进出口货物征收的国内税法规和规章,有关进出口商品的检验、检疫的法规和规章,有关进出口货物及其支付方面的外汇的管理和对外汇管理的一般的法规和规章、利用外资的立法及规章制度,有关知识产权的保护方面的措施和规章,有关出口加工区、自由贸易区、边境贸易区、经济特区的法规和规章,有关服务贸易的法规和规章,有关仲裁的程序规定、成员方政府及其机构所签订的有关影响贸易政策现行的双边和多边的贸易协议,其他影响贸易行为的国内立法和行政规章等。

(8)普惠制原则

普惠制是发达国家单方面作出的对发展中国家出口制成品和半制成品的关税减让,这种特别优惠不是对等的,不要求发展中国家和地区对发达国家作出同等的关税减让。普惠制的给惠国应该包括所有的发达国家和地区,受惠国应该包括所有的发展中国家和地区,受惠产品应该包括发展中国家和地区所有的出口制成品和半制成品。它应该使所有的发展中国家和地区都能享受这种优惠的待遇,不能有任何的歧视,对所有的发展中国应该一视同仁。

5.2.3 世界贸易组织的职能、法律地位与机构

1.职能

WTO作为正式的国际贸易组织在法律上与联合国等国际组织处于平等地位。它的职责范围除了关贸总协定原有的组织实施多边贸易协议以及提供多边贸易谈判场所和作为一个论坛之外,还负责定期审议其成员的贸易政策和统一处理成员之间产生的贸易争端,并负

责加强同国际货币基金组织和世界银行的合作,以实现全球经济决策的一致性。它主要的五大职能如下:

(1)管理监督职能。管理和监督各成员方达成的协议与安排的贯彻和实施,并为执行上述各项协议提供统一体制框架,以保证世界贸易组织宗旨和目标的实现。

(2)谈判职能。为多边谈判提供场所和论坛,并为多边谈判的结果提供框架。

(3)解决贸易争端职能。按有关诉讼程序提起诉讼,解决贸易争端。

(4)监督和审议职能。监督和审议成员的贸易政策和规章,促进贸易体制一体化。

(5)协调职能。协调 WTO 与其他世界组织的关系,保证全球经济决策的一致性。

2.世界贸易组织的法律地位

根据规定,WTO 及其有关人员具有以下法律地位:WTO 协议规定,WTO 具有法人资格,各成员应赋予 WTO 及其官员代表为履行其职责所需要的特权和豁免权。具体如下:

(1)WTO 具有法人资格,它是根据《维也纳条约法公约》依法成立的永久性的世界性组织,独立行使民事权和承担民事责任。

(2)WTO 每个成员方向世贸组织提供其履行职责时所必需的特权和豁免权;WTO 官员和各成员方代表在其独立执行与世贸组织相关的职能时,享有每个成员方提供的特权和豁免权。

(3)WTO 官员、每个成员方、成员方代表的特权和豁免权等于联合国大会于 1947 年 11 月 21 日通过的特殊机构的特权豁免权公约所规定的特权与豁免权。也就是说,世贸组织的官员和各成员代表享有联合国官员同等的特权和豁免权,包括不逮捕权在内的外交特权以及不课税等特权和豁免权。

3.世界贸易组织的组织机构

WTO 不同于 GATT,它是一个世界性的法人组织,与联合国等国际组织有着平等的地位,有着一套完整的组织机构。其主要由以下五个部门组成(见图 5-1)。

(1)部长会议

部长会议是最高权力机构,它由各成员代表组成,往往这些代表都是各国的对外经济部的负责人。部长会议至少每 2 年召开一次,其职责是履行 WTO 的职能并为此采取必要的行动。另外,部长会议下设有专门委员会,如贸易与环境委员会、贸易与发展委员会等。

(2)总理事会

总理事会是部长会议下设机构,它是由各成员方代表组成,在部长会议休会期间代行其职能。总理事会下设争端解决机构、贸易政策机制评审机构、其他附属机构,如货物贸易理事会、服务贸易理事会、知识产权理事会。

(3)理事会

理事会是总理事会附属机构,有货物贸易理事会、服务贸易理事会和知识产权理事会。货物贸易理事会,负责各项货物贸易协议的执行;服务贸易理事会,监督执行服务贸易协议的执行;知识产权理事会,监督与贸易有关的知识产权协议的执行。

(4)争端解决和上诉机构

争端解决机构具有司法裁决权。上诉机构是常设机构,由 7 位公认的、国际贸易和法律方面的专家组成,负责成员间的贸易争端解决。它有一整套处理的原则和规范的程序,主要原则有:多边原则、统一程序原则、协商解决原则、自愿调节和仲裁原则、授权救济原则、法定

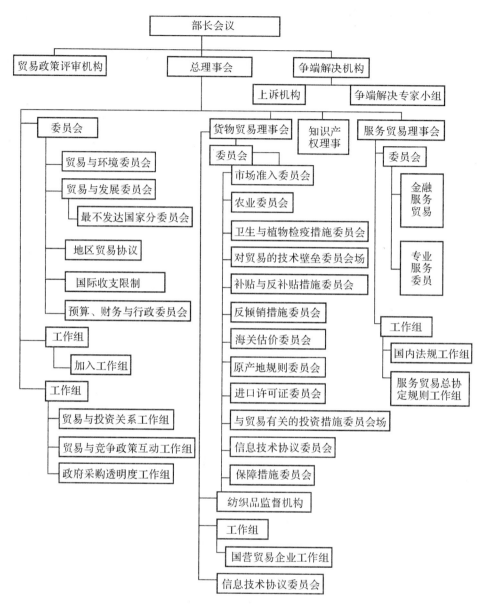

图 5-1　世界贸易组织的机构

（资料来源：www. xinhuanet. com，曹文忠等制作）

时限原则、权利与义务平衡原则、发展中国家优惠待遇原则。其解决程序是：磋商与调解程序，斡旋、调节与调停程序，专家小组程序，上诉与复议程序。

(5)秘书处

秘书处是 WTO 常设的服务机构，负责处理日常工作。它由部长会议任命的总干事领导。总干事按照部长会议通过的有关规定任命秘书处其他官员并规定其职责。

5.2.4　世界贸易组织对国际贸易的影响

世界贸易组织统辖着国际贸易中货物、服务、与贸易有关的知识产权以及与贸易有关的投资措施等领域的业已强化的规则,它通过贸易政策审议机制、争端解决机制、补贴纪律、可持续发展、服务贸易自由化、知识产权保护等手段,将协调管理的触角从边境措施延伸到国内决策与立法领域,监督职能空前强化,行使着一个"世界经济组织"的职能,其对国际贸易的影响日益突出,主要表现在以下的方面。

1.货物和服务贸易的自由化有助于加强各成员之间的经济贸易合作

世贸组织通过多边贸易谈判逐步取消贸易壁垒,使贸易更加自由地进行,从而在其成员间创造一个相互信任与合作的氛围,使各国通过分工和贸易提高生活水平和实现经济繁荣。WTO 成立以来,各成员除按照关税减让表减让关税外,还有 43 个成员方在 1997 年 3 月 26日同意从 1997 年 7 月 1 日开始到 2000 年逐步取消信息技术产品的关税,涉及的贸易额约6000 亿美元。7 国集团和欧盟同意对 465 种药品实施零关税待遇。在服务贸易领域,有关金融服务的谈判在 1997 年 12 月底达成协议,关于基础电信的谈判在 1997 年 3 月就逐步开放各自的市场达成了协议,69 个世贸组织成员承诺更广泛的基础电信服务自由化,涉及基础电信服务业的国内和国际营业额 6000 多亿美元。

2.争端解决机制为世界经济稳定发展提供了保障

随着贸易规模的扩大和可供交换的货物、服务的增多以及参与贸易的国家、地区及公司的增加,贸易争端在所难免。世贸组织较为完善的争端解决机制有助于成员方在公平基础上解决贸易争端,避免在双边基础上解决争端可能导致国家间的严重冲突,使各成员方的经济贸易得以顺利发展。世贸组织运行以来已受理了 300 多起贸易争端。

3.知识产权保护为技术扩散创造了良好条件

世贸组织《与贸易有关的知识产权协定》的实施,对扩大技术和知识产权的国际交换、加快新产品的开发、推动科学技术的进步均有积极作用。而货物贸易逆差国,通过加强知识产权保护,不仅可以促进知识产权的转让和许可,扩大无形贸易出口,而且可以打击冒牌产品,增加含有知识产权的产品出口,缩小甚至扭转货物贸易逆差。

4.各项协议的实施有利于提高各成员人民的生活水平、增加就业

世贸组织通过谈判降低贸易壁垒并在各成员之间平等地实施有关协议,使商品和服务价格下降,从而降低生活成本,改善人民生活水平。世贸组织的研究表明,《纺织品服装协议》的实施可为全世界的消费者带来至少 233 亿美元的利益。其中美国 123 亿美元,加拿大8 亿美元,欧盟为 22 亿美元,发展中国家为 80 亿美元。另据估计,乌拉圭回合协议、协定的实施将使世界收入增加 1090 亿~5100 亿美元。同时,世贸组织协议的实施,有利于各成员经济的增长,从而创造更多的就业机会。

5.良好的竞争环境有利于成员方提高经济效益,降低经济运行成本,提高国际竞争力

世贸组织的一些基本原则使各成员的企业在一个更为公平、公正、客观和透明的竞争环境中从事生产经营和贸易,从而为一国生产要素在国内外市场进行合理配置创造条件,这对提高经济效益、降低生产成本十分有利。此外,世贸组织有助于一国政府从本国的全局利益、长远利益出发参与世贸组织的有关活动,平衡国内利益集团的利益,提高其国际竞争力。

5.3　世界贸易组织与中国

5.3.1　中国"复关"与"入世"

1.中国与 GATT 的历史回顾

中国是 GATT 的缔约国。1947 年 4 月,当时的中国南京政府参加了在日内瓦举行的、由联合国经济社会理事会召开的国际贸易与就业会议第二届筹备委员会,并先后同美国、英国、法国、加拿大等国举行了 GATT 第 1 轮谈判。同年 10 月 30 日签署了《关税与贸易总协定》。1948 年 3 月 24 日,中国签署了联合国世界贸易与就业会议的最后文件,成为国际贸易组织临时委员会成员。同年 4 月 21 日,按《临时适用议定书》规定,中国把接受《关贸总协定临时适用议定书》的文件呈交给 GATT 存放,30 日后即 5 月 21 日,中国成为 GATT 的缔约国。

1949 年 4 月至 10 月,中国参加了在法国安纳西召开的 GATT 第三届缔约国大会,参加了 GATT 第 2 轮多边贸易谈判,并与新加入 GATT 的丹麦、意大利等 6 国举行了关税减让谈判。1949 年新中国成立后,由于"台湾当局"占据着中国在 GATT 的位置,使得代表中国的唯一合法政府的中华人民共和国政府不能参加 GATT 活动,中华人民共和国政府也不可能在 GATT 问题上作出明确表态。1950 年 3 月,中国"台湾当局"在未经中国政府授权的情况下,非法"退出"GATT,使中国失去了创始缔约国的席位。

改革开放以来,随着中国经济的发展和国际经贸活动的广泛开展,中国与 GATT 及其他世界经济组织的关系越来越密切。经过充分准备,1986 年 7 月,中国政府向 GATT 正式提交了关于恢复中国在 GATT 创始国地位的申请,并阐明了中国对恢复 GATT 缔约国地位的原则立场。此后,中国便开始了艰苦的"复关"谈判。

2.中国申请"复关"的原则和进程

(1)中国申请"复关"的原则

鉴于中国恢复在 GATT 缔约国地位的特殊性,中国政府提出了"复关"必须坚持的三项原则:中国申请的是恢复缔约国的席位,而不是加入和重新加入 GATT;中国政府不是以承诺承担具体进口义务为条件,而是以关税减让为"复关"基础;作为发展中国家,中国必须以发展中国家身份恢复缔约国的地位。

根据这三项原则,中国政府在谈判中还提出了三条具体要求:按照 GATT 原则,美国应给予中国多边无条件最惠国待遇;根据 GATT 和"授权条款",中国应在缔约国中享受发达国家给予的普惠制待遇;按照 GATT 有关规定,欧共体应取消对中国的歧视待遇。

中国政府是遵循权利与义务平衡的原则提出三项原则和三条要求的,是完全符合关贸总协定的原则和宗旨的。按照上述原则和条件恢复中国在关贸总协定中的缔约国地位,有利于维护和发展国际多边贸易体制,有利于维护和发展 GATT 的原则和宗旨。

(2)中国"复关"谈判的进程

中国"复关"谈判的进程可划分为三个阶段:

从 1986 年 7 月至 1989 年 6 月为第一阶段。这一阶段的谈判工作比较顺利,取得了一定成效。1987 年 3 月 GATT 理事会主席三次主持非正式磋商,邀请主要缔约国和中国代表参加,正式宣布成立中国问题工作组。工作组的职权范围是:审议中国的外贸制度,起草确定相应的权利与义务的议定书,提供进行关税减让表谈判场所,讨论中国与 GATT 的其他问题。

从 1989 年 6 月至 1992 年 9 月为第二阶段。这一阶段由于国内外发生了一些风波,"复关"谈判工作一度受挫,处于停止状态。

从 1992 年 10 月至 1995 年 1 月为第三阶段。这一阶段的谈判取得了实质性进展。谈判开始涉及权利与义务的确定和关税减让等实质性问题。1992 年 10 月中美达成《市场准入备忘录》,美国承诺"坚定地支持中国取得 GATT 缔约方地位"。1994 年 4 月,中国代表团出席了在马拉喀什召开的 GATT 部长级会议,签署了《最后文件》。同年 8 月,中国提出了农产品、非农产品和服务贸易关税减让表,并与缔约方举行了谈判。同年 11 月,中国代表团就市场准入和议定书与缔约方举行谈判。上述谈判由于多种原因,主要是西方国家的阻挠未能达成协议,中国"复关"的愿望未能实现。

(3)中国加入 WTO

1995 年 1 月 1 日 WTO 成立,中国"复关"的谈判转为"入世"谈判。

1995 年 3 月,美国贸易代表坎特访华,与外经贸部部长吴仪就"复关"问题达成 8 点协议,同意在灵活务实的基础上进行中国"入世"的谈判。1999 年 11 月,中美就中国加入 WTO 问题达成协议。2000 年 5 月,中国与欧盟就中国加入 WTO 问题达成协议。2001 年 9 月,中国与墨西哥就中国加入 WTO 问题达成协议。至此,中国全部完成了与 WTO 成员的双边市场准入谈判。2001 年 9 月 12 日至 17 日,WTO 中国工作组第 18 次会议在日内瓦进行,会议通过了中国加入 WTO 多边文件,提交部长级会议审议和批准。会议宣布中国加入 WTO 谈判工作全部结束。2001 年 11 月 10 日,在多哈召开的世界贸易组织第 4 次部长级会议上,审议并通过了中国加入 WTO,11 日中国政府代表递交了江泽民签署的中国加入世界贸易组织批准书。

2001 年 12 月 11 日,中国在经历了 15 年的谈判之后,终于取得了最后胜利,正式成为 WTO 成员。这次谈判的时间之长、内容之广、过程之艰苦是世界贸易谈判史上没有过的。

5.3.2　中国"入世"后应享有的权利与承担的义务

1. 中国"入世"后应享有的权利

(1)最惠国待遇

加入 WTO 以后,能使我国在一个多边、稳定的最惠国待遇原则下进行国际贸易。WTO 规定各成员应当平等地享有最惠国待遇。但是,多年来美国根据其国内法律,对是否给予中国最惠国待遇每年都要进行审议,企图为我国出口贸易设置重重障碍。加入 WTO 后,中国不仅可以永久享受美国给予的最惠国待遇,而且在世界贸易组织的所有成员方享有多边的、稳定的、无条件的最惠国待遇。在 GATT 前 5 轮谈判中,降低关税是唯一的议题,经过 8 轮谈判,全球关税水平大大降低,由"二战"前的 45% 降到目前的 5% 以下,非关税壁垒也在不断削减。加入 WTO 后,中国企业可以在 WTO 范围内自动享受其他成员方降低税率和削减非关税壁垒带来的好处。

（2）普惠制待遇

中国以发展中国家的身份加入WTO，根据"授权条款"和有关规定，加入WTO后，中国有权享受发达国家对发展中国家出口的制成品和半制成品所给予的单方面减免关税的特殊优惠待遇。目前世界有27个给惠国，中国已从21个国家中获得了普惠制待遇。此外，WTO还规定了对发展中国家成员的某些特殊优惠，加入WTO后，中国可以同时享受这些特殊优惠待遇。

（3）利用争端机制解决贸易争端

伴随着国际贸易的发展，贸易成员之间的贸易活动日益频繁，贸易争端也越来越多。以往在双边贸易中，发达国家常常利用国内的、单边主义的，甚至是过时的法律条款对中国实行歧视。近年来，针对中国的反倾销调查逐年增加，年均立案数从20世纪80年代的6.5起，90年代前期（1991—1995年）的31.8起，上升到90年代后期（1996—2000年）的37.6起，进入21世纪以来，2001年和2002年立案数分别达到53起和51起之高。加入WTO后，我国就可以利用WTO解决争端机制和程序，求得公平解决，避免美国等发达国家对我国实施单方面的报复，维护我国正当权益。

（4）参与国际贸易政策的制定

加入WTO后，中国可以在世界贸易组织范围内，参与各个议题的谈判和贸易规则的制定，同时可以充分表达中国的要求和关切，维护中国在国际贸易中的地位和合法权益。中国是一个拥有13亿人口的发展中国家，中国参与世界贸易规则的制定，有利于维护发展中国家的利益，有利于建立和维护公正合理的经济秩序。

2. 中国"入世"后应承担的义务

（1）关税减让

目前发达国家的加权平均进口税率为3.7%，发展中国家为11%，而我国的进口关税相对比较高。中国"入世"的首要义务是削减关税。中国承诺，我国从2002年1月1日起，履行关税减让义务。关税总水平由15.3%降至12%。2002年，我国共有5300多个税目的税率不同程度地降低，降幅达73%，降低关税后，工业品的平均税率为11.6%，农产品为15.8%，水产品为14.3%。我国关税总水平2003年为11.5%；2004年为10.6%；2005年为9.9%；2006年为9.9%；2007年为9.8%。其中，在2008工业品年降至8.9%，农业品降至15.2%。可以说到去年，我国基本完成了关税减让任务。具体如表5-2所示。

表5-2　2000—2008年我国关税总水平的变化情况　　　　　　单位：%

年　份	关税总水平	工业品平均水平	农品平均水平
2000	15.6	14.7	21.3
2001	15.30	13.0	19.9
2002	12.00	11.4	18.1
2003	11.00	10.3	16.8
2004	10.40	9.50	15.6
2005	9.90	9.00	15.3
2006	9.90	9.00	15.2

年　份	关税总水平	工业品平均水平	农品平均水平
2007	9.80	8.95	15.2
2008	9.80	8.90	15.2
2009	9.80	8.90	15.2

（资料来源：中华人民共和国商务部，http://www.mofcom.gov.cn）

【案例 5-1】　中国：兑现入世承诺调低电子产品进口关税

2008 年 1 月 1 日，信产部经济运行司发布了部分电子产品进口关税税率。在 2005 年 1 月 1 日 256 个税目的产品实施零关税基础上，再次调低了部门类别的暂定关税税率。"其中有一部分是新增的零部件暂定进口税率，像液晶显示屏生产用的一些关键元器件等，这主要是为了促进企业创新，向产业链核心环节延伸。"信产部经济运行司处长暴福锁对《第一财经日报》说，多晶硅、激光视盘机机芯等产品税率的调低，则主要配合产业结构调整、贸易平衡以及支持高技术电子产品的生产。大部分产品税率降幅达 100%。此次调整大约涉及 83 项产品，大部分产品的暂定关税税率比"2008 年最惠国税率"规定的比例调低了 100% 以上。比如多晶硅、液晶屏用原板玻璃、液晶玻璃基板、单反相机的镜头的"最惠国进口税率"原分别为 4%、17.5%、15%、15%，调整后分别为 2%、3%、3%、3%。普通相机（单反相机除外）的镜头的关税税率也由 15% 降为 6%。其中 8 项产品的税率直接调整为零关税。包括特许权使用凭证、印有自动数据处理设备用程序的纸张、计算机直接制版机器及零部件、制造平板显示器用超声波清洗装置、具有变流功能的半导体模块、接触式图像传感器（扫描头）热敏打印头等。暴福锁表示，83 项产品仅限定于消费类电子产品、元器件及专用原材料，因为其他产品的关税税率早已经调整为零。此外，根据中国与有关国家的自由贸易区协议，部分电子产品协定税率也有所调低，而原产于中国香港、澳门特别行政区且完成原产地标准核准的部分电子产品实行了零关税。

针对关税税率调整将对本土企业造成哪些影响，暴福锁并未透露。税率持续调低主要是延续之前入世时的承诺。分析人士认为，持续降低关税给了本土企业参与竞争缓冲期。但在很多领域，本土企业依然将承受诸多压力，比如多晶硅等产品进口关税税率的降低，可能对面向内销的本土企业造成冲击。而以出口为主的电子类企业，同样将遭受侧面压力。人民币升值、《劳动合同法》的实施，本土生产的成本将有明显上升，这势必促使它们寻求境外直接设厂的机会。目前，长三角、珠三角及少数台湾地区的企业正酝酿赴东南亚投资。

不过，中国已是全球众多电子类产品的最大制造基地与市场。在消费、产业配套、人力以及综合生产成本等方面，中国依然拥有最强大的竞争力。暴福锁也认为，本土企业在创新能力、核心竞争力及产业结构方面，仍需解决一些问题。

（资料来源：http://www.gdeha.com）

（2）逐步取消非关税壁垒

WTO 规定，不得设立或维持配额、进口许可证或其他措施，以限制或禁止其他缔约方本土产品的输入，或向其他缔约方领土输出或销售出口产品。中国原来是实行贸易管制的国家，也存在种种非关税措施。中国承诺，入世后 2 至 3 年内，在大部分领域取消配额和数量限制，5 年内取消所有非关税措施和数量限制。

【案例 5-2】　商务部取消塑料税目自动进口许可证管理

2008 年 3 月 28 日,中国商务部宣布,取消包括塑料、钢材在内的 338 个税目"自动进口许可证"管理,这意味着相关产品的进口门槛有望降低。表示,对 2007 年《自动进口许可管理货物目录》进行了调整,取消共计 338 个税目的自动进口许可管理,并从 4 月 1 日起生效。涉及的产品包括内窥镜等医用设备,VCD、DVD 播放器等电子设备,鼓风机等机械设备,塑料原料,钢坯、钢板等部分钢材设备等。

WTO 规则对进口货物的管理措施有三种:一是禁止进口,二是限制进口,三是对部分实行自由进口的货物实施自动进口许可。自动进口许可证是指在任何情况下对申请一律予以批准签发的进口许可证,任何企业都可办理,主要统计进出口业务量。

商务部表示,上述调整的目的在于改善贸易平衡现状,扩大进口便利化措施。根据海关总署公布的数据,2008 年 2 月份中国的外贸顺差达到 237.57 亿美元。

（资料来源：http://plas.specialchem.com.cn）

（3）取消出口补贴

WTO 规定,各成员方应力求避免对产品的输出实行补贴。我国在调整税率的基础上,对所有产品,包括工业制成品和初级产品实行企业自主经营、自负盈亏的经营机制,已达到了 WTO 的有关要求。我国承诺,"入世"后逐步取消对农产品的出口补贴,中国的农产品市场将做重大开放,尤其是对玉米、小麦、棉花、大豆这样的大宗商品。中国将在农业领域建立一个最高关税限额体系。此外,在其他领域中国也做出了一些巨大的让步,比如在工业方面,如钢铁、木制品、电子设备等。

【案例 5-3】　法新社称中国将取消出口补贴

法国媒体 2007 年 11 月 30 日的报道称,11 月 29 日,美国贸易代表 Susan Schwab 女士宣称,今天美中两国签署了谅解备忘录,就美国与墨西哥两国向世贸组织提出的诉求达成和解。协议规定,从目前起至 2008 年 1 月 1 日,中国将采取一系列措施,最终取消国内出口补贴。

法国媒体称,中国政府对国内企业的 6 项出口补贴,涵盖了钢铁、木制品、电子设备等 60% 的出口商品,同时有 3 项抵制进口补贴,用于鼓励中国企业购买本国商品,以抵制外国商品进入中国。为此,今年 2 月,美国和墨西哥联手向世界贸易组织提出了申诉。

法国媒体援引 Schwab 女士的话称,今天美中两国能签署协议达成和解,取消世界贸易组织法令禁止的补贴,是美国制造商的胜利,也说明了中美两个贸易大国能够共同合作,解决彼此利益上的争议。

（资料来源：http://www.mofcom.gov.cn）

（4）增加贸易的透明度

透明度原则是 WTO 的一项基本原则。它要求各成员方必须公布本国有关外贸政策的法规和条例,要求经常提供国内经济贸易情况的报告,并定期接受检查。中国除公开颁布一些重要法律、法规外,由于体制上的原因,还存在着大量的"内部"规定。加入 WTO 后,中国政府承诺,"凡是不公开的都不执行"。中国政府正在按照 WTO 要求,认真清理现有的法律、法规。为此,中共中央办公厅和国务院办公厅联合确定了清理法律的三项原则和 20 条禁令。三项原则是:法制统一,非歧视,公开透明。20 条禁令概括起来有三个方面的要求:

①凡是只能由中央决定的事项,地方不得做出规定,已做出的规定一律废除或修改,如外汇分配制度、人民币汇率制度、非关税措施等;

②按照 WTO 要求,所有成员方政府不能做出的规定,地方政府更不能规定,已经规定的,无条件废除或修改,如外销比例、技术含量、外汇平衡等;

③按照我国法律规定,地方可以结合本地实际做出的规定,也必须符合 WTO 协定和我国的承诺,如对出口企业提供的补贴和奖励等。

【案例 5-4】　中国采取措施提高经济贸易政策透明度

经济贸易政策的公开透明,是我国加入世界贸易组织的庄严承诺,也是政务公开、转变政府职能、健全市场经济体制和发展经济的需要。2006 年 6 月 21 日上午,商务部召开"加强我国经济贸易政策透明度工作会议",贯彻落实前不久国务院办公厅下发的《关于进一步做好我国加入世界贸易组织透明度条款相关工作的通知》精神。商务部廖晓淇副部长在讲话中强调了做好经济贸易法律法规透明度工作的重要性,并对各部门如何配合做好经济贸易政策透明度工作提出了要求。

中国所有涉外经贸法律、法规和部门规章将在官方刊物或政府网站上公布,未经公布的不予执行。中国将通过以下途径公布有关法律、法规和部门规章:

(1)完整的官方刊物。名单包括:《中华人民共和国全国人民代表大会常务委员会公报》、《中华人民共和国国务院公报》、《中华人民共和国法律汇编》、《中华人民共和国法律法规汇编》、《中华人民共和国对外贸易经济合作部文告》、《中华人民共和国中国人民银行公告》以及《中华人民共和国财政部公告》。

(2)中国与其贸易伙伴之间缔结的任何双边贸易协定以及这些协定项下的议定书(草案),均在《中华人民共和国条约汇编》中公布。

(3)外经贸部出版的《对外经济贸易年鉴》和《外经贸部文告》;国家统计局出版的《中国统计年鉴》;海关总署编辑和出版的《中国海关统计》。有关对外贸易的行政法规和指令还在外经贸部的政府网站和出版物上公布。

(4)关于进出口管理的信息将在《国际商报》和《外经贸部文告》上公布。

(资料来源:http://finance.sina.com.cn)

(5)开放服务贸易

WTO 规定,各成员方对服务贸易实行同货物贸易相同的、无条件的最惠国待遇、国民待遇、透明度原则。同时要求各成员方逐步降低贸易壁垒,开放银行、保险、运输、建筑、旅游、通信、法律、会计、咨询、商业批发和零售等行业。加入 WTO 后,中国将逐步开放服务市场。如中国承诺,在 2005 年之前,允许外商独资银行经营银行零售全方位服务业务,并且允许外国银行在 2005 年开办人民币业务,允许外国保险公司拥有 50% 的股权,并增加设立外国银行和保险公司的城市,5 年内取消地域和客户限制,外国银行可设立分支机构。少数合资证券公司可与中国公司一样从事基金管理业务,中国公司的新增业务外国公司都可开展。少数合资公司可以在中国国内从事证券发行业务和以外币计价的证券交易,包括债券和股票。合资基金管理公司最初成立时,外资可拥有 33% 的股权,3 年后可增加到 49%。从事承销业务的证券公司,股权限定是 33%。中国加入 WTO 后,外国电信公司可在合资公司拥有 49% 股份,经营 1 年后可增加到 50%。外国 ICP 可对华投资。外国公司还可以参与卫星通信业务。入世后我国开放服务贸易承诺具体如表 5-3 所示。

表 5-3　我国开放服务贸易承诺一览表

服务部门	最终执行期	承诺内容
法律服务 （不包括中国法律业务）	加入后 4 年内	代表处可从事营利性活动，无数量和地域限制。外国律师事务所在华代表处的所有代表每年在华居留时间应不少于 6 个月。不允许外国律师事务所驻华代表处雇佣中国注册律师
会计服务	加入时	只允许获得中国主管部门颁发的中国注册会计师执业许可的人在华设立合伙会计师事务所或有限责任会计公司。允许外国会计师事务所与中国会计师事务所结成联合所。将在国民待遇的基础上向那些通过中国注册会计师资格考试的外国人发放执业许可。已成立的中外合作会计师事务所不仅限于中国主管部门颁发许可的注册会计师
医疗和牙医服务	加入时	允许外国服务提供者与中方合作伙伴一起设立中外合营医院和诊所，允许外方控股。根据中国的实际需要，设有数量限制。允许具有本国颁发的专业证书的外国医生，在获得卫生部的许可以后，在中国提供短期的医疗服务。短期医疗服务的期限为 6 个月，并可以延长至 1 年
广告服务	加入后 4 年内	允许外国服务提供者在华设立外资独资子公司
包装服务	加入后 3 年内	允许设立外资独资子公司
会议服务	加入时	只允许设立合营企业，但允许外资控股
翻译服务	加入时	只允许设立合营企业，但允许外资控股

（资料来源：http://chinawto. mofcom. gov. cn）

（6）扩大对知识产权的保护范围

WTO 与贸易有关的知识产权协议要求各成员方扩大对知识产权的保护范围。中国作为发展中国家，在知识产权保护和管理方面与发达国家尚有一定差距。加入 WTO 后，中国将根据 WTO 及有关规定的要求，扩大对知识产权的保护范围。中国政府承诺，加强知识产权保护方面的立法，加大对知识产权保护的力度，严厉打击侵权行为。加入 WTO 以来，我国各级政府及执法部门在知识产权保护方面做了大量工作，取得了显著成效，为世界所公认。

（7）放宽对引进外资的限制

WTO 与贸易有关的投资措施协议要求各成员方放宽对引进外资的限制，扩大外商的投资领域，并且要求给予外国投资者"国民待遇"。中国改革开放以来，为了引进外资，颁布了一系列法律、法规和条例，制定了一系列特殊优惠政策。对任何外来的投资者实行同等的优惠待遇是符合 WTO 原则的。但是，中国在这方面的法规还不完善，一方面给予外资"超国民待遇"，"打击"了国内企业；另一方面国内在收费标准上常存在内外差别，引起外商不满。加入 WTO 后，我国正在不断修改和完善招商引资政策和外商来华投资政策，2003 年我国实际利用外资额达 546.6 亿美元，创造了历史上的最高水平，是世界实际利用外资最多的国家。

5.3.3　加入 WTO 对中国的影响分析

中国加入 WTO 有利也有弊，机遇与挑战并存。从总体来看，加入 WTO 获得的利大于弊，机遇多于挑战。2001 年至今，我国基本履行了入世时的承诺，完成了降税义务。

1. 中国加入 WTO 带来的机遇与利益

中国加入 WTO 带来的机遇与利益是多方面的,其一,有利于促进我国改革开放的进程,因为无论是 GATT 还是 WTO,其目的都在于纠正非市场的行政干预对国际贸易的扭曲,都主张通过单一的市场价格竞争来达到贸易的公平化、自由化。其二,为我国发展对外贸易和进行经济建设营造一个有利的国际环境,加入 WTO,我国就取得了与其他成员平等的国际地位,改变过去受歧视的状况,有利于创造与其他成员相互信任和合作的国际氛围,在世人面前树立起一个改革开放和负责任的大国形象,从而增强我国市场对外国投资的吸引力,大大提高吸收外资的数量和质量。其三,有利于我国产业结构调整和增强企业竞争能力,加入 WTO 以后,我国企业不仅要面对国内市场,而且还要面对国际市场,企业的生存在很大程度上取决于在国际市场上的竞争力。其四,有利于我国参与经济全球化,经济全球化、贸易自由化已经成为当今世界经济贸易发展的大趋势。为了适应这种新的形势,也为了在参与经济全球化过程中,更好地趋利避害,我国需要寻求稳定的、透明的、可预见的多边贸易机制的保障,而 WTO 本身就规定了透明度原则,通过多边贸易体系可以为我们提供这种机制;还有我国可以稳定地、无条件地享受 WTO 规定的有关利益和权力,这些权利包括在阐述权利与义务时提到的最惠国待遇、对发展中国家的特殊优惠待遇,利用 WTO 争端解决机制解决贸易争端等。平等享有成员方应有的权力和利益,标志着我国从根本上改变受歧视的状况,真正取得了在国际贸易中的平等地位。最后,有利于缓解结构性失业,提高人民生活水平。我国加入 WTO 一方面可能对某些企业造成冲击,在短期内甚至使企业破产、工人下岗,进一步增加就业压力;另一方面 WTO 通过贸易自由化和扩大贸易又可以促进经济增长,创造出许多新的就业机会。2001 年以来,我国每年可增加 800—1000 万个就业机会,而且主要是通过技术进步和产业结构调整来实现的。因此,从长期看又有利于缓解我国的结构性失业。

2. 中国加入世贸组织至今履行承诺的情况

(1) 履行承诺的总体情况

中国财政部 17 日宣布从 2009 年 1 月 1 日起再度对进出口关税税则进行调整,降低鲜草莓等 5 种商品进口关税,至此除上述鲜草莓等 5 种商品还有 1 年的降税实施期外,中国已基本履行完毕加入世贸组织的降税承诺。财政部官员说,由于此次调整涉及的降税商品范围和税率降幅较小,对中国关税总水平影响不大,2009 年的关税总水平与 2008 年相同仍为 9.8%。其中,农产品平均税率仍为 15.2%,工业品平均税率仍为 8.9%。

商务部国际贸易经济合作研究院副研究员梅新育说,中国自 2001 年 12 月 11 日正式加入世贸组织以来,关税总水平逐年降低,到今天基本履行完毕入世降税承诺,体现了中国作为一个大国积极兑现入世诺言的信用。中国兑现入世时削减关税和非关税壁垒的承诺,海外国家同步兑现给中国市场准入的承诺,这对于我们在危机时期保障市场非常重要。

2002 至 2005 年,中国共进行了 4 次较大幅度的降税,关税总水平以每年 1 个百分点的速度从 15.3% 降至 9.9%,降幅高达 35%,这一期间中国大部分产品的降税承诺已履行完毕。此后,中国按入世承诺需降税的税目数大为减少。2008 年中国关税总水平降至 9.8%。在国际金融危机愈演愈烈之际,此次关税调整被视为中国应对危机的又一重要举措。财政部表示,在实施积极财政政策过程中,中国将进一步加强其在保持对外贸易稳定增长、优化进出口商品结构、促进经济发展方式转变和产业结构调整以及扩大内需等方面的调控作用。

从 2006 年 1 月 1 日起,中国将停止对纺织品征收出口关税。2008 年初对纺织品开征出口关税,主要是为了适当调节纺织品的出口节奏,维护世界纺织品贸易的正常秩序,促进我国纺织品出口的可持续发展和出口结构的优化。根据我国与欧盟、美国达成的有关协议,我国将对出口欧盟和美国的主要纺织品实施自主的数量控制。在这种背景下,继续对纺织品征收出口关税将构成对企业的双重限制。

因此,在 2008 年的 6 月 1 日和 8 月 1 日,我国分两次取消了 98 项纺织品的出口关税。从 2009 年 1 月 1 日起,所有纺织品的出口关税都将取消。全世界都可以看到从 2001 年底我国加入世贸组织到现在,经过 4 年的大幅度降税,中国已基本完成入世承诺的降税义务。

(2)中国进出口关税税则调整的调控影响

近年来,在严格履行关税减让承诺的基础上,中国关税政策不断向加强宏观调控和履行公共财政职能方向转变,在税则税目设置上更加科学。而此次关税调整明显传递四大调控信号。一是对动物饲料、农用机械设备及零部件实施较低的进口暂定税率。二是支持高新技术发展,鼓励企业自主创新,推动产业结构升级,促进振兴国内装备制造业。比如对取向性硅电钢宽板、离子交换膜、液晶显示板用偏振片等部分国内暂不能生产或技术性能指标不能满足需要的电子、化工、信息技术产品原料,气体激光发生器、空调用无级变速压缩机等有利于新技术引进及推广应用的关键设备及零部件实施较低的进口暂定税率。三是促进节能和保护环境、鼓励利用再生资源、促进经济可持续发展。比如风力发电设备关键件等有利于环境保护的设备及零部件继续实施较低的进口暂定税率;对煤炭、原油、金属矿砂等能源资源类产品以及木浆、焦炭、铁合金、钢坯、部分钢材等生产能耗高、对环境影响大的产品继续实施出口暂定税率。四是缓解纺织、钢材、化肥等行业面临的经营困难。2009 年将通过较低暂定税率的形式,适当降低部分国内需求较大的生产性原料进口关税,并继续执行 2008 年 12 月 1 日起取消部分钢材出口关税、各种化肥出口季节性关税的政策,同时降低部分化肥及其原料的特别出口关税税率。

在对外贸易遭受冲击的情况下,2009 年中国还将在以往与有关国家和地区签订的一系列自由贸易协定和关税优惠协定的基础上,进一步实施比最惠国税率更加优惠的协定税率和特惠税率,扩大对外经贸合作。

(3)中国加入世界贸易带来的实质性变化

自中国加入 WTO 八年来,中国之所以成功地实现从"局外"到"局内"的角色转换,从"感性上模糊"到"理性上接受"的观念更新,从"被动应对"到"主动面对"的行为方式转变,从根本上说是中国"政府主导型"应对模式的必然结果,是一次"以开放促改革、促发展"战略实施的胜利。中国成功地走出了一条"在全面开放中主动增强适应能力"的应对道路,中国开创地实践了"政府主导、企业主体、行业协会积极参与"的三位一体应对模式。中国应对WTO 挑战的成功为全世界发展中国家对外开放事业提供了宝贵经验和示范效应,并且也取得了一些显著的成绩。我们可以从以下几个方面来看中国自加入 WTO 以来所带来的实质性变化:

①自 2001 年我国加入世贸组织以来,中国经济增长对世界经济增长的平均贡献率达到13%。而在 2003—2006 年期间,中国经济年均增速较世界平均水平高出 5.5 个百分点,较印度高出 2 个百分点,比俄罗斯高出 3.5 个百分点。在这四年内,中国经济增长对世界GDP 增长的平均贡献率高达 13.8%,仅次于美国,排名世界第 2 位(见表 5-4)。

表 5-4 2003—2006 年世界主要国家与地区经济增长率比较

国家和地区	2002	2003	2004	2005	2006	2003—2006
世界总计	3.1	4	5.3	4.9	5.4	4.9
发达国家	1.6	1.9	3.3	2.5	3.1	2.7
美国	1.6	2.5	3.9	3.2	3.3	3.2
欧盟	1.4	1.5	2.6	1.9	3.2	2.3
日本	0.3	1.4	2.7	1.9	2.2	2.0
发展中国家和地区	5	6.7	7.7	7.5	7.9	7.4
中国	9.1	10	10.1	10.4	11.1	10.4
中国香港	1.8	3.2	8.6	7.5	6.8	6.5
中国台湾	4.2	3.4	6.1	4	4.6	4.5
韩国	7	3.1	4.7	4.2	5	4.2
新加坡	4.2	3.1	8.8	6.6	7.9	6.6
马来西亚	4.4	5.5	7.2	5.2	5.9	5.9
印度	4.3	7.3	7.8	9.2	9.2	8.4
俄罗斯联邦	4.7	7.3	7.2	6.4	6.7	6.9
巴西	2.7	1.1	5.7	2.9	3.7	3.3

（资料来源：国际货币基金组织《世界经济展望》数据库）

②加入 WTO 后，中国经济结构调整迈出新步伐，工业总体实力不断提高，工业在国民经济中的主导地位进一步增强。2006 年工业增加值突破 9 万亿元人民币，达到 91311 亿元人民币，占 GDP 的 43.1%，比 2002 年增长了 57.9%，年均增长 12.1%，比改革开放以来的年均增长速度 11.5% 高出 0.6 个百分点。工业不仅已经成为推动中国经济不断向前发展的重要因素，而且"中国制造"与世界经济的融合到 2008 年达到了 2200 多美元，约为中国加入 WTO 时的 2.5 倍。

③加入 WTO 后，中国同时积极实施科技兴贸和品牌战略，加大自主研发力度。轻工、纺织等传统产业的比较优势得以保持，家电、信息等新兴产业的竞争力不断上升，产品综合竞争力明显提高，出口商品的主体由劳动密集型的轻纺产品逐步转向机电产品和高新技术产品。2002 年，中国机电产品和高新技术产品出口额分别为 1571 亿美元和 679 亿美元，分别占出口总额的 48.2% 和 20.8%；2007 年这两类产品出口额分别跃升至 7012 亿美元和 3478 亿美元，占出口总额的比重分别上升到 56.7% 和 29%。

④坚持科学发展观，相继出台了适时适度的宏观调控措施，更多运用经济、法律等手段，使我国的有中国特色的市场经济与世界经济相互融洽。我国宏观调控逐渐回到市场化改革的轨道；宏观调控向国际化接轨更加明显，受到世界各国的一致好评，也加速了中国履行加入 WTO 的承诺与其经济手段市场化的发展。加入 WTO 后每一轮宏观调控不仅给中国经济未来发展大势奠定了健康前行的基础，中国政府也在对经济社会发展大局的成功驾驭中显现出了非凡的执政能力。

小 结

1. 关贸总协定和世界贸易组织的产生, 对过去 50 年世界经济的发展起到了决定性的影响作用, 其不仅规定了组织适用的宗旨、基本原则和有关规则, 并规范各成员方的贸易行为, 协调贸易关系, 在促进将来的国际贸易发展方面发挥了和正在发挥着重大作用。

2. WTO 的这些规则将涉及当今天世界经济所覆盖的每一个领域, 包括国际货物贸易、服务贸易、与贸易有关的知识产权和国际投资领域。在经济发展中, 经济规则也不断地被修补与完善。

3. 中国自 2001 年加入世界贸易组织后, 可以平等地享受成员方应有的权利, 但也要承担相应的义务。加入世界贸易组织有利有弊, 机遇与挑战并存。中国必须抓住机遇, 加快改革, 以适应 WTO 发展的各方面要求。

习 题

1. 单项选择

(1) 世贸组织协议的范围( )。

A. 只包括商品

B. 只包括服务

C. 只包括政府采购

D. 包括商品、服务和政府采购

(2) 世界贸易组织(World Trade Organization, WTO), 成立于( )。

A. 1948 年 1 月 1 日

B. 1995 年 1 月 1 日

C. 1994 年 1 月 1 日

D. 1999 年 1 月 15 日

(3) 通过最惠国待遇原则和国民待遇原则来体现的是( )。

A. 关税保护原则

B. 关税减让原则

C. 公平贸易原则

D. 非歧视待遇原则

(4) 世贸组织的常设机构是( )。

A. 部长会议　　　　B. 总理事会　　　　C. 理事会　　　　D. 委员会

(5) 决定成立世贸组织的时间与地点是( )。

A. 1994 年 4 月 15 日, 摩洛哥的马拉喀什　　B. 1947 年 10 月 30 日, 日内瓦

C. 1994 年 4 月 15 日, 乌拉圭　　D. 2001 年 11 月 9 日, 多哈

(6) 关贸总协定的最惠国待遇是( )。

A. 有条件的　　　　B. 无条件的　　　　C. 双边的　　　　D. 普遍的

(7) 世界贸易组织的最高权力机构是( )。

A. 部长会议

B. 缔约方全体大会

C. 总理事会

D. 理事会

(8)我国于哪一年提出恢复在关税与贸易总协定中原始缔约方地位与资格的申请?
( )。

    A. 1986 年   B. 1988 年   C. 1993 年   D. 1994 年

(9)世界贸易组织的基本原则,是各成员处理贸易关系必须遵循的基本行为准则。其中最重要的是( )

    A. 非歧视原则   B. 透明度原则

    C. 自由贸易原则   D. 公平竞争原则

2. 判断题

(1)原产地规则是确定一种产品的国家产地所必需的标准。其重要意义在于许多情况下关税与限制的实施将取决于进口原产地。   ( )

(2)世界贸易组织的最高权力机构是总干事。   ( )

(3)世界贸易组织的形成是乌拉圭回合多边贸易谈判所取得的成果。   ( )

(4)总理事会是世界贸易组织的日常办事机构。   ( )

(5)数量限制的具体表现方式主要有配额、进口许可证、自动出口限制、数量性外汇管制。   ( )

3. 简答题

(1)关贸总协定为什么会被世界贸易组织所取代?

(2)世界贸易组织的宗旨和基本原则是什么?

(3)简要比较一下国民待遇原则与最惠国待遇原则的异同?

(4)简述就发展经济而言,中国加入世贸组织后面临的机遇和挑战?

(5)简述 WTO 的组织结构。

第 6 章　商品的品名、品质、数量和包装

学习目标

通过本章的学习,要求能够理解合同的标的物及其品质、数量与包装的基本概念,掌握质量、数量与包装条款的表示方法,熟练掌握合同中质量、数量与包装条款的表述及应用。

本章重点

1.品质的含义及表示方法

2.商品的数量及计量单位

3.包装的种类和运输标志

4.合同中的品质、数量和包装条款

本章难点

1.品质的含义及表示方法

2.包装的种类和运输标志

商品的品名、品质、数量和包装是进出口双方交接货物的基本依据,关系到买卖双方的权利和义务,是贸易合同中的主要条款。本章从签订合同和履约两个方面介绍国际货物买卖合同中关于商品的品名、品质、数量、包装的基本内容以及在订立合同时应注意的事项。

6.1　合同的标的物

国际贸易买卖合同的"标的"(subject of matter)就是进入国际市场的有形商品,即货物。商品的品名、品质、包装是交易磋商时首先要谈妥的问题。此外,合同的标的必须用一定的数量来表示。而对商品的品名、品质、包装和数量的检验,也是与合同的标的密切相关的问题。

6.1.1　品　名

1.品名的含义

品名(name of commodity),即商品的名称,是指能使某种商品区别于其他商品的一种称呼或概念。商品的名称在一定程度上体现了商品的自然属性、用途以及主要的性能特征。

2.命名商品的方法

(1)以其主要用途命名。这种方法在于突出其用途,便于消费者按其需要购买。如织布机、旅游鞋、防水服和杀虫剂。

（2）以其所使用的主要原材料命名。这种方法能通过突出所使用的主要原材料反映出商品的质量。如棉布、羊绒衫、玻璃杯和冰糖雪耳。

（3）以其主要成分命名。以商品所含的主要成分命名，可使消费者了解商品的有效内涵，有利于提高商品的身价。一般适用于以大众所熟知的名贵原材料为主要成分的商品。如裘皮大衣、西洋参蜂皇浆和人参珍珠霜。

（4）以其外观造型命名。以商品的外观造型命名，有利于消费者从字义上了解商品的特征。如绿豆、喇叭裤和宝塔菜。

（5）以其褒义词命名。这种命名方法能突出商品的使用效能和特性，有利于促进消费者的购买欲望。如青春宝、美媛春。

（6）以人物名字命名。即以著名的历史人物或传说中的人物命名，其目的在于引起消费者的注意和兴趣，如孔府家酒。

（7）以制作工艺命名。这种命名方法的目的在于提高商品的威望，增强消费者对该商品的信任。如二锅头和精制油。

6.1.2　列明品名的意义

1. 从法律角度上看

商品的品名是买卖双方在货物交收方面的一项基本权利和义务，按照有关法律和国际惯例，对商品的具体描述是商品说明的一个主要组成部分，是货物交收的基本依据之一。

2. 从业务角度看

商品品名是交易的物质内容，是交易赖以进行的物质基础和前提。

6.1.3　品名条款的内容

国际货物买卖合同中的品名条款并无统一的格式，通常在"商品名称"或"商品品名"的标题下，列明交易双方成交商品的名称。

品名条款的规定，取决于成交商品的品种和特点，通常只要列明商品的名称即可。但有的商品，具有不同的品种、等级和型号，为了明确起见，要对具体的品种、等级和型号进行概括性描述，有的甚至把商品的品质规格也包括进去了。这实际上就是把品名条款与品质条款合并在一起使用了。

6.1.4　规定品名条款应注意的事项

1. 必须做到内容明确、具体

做到内容明确、具体，避免空泛、笼统或含糊，以确切地反映商品的用途、性能和特点。

2. 使用国际上通行的名称

若使用地方性的名称，交易双方应事先就其含义取得共识。对于某些新商品的译名，应力求准确、易懂，并符合国际上的习惯称呼。

3. 恰当选择商品的不同名称

恰当选择商品的不同名称有利于减低关税、方便进出口和节省运费。

4. 切实反映商品实际情况

凡做不到或不必要的描述性的词句，都不应列入品名条款。

6.2　商品的品质

6.2.1　约定品质条款的意义

商品的品质(quality of goods)是商品的内在素质和外观形态的综合。前者包括商品的物理性能、机械性能、生物特征及化学成分等自然属性;后者包括商品的外观、色泽、款式、味觉和嗅觉等。

《联合国国际货物销售合同公约》规定:"卖方交付的货物,必须符合约定的质量。如果卖方交货不符合合同的规定,买方有权要求损害赔偿、拒收货物,甚至撤销合同,商品的品质影响到买卖双方的权利和义务。"

商品品质关系到买卖双方的利益,同时还决定商品的价格。

6.2.2　表示商品品质的方法

1. 实物样品表示法

(1)看货买卖。看货买卖是根据现有商品的实际品质进行买卖。通常由买方或其代理人在商品所在地验看货物,达成交易后,卖方按验看过的商品交付。只要卖方交付的是验看过的商品,买方就不得对商品质量提出异议。这种方法适用于寄售、拍卖和展卖业务。

(2)凭样品买卖(sale by sample)。样品是指从一批商品中抽取出来的或由生产、使用部门设计加工的,足以反映和代表整批商品品质的少量实物。凭样品买卖是指买卖双方按约定的足以代表实际货物的样品作为交货的品质依据的交易。

在国际贸易中,凭样品买卖的种类较多,根据样品提供方的不同可分为以下三种:

①凭卖方样品买卖(sale by seller's sample)。以卖方提供的样品的品质作为双方交货的依据,卖方所交货物必须与样品一致。因此,卖方提供的样品必须具有足够的代表性,能够代表整批货物的平均品质。

②凭买方样品买卖(sale by buyer's sample)。以买方提供的样品的品质作为交货的依据进行的买卖,称为凭买方样品买卖。为了减少贸易纠纷,一般应在合同中明确规定,若发生由买方来样引起的工业产权第三者权益问题时,与卖方无关,由买方负责。

③凭对等样品买卖。卖方按买方提供的样品,复制出经买方确认的样品,这个样品称"对等样品"(counter sample)或"回样",也有称之为"确认样品"(confirmed sample)。

若买/卖方所寄的样品仅仅作为交货品质的参考,而不是交货的依据,则应表明"参考样品",它不具备法律地位。

2. 文字说明表示法

在国际贸易中,除部分商品的品质不易用文字说明加以描述而采用凭实物样品买卖外,大部分采用的是凭文字说明来表示买卖商品的品质,具体可分为以下几种:

(1)凭规格买卖(sale by specifications)。商品的规格是指用来反映商品品质的某些主要指标,如主要成分、纯度、含量、强度、拉力、重量、大小、尺寸、粗细等。

（2）凭等级买卖（sale by grade）。商品的等级是指将同类的货物，按其规格的不同分为不同的等级。通常的表示方法有：大、中、小；特级、一级、二级、三级；1、2、3 等，分别用文字、符号、数字来表示。适用的商品有茶叶、鸡蛋和生丝等。

【案例 6-1】 品质等级不符导致损失案

我某出口公司向外商出口一批苹果。合同及对方开来的信用证上均写的是三级品，但卖方交货时才发现三级苹果库存告罄，于是该出口公司改以二级品交货，并在发票上加注："二级苹果仍按三级计价不另外收费"。请问：卖方这种做法是否妥当？为什么？

分析：

货物等级是商品品质的重要指标，违反品质条款，造成单证不符，可能会遭拒付。本例拿二级苹果代替三级苹果，可谓是赔了夫人又折兵。

（3）凭标准买卖（sale by standard）。标准是指统一化了的规格和等级，一般是由国家机关或有关部门规定并公布实施的标准化品质指标。标准分为生产商标准、团体标准、国家标准、区域标准和国际标准等。在援引标准买卖时一定要明确标准的版本年份，以免引起争议。

国际贸易实际业务中，对于某些农副产品，有时还采用良好平均品质"F．A．Q．"（fair average quality）。F．A．Q 一般指"大陆货"。相对于"精选货"而言，其交货品质一般以我国产区当年生产该项农副产品的平均品质为依据而确定。合同中要注明 F．A．Q. 字样和年份，需要订立具体规格。"F．A．Q．"用于大米、棉花、茶叶、小麦等。在交易中根据商品提供所需样品，通常还约定具体规格作为品质依据。

（4）凭牌号（sale by brand）或商标（sale by trade mark）买卖。凭牌号或商标买卖是指对某些品质比较稳定并且在市场上已树立良好信誉的商品，买卖双方在交易洽商和签订合同时，可采用商标或牌号来表示品质。

（5）凭产地名称买卖（sale by name of origin）。有些产品因生产地区的自然条件或传统加工工艺在产品品质上独具特色，在买卖双方签订合同时就以商品的产地名称成交，称为凭产地名称买卖。其适用于出口信誉卓著、品质良好的农副土特产品，如我国的龙口粉丝、天津鸭梨、绍兴花雕酒、涪凌榨菜等。

（6）凭说明书买卖和图样买卖（sale by description and illustration）。这种方法适用于结构、用材、性能等较复杂的机械、电子、仪表等技术密集型产品的买卖。

6.2.3 合同中的品质条款

1. 品质条款的基本内容

表示商品品质的方法不同，合同中的品质条款（quality clause）的内容也不尽相同。一般应列明商品的品名、等级、规格、体积、商标、产地名称等。

2. 品质机动幅度和品质公差

在国际贸易的实际业务中，由于产品特性、生产加工条件、运输条件以及气候等因素的影响，有时卖方所交商品品质很难达到合同所规定的要求，为了避免因交货品质与买卖合同的不符造成违约，可以在合同品质条款中作出变通的规定，如品质机动幅度、品质公差等。

（1）品质机动幅度。品质机动幅度是指卖方所交商品品质指标可以在一定幅度内机动。

其规定方法有规定范围、规定极限、规定上下差异等,适用于初级产品。

(2)品质公差。品质公差是指由于科学技术水平、生产水平的限制而导致某些工业品在该行业质量上的公认的误差,如机器加工的零件尺寸、钟表的走时,实际都存在一定误差。但只要卖方所交货物的品质差异在品质公差范围内,就被认为达到了合同中的品质要求。

卖方交货品质在机动幅度允许的范围内,货物价格一般按合同计算,不再另作调整。卖方交货品质在质量公差范围内,一般不另行增减价格。

【例子】

● 虎牌打火机,根据 2004 年 1 月 10 日的样品。质量与样品大体一致。

"Tiger"brand lighters as per samples dated Jan. 10,2004. Quality to be considered and being about equal to the sample.

● 登丰牌彩色笔,18 色,买方包装卡。

"Dengfeng"brand color-pen 18 colors with the buyer's packing card.

● 中国花生仁,要求水分 13%(max)、不完善粒 5%(max)、含油量 44%(min)。

【案例 6-2】　商品质量不符引起的纠纷

我生产企业向马来西亚客户出口汽车配件,品名为 YZ-8303R/L,但生产企业提供了 YZ-8301R/L,两种型号的产品在外形上非常相似,但却用在不同的车型上,因此客户不能接受,要求我方调换产品或降低价格。我方考虑到退货相当麻烦,费用很高,因此只好降低价格 15%,了结此案。

(资料提供者:温州某外贸企业)

分析:

商品的质量是国际货物买卖合同中不可缺少的主要条件之一,是十分重要的条款。卖方属于重大违约,因此赔偿对方损失是不可避免的。

6.2.4　订立商品品质条款的注意事项

1.根据商品的特性,正确使用表示商品品质的方法

在出口交易中,凡可用一种方式表示的,就不要采用两种或两种以上的方式表示,以免给自己造成不必要的交货或生产困难。

2.要从生产实际出发,实事求是

品质条款要根据国际市场的需求并结合国内生产的实际来订立,不能订得过高,以免造成生产和对外履约的困难,也不能订得过低,以免影响售价和销路。

3.要有科学性和灵活性

品质条款的内容和文字应注意科学性、严密性、准确性,但对有些货物,特别是品质规格不易做到完全统一的商品,如某些农副产品、轻工业品及矿产品等,要有一定的灵活性,规定合理的品质机动幅度或品质公差。

6.3 商品的数量

6.3.1 商品的计量单位

1.度量衡制度

目前,国际贸易中常用的度量衡制度有:公制(The Metric System)、美制(The U.S. System)、英制(The British System)和国际单位制(The International System of Units)。

2.国际货物买卖中常用的计量单位

国际货物买卖中常用的计量单位有重量单位、个数单位、长度单位、面积单位、体积单位和容积单位等。

(1)重量单位(weight)

重量单位包括公吨(metric ton,M/T)、长吨(long ton,L/T)、短吨(short tom,S/T)、千克(kilogram,KG)、磅(pound,Lb)、盎司(ounce,OZ)等。其适用农副产品、矿产品、部分工业制成品、贵重商品等。这些计量单位的换算关系为:

1公吨=0.9842长吨=1.1023短吨

1千克=2.2046磅=35.2736盎司

1磅=16盎司

(2)数量单位(number)

数量单位包括件或只(piece,pc)、双(pair,pr)、台或套(set)、箱(bag)、罗(Gross)、打(dozen,doz)、件(package)、令(ream)等。其适用工业制成品、土特产品等。这些计量单位的换算关系为:

1罗=12打=144只

1令=516张(一般用来表示印刷纸的张数)

(3)长度单位(length)

长度单位包括公里(Kilometer)、米(meter,M)、英尺(foot,ft)、英寸(Inch)、厘米(centimeter,cm)、码(yard,yd)等。其适用布料、绳索、丝绸等。这些计量单位的换算关系为:

1公里=1000米

1米=1.094码=3.2808英尺=39.37英寸

(4)面积单位(area)

面积单位包括:平方米(square meter)、平方英尺(square foot)、平方英寸(square inch)、平方码(square yard)等。其适用玻璃,地毯、塑料制品、皮革制品等。

(5)体积单位(volume)

体积单位包括立方米(cubic meter)、立方英尺(cubic foot)、立方英寸(cubic inch)、立方码(cubic yard)等。其适用木材、天然气等。

(6)容积单位(capacity)

容积单位包括公升(liter,L)、加仑(gallon,gal)、蒲式耳(bushel)等。其适用于液体商品的交易。

6.3.2　商品重量的计算方法

在国际货物买卖中,很多商品采用按重量计量。计算重量的方法有如下几种。

1. 按毛重计算

毛重(gross weight)是指商品本身重量加上包装的重量。有些商品单位价值较低(如谷物等)或以净重计量有困难,用"以毛作净"的方法计算重量,作为计价和交易的依据。

2. 按净重计算

净重(net weight)是指商品本身的重量,其不含包装物的重量。用净重计算商品的重量时,计算包装物的重量有4种方法:

(1)按实际皮重(actual tare)计算。将商品的包装物逐一过秤后的实际重量。

(2)按平均皮重(average tare)计算。在包装物的重量大致相同的情况下,取若干件包装的实际重量,计算包装的平均重量。

(3)按习惯皮重(customary tare)计算。有些较规格化的包装,市场公认其重量,即习惯皮重。

(4)按约定皮重(computed tare)计算。按买卖双方约定的包装重量为准,不用过秤。

在国际贸易中,买卖双方选取何种计算净重的标准,由双方约定写入合同,以防引起争议,造成履约困难。

按国际惯例,如果没有在合同中明确规定采用毛重还是净重计价的,应以净重计价。

3. 按公量计算

公量(conditioned weight)是指用科学方法抽去商品中的水分,再加上标准水分重量所得的重量。有些商品(如羊毛、生丝等)价值较高,含水量不稳定,会影响商品的重量,所以用公量来计算这类商品的重量。公量的计算公式为:

$$公量=干量+标准含水量$$
$$=\frac{实际重量×(1+标准回潮率)}{1+实际回潮率}$$

例如,某公司出口羊毛一批,双方约定标准回潮率为10%,现有羊毛100公吨,经过测定,实际回潮率为8%,计算该批羊毛的公量为多少公吨?

解:$100×(1+0.10)÷(1+0.08)=101.85$(公吨)

4. 按理论重量计算

理论重量(theoretical weight)是指一些商品有固定规格、尺寸,重量大致相等,通过件数计算其重量,如马口铁、钢板等。

6.3.3　合同中的数量条款(quantity clause)

1. 数量条款的基本内容

合同中的数量条款的基本内容包括买卖双方成交商品的数量、计量单位、计量方法,若以重量计算的方法还要表明按毛重或净重等。

2. 正确利用数量机动幅度

在实际履约过程中,由于商品特性、生产条件、运输工具的承载能力以及包装方式的限制,卖方要做到严格按量交货确有一定困难。为了避免因卖方实际交货不足或超过合同规定而引起的法律责任,方便合同的履行,对于一些数量较难严格控制的商品,可以在合同中加订一个数量机动幅度条款,通常称为溢短装条款(more or less clause)。

溢短装条款是指在买卖合同的数量条款中,明确规定卖方允许多装或少装的百分比,其幅度不超过规定的百分比为限。如100公吨,卖方可溢短装5%,即卖方交货量可在95～105m/t。具体内容:

(1)可溢短装的百分比。视商品的特点、数量、交易习惯、运输工具等情况确定。

(2)溢短装的选择权在买方或卖方。

(3)溢短装的计价,一般按合同价格计算,也可以按装船日或到货日的国际市场价格计算。

在跟单信用证业务中,按国际商会《跟单信用证统一惯例》第500号出版物(简称UCP600)中第30条规定:"大约"、"近似"或类似意义的词语用于涉及信用证规定的数量时,应解释为允许有关数量有10%的增减。b款规定除非信用证规定数量不得增减,只要支取金额不超过信用证金额,对散装货物的买卖,可有5%增减幅度。

【例子】

● 1000公吨,2%溢短装。

1000M/T,with 2% more or less.

● 10000只,卖方有权溢短装5%,该部分根据合同价格结算。

10000 pieces. The seller has the option to load 5% more or less than the quantity contracted,each difference shall be settled at the contract price.

【案例6-3】 未按期完成货物导致客人取消合同

我国某公司A向孟加拉国某公司B出口一批货物,合同价值约为USD20000.00,货物为汽车配件,共有10个型号,其中有四个型号要求根据客户样品制造。付款方式为,客户先支付定金1000美金,剩余部分30%和70%分别以L/C和T/T支付(在货物生产完毕通知客户支付)。客人随即开来信用证,A公司按合同和L/C要求开始生产货物,但发现其中按客人样品要求订做的货物不能完成,由于客人订货的数量比较少,开发该产品十分不合算。因此打算从其他厂家购进该产品,但遗憾的是,却一直无法找到生产该产品的厂商。而此时已接近装船期了,其他货物亦相继生产完毕。A公司只好告诉B公司上述问题。B公司要求取消所有的货物并退还定金和样品,他们的理由是,他们要求订做的货物是十分重要的,不能缺少,因A公司没有按时完成货物,使他们错过了商业机会。A公司也感到无可奈何,确实理亏,只好答应客户的要求,承担一切货物积压的损失。

(资料提供者:由温州某外贸企业)

分析:

A公司应反省一下,为什么会造成如此被动的局面?

1.对客户的样品没有做仔细研究,就简单地认为自己可以生产或能从其他地方购买,以致确认客户的定单。

2.对于客户特别重要的货物,应该给予重视。因为客户将样品从国外带到中国交给A公司订做,S公司确认可以生产,最后却没有生产出来,客户当然感到十分失望。要是换成其他产品不能完成,或许客户会勉强答应不至于取消合同。

3.根据《公约》的规定,一方当事人重大违约时,另一方当事人可以取消合同并要求赔偿损失。本案的卖方已构成重大违约(数量不足),对方的要求是合理的。

6.4 商品的包装

6.4.1 商品包装的意义

进出口商品一般都需要经过长距离辗转运输,有时还需要多次装卸、搬运和存储,因此大多数商品都需要适当的包装。包装不仅能起到保护商品、保障运输的作用,而且还能美化商品、宣传商品,同时包装本身还是货物说明的组成部分。

商品包装的要求是科学、经济、牢固、美观和适用。

有些国家的法律把商品包装作为货物说明的组成部分。在国际贸易中,包装条件是合同的一项主要交易条件。

6.4.2 商品包装的种类

1.销售包装

销售包装(selling packing)又称内包装或小包装,是在商品进入零售环节和消费者直接见面时的包装。主要目的是便于陈列和展销,便于消费者识别、选购、携带、保存等,还具有美化商品、促进销售的功能。

(1)种类

①堆叠式,如罐、盒类商品;

②挂式,如包装上的挂钩、挂孔等;

③携带式,如手提袋等;

④喷雾式,如液体喷雾器等;

⑤易开式,如易拉罐等。

(2)销售包装的要求

商品的销售包装应适应国际市场的需要,便于陈列展销、识别商品、携带和使用、要有艺术吸引力,以吸引顾客、提高售价和扩大销售。

【案例6-4】 彩卡上带有"828"字样的纠纷案

国内公司 A 与国外客户 B 在某年 12 月份下了 1×40′集装箱产品 P1(货号为 828—12)的订单。客户在 E-MAIL 上要求所有包装上不能显示货号"828",由于此次进口国海关对于"828"等几种产品征收很高的反倾销关税,所以客户有此要求。而公司 A 在给供应商下订单上仅仅注明了在货物的外箱上不能注明"828",其他具体要求跟此客户以前的出货一致(以前订单的彩卡包装上都有"828"),所以造成彩卡包装生产下来都有"828"字样。客户在收到公司 A 寄来的货样照片时,发现彩卡上仍有"828"字样,随即提出去掉"828",由于我们的货物已全部完成,若换彩卡会造成 5 万元的经济损失,同时交货期将推迟 20 天。A 公司告诉客户货物已全部生产完毕,若返工将造成 5 万元的经济损失,希望客户接受有"828"的彩卡。最后客户答应愿意接受我们货物,但是客户疏通海关需要 USD2000.OO 的费用由我们承担,我们只好同意接受了。

(资料提供者:由温州某外贸企业)

分析:

从该案例中 A 公司可以吸取的教训:

(1)在客户下订单时,对于一些合同的细节问题要询问清楚,尤其对于客户特殊要求要特别重视;

(2)给工厂下订单时,在生产清单上对于产品的细节要求不可写于以前订单一样(草草了事),有特殊要求的必须注明清楚。生产前将生产样品给客户确认,以免造成不必要的麻烦和损失。

2. 运输包装

运输包装(transport package)(又称外包装、大包装),是指将货物装入特定容器内,以特定方式成件或成箱包装。其可以在长途运输过程中,有效保护商品不被损坏,也便于运输和节省费用,还能避免因气候条件对商品产生不利影响。

(1)种类

1)单件运输包装

①箱装(case):分木箱、纸箱、铁箱、塑料箱等,适用于不能积压的货物,如服装等。

②袋装(bag):分纸袋、塑料袋、布袋、麻袋等,适用于农产品和化学肥料等货物。

③桶装(drum):分木桶、铁桶、塑料桶等,适用于液体、粉状物等货物。

④捆(bundle)或包(bale)形式的包装:将货物用棉布、麻袋包装,在外面加箍铁和塑料袋的包装方式,适用于羊毛、棉花等可压紧的货物。

2)集合运输包装

将单件运输包装组成一个大的包装。在国际贸易中常见的集合运输包装有集装袋或集装包(flexible container)、集装箱(container)、托盘(pallet)等。

(2)运输包装的要求

国际贸易商品采用的运输包装要求严格:应符合商品的特点,满足运输方式的要求,符合交易方的贸易规则,便于货物装运、方便操作。

(3)运输包装的标志

运输包装的标志是指为了方便货物运输、装卸及储存保管以及便于识别货物,而在商品外包装上刷写的标志。按其作用分为以下三类。

1)运输标志(shipping mark)

习惯上称为"唛头"(Mark),它通常用一个简单的几何图形和一些字母、数字、简单文字组成,便于运输、辨认货物、顺利完成交易等,防止错发错运。

为了便于计算机在运输和单证流转方面的应用,国际标准化组织向各国推荐使用标准化运输标志,其基本内容如下:

①主要标志,即收货人或买方的名称字首或简称。

②参照号码,也可以加上参考号,如合同号码、发票号,可在简单的几何图形中反映。

③目的地(或目的港)名称,需经过某地(港口)转运的,在目的地(目的港)下面加上转运地(港)名称,便于运输部门正确装运。

④件数号码,包装货物的总件数和每件货物的顺序号。如"No.1-100"。

唛头一般被刷在运输包装的侧面,通常又称"侧唛",如图6-1所示。

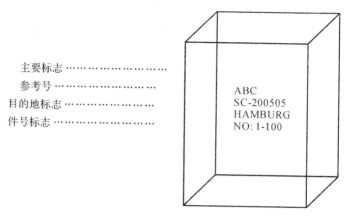

主要标志 ……………………………………

参考号 ……………………………………

目的地标志 ……………………………………

件号标志 ……………………………………

ABC
SC-200505
HAMBURG
NO: 1-100

图6-1　运输标志

包装上采用的运输标志,按合同规定,如合同和信用证都没有规定具体要求,由卖方决定。

【案例6-5】　唛头未标明具体的箱号导致的纠纷

国外客户B公司向国内A公司购买了$1×20'$集装箱产品P2(货号934),在此$1×20'$集装箱的934中,客户有两种规格,每一规格有两种不同的包装,卖给两个不同的最终用户,意味着4种不同样式的产品包装。每种包装的产品100箱,共计400箱。

唛头如下:

STL-953

ITEM NO.934

C/NO.1-400

MADE IN CHINA

A公司以为工厂会在唛头上按照箱子的流水号来编,因此A公司在下定单时没有注明在正唛的"C/NO.1-"后按照流水号来编写具体的箱号,结果工厂没有在正唛上按照箱子的流水号来编写,而产品货号又全部一样。货物到达目的港后,客户无法区分货物。该客户不得不一箱箱打开包装找货,浪费了客户人工费,造成了很严重的损失。客户提出索赔,A公司相应给予客户赔款。但是此客户从此断绝了与我们的贸易往来。

(资料提供者:由温州某外贸企业)

分析:

1.A公司在给工厂下订单时,在生产清单上若需工厂填写的内容,需要在英文旁边注明中文,因为很多工厂的英文水平一般,要考虑到工厂的具体情况。

2.在给工厂下订单时需考虑到客户的具体要求,站在客户的立场上考虑收到货后如何区分货物的问题。特殊的要求,在生产清单上注明以外还要跟工厂在电话里特别强调。以防工厂对A公司具体要求没有注意到,造成生产的东西不符合要求,以致返工、延误交货期。本例中正确的做法是:四个唛头

STL-953/ ITEM NO. 934/ C/NO. 1-100 (101-200,201-300,301-400)/MADE

IN CHINA

1. 对于较多工厂参与完成的订单在给工厂唛头最好编为第 1 个工厂 C/NO.1-(1,2,3…)；第 2 个工厂 C/NO.2-(1,2,3…)；第 3 个工厂 C/NO.3-(1,2,3…)；依此类推。A 公司要求质检人员验货时，对箱号进行核实，以防工厂误填。

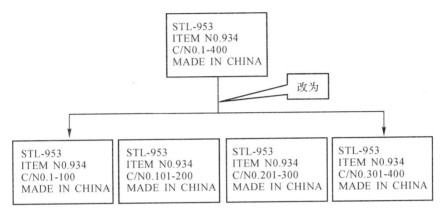

图 6-2　案例 6-5 图解

2）指示性标志（indicative mark）

对于一些易碎、易损、易变质的商品，在商品包装上标注醒目的标志，以引起装运人员的注意，便于运输、仓储，保护人员、货物的安全。如图 6-3（a）、（b）所示为向上标志和怕湿标志。

图 6-3　指示性标志

3）警告性标志

警告性标志（warning mark）又称危险品标志，是对装有危险品、易燃品、有毒气体、腐蚀性物品和放射性物品等的运输包装上用文字或图形表示各种危险品的标志，提示工作人员警惕，并采取安全措施保护工作人员和货物的安全。

联合国海事协商组织规定，在出口危险品的外包装上要刷写"国际海运危险品标志"。在制作危险品标志时，我国颁布有《包装储运标志》和《危险货物包装标志》。如图 6-3（a）、（b）所示为易燃气体标志和有毒气体标志。

（符号：黑色或白色；底色；正红色）　　　　　　（符号：黑色；底色；白色）

(a) 易燃气体标志　　　　　　　　　　　　　　(b) 有毒气体标志

图 6-3　警告性标志

3. 定牌、无牌和中性包装

定牌：是卖方按买方要求在其出售的商品或包装上标明买方指定的商品或牌名，是为了扩大商标、牌名的知名度，扩大商品的销售市场，用于国外长期性、大数额的订货。

无牌：在出口商品上或包装上不用任何商标和牌号，用于半制成品或低值易耗品，为了降低成本，节省费用。

中性包装：在商品上和内包装、外包装上不注明生产国别的包装。主要为了打破一些进口国和地区的关税、非关税壁垒，扩大商品出口。中性包装分无牌中性包装和定牌中性包装。中性包装的做法在贸易中常引起争议，应慎用。

6.4.3　合同中的包装条款(packing clause)

【案例 6-6】　货物质量包装不符导致拒收案

案情国内某公司出口至俄罗斯黄豆一批，合同的数量条款规定：每袋净重 100 公斤，共1000 袋，合计 100 公吨。货抵俄罗斯后，经检验，黄豆每袋仅重 96 公斤，1000 袋合计 96 公吨。适值黄豆价格下跌，俄罗斯客户以单货不符为由提出降价 5% 的要求，否则拒收。请问买方的要求是否合理，为什么？

分析：

买方的要求合理，因为卖方所交的货物重量不足、包装不符合同规定。数量和包装条款是合同的主要交易条件，买方有权拒收货物。

1. 基本内容

买卖合同中包装条款的内容一般由包装材料、包装方式、包装商品的数量或重量组成。

例：(1)木箱包装，每箱 100 千克净重

In wooden cases of 100 kgs net each

(2)木箱包装，每箱 500 只

In cartons of 500 pcs each

(3)每箱 1 套，共计 1200 箱

To be packed in cartons of one set each，total 1200 cartons.

2.订立包装条款的注意事项

(1)规定包装时应明确、具体,不宜采用"海运包装"、"习惯包装"等含糊其辞的词语,这种缺乏统一的解释,易引起贸易纠纷。

(2)为履行合同,应考虑世界各国对包装的特殊要求,考虑交易方的风俗习惯、贸易惯例等。

(3)按《联合国国际货物销售合同公约》规定:卖方交付的货物,需按照合同规定的方式装箱或包装。

(4)在包装条款中明确使用包装方式和包装材料。

(5)包装条款中应规定所用的运输标志。

(6)包装条款中对包装费用应规定清楚。

小　结

1.标的是指法律行为所要达到的目的,包括交付财产、提供劳务、完成工作等。如买卖合同中买卖的某种物就是标的,在这种情况下,标的也称"标的物"。国际货物买卖合同的标的是进入国际贸易领域的货物。

2.明确规定标的物及其品质要求,是商订国际货物买卖合同时必须首先解决的问题。由于进入国际贸易领域的货物种类多,即使是同一种商品,其品种、花色、质量、产地、外形等也会有所不同。如果卖方所交货物不符合约定的品质、数量和包装,买方有权提出损害赔偿要求,直至拒收货物或撤销合同。因此,在交易磋商中对商品的品质、数量和包装进行磋商,在合同中订明相应的条款,不仅具有重要的法律意义,而且具有重要的实践意义。

习　题

1.单项选择题

(1)珠宝、首饰等商品具有独特性质,在出口确定其品质时(　　)。

A.最好用样品磋商　　　　　　　　　B.最好用文字说明

C.最好看货洽谈成交　　　　　　　　D.最好按品牌磋商

(2)出口羊毛计算重量,通常采用的计量方式是(　　)。

A.毛重　　　　　　B.净重　　　　　　C.公量　　　　　　D.理论重量

(3)国外来证规定,交货数量为 10000 公吨散装货,未表明可否溢短装,不准分批装运,根据《UCP600》规定,卖方发货的(　　)。

A.数量和总金额均可增减 10%　　　　B.数量和总金额均可增减 5%

C.数量可增减 5%,总金额不得超过 10%　　D.总金额可增减 5%,数量不得超过 10%

(4)在国际贸易中,造型上有特殊要求或具有色香味方面特征的商品适合于(　　)。

A. 凭样品买卖   B. 凭规格买卖   C. 凭等级买卖   D. 凭产地名称买卖

(5) 在国际贸易中,木材、天然气和化学气体习惯的计量单位(　　　)。

A. 按重量计算   B. 按面积计算   C. 按体积计算   D. 按容积计算

(6) 在国际贸易中,酒类、汽油等液体商品习惯的计量单位(　　　)。

A. 按重量计算   B. 按面积计算   C. 按体积计算   D. 按容积计算

(7) 某公司出口电扇 1000 台纸箱装,合同和信用证都规定不准分批装运。装船时有 40 台包装破裂,风罩变形,不能出口,根据《UCP 500》规定,只要货款不超过信用证总金额,交货数量允许有 5% 的增减。据此,发货人(　　　)。

A. 可以装运 960 台   B. 可以装运 950 台

C. 只可以装运 1000 台   D. 可以装运 940 台

(8) 按照国际惯例,如果合同中没有相关规定,则运输标志一般由(　　　)提供。

A. 开证行   B. 卖方   C. 买方   D. 船方

(9) 定牌中性包装是指(　　　)。

A. 在商品本身及其包装上使用买方指定的商标/牌号,但不表明产地

B. 在商品本身及其包装上使用买方指定的商标/牌号,也表明产地

C. 在商品本身及其包装上不使用买方指定的商标/牌号,也不表明产地

D. 在商品本身及其包装上不使用买方指定的商标/牌号,但表明产地

(10) 如果我方准备进口一套机电设备,一般应选用的表示品质的依据为(　　　)。

A. 凭卖方样品   B. 凭买方样品   C. 凭说明书买卖   D. 凭商标和牌名买卖

2. 判断题

(1) 在出口贸易中,表示品质的方法多种多样,为了明确责任,最好采用既凭样品又凭规格买卖的方法。   (　　)

(2) 在出口凭样品成交业务中,为了争取国外客户,便于达成交易,出口企业应尽量选择质量最好的样品请对方确认并签订合同。   (　　)

(3) 某外商来电要我方提供大豆,按含油量 18%、含水量 14%、不完善粒 7%、杂质 1% 的规格订立合同。对此,在一般条件下,我方可以接受。   (　　)

(4) 中国 A 公司向《公约》缔约国 B 公司出口大米,合同规定数量为 50000 公吨,允许卖方可溢短装 10%。A 公司在装船时共装了 58000 公吨,遭到买方拒收。按公约的规定。买方有权这样做。   (　　)

(5) 运输包装上的标志就是指运输标志,也就是通常所说的唛头。   (　　)

(6) 包装费用通常在单价以外另行计价。   (　　)

(7) 以下包装条款是正确的:木箱装,然后装托盘。   (　　)

(8) 包装由卖方决定,买方不得要求使用特殊包装。   (　　)

(9) 运输标志、指示性标志和警告性标志都是刷在商品的外包装上的。   (　　)

(10) 进出口商品包装上的包装标志,都要在运输单据上表明。   (　　)

3. 简答题

(1) 什么是对等样品?

(2) 什么是溢短装条款?对溢短装部分商品的价格应如何确定?

(3) 什么是中性包装?

　　(4)运输包装与销售包装的要求有何不同？

　　(5)何谓唛头？一般包括哪些内容？

　　4. 案例分析

　　(1)2003 年广州秋交会期间,我某公司同日本 D 产业株式会社签订了一份出口羊绒衫的合同。根据合同条款的规定,由我公司按 CFR 横滨每件 10 美元卖给日本 D 产业株式会社羊绒衫一批,数量为 10000 件,羊绒含量为 100%;付款条件为即期信用证,以卖方出具的发票、提单、品质检验证书作为付款的依据。买方有权在货物抵达目的港予以复验,检验费由买方自理。

　　该批货物于 2004 年 4 月 2 日运出,4 月 6 日抵达横滨港。日方根据合同的规定,请日本某检验机构开箱检验。经检验,羊绒含量为 70%,于是日方即以货物成分含量不符合合同要求为由,向我方公司提出异议。我方公司对日方的异议表示不予受理,理由是该笔交易是在广交会上经买方当面看样成交的,并且是在买方同意的情况下签约的,而实际交货又与样品一致,因此认为货物品质已符合双方约定。

　　2004 年 9 月,日方在争议不能得到协商解决的情况下,备函向中国国际贸易仲裁委员会提请仲裁。在仲裁申请书中,要求赔偿其损失 2 万美元以及公证费 0.1 万美元,两项合计 2.1 万美元。

　　最后,中国国际经济贸易仲裁委员会从中协调,提出了解决问题的建议。在双方相互谅解的情况下,我公司表示在品质表示法上处理不当,该合同确实存在不妥之处,但货物质量没有问题;D 产业株式会社也表示愿意放弃原来的赔偿金,从而使争议得以解决。

　　试评析此案。

　　(2)2004 年 6 月,中方某出口企业与美国某公司签订了一份本厂生产的出口合同,数量为 600 公吨(允许溢短装 5%),单价为 CIF 纽约 520 美元/公吨,总值为 312000 美元,结算方式为不可撤销即期信用证,装运期为 2004 年 8 月。

　　7 月 12 日,对方按约定开来了信用证,经审核,信用证中货物的数量、单价、总值按合同开立,从表面上显示,这是一份完全按合同开立的信用证。

　　8 月 10 日,该企业按信用证"数量为 600 公吨,可溢短装 5%"的规定装运 630 公吨货物,并制作全套的单据于 8 月 16 日向开证行收款。

　　8 月 20 日,我出口企业接到由通知行转来的拒付书,理由是:发票金额为 327600 美元,大于信用证金额 312000 美元。

　　我出口企业经分析发现,原来信用证的金额未包括溢装的 5% 货物款。只好重新开出金额为 312000 美元的发票,向开征行收回了部分货款。其余 30 公吨的货款,进口商拒绝付款,而这是我出口企业已没有控制货物所有权的任何凭证,鉴于金额比较小,要通过诉讼程序解决比较麻烦,该出口企业只得放弃收款的权利,给企业造成 15600 美元的损失。

　　试评析此案。

　　5. 实训题

　　参观当地某自营出口生产企业,了解该企业所生产产品的品名、质量、数量和包装等表示(描述)方法。

第7章　国际货物运输与保险

学习目标

通过本章的学习,要求能够理解国际货物的运输方式和相关基本概念,掌握国际货物运输方式、装运条款及运输单据种类,掌握国际货物海洋运输保险的基本种类,熟练掌握合同中国际货物运输及保险条款的表述及应用。

本章重点

1.国际货物运输方式

2.运输单据及其种类

3.我国海洋运输货物保险条款(CIC)

4.合同中的装运及保险条款

本章难点

1.运输单据及其种类

2.国际运输保险的险别及其关系

对外贸易运输是国际商品贸易交易过程中的重要环节,对外贸易运输业务涉及装运时间、运输方式、装运港、目的港和装运单据等内容。由于国际货物运输受自然灾害、意外事故等因素的影响较大,因此更需要进行运输保险。本章主要介绍国际货物运输保险的各种险别、保险条款及保险金额的确定、保险费的计算及保险索赔等知识。

7.1　国际货物运输

7.1.1　运输方式

现代国际贸易使用的运输方式主要有海洋运输、内河运输、铁路运输、公路运输、航空运输、邮政运输、集装箱运输和国际多式联运等。对于进出口双方来说,应根据进出口货物的性质、运量的大小、路程的远近、需要的缓急、运费的高低、装卸地的情况、法令制度的规定、气候与自然条件以及国际政治形势的变化等因素,审慎地选择合理的运输方式,这对顺利完成进出口货物运输任务是很重要的。

1.海洋运输

海洋运输是指利用海洋通道,使用船舶在国内外港口之间,通过一定的航区和航线运送货物的一种运输方式,简称海运。

由于海洋运输具有运载量大、通行能力强、运费低廉等优点,所以许多国家特别是沿海国家和地区都采用海洋运输。当前世界上国际贸易货物的 2/3 以上是通过海洋运输来完成的,海洋运输已成为目前国际贸易中最重要的运输方式。

(1)班轮运输

班轮运输(liner shipping)又称定期船运输,是指班轮公司将船舶按事先制定的船期表(liner schedule),在特定航线的各既定挂靠港口之间,经常地为非特定的众多货主提供规则的、反复的货物运输服务,并按运价本或协议运价的规定计收运费的一种运输方式。

1)特点

①"四固定"即固定航线、固定港口、固定船期和相对固定的运费率。这是班轮运输的最基本特征。

②班轮运费中已包括装卸费用,即承运人负责货物的配载装卸,并支付装卸费用;承托双方不计算滞期费和速遣费,也不规定装卸时间,而是按照港口习惯快速装卸(customary quick despatch,C. Q. D)。

③在杂货班轮运输中,承运人对货物的责任期间是从货物装上船起,到货物卸下船止,即"船舷至船舷"(rail to rail)或"钩至钩"(tackle to tackle);在集装箱班轮运输中,承运人对货物的责任期间是从装货港接受货物起至卸货港交付货物止,通常班轮公司对集装箱的交接方式是 CY/CY。

④承托双方的权利、义务和责任豁免以承运人签发的班轮提单背面条款为依据,并受到国际公约的制约。

2)班轮运费

①班轮运价表(liner's freight tariff),也称费率本或运价本,是船公司根据承运货物向托运人收取运费的费率表的汇总,运价本主要由条款和规定、商品分类以及费率三部分组成。各班轮公司或班轮公会都有自己的运价表。按制定主体的不同,可分为班轮公会运价表、班轮公司运价表、双边运价表、协议运价表;按费率形式的不同,可分为等级费率运价表和商品费率运价表。我国目前广泛使用的外运 3 号本、中运 6 号本就属等级费率运价表。在该表中,商品分 20 个等级,一级费率最低,20 级费率最高。

②班轮运费的构成。班轮运费由基本运费和附加费用两部分构成。

基本运费(basic freight)是班轮运费的主体,根据基本费率和计费吨算出。附加费用(surcharge or additional)是班轮公司在基本运费之外加收的费用,一般是班轮公司根据不同情况,为抵补运输中额外增加的费用开支或在遭受一定损失时而收取的费用。

班轮附加费用名目繁多,主要有燃油附加费(bunker surcharge,BS; or bunker adjustment factor,B. A. F.)、港口附加费(port surcharge)、转船附加费(transhipment surcharge)、绕航附加费(deviation surcharge)、超重附加费(heavy lift additional)、超长附加费(long length additional)、直航附加费(direct additional)等。

3)班轮运费的计算标准

①按货物的毛重计收。如以公吨、长吨或短吨为计算单位,统称重量吨(weight ton)。运价表中以"W"表示。

②按货物的体积计收。如以 1 立方米或 40 立方英尺为计算单位,统称尺码吨(measurement ton),运价表中以"M"表示。

③按货物的毛重或体积,选择其中较高者计收,运价表中以"W/M"表示。

④按货物的FOB价格总值的一定百分比计收,又称从价运费。运价表中以"A. V."或"Ad. Val."表示。

⑤按货物的重量、体积或总价值三者中最高的一种计收。运价表中以"W/M or Ad. Val."表示。

⑥按货物重量或体积中较高者计收,再加上从价运费。运价表中以"W/M plus Ad. Val."表示。

⑦按货物的件数计收。如车辆按"每辆"、牲畜按"每头"等计收。

⑧由货主和船公司临时议定运价。以"open rate"表示。

在运价表中,计算单位为运费吨(freight ton),包括重量吨和尺码吨。实际业务中,以"W"、"M"、"W/M"方式计收运费的较多。贵重商品多以"Ad. Val."方式从价计收。

关于附加费的计算有两种方式:一种是以基本运费的一定百分比计收;另一种是以每运费吨若干金额计收。

(2)租船运输

租船运输(charter transport)又称不定期船运输(tramp shipping),是指租船人向船东租赁船舶用以运输货物的一种运输方式。租船有租赁整船和租赁部分舱位两种方式。实际业务中以租赁整船为多。

1)特点

①属不定期船(tramp),无固定的航线、挂靠港和船期,一切由租船双方在装运前协商确定。

②运价不固定,受市场供求的约束,随租船市场行情的变化而变化。

③租船运输中的港口使用费、装卸费及船期延误等责任费用的划分由双方议定。

④租船运输主要适用于大宗货物的运输,如粮食、矿砂、石油、木材等。

⑤租船人和出租人双方之间的权利、义务和责任以签订的租船合同为准。

2)形式

①定程租船(voyage charter),简称程租,又称航次租船,是指以航次为基础的租船方式。这是最基本的一种租船经营方式,在国际租船业务中被广泛采用。

定程租船中,根据承租人对货物运输的需要,采取不同的航次数来约定航次租船合同。据此,航次租船又可分为单航次租船、来回程租船、连续单航次租船、连续往返航次租船等形式。

②定期租船(time charter),又称"期租船"或"期租",是指由船舶所有人将特定的船舶,按照租船合同的约定,在约定的期限内租给承租人使用的一种租船方式。在租期内,承租人利用租赁的船舶既可以进行不定期船货物运输,也可以投入班轮运输,还可以在租期内将船舶转租,以取得运费收入或谋取租金差额。

③光船租船(bar-boat charter),又称船壳租船,实质上是一种财产租赁方式,船东不具有承揽运输的责任。在租期内,船东只提供一艘空船给承租人使用,船舶的船员配备、营运管理及一切固定或变动的营运费用都由承租人承担。船东在租期内除收取租金外,对船舶及其经营不再承担任何责任和费用。

④包运租船(contract of affreightment,COA)是指船东向承租人提供一定吨位的运力,

在确定的港口之间,按事先约定的时间、航次周期和每航次较为均等的运量,完成合同规定的全部货运量的租船方式。以包运租船方式所签订的合同称为"运量合同"(quantity contract/volume contract)

3)租船运输费用

①基本运费。程租船基本运费是指从装运港到目的港的海上运费。其计算方式有两种:一种是按运费率计算。但要注明是按装船重量(in taken quantity)还是按卸船重量(delivered quantity)计算。另一种是整船包价(lump sum freight),即对于特定载货重量和容积的船舶,规定一个包船价格,不管租方实际装货多少,一律按包价支付。

②装卸费。在程租船运输中,关于货物的装卸费用,程租合同中有明确规定。

③滞期费和速遣费。在程租运输中,由于装卸货时间的长短影响到船舶的使用周期和在港费用,这直接关系到船方的经营效益,因而为了节省船期,在程租合同中一般都规定有租船人在一定时间内完成装卸作业的条款,即许可装卸时间条款,或称装卸期限条款。

如果租船人未能在许可装卸时间内完成装卸作业,则自许可装卸时间终止到实际装卸完毕时的这段时间称为滞期,为此,租船人须向船方支付一定的罚款,以补偿船方的损失。这种罚款称为滞期费(demurrage)。速遣是指租船人在许可装卸时间终止前,提前完成装卸作业,由于节省了船期,船方要向租船人支付一定的奖金,这称为"速遣费"(despatch money)。速遣费通常规定为滞期费的一半。

2.铁路运输

铁路运输(rail transport)是我国对外贸易运输中仅次于海洋运输的一种重要运输方式,其具有运量较大、风险小、速度快及连续性强等优点,在贸易运输中占有重要地位。特别是内陆国家间的贸易,铁路运输的作用尤为显著。

(1)国际铁路货物联运

国际铁路货物联运是指两个或两个以上国家,按照协定,利用各自的铁路,联合起来完成一票货物的全程运输的方式。它使用一份统一的国际联运票据,由一国铁路向另一国铁路移交货物时,无需发、收货人参加,铁路当局对全程运输负连带责任。

(2)国内铁路运输

国内铁路运输是指进出口货物在一国范围内的铁路运输。出口货物由铁路运输到装运港口或进口货物卸船后由铁路运至内地,均属国内铁路运输。我国大陆往香港、澳门特别行政区的铁路货物运输也属国内运输。

3.航空运输

航空运输(air transport)作为一种现代化的运输方式,具有速度快、准确方便、节省费用且不受地面限制等优点。对于一些体积小、贵重、量小而急需的商品(如电脑、电子产品和药品等)以及易腐、鲜活和季节性强的商品尤其适宜于航空运输。航空运输主要由以下类型:

(1)班机运输

班机运输(airliner transport)是指在固定航线上,按固定时间以及固定始发站、目的站和途经站进行货物运输的方式,一般为客货混载,因而舱位有限。

(2)包机运输

包机运输(chartered carrier transport)是指租机人租用整架飞机或若干租机人合租一架飞机运送货物的方式。它分为整架包机和部分包机两种形式。整架包机适用于大宗货物的运送;部分包机适用于多个客户,且货物到站是同一地点的货物运输。运费相对班机较低。

（3）集中托运

集中托运(consolidation transport)是指航空代理公司把若干批单独发运的货物,按照到达的同一目的地,组成一整批向航空公司办理托运,用一份总运单将货物发送到同一目的站,由预定的代理人负责收货、报关、分批后交给实际收货人的一种运输方式。集中托运可以使用较合理的运价,节省了运费。

（4）航空快运

航空快运(air express)是指由专门经营快递业务的公司与航空公司合作,派专人以最快的速度在发货人、机场、收货人之间传递货物的方式,比较适合于急需的药品、贵重物品、合同资料及各种票据单证的传递。

4.公路、内河、邮政和管道运输

（1）公路运输

公路运输(road transport)是陆上运输的一种基本运输方式。公路运输机动灵活、方便,是港口、车站、机场集散进出口货物的重要手段。尤其在目前"门到门"的运输业务中,公路运输发挥着不可替代的作用。由于我国幅员辽阔,在陆地上与许多国家相邻,所以在我国边疆地区与邻国的进出口贸易交换中,公路运输也占有重要地位。

（2）内河运输

内河运输(inland waterway transport)属于一种水上运输方式,具有成本低、运量大等优点,是连接内陆腹地与沿海地区的纽带,在现代化运输中起着重要的辅助作用。

（3）邮政运输

邮政运输(post transport)是通过邮局来运送货物的一种方式,该运输方式具有国际多式联运和"门到门"的性质。进出口贸易采用该运输方式时,卖方只需按条件将商品包裹交付给邮局、付清邮费并取得收据(parcel port receipt),就算完成了交货义务。邮政运输对包裹的重量、体积有一定限制,只适用于小件货物的运送。

（4）管道运输

管道运输(pipeline transport)比较特殊,它是货物在管道内借助高压气泵和压力输往目的地的一种运输方式,主要适用于运送液体和气体货物。

5.集装箱运输

集装箱运输(container transport)是指以集装箱为基本运输单位,采用海陆空等运输方式将货物运往目的地的一种现代化运输方式。与传统的货物运输方式相比,集装箱运输可以取得提高装卸效率、加快货运速度、提高货运质量、节省包装费及运杂费、降低运输成本等经济效果;而且,以集装箱作为运输单位,还有利于组织多种运输方式,进行大量、快速、廉价、安全的联合运输。

当前,在各国的集装箱运输中,广泛使用的是干杂货集装箱(dry cargo container)。该集装箱适用于装载各种干杂货。此外,运输中还使用冷藏集装箱、散货集装箱、开顶集装箱、框架集装箱、罐式集装箱等,以适应某些特定货物的运输需要。

6.国际多式联运

国际多式联运(international multi-modal transport)是在集装箱基础上发展起来的一

种高效、现代化的联合运输方式。通常以集装箱为媒介,把各种单一的运输方式有机结合起来,构成一种国际性的连贯运输。《联合国国际多式联运公约》对其如下定义:国际多式联运是指由多式联运经营人按照多式联运合同,以至少两种不同的运输方式,将货物从一国境内接收地点运至另一国境内指定交货地点的一种运输方式。其主要有海陆、海空、陆空联运等。

国际多式联运业务的开展,须具备下列条件:

(1)负责全程运输的多式联运经营人必须与发货人订立多式联运合同。

(2)多式联运经营人必须对全程运输负责。

(3)必须是国际间的货物运输。

(4)必须是两种以上运输方式下的连续运输。

(5)多式联运的费率为全程单一运费率。

(6)多式联运经营人签发一份全程多式联运单据。

7.1.2　装运条款

1.运输方式

在出口合同中,对一般运输方式应事先约定。如采用联合运输方式中的"陆空陆"方式,则应订明如"从杭州运到上海,由此空运到中转地或目的地,再由卡车运至最终目的地"(by train from Hangzhou to Shanghai and then to a reforwarding town or to destination by air freight and then onwards by truck to ultimate destination)这样的条款。

2.装运时间

(1)规定在某月或跨月装运

即装运时间限于某一段确定时间(a period of time)。

例如,shipmen during March 2007(2007 年 3 月装运)

即卖方可在 2007 年 3 月 1 日至 3 月 31 日这一期间的任何时间装运出口。

例如,Shipment during April /May 2007(2007 年 4/5 月份装)

即卖方可在 2007 年 4 月 1 日至 5 月 31 日这一期间的任何时间装运出口。

(2)规定在某月底或某日前装运

即在合同中规定一个最迟装运日期,在该日期前装运有效。

例如,shipmen at or before the end of August,2007(在 8 月底或以前装运)

Shipment not later than June 15th,2007。

(3)规定在收到信用证后一定期限内装运

在对买方资信了解不够或防止买方可能因某些原因不按时履行合同的情况下,可采用此种方法规定装运时间,以保障卖方利益。远洋运输规定不少于 1 个月,近洋运输不少于 20 天。

例如,Shipment within 30 days after receipt of L/C

即收到信用证后 30 天内装运。

另外,为了防止买方拖延或拒绝开证而造成卖方不能及时安排生产及装运进程的被动局面,合同中一般还同时订立一个限制性条款,即规定信用证的开立或送达期限。

例如,The buyers must open the relative L/C to reach the sellers not later than August 31,2007.

买方不迟于 2007 年 8 月 31 日将信用证开到卖方。

(4)近期装运术语

此类术语主要有"立即装运"(immediate shipment)、"迅速装运"(prompt shipment)、"尽快装运"(shipment as soon as possible)等。这些近期术语在国际上并无统一的解释,因而为避免误解引起纠纷,除买卖双方有一致理解外,应尽量避免使用。国际商会第 500 号出版物中明确规定:"不应使用诸如'迅速'、'立即'、'尽快'等词语,否则,银行将不予理睬。"

3.装运港(地)和目的港(地)

装运港(地)和目的港(地)的规定关系到买卖双方履行义务、划分风险责任、费用结算等问题,因而须在合同中作出具体规定。

一般情况下,装运港(地)由卖方提出,经买方同意后确定;目的港则是由买方提出,经卖方同意后确定。实际业务中,装运港(地)和目的港(地)的选择应考虑多方面因素。选择装运港时,要注意选择靠近产地、交通方便、费用较低、基础设施较完善的地方,特别注意装运港(地)的装载条件是否适合,且多订几个装运港(地)便于灵活选择。

选择目的港(地)应考虑如下因素:

(1)不能以我国政府不允许进行贸易往来的国家或地区作为目的港(地)。

(2)目的港必须是船舶可以安全停泊的港口(非疫、非战争地区),争取选择装卸条件良好、班轮经常挂靠的基本港口。若货物运往无直达班轮或航次较少的港口,合同中应规定"允许转船"条款。

(3)目的港(地)的规定应明确具体。一般不宜笼统订为"某某地区主要港口",如"非洲主要港口"(African main ports)等,以免因含义不明给卖方带来被动。

(4)除非采用多式联运方式运输,否则一般不接受内陆城市为目的地的条款,如向内陆国家出口货物,应选择离目的地最近且卖方能安排船舶的港口为目的港。

(5)合理使用"选择港"。采用"选择港"时,应汪意:第一,"选择港"数目一般不要超过 3 个;第二,备选港口应在同一航线上,且是班轮都挂靠的港口;第三,合同中应明确规定买方最后确定目的港的时间;第四,合同中应明确因"选择港"而额外增加的运费、附加费等均应由买方承担;第五,运费应按"选择港"中最高的费率和附加费计算;第六,按一般惯例,如货方未在规定时间通知船方最后选定的卸货港,船方有权在任何一备选港口卸货。

(6)注意所规定的目的港(地)有无重名问题。如维多利亚(Victoria)全世界有 12 个;的黎波里(Tripoli)在利比亚、黎巴嫩各有一个,甚至同一国家地名也有重复的。因而,此种情况下,应在合同中明确标明目的港(地)所在的国家和所处方位,以免发生差错。

4.分批装运和转运

分批装运和转运关系到买卖双方的权益,因而也是构成合同的重要条款。

(1)分批装运

根据国际商会《跟单信用证统一惯例》600 号出版物(以下简称《UCP600》)规定,除非信用证另有规定,可允许分批装运(partial shipment allowed),即受益人(出口商)可以在装运有效期内将货物分若干批装运。根据《UCP600》有关规定,对于同一船只、同一航次及同一目的港的多次装运,即使运输单据表面上注明不同的装运日期或不同的装运港口,也不应视为分批装运。出口合同中的"分批装运"条款有两种方法:一种是只规定"with Partial Shipment Allowed"，没有具体分批数量、时间等的规定；另一种是对具体分批数量、时间等作了明确规定，比如"shipment during mar. apr. may in three monthly lots,each ×× M/T."（在三、四、五月装运，每月 ×× 公吨）。如果是后者的规定，那么出口方应严格按照其规定装运，每月不得多装、少装或不装。因为《UCP600》第三十二条（分期装运/分期支款）规定，信用证规定在指定的不同期限人分期支款或装运，如其中任何一期未按信用证所规定的期限支款或装运，则信用证对该期及以后各期均失效。信用证另有规定者除外。

【案例 7-1】　巧用"允许分批装运"条款

我方某公司收到一国外来证，货物为 1×20′ 集装箱各式运动鞋和塑料底布面库存拖鞋，价值分别 45154 美元和 2846 美元，允许分批装运，单据要求规定我方必须提供由中国商品检验局签发的品质检验证书（简称质检证）。货物备妥发运前，我方商检局认为该批拖鞋品质未达到国家标准不能为其签发质检证。为此，我方立即要求客户修改信用证（即删除库存拖鞋的质检证条款），客户以改证费用太高且可能影响交货期为由拒绝改证，但表示只要货物和封样一致，对方仍会接受货物。

分析：

此时，我方采取如下操作：根据信用证要求如期装运货物，并要求船公司出具二套海运提单，分别代表运动鞋和库存拖鞋，然后将其会同各自出口单据，先后（日期差距应稍大，但都应在规定的交单期内）分套向银行议付。因信用证允许分批装运，银行便视每套单据为每批货物单据。经先后分套审核单据，议付行认为运动鞋项下的单据完全符合信用证要求，而库存拖鞋项下的单据缺少质检证。议付行先后向国外寄单，根据《UCP600》相关规定，运动鞋的货款安全收回，而库存拖鞋的货款可能会因单证不符遭到开证行拒付，事实上，该客户还是接受了上述不符点而履行付款。如果该证规定"不允许分批装运"，我方就不可能作出上述处理从而达到安全收汇的目的。

【案例 7-2】　分批装运的争议案

我国出口 2000 公吨大米至新加坡，国外开来信用证规定：不允许分批装运。结果我们在规定的期限内分别在烟台、连云港各装 1000 公吨于同一航次的"长江轮"上，提单也注明了不同的装运地和不同的装船日期。请问这是否违约？银行能否议付？

分析：

不构成违约，银行能议付。

《UCP600》的有关规定，对于同一船只、同一航次及同一目的港的多次装运，即使运输单据表面上注明不同的装运日期或不同的装运港口，也不应视为分批装运。在本案例中，分别在烟台、连云港各装 1000 公吨于同一航次"长江轮"上，虽然提单注明了不同的装运地和不同的装船日期，但不以分批装运论。

（2）转运

转运（transhipment）是指货物自装运港运至目的港的过程中，从一运输工具转移到另一运输工具上，或是由一种运输方式转为另一种运输方式的行为。一般来说，当货物运往无直达船停靠或虽有直达船而无固定船期或船期较少的港口，可在合同中规定"允许转运"条款。

5. 装运通知

装运通知（shipping advice）是装运条款中不可缺少的一项重要内容。不论按哪种贸易术语成交,交易双方都要承担相互通知的义务。规定装运通知的目的在于明确买卖双方的责任,促使双方互相配合,共同搞好车、船、货的衔接,有利于贸易的顺利进行。在按 CFR 或 CPT 条件成交时,装运通知具有特别重要的意义。所以,卖方在货物装船后,必须向买方发出装运通知。实际业务中,基本上采用电传通知。

装运通知的基本格式如下:

SHANGHAI ARTS AND CRAFTS CORP.

ADD:375 HUAHAI ROAD SHANGHAI,CHINA

TEL:021-84532131   FAX:021-84532132

E-MAIL:sac@126.com

Shipping Advice

To:SINO U. S. IMP& EXP CO.

Date:Jan. 6,2007

Dear Sir or Madam:

We are very glad to inform you that the goods under L/C No. 15898 has been shipped on Jan. 5,2005. The shipping details are as follows:

L/C No.	15898
B/L No.	KH168
Goods	Gloves
Value	USD4045. 00
Quantity	1800 Pairs
Packages	10 ctns
G. W. (Kgs.)	280
N. W. (Kgs.)	240
Meas. (M3)	0. 936
Vessel	Jixiang V. 18
From	Shanghai port
To	Newyork
ETD	Jan. 5,2007
ETA	Jan. 30,2007

Best regards,

×××

SHANGHAI ARTS AND CRAFTS CORP.

7.1.3　运输单据

1.海运提单

（1）含义

海运提单（ocean bill of lading）简称提单（bill of lading，B/L），是指用以证明海上货物运输合同和货物已经由承运人接收或装船，以及承运人保证凭以交付货物的单据。它是由承运人签发的具有法律效力的单据。

（2）作用

①提单是承运人签发的货物收据（receipt for the goods），证明承运人已按提单所列内容收到货物。

②提单是代表货物所有权的凭证（document of title）。提单作为物权凭证，其持有者可凭以向承运人提货，亦可通过背书将其转让，以实现货物所有权的转让，或凭以向银行办理抵押贷款或叙作押汇。

③提单是海上货物运输合同的证明（evidence of the contract of carriage），是承运人和托运人处理双方在运输中的权利和义务问题的主要法律依据。

（3）主要内容

①托运人（shipper）；

②收货人（consignee）；

③通知方（notify party）；

④收货地（place of receipt）；

⑤船名（vessel's name）；

⑥航次（voyage number）；

⑦装运港（place of receipt or port of loading）；

⑧卸货港（port of discharge）；

⑨交货地（place of delivery）；

⑩提单号码（B/L NO.）；

⑪唛头（shipping marks & numbers）；

⑫包装种类与数量（nos. and kinds of pkgs）；

⑬货物（description of goods & number of package）；

⑭毛量（gross weight）；

⑮体积（measurement）；

⑯总集装箱数量或包装（件）数（total number of container or packages）（in words）等。

附:提单样本

BILL OF LADING

1)SHIPPER	10)B/L NO.
2)CONSIGNEE	**COSCO**
3)NOTIFY PARTY	中国远洋运输(集团)总公司 **CHINA OCEAN SHIPPING(GROUP)CO.**

4)PLACE OF RECEIPT	5)OCEAN VESSEL	
6)VOYAGE NO.	7)PORT OF LOADING	**ORIGINAL**
8) PORT OF DIS-CHARGE	9) PLACE OF DELIV-ERY	Combined Transport Bill of Lading

11)MARKS 12)NOS. & KINDS OF PKGS.   13)DESCRIPTION OF GOODS   14)G. W. (kg)   15)MEAS(m³)

16)TOTAL NUMBER OF CONTAINERS OR PACKAGES(IN WORDS):

FREIGHT & CHARGES	REVENUE TONS	RATE	PER	PREPAID	COLLECT
PREPAID AT	PAYABLE AT		17)PLAC E AND DATE OF ISSUE		
TOTAL PREPAID	18) NUMBER OF ORIGI-NAL B(S)L	21)			
19)DATE	20) LOADING ON BOARD THE VESSEL BY				

(4)种类

1)按货物是否已装船划分,可分为已装船提单和备运提单。

①已装船提单(on board or shipped B/L)是在货物装上船后,由承运人或其代理人签发的提单。这种提单必须注明船名、装船日期,并由船长或其代理人签字。另外还须有"货已装船"(on board)字样。实务中,买方一般要求卖方提供已装船提单。

②备运提单(received for shipment B/L)是指承运人在收到托运货物等待装运时所签发的提单。在货物装船后,托运人可凭以向船公司换取已装船提单;也可经承运人在其上批注已装船字样,并注明船名、装船日期及签字后,变成已装船提单。

2)按提单收货人的抬头方式划分,可分为记名提单、不记名提单、指示提单。

①记名提单(straight B/L),又称"收货人抬头提单",是指在提单收货人一栏内填写指

定收货人名称的提单。这种提单只能由提单上指定的收货人提货,不可转让。一般只有在运输贵重物品或展览品时才使用该提单。银行一般不愿意接受记名提单作为议付的单证。

②不记名提单(open B/L;blank B/L;Bearer B/L),又称来人抬头提单,是指提单收货人栏内不填写具体收货人名称的提单,该栏或留空白,或填写"to the bearer"。这种提单任何人持有皆可提货,而且仅凭交付即可转让,因而风险较大,实务中很少使用。

③指示提单(order B/L)是指提单收货人一栏内只填写"凭指示"(to order)或"凭某人指示"(to the order of ×××)字样的提单。这种提单经背书后可转让。在进出口业务中使用最广。背书的方法有两种,即空白背书和记名背书。前者是仅有背书人(提单转让人)在提单背面签字盖章,而不注明被背书人的名称;后者是除背书人签章外,还须列明被背书人名称。当前实务中使用最广的是"凭指示"并经空白背书的提单,习惯上称其为"空白抬头、空白背书"的提单。

3)按提单对货物外表状况有无不良批注划分,可分为清洁提单和不清洁提单。

①清洁提单(clean B/L)是指货物在装船时外表状况良好,承运人未加注任何有关货物残损、包装不良或其他有碍结汇批注的提单。

②不清洁提单(unclean B/L)是指承运人在提单上加注有货物表面状况不良或存在缺陷等批注的提单。

国际贸易中,卖方有义务提交清洁提单,也只有清洁提单才可以转让。

4)根据运输方式的不同划分,可分为直运提单、转船提单和联运提单。

①直运提单(direct B/L)是指货物运输途中不转船,而是直接从装运港运至目的港的提单。

②转船提单(transhipment B/L)是指在货物需中途转船才能到达目的港的情况下,承运人所签发的提单。提单上注有"转运"或"在某港转运"字样。

③联运提单(through B/L),是指货物通过海陆、海空或海海的联合运输时,由第一承运人签发的、包括全程的、在目的地可以凭以提货的提单。各承运人只对自己运程内的货物运输负责。

5)根据船舶营运方式不同划分,可分为班轮提单和租船提单。

①班轮提单(liner B/L)是指货物由班轮公司承运时所签发的提单。

②租船提单(charter B/L)是指承运人根据租船合同签发的提单。这种提单受租船合同条款的约束。

6)按提单格式划分,可分为全式提单和略式提单。

①全式提单(long form B/L)是指不但有完整的正面内容,而且有详细的背面条款的提单。国际贸易中使用的大多为全式提单。

②略式提单(short form B/L)是指仅有正面内容而无背面条款的提单。

7)按提单使用效力划分,可分为正本提单和副本提单。

①正本提单(original B/L)是指提单上有承运人正式签字盖章并注明签发日期的提单。这种提单是具有法律效力的单据,上面须标明"正本"字样。一般签发一式两份或多份,凭其中任一份可提货。

②副本提单(copy B/L)是指无承运人签字盖章,仅供参考之用的提单。提单上一般标明"副本"字样。

8）其他提单

①过期提单（stale B/L）是指超过信用证规定的期限才交到银行的提单或者晚于货物到达目的港的提单。通常情况下，迟于单据签发日期21天才提交的提单也算过期提单。

②倒签提单（anti-dated B/L）是指承运人应托运人要求，使提单签发日期早于实际装船日期的提单。这主要是为了使提单符合信用证对装运日期的规定，以顺利结汇。

③预借提单（advanced B/L），是指在信用证规定的装运日期和议付日期已到，而货物却未及时装船情况下，托运人出具保函，让承运人签发已装船提单，这就属于预借提单。

（5）有关提单的国际公约

为了统一提单背面条款关于托运人和承运人之间的权利和义务的规定，国际上先后签署了三个国际公约。

①1924年8月25日在布鲁塞尔签订了《统一提单的若干法律规则的国际公约》，简称《海牙规则》（Hague Rules）。

②1968年2月23日在布鲁塞尔签订了《修改统一提单的若干法律规则的国际公约的议定书》，简称《维斯比规则》（Visby Rules）。

③1978年3月在汉堡通过的《联合国海上货物运输公约》，简称《汉堡规则》（Hamburger Rules）。

2.铁路运单

铁路运单（railway bill，B/L）是铁路承运人收到货物后所签发的铁路运输单据。我国对外贸易铁路运输按营运方式分为国际铁路联运和国内铁路运输两种方式。前者使用国际货协铁路运单，后者使用承运货物收据。通过铁路对香港和澳门特别行政区出口的货物，由于国内铁路运单不能作为对外结汇的凭证，故使用承运货物收据这种特定性质和格式的单据。

3.航空运单

航空运单（air waybill）是承运人与托运人之间签订的运输契约，也是承运人或其代理人签发的货物收据。航空运单还可作为承运人核收运费的依据和海关查验放行的基本单据。但航空运单不是代表货物所有权的凭证，也不能通过背书转让。收货人提货不是凭航空运单，而是凭航空公司的提货通知单。在航空运单的收货人栏内，必须详细填写收货人的全称和地址，而不能做成指示性抬头。

4.邮包收据

邮包收据（parcelpost receipt）是邮包运输的主要单据，它既是邮局收到寄件人的邮包后所签发的凭证，也是收件人凭以提取邮件的凭证，当邮包发生损坏或丢失时，还可凭以向邮政局作为索赔和理赔的依据。但邮包收据不是物权凭证。

5.多式联运单据

多式联运单据（multimodal transportation documents）是指多式联运经营人在收到货物后签发给托运人的单据。按照国际商会《联合运输单证统一规则》的规定，多式联运经营人负责货物的全程运输。

7.2　海上货物运输保险承保范围

海上货物运输保险承保的范围,包括海上风险、损失和费用。

7.2.1　风　　险

1. 海上风险

海上风险(perils of the sea)又称为海难,是指船舶或货物在海上运输过程中所遇到的自然灾害和意外事故。在现代海上保险业务中,保险人所承担的海上风险是有特定范围的,一方面它并不包括一切在海上发生的风险,另一方面它又不局限于航海中所发生的风险。具体可以分为自然灾害和意外事故两种。

(1)自然灾害

所谓自然灾害(natural calamities),是指不以人的意志为转移的自然界的力量所引起的灾害。它是客观存在的,人力不可抗拒的灾害事故,是承保人承保的主要风险。但在海运保险业中并不是泛指一切由于自然力量造成的灾害,而是仅指以下人力不可抗拒的自然力量造成的灾害:恶劣气候(heavy weather)、雷电(lightning)、地震(earthquake)、海啸(tsunami)、火山爆发(volcanic eruption)、洪水(flood)、浪击落海(washing overboard)。

(2)意外事故

意外事故(fortuitous accidents)一般是指人或物体遭受外来的灾害的非意料之中的事故。但意外事故并不是泛指海上所有的意外事故,而仅指运输工具遭遇的以下风险:搁浅(grounded)、触礁(stranding)、沉没(sunk)、碰撞(collision)、倾覆(capsized)、火灾(fire)、爆炸(explosion)。

2. 外来风险

外来风险(extraneous risks)是指由于自然灾害和意外事故以外的其他外来原因造成的风险,但不包括货物的自然损耗和本质缺陷。外来风险可分为一般外来风险和特殊外来风险两种。

(1)一般外来风险

海上货运保险业务中承保的一般外来风险主要有偷窃、提货不着、渗漏、短量、碰损破碎、钩损、淡水雨淋、生锈、混杂玷污、受潮受热、串味、包装破裂等。

(2)特殊外来风险

特殊外来风险是指战争、种族冲突或一国的军事、政治、国家政策法律以及行政措施等的变化所造成的全部或部分损失。包括战争、罢工、交货不到、进口关税、拒收等。

7.2.2　损　　失

货物在海上运输过程中,可能面临各种海上风险及外来风险,由于这些风险的客观存在,必然会给运输途中的货物造成各种损失,我们把被保险货物在运输途中因遭遇海上风险所造成的各种损失称为海上损失。按损失的程度不同可分为全部损失与部分损失。

1. 全部损失

全部损失(total loss)简称全损,包括实际全损和推定全损。

(1)实际全损

实际全损(actual total loss)是指货物完全灭失或变质而失去原有用途,即货物完全损失已发生或者不可避免,也称为绝对全损。实际全损有下列四种情况:

①被保险货物完全灭失。如船只遇海难后沉没,货物同时沉入海底。

②被保险货物遭受严重损害,已丧失了原有的用途和价值。如水泥遭海水浸泡后变成水泥硬块,无法使用;茶叶被海水浸泡后,丧失了茶叶的香味,无法再食用。

③被保险人对被保险货物的所有权已无可挽回地被完全剥夺。如船、货被海盗劫去或被敌对国扣押。

④载货船舶失踪达到一定时期仍无音讯。

(2)推定全损

推定全损(constructive total loss)又称商业全损,是指被保险货物在海上运输途中遭遇到承保风险之后,虽未达到完全灭失的状态,但是可以预见到它的全损将不可避免;或者为了避免全损,需要支付的抢救、修理费用加上继续将货物运抵目的地的费用之和将超过货物的保险价值或超过货物到达目的地时的价值,在这种情况下,被保险人可以推定货物发生了全部损失。

2. 部分损失

部分损失(partial loss)是指被保险货物没有达到全部损失的程度,包括共同海损与单独海损。

(1)共同海损

共同海损(general average,GA)是指载货船舶在海运途中遇到危难,船长为了维护船舶和所有货物的共同安全或使航程得以继续完成,而采取的有意且合理的行为,所产生的某些特殊牺牲或支出的特殊费用。

构成共同海损必须具备以下条件:一是船方在采取措施时,必须确有危及船、货共同安全的危险存在而不是臆测的,或者是不可避免地发生的;二是船方所采取的措施,必须是为了解除船、货的共同危险,有意识且是合理的,其费用支出是额外的;三是必须是属于非常情况下的损失。

根据惯例,共同海损的牺牲和费用,应由受益方,即船方、货方和运费方按最后获救的价值多少,按比例分摊。这种分摊叫做共同海损分摊(general average contribution)。

(2)单独海损

单独海损(particular average)是指除共同海损以外的,由海上风险直接导致的船舶或货物的部分损失。这种损失只属于特定利益方,而不属于所有其他的货主或船方,由受损方单独承担。

共同海损与单独海损都属于部分损失,两者的主要区别为:

①损失的构成不同。单独海损一般是指货物本身的损失,不包括费用损失,而共同损失既包括货物损失,又包括因采取共同海损行为而引起的费用损失。

②造成损失的原因不同。单独海损是海上风险直接导致的货物损失,而共同海损是为了减轻船、货、运费三方共同危险而人为造成的损失。

③损失的承担者不同。单独海损由受损方自行承担损失,而共同海损则由船、货、运费三方按获救财产价值大小的比例分别承担。

3.费用

保险公司对为减少货物的实际损失而支付的费用也负责赔偿,它分为施救费用和救助费用。

(1)施救费用

施救费用(sue & labour expenses)是指被保险货物在遭受保险责任范围内的灾害事故时,被保险人或其代理人为防止损失扩大而采取抢救措施所支出的费用。此项费用由保险人给予补偿。

(2)救助费用

救助费用(salvage charges)是指被保险货物在遭遇保险责任范围内的灾害事故时,由保险人和被保险人以外的第三者对受损货物采取抢救措施而支付的费用。

有关海洋货物运输保险的承保范围如图 7-1 所示。

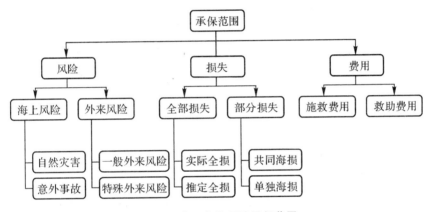

图 7-1　海运货物保险承保范围

7.2.3　我国海洋货物运输保险条款

中国人民保险公司(简称人保)参照国际保险市场的一般习惯做法,并结合我国实际情况,自行制定了各种保险条款,总称为"中国保险条款"(China Insurance Clause,CIC)。我国现行的《海洋运输货物保险条款》是由中国人民保险公司于 1981 年 1 月 1 日修订实施的,可分为基本险、附加险和专门险三大类。

海运货物保险险别分为基本险别和附加险别两类。基本险又称主险,是可以独立投保的险别,包括平安险、水渍险和一切险;附加险是对基本险的补充和扩展,它不能单独投保,只能在投保了基本险的基础上加保,包括一般附加险和特殊附加险。

1.基本险

(1)平安险(free from pcrticular average,F.P.A)。平安险是我国保险业的习惯叫法,英文原意是"单独海损不赔"。平安险承保"全部损失和意外事故导致的部分损失",具体承保以下八项责任:

①被保险货物在运输途中由于恶劣气候、雷电、海啸、地震等自然灾害造成整批货物的全部损失或推定全损。

②由于运输工具造成搁浅、触礁、沉没、互撞与流冰或与其他物体碰撞,以及失火、爆炸意外事故造成货物的全部或部分损失。

③在运输工具已经发生搁浅、触礁、沉没、焚毁意外事故的情况下,货物在此后又在海上遭受恶劣气候、雷电、海啸等自然灾害造成的部分损失。

④在装卸或转运时由于一件或数件整件货物落海造成的全部或部分损失。

⑤被保险人对遭受承担责任范围内危险的货物采取抢救措施,防止或减少货物损失而支付的合理费用,但以不超过该批被救货物的保险金额为限。

⑥运输工具遭遇海难后,在避难港由于卸货所引起的损失,以及在中途港、避难港,由于卸货、存仓及运送货物所产生的特别费用。

⑦共同海损的牺牲,分摊和救助费用。

⑧运输契约订有"船舶互撞"条款,根据该条款规定由货方偿还船方的损失。

(2)水渍险

水渍险(with prticular average,W. P. A 或 with average,W. A)是我国保险业的习惯叫法,英文原意是"负责单独海损"。水渍险承保的责任范围是:

①平安保险承担的全部责任,水渍险均给予承保。

②被保险货物由于恶劣气候、雷电、海啸、地震、洪水自然灾害所造成的部分损失。

这一项责任是指在水渍险项下,保险人承担单纯由于保单上列明的海上自然灾害所造成的货物部分损失。

(3)一切险

一切险(all risks)的承保范围是:

①水渍险承保的全部责任,一切险均给予承保。

②一切险负责被保险货物在运输途中,由于一般外来风险所致的全部或部分损失。

一切险的承保责任范围是各种基本险中最广泛的一种,因而,比较适宜于价值较高,可能遭受损失因素较多的货物投保。

2.附加险

(1)一般附加险

一般附加险(general additional risks)承保一般外来风险所造成的损失,共有 11 种,即偷窃、提货不着险(theft,pilferage and non-delivery risks,T. P. N. D)、淡水雨淋险(fresh water and /or rain damage risks,F. W. R. D)、渗漏险(leakage risks)、短量险(shortage risks)、混杂、沾污险(intermixture and contamination risks)、碰撞、破碎险(clash and break-age risks)、钩损险(hook damage risks)、锈损险(rust risks)对运输中发生的锈损保险公司负责赔偿、串味险(taint of odour risks)、包装破裂险(breakage of packing risks)、受潮受热险(sweat and heating risks)。

值得注意的是,上述 11 种附加险,只能在投保平安险和水渍险的基础上加保一种或数种险别,但若投保"一切险"时,因上述险别均包含在内,故毋需加保。

(2)特殊附加险

特殊附加险(special additional risks)承保特殊外来风险所造成的损失,共有 8 种,即交货不到险(failure to deliver risks)、进口关税险(imporvt duty risks)、舱面险(on deck risks)、黄曲霉素险(aflatoxin risks)、拒收险(rejection risks)、出口货物到香港(包括九龙在

内）或澳门存仓火险责任扩展条款（fine risk extension clause for storage of cargo at desti-nation Hongkong,including Kowloon or Macao,简称 F. R. E. C），战争险（war risks），罢工险（strikes risks）。

有关海洋货物运输保险关系如图 7-2 所示。

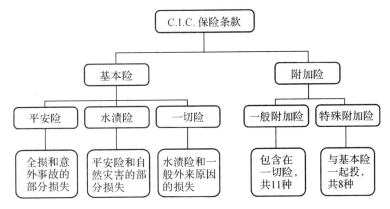

图 7-2　我国海洋运输货物保险条款关系

3. 责任起讫

保险的责任起讫，是指保险人对被保险货物承担保险责任的有效时间。被保险货物如果在保险有效期内发生保险责任范围内的风险损失，被保险人有权进行索赔，否则就无权进行索赔。

（1）基本险的责任起讫

基本险的责任起讫期限通常采用国际保险业惯用的"仓至仓条款"（warehouse to ware-house clause,简称 W/W）。它是指保险人的承保责任自被保险货物运离保险单所载明的起运地发货人仓库开始，直至该项货物被运抵保险单所载明的收货人仓库或被保险人用作分配、分派或非正常运输的其他储存处所为止。如未抵达上述仓库或储存处所，则以被保险货物在最后卸载港全部卸离海轮后满 60 天为止。如在上述 60 天内被保险货物需转运至非保险单所载明的目的地时，则至该项货物开始转运时终止。

（2）其他险别的责任起讫

战争险的责任起讫与基本险所采用的"仓之仓条款"不同，而是以"水上危险"为限，是指保险人的承保责任自货物装上保险单所载明的启运港的海轮或驳船开始，到卸离保险单所载明的目的港的海轮或驳船为止。如果货物不卸离海轮或驳船，则从海轮到达目的港当日午夜起算满 15 日为止，等再装上续运海轮时，保险责任才继续有效。

【案例 7-3】　保险人的保险责任起讫期限的争议

某年 7 月 21 日当日 500 吨白糖被卸下，港口管理部门将货物存放在其所属的仓库中，C 公司开始委托他人办理报关和提货的手续，7 月 24 日晚，港口遭遇特大海潮，共计 200 吨白糖受到浸泡，全部损失。C 公司向保险公司办理理赔手续时被保险公司拒绝，理由是 C 公司已将提单转让，且港口仓库就是 C 公司在目的港的最后仓库，故保险责任已终止。保险公司的保险责任是否在货物进入港口仓库或 C 公司委托他人提货时终止呢？

分析：

本案保险合同的规定，保险人的保险责任起讫是负"仓至仓"责任。

本案中被保险货物卸离海轮仅 3 日，堆存于港口所属仓库，被保险人在未提货之前既不能将货物运交任何其他仓库和储藏处所，也不能对货物进行分配或发送，可见，尚未提取的货物仍在保险责任期限内。提单有物权凭证作用，本案中 C 公司持有提单，即享有提单项下的所有权。C 公司委托他人办理报关、提货等手续，发生的是委托代理关系，不属转让提单的行为。又由于 C 公司投保的是一切险，海潮属一切险范围内，对尚未提取并因海潮受损的 200 吨货物，保险公司有责任赔偿。

7.2.4 英国伦敦保险协会海运货物保险条款

在国际保险市场上，最有影响力的保险条款当属英国伦敦保险协会制定的《协会货物条款》(Institute cargo clauses,ICC)。

现行英国伦敦《协会货物条款》是 1982 年 1 月 1 日的修订本，与我国现行保险条款相比，其形式和内容都有所不同。该条款共有六种险别。

1. 协会货物条款（A）[ICC(A)]

ICC(A)可以独立投保，其责任范围较广，采取"一切风险减除外责任"的方式。除外责任有：①一般除外责任，如因包装原因造成损失；由船方原因造成损失；使用原子或热核武器所造成的损失；②不适航、不适货除外责任，如被保险人在装船时已知船舶不适航、不适货；③战争除外责任；④罢工除外责任。

ICC(A)承保范围相当于一切险。

2. 协会货物条款（B）[ICC(B)]

ICC(B)可以独立投保，其责任范围采用"列明风险"的方法，包括：①火灾、爆炸；②船舶或驳船触礁、搁浅、沉没或者倾覆；③陆上运输工具倾覆或出轨；④船舶、驳船或运输工具同水以外的任何外界物体碰撞；⑤在避难港卸货；⑥地震、火山爆发、雷电；⑦共同海损牺牲；⑧抛货；⑨浪击落海；⑩海水、湖水或河水进入船舶、驳船、运输工具、集装箱、大型海运箱或储存处所；⑪货物在装卸时落海或跌落造成整件的全损。

ICC(B)的除外责任，除对"海盗行为"和恶意损害的责任不负责外，其余均与 ICC(A)的除外责任相同。

ICC(B)承保范围相当于水渍险。

3. 协会货物条款（C）[ICC(C)]

ICC(C)可以独立投保，其责任范围也采用"列明风险"的方式，包括：①火灾、爆炸；②船舶或驳船触礁、搁浅、沉没或倾覆；③陆上运输工具倾覆或出轨；④船舶、驳船或运输工具同水以外的任何外界物体碰撞；⑤在避难港卸货；⑥共同海损牺牲；⑦抛货。

ICC(C)的除外责任与 ICC(B)完全相同。

ICC(C)承保范围近似于平安险。

4. 协会货物战争险条款

协会货物战争险属于特殊附加险，等同 CIC 中的战争险。

5. 协会货物罢工险条款

协会货物罢工险属于特殊附加险，等同 CIC 中的罢工险。

上述险别在需要投保时也可作为独立的险别进行投保。

6.恶意损害险条款

恶意损害险承保除被保险人以外的其他人(如船长、船员)的故意破坏行为所造成的被保险货物的灭失或损坏,但出于政治动机的人的行为除外。它在 ICC(A)中列为承保责任,在 ICC(B)和 ICC(C)中均列为除外责任。因此,在投保 ICC(B)和 ICC(C)时,如需取得这种风险的保障,应另行加保恶意损害险。

7.2.5　其他运输方式货物保险

1.陆上运输货物保险条款

中国人民保险公司 1981 年 1 月 1 日修订的《陆上运输货物保险条款》规定:陆上货物的运输险分为陆运险和陆运一切险两种基本险。

(1)陆运险

陆运险(overland transportation risks)的承保责任范围是指保险公司负责赔偿被保险货物在运输途中遭受暴风、雷电、洪水、地震等自然灾害或由于运输工具遭受碰撞、倾覆、出轨或在驳运过程中,因驳运工具遭受搁浅、触礁、沉没、碰撞或由于遭受隧道坍塌、崖崩或失火、爆炸等意外事故所造成的全部或部分损失。由此可见,陆运的保险责任范围与海洋运输保险条款中的"水渍险"相似。

(2)陆运一切险

陆运一切险(overland transportation all risks)的承保责任范围除上述陆运险的责任外,还包括运输途中,由外来原因造成的短少、偷窃、渗漏、碰损、破碎、钩损、雨淋、生锈、受潮、受热、发霉、串味、沾污等全部或部分损失,这与海洋运输货物保险条款中的"一切险"相似。

2.航空货物运输保险

中国人民保险公司 1981 年 1 月 1 日修订的《航空运输保险条款》规定:航空运输货物保险分为航空运输险和航空运输一切险两种基本险。

(1)航空运输险

航空运输险(air transportation risks)的承保责任范围与海洋运输保险条款中的"水渍险"相似,包括被保险货物在运输途中遭受雷电、火灾、爆炸或由于飞机遭受恶劣气候或其他危难事故而被抛弃,或由于飞机遭遇碰撞、倾覆、坠落或失踪等自然灾害和意外事故所造成的全部或部分损失。

(2)航空运输一切险

航空运输一切险(air transportation all risks)的承保责任范围与海洋运输货物保险条款中的"一切险"相似,除上述航空运输险的各项责任外,还包括被保险货物由于一般外来原因所造成的全部或部分损失。

3.邮政包裹运输保险条款

中国人民保险公司 1981 年 1 月 1 日修订的《邮包险条款》规定:邮包险分为邮包险和邮包一切险两种基本险。

(1)邮包险

邮包险(parcel post risks)的承保责任范围是被保险货物在运输途中由于恶劣气候、雷电、海啸、洪水、自然灾害或由于运输工具遭受搁浅、触礁、碰撞、沉没、倾覆、出轨、坠落、失踪或由于失火、爆炸等意外事故所造成的全部或部分损失;另外,还负责被保险人对遭受保险责任范围内的货物采取抢救、防止或减少货损的措施而支付的合理费用,但以不超过该批被抢救货物的保险金额为限。

(2)邮包一切险

邮包一切险(parcel post all risks)的承保责任范围除上述邮包险的各项责任外,本保险还负责被保险的邮包在运输途中由于外来原因所致的全部或部分损失。

在附加险方面,除战争险外,海洋运输货物保险中的一般附加险和特殊附加险险别和条款均可适用于陆、空、邮运输货物保险。

7.2.6 合同中的保险条款

1.保险金额的确定

保险金额(amount insured)是保险人对保险标的承担的最高赔偿金额,也是保险人计算保险费的依据。因此,投保人在投保时须按照保险价值申报保险金额。

按照国际保险市场的习惯做法,保险金额一般是以 CIF 或 CIP 的发票价格为基础确定的,除应包括商品的价值、运费和保险费外,还应包括被保险人在贸易过程中支付的经营费用。因此,各国保险法及国际贸易惯例一般都规定进出口货物运输保险的保险金额可在 CIF 货价基础上适当加成。保险金额计算的公式是:

保险金额＝CIF(CIP)货值×(1＋保险加成率)

关于保险加成率,在《UCP600》和《INCOTERMS2000》中均规定,最低保险金额为货物的 CIF 或 CIP 价格加 10%,如果以其他贸易术语成交,则应先折算成 CIF 或 CIP 再加成。

2.保险费的计算

保险费率(premium rate)是由保险公司根据一定时期、不同种类的货物的赔付率,按不同险别和目的地确定的。我国的进出口货物的保险费率是根据我国货物运输的实际货损情况,并参照国际保险市场的费率水平制定的。出口货物和进口货物的保险费率的确定方式基本相同。

以 CIF 或 CIP 条件成交的合同,其保险费计算的一般公式为:

保险费＝CIF(或 CIP)价×保险加成×保险费率之和

3.保险单据

保险单据是保险公司向投保人出具的承保证明,并规定了双方的权利和义务,又是被保险人凭以向保险公司索赔和保险公司进行理赔的依据。在国际贸易中,保险单据可以转让。它分为保险单(insurance policy)、保险凭证(insurance certificate)和预约保险单(open cover)三种。

(1)保险单

保险单又称大保单,是正规的保险合同,除载明正面内容之外,还在背面列有保险公司的责任范围以及保险公司与被保险人双方各自的权利、义务等方面的详细条款,因此,保险单在国际贸易中最为常用。

(2)保险凭证

保险凭证又称小保单,其背面没有列入详细保险条款。但其他内容与保险单基本一致,且与其具有同样的法律效力。

（3）预约保险单

预约保险单是一种长期性的货物运输保险合同。合同中规定了承保范围、险别、费率、责任、赔款处理等项目。凡属合同约定的运输货物在合同有效期内自动承保。

附：保险单样本

货物运输保险单
CARGO TRANSPORTATION INSURANCE POLICY

发票号(INVOICE NO.)　　　　保单号次

合同号(CONTRACT NO.)　　　POLICY NO

被保险人(Insured)：

中国人民保险公司(以下简称本公司)根据被保险人的要求,由被保险人向本公司缴付约定的保险费,按照本保险单承保险别和背面所列条款与下列特款承保下述货物运输保险,特立本保险单。

THIS POLICY OF INSURANCE WITNESSES THAT THE PEOPLE'S INSURANCE COMPANY OF CHINA(HEREINAFTER CALLED "THE COMPANY") AT THE REQUEST OF INSURED AND IN CONSIDERATION OF THE AGREED PREMIUM PAID TO THE COMPANY BY THE INSURED UNDERTAKES TO INSURE THE UNDERMENTIONED GOODS IN TRANSPORTATION SUBJECT TO THE CONDITIONS OF THIS POLICY AS PER THE CLAUSES PRINTED OVERLEAF AND OTHER SPECIAL CLAUSES ATTACHED HEREON

标　记 MARKS & NOS.	数量及包装 QUANTITY	保险货物项目 DESCRIPTION OF GOODS	保险金额 AMOUNT INSURED

总保险金额
TOTAL AMOUNT INSURED：

保费　　　　　启运日期：　　　　　　　　　　　　　　　装载运输工具：
PREMIUMAS ARRANGED DATE OF COMMENCEMENTAS PER B/L　PER CONVEYANCE：_____

自　　　　　　　　　　　经　　　　　　　　　　　　　　至
FROM _____　VIA _____　TO _____

承保险别：
CONDITIONS：

所保货物,如发生保险单项下可能引起索赔的损失或损坏,应立即通知本公司下述代理人查勘。如有索赔应向本公司提交保险单正本(共 2 份正本)及有关文件。如一份正本已用于索赔,其余正本自动失效。

IN THE EVENT OF LOSS DAMAGE WHICH MAY RESULT IN A CLAIM UNDER THIS POLICY, IMMEDIATE NOTICE MUST BE GIVEN TO THE COMPANY AGENT AS MENTIONED HEREUNDER CLAIMS IF ANY, ONE OF THE ORIGINAL POLICY WHICH HAS BEEN ISSUED IN 2 ORIGINAL TOGETHER WITH RELEVANT DOCUMENTS SHALL BE SURRENDERED TO THE COMPANY IF THE ORIGINAL POLICY HAS BEEN ACCOMPLISHED, THE OTHERS TO BE VOID .

赔款偿付地点
CLAIM PAYABLE AT _____　　　　中国人民保险公司天津市分公司

出单日期   The People's Insurance Company of China

ISSUING DATE _____   Tianjin Branch

4. 买卖合同中的保险条款

在国际货物买卖合同中，为了明确交易双方在货运保险方面的责任，通常都订有保险条款，主要内容有保险金额、投保险别及确定适用的保险条款等。

以 FOB、CFR 或 FCA、CPT 条件成交的合同，保险一般由买方办理，其保险条款可以简化。如保险由买方负责。Insurance：To be covered by the buyer.

以 CIF 或 CIP 成交的出口合同由卖方办理保险手续，而实际风险的承担者为国外进口方，所以应在合同中明确规定保险金额、投保险别以及适用的保险条款等。如保险由卖方按发票金额的百分之××投保××险、××险，以中国人民保险公司 1981 年 1 月 1 日的有关海洋运输货物保险条款为准。

Insurance：To be covered by the seller for...％ of total invoice value against...,...as per and subject to the relevant ocean marine cargo clauses of the People's Insurance Commpany of China，dated Jan. 1,1981.

保险由卖方按发票金额的百分之××投保××险、××险，以 1982 年 1 月 1 日的协会货物条款为准。

Insurance：To be covered by the seller for...％ of total invoice value against...,...as per and subject to Institute Cargo Clauses(ICC)，dated Jan. 1,1982.

【案例 7-4】 保险条款不明确导致纠纷案

G 公司已 CIF 价格条件引进一套英国产检测仪器，因合同金额不大，合同采用简式标准格式，保险条款一项只简单规定"保险由卖方负责"。一起到货后，G 公司发现一部件变形影响其正常使用。G 公司向外商反映要求索赔，外商答复仪器出厂经严格检验，有质量合格证书，非他们责任。后经商检局检验认为是运输途中部件受到振动、挤压造成的。

G 公司于是向保险代理索赔，保险公司认为此情况属"碰损、破碎险"承保范围，但 G 公司提供的保单上只保了"协会货物条款"(C)，没保"碰损、破碎险"，所以无法索赔付。

G 公司无奈只好重新购买此部件，既浪费了金钱，又耽误了时间。

分析：

G 公司业务人员想当然地以为合同规定卖方投保，卖方一定会保"一切险"或伦敦"协会货物条款"(A)，按照《INCOTERMS》的解释，在 CIF 条件下，如果合同没有具体规定，卖方只需要投保最低责任范围险别，即平安和伦敦"协会货物条款"(C)就算履行其义务。

解决办法：

(1)当进口合同使用 CIF、CIP 由卖方投保的价格术语时，一定要在合同上注明按发票金额的 110％投保的具体险别以及附加险。

(2)进口合同尽量采用 CFR，CPT 等价格术语，由买方在国内办理保险。

(3)根据货物的特点选择相应险别和附加险。

（资料来源：国际商报）

小　结

1. 对外贸易运输是国际商品交易过程中的重要环节,有关人员应熟悉外贸装运的基本知识,按照安全、迅速、准确、节约、方便的原则,灵活运用各种运输工具和运输方式,争取顺利完成交接任务。

2. 中国人民保险公司《海洋运输货物保险条款》是我国进出口贸易中投保货物保险时的重要依据,也是保险公司办理海运货物保险业务的重要依据,当保险人承保了运输货物保险之后,对被保险货物遭受承保责任范围内的风险所造成的损失即承担赔偿责任。

习　题

1. 单项选择题

(1)班轮运输的运费应该包括(　　　)。

A. 装卸费,不计滞期费、速遣费　　　　　B. 装卸费,但计滞期费、速遣费

C. 卸货费和应计滞期费,不计速遣费　　　D. 卸货费和速遣费,不计滞期费

(2)当贸易术语采用 CIF 时,海运提单对运费的表示应为(　　　)。

A. Freight Prepaid　　　　　　　　　　B. Freight Collect

C. Freight Prepayable　　　　　　　　　D. Freight Unpaid

(3)国际多式联合运输是以至少两种不同的运输方式将货物从一国境内接受货物的地点运至另一国境内指定交付货物的地点的运输,它由(　　　)。

A. 一个联运经营人负责货物的全程运输,运费按全程费率一次计收

B. 一个联运经营人负责货物的全程运输,运费按不同运输方式分别计收

C. 全程运输方式的经营人负责货物的全程运输,运费按全程费率一次计收

D. 多种运输方式,分别经营,分别计费

(4)在定程租船方式下,装卸费采用的办法是(　　　)。

A. 船方不负担装卸费

B. 船方负担装卸费

C. 船方负担装货费,而不负担卸货费

D. 船方只负担卸货费,而不负担装货费

(5)下列表示"装船提单"的日期的是(　　　)。

A. 货于 5 月 24 日送交船公司

B. 货于 6 月 4 日开始装船

C. 货于 6 月 4 日全部装完

D. 货于 6 月 24 H 抵达日本

(6)我公司按 CIF 条件出口棉花 300 包,货物在海运途中因货舱内水管渗漏,致使 50 包棉花遭水渍受损,在投保下列哪种险别时,保险公司负责赔偿(　　)。

A.平安险　　　　　B.水渍险　　　　　C.战争险　　　　　D.一切险

(7)根据我国《海洋货物运输保险条款》的规定,承保范围最小的基本险别是(　　)。

A.平安险　　　　　B.水渍险　　　　　C.一切险　　　　　D.罢工险

(8)我公司按 FOB 进口一批玻璃器皿,在运输途中装卸、搬运过程中,部分货物受损。要得到保险公司赔偿,我公司应该投保(　　)。

A.平安险　　　　　B.一切险　　　　　C.破碎险　　　　　D.一切险加破碎险

(9)根据现行伦敦保险协会《海运货物保险条款》的规定,承保风险最大的险别是(　　)。

A.ICC(A)　　　　　B.ICC(B)　　　　　C.ICC(C)　　　　　D.一样大

(10)根据现行伦敦保险协会《海运货物保险条款》的规定,下列险别中,不能单独投保的是(　　)。

A.ICC(A)　　　　　B.战争险　　　　　C.ICC(C)　　　　　D.恶意损害险

2.判断题

(1)海运提单如有三份正本,则凭其中任何一份即可在卸货港向船公司或船代理提货。
(　　)

(2)如合同中规定装运条款为"2003 年 7/8 月份装运",那么我出口公司必须将货物于 7、8 月两个月内,每月各装一批。(　　)

(3)凡装在同一航次、同一条船上的同一目的港的多次装运的货物,即使装运时间和装运地点不同,也不作分批装运。(　　)

(4)记名提单比不记名提单风险大,故很少使用。(　　)

(5)国际铁路货物联运的运单副本,可以作为发货人据以结算货款的凭证。(　　)

(6)我某公司按 CFR 贸易术语进口时,在国内投保了一切险,保险公司的责任起讫应为仓至仓。(　　)

(7)在海运货物保险业务中,仓至仓条款对于驳船运输造成的损失,保险公司不承担责任。(　　)

(8)在国际贸易中,向保险公司投保一切险后,在运输途中由于任何外来原因造成的一切货损,均可向保险公司索赔。(　　)

(9)托运出口玻璃制品时,自保险人在投保一切险后,还应加保破碎险。(　　)

(10)水渍险的责任范围是除负平安险责任范围以内的全部责任外,还包括由于暴风、巨浪等自然灾害引起的部分损失。(　　)

3.简答题

(1)简述提单的性质与作用。

(2)按提单抬头的不同,提单可分为哪几类?各有什么特点?

(3)简述 CIC 条款下的海运保险的险别及各种险别之间的关系。

(4)简述 ICC 条款下的海运保险的险别以及它们与 CIC 险别的关系。

(5)请看某合同的保险条款:TO BE COVERED BY THE SELLER FOR 110% OF TOTAL INVOICE VALUE AGAINST WPA AND WAR RISK AS PER CIC CLAUSES

DATED 1/1/1981.请写出该条款的被保险人、被保险金额、险别和受约束的保险条款。

4. 计算题

(1)上海运往肯尼亚蒙巴萨港口"门锁"一批,共计 100 箱,每箱体积为 20 厘米×30 厘米×40 厘米,毛重为 25 千克。当时燃油附加费为 30%,蒙巴萨港口拥挤附加费为 10%。门锁属于小五金类,计收标准是 W/M,等级为 10 级,基本运费为每吨 443.00 港元,请计算应付运费是多少?

(2)我出口公司对外发盘,某商品每公吨 1800 美元 CFR××港,现客户要求改报 CIFC2% 价,要求投保一切险和战争险,查一切险费率为 1%,战争险费率为 0.03%,投保加成率为 10%。试计算在不影响我外汇净收入的前提下的 CIFC2% 价。

5. 案例分析

(1)我某公司向非洲出口某商品 15000 箱,合同规定 1—6 月按月等量装运,每月 2500 箱,凭不可撤销即期信用证付款,客户按时开来信用证,证上总金额与总数量均与合同相符,但装运条款规定为"最迟装运期 6 月 30 日,分数批装运"。我方 1 月份装出 3000 箱,2 月份装出 4000 箱,3 月份装出 8000 箱。客户发现后向我方提出异议。你认为我方这样做是否可以? 为什么?

(2)某公司向英国出口茶叶 300 箱。合同与信用证上均规定:Each month shipment 100 cartons from January.(从 1 月份开始每月装 100 箱),问 1 月装 100 箱,3 月装 100 箱,4 月装 100 箱是否可行? 为什么?

(3)某货物从天津新港驶往新加坡,在航行途中船舶货舱起火,大火蔓延到机舱,船长为了船、货的共同安全,决定采取紧急措施,往舱中灌水灭火。火虽被扑灭,但由于主机受损,无法继续航行,于是船长决定雇用拖轮将货船拖回新港修理。检修后重新驶往新加坡。事后调查,这次事件造成的损失有:①1000 箱货被火烧毁;②600 箱货由于灌水灭火受到损失;③主机和部分甲板被烧毁;④拖船费用;⑤额外增加的燃料和船长、船员工资。从上述各项损失性质来看,各属于 GA 还是 PA?

第8章 贸易术语与商品价格

学习目标

通过对本章的学习,要求能够了解贸易术语的含义及国际惯例,掌握常用贸易术语及其应用,熟练掌握 FOB 价格的计算及其与其他价格的换算。

本章重点

1.贸易术语的含义及国际惯例

2.常用贸易术语的应用

3.FOB 价格的计算与其他价格的换算

4.合同中的价格条款

本章难点

1.常用贸易术语的应用

2.FOB 价格的计算直接关系到买卖双方的经济利益,而且它与其他各项交易条件都有密切关联,是进出口双方磋商的重要内容,价格条款也是贸易合同中的主要条款。本章介绍贸易术语和国际货物买卖合同中关于价格条款的基本内容及其在订立合同时应注意的事项。

价格直接关系到买卖双方的经济利益,而且它与其他各项交易条件都有密切关联,是进出口双方磋商的重要内容,价格条款也是贸易合同中的主要条款。本章介绍贸易术语和国际货物买卖合同中关于价格条款的基本内容及其在订立合同时应注意的事项。

8.1 概念及其国际贸易惯例

8.1.1 概 念

贸易术语(trade terms)又称价格术语、价格条件,是指用一个简短的概念或外文缩写来表明商品的价格构成,买卖双方各自应负的责任、费用和风险的专门用语。贸易术语所表示的贸易条件,具有两重性:其一,说明商品的价格构成。是否包括成本以外的主要从属费用,即运费和保险费等;其二,确定交货条件。即说明交货方式与交货地点,以及买卖双方在交接货物方面彼此所承担的责任、费用和风险。

国际贸易的买卖双方在确定价格条件时使用了贸易术语,既可节省交易磋商的时间和费用,又可简化交易磋商和买卖合同的内容,有利于交易的达成和履约中争议的解决。

8.1.2　有关贸易术语的国际贸易惯例

贸易术语是在长期的贸易实践中形成的习惯做法,经过某些国际组织对其加以编撰和解释,才称为有关贸易术语的国际贸易惯例。目前,在国际上有较大影响的有关贸易术语的惯例有以下三种:

1.《1932 年华沙—牛津规则》(Warsaw-Oxford rules 1932,简称 W. O. rules 1932)

该规则由国际法协会制订,共 21 条,主要说明 CIF 买卖合同的性质,并具体规定了买卖双方所承担的费用、风险和责任,以及所有权转移的方式。

2.《1941 年美国对外贸易定义修订本》(revised American foreign trade definitions 1941)

《美国对外贸易定义》是由美国九大商业团体制定的,对以下六种术语作了解释:

①EX(Point of origin)——产地交货

②FOB(Free on board)——运输工具上交货,FOB 又分为六种。其中第五种为装运港船上交货价——FOB vessel(named port of shipment)

③FAS(Free along side)——在运输工具旁边交货

④C&F(Cost and freight)——成本加运费

⑤CIF(Cost,insurance and freight)成本加保险费、运费

⑥Ex Dock(Named port of importation)——目的港码头交货

该惯例在北美国家影响较大,在与采用该惯例的国家贸易时,要特别注意与其他惯例的差别,买卖双方应在合同中明确规定贸易术语所依据的惯例。

美国对外贸易定义修订本对 FOB 术语的特殊解释。《修订本》中将 FOB 分为六种,只有第五种 FOB vessel 是装运港船上交货,与《2000 年通则》的 FOB 相近。但该术语的出口报关的责任在买方而不在卖方,所以我国在与美国、加拿大等国家洽谈进口贸易使用 FOB 条件成交时,除在 FOB 后注明 vessel 外,还应明确由卖方"承担风险及费用,取得出口许可证及其他官方批准文件,并办理货物出口所必需的一切海关手续。"

3.《2010 年国际贸易术语解释通则》(INCOTERMS 2010)

《国际贸易术语解释通则》原文为 International rules for the interpretation of trade terms,简称 Incoterms,它是国际商会为了统一对各种贸易术语的解释而制定的。国际商会于 1936 年首次公布了一套解释贸易术语的国际惯例,名为《INCOTERMS1936》,以后又与 1953 年、1967 年、1976 年、1980 年、1990 年、2000 年和 2010 年作出补充与修订。随着国际贸易的迅速发展和国际贸易实践领域发生的新变化,国际商会对 Incoterms 2000 进行了修订,Incoterms2010[①] 于 2011 年 1 月 1 日起生效。

Incoterms® 2010 考虑了无关税区的不断扩大,商业交易中的电子信息使用的增加,货物运输中对安全问题的进一步关注以及运输方式的变化,相比 Incoterms2000,Incoterms® 2010 具有以下新的特点:

第一,两个新增术语 DAT 和 DAP 取代了国际贸易术语解释通则 2000 中的 DAF、DES、DEQ 和 DDU。

第二,Incoterms® 2010 共有 11 个贸易术语,根据使用的运输方式不同分为两大类。具

---

① "Incoterms"是国际商会注册商标。

体内容见表 4-1 所示。

第三,国际贸易术语不仅适用于国际货物买卖合同,而且也适用于国内货物买卖合同。

第四,Incoterms® 2010 在每个贸易术语前,均给出了该术语的使用说明。使用说明解释了每个贸易术语的基本点,比如什么时候适用,风险何时转移和买卖双方如何分摊费用,但其并不是 Incoterms® 2010 的构成部分,以期能帮助使用者准确、高效的使用贸易术语。

第五,第五,尽可能对地点和港口做出详细说明,更能凸显国际贸易术语的作用。准确的表述如:FCA 38 Cours Albert 1er, Paris, France Incoterms® 2010.

第六,Incoterms® 2010 对买卖双方义务的规定有所变化。Incoterms® 2010 对买卖双方各 10 项义务,在编排上将卖方义务和买方义务分别以对应的方式列出,其中"A1 卖方一般义务"、"B1 买方一般义务"分别取代 INCOTERMS 2010 中的"A1 提供符合合同规定的货物"、"B1 支付货款",其他 9 项义务描述同 INCOTERMS 2000。在每条具体义务前,则分别加注"卖方必须……"和"买方必须……"(在 A2/B2 和 A10/B10 的具体义务前还另加了"如适用")。具体内容如表 8-2 所示。

表 8-1 Incoterms® 2010 贸易术语一览表

适用于任何运输方式或多种运输方式的术语	
EXW	工厂交货
FCA	货交承运人
CPT	运费付至
CIP	运费、保险费付至
DAT	运输终端交货
DAP	目的地交货
DDP	完税后交货
适用于海运及内河水运的术语	
FAS	船边交货
FOB	船上交货
CFR	成本加运费
CIF	成本、保险费加运费

表 8-2 买卖双方义务对照表

A 卖方义务	B 买方义务
A1 卖方一般义务	B1 买方一般义务
A2 许可证、授权、安检通关和其他手续	B2 许可证、授权、安检通关和其他手续
A3 运输合同与保险合同	B3 运输合同与保险合同
A4 交货	B4 收取货物
A5 风险转移	B5 风险转移

续表

A 卖方义务	B 买方义务
A6 费用划分	B6 费用划分
A7 通知买方	B7 通知卖方
A8 交货凭证	B8 交货证据
A9 查对—包装—标记	B9 货物检验
A10 协助提供信息及相关费用	B10 协助提供信息及相关费用

8.2　Incoterms® 2010 中两组贸易术语

8.2.1　适用于任何运输方式或多种运输方式的术语

1. EXW

Ex Works(insert named place of delivery)工厂交货(插入指定交货地点)

EXW(插入指定交货地点)Incoterms® 2010,指卖方在其商品的产地或储存地将货物交由买方处置,即完成了交货义务。买方则负责自行将货物装运,并承担其间的全部风险、责任和费用,包括货物可能出入境手续和费用。此术语是卖方承担义务最少的贸易术语,如买方无法直接或间接办理货物出境手续,则不宜采用这一术语。

2. FCA

Free Carrier (insert named place of delivery)货交承运人(插入指定交货地点)

FCA(插入指定交货地点)Incoterms® 2010,指卖方在指定地将经出口清关的货物交给买方指定的承运人,即完成了交货义务。

Incoterms® 2010 关于 FCA 交货责任与地点的规定是,若卖方在其所在地交货,则卖方应负责装货,若卖方在任何其他地点交货,卖方不负责卸货。

【案例 8-1】　误解 FCA 合同义务纠纷案

【案情】

新加 A 公司与中国 C 公司订立 CIF(上海)合同,销售白糖 500 吨,由 A 公司保一切险。为联系货源,A 公司与马来西亚 B 公司订立 FCA 合同,购买 500 吨白糖,合同约定提货地为 B 公司所在地。2003 年 7 月 3 日,A 公司派代理人到 B 公司提货,B 公司已将白糖装箱完毕并放置在临时敞篷中,A 公司代理人由于人手不够,要求 B 公司帮助装货,B 公司认为已履行完应尽义务,故拒绝帮助装货。A 公司代理人无奈返回,3 日后 A 公司再次到 B 公司所在地提走货物。但是,在货物堆放的 3 天里,因遇湿热台风天气,货物部分受损,造成 10% 的脏包。

【分析】

应明确在 A 公司与 B 公司之间的 FCA 合同中,有关货物 10% 的损失应由哪一方承担。

Incoterms2000 重新规定了 FCA 术语下装货和卸货的义务:交货地在卖方所在地时,卖方负责装货;交货地在卖方所在地之外时,卖方不负责卸货。可见,在本案中,B 公司将货物装箱并存放后,并未履行完交货义务,B 公司应负责装货。A 公司在 3 日后自行派人将货物装车并提走,可以视为放弃了要求 B 公司装货的权利,但在此之前的货物灭失或损坏的一切风险仍应由 B 公司承担。

3. CPT

Carriage Paid To (insert named place of destination)运费付至(插入指定目的地)

CPT(插入指定目的地)Incoterms®2010,指当货物已被交给由卖方指定的承运人时,卖方即完成了交货义务。但卖方还必须支付将货物运至指定目的地所需的运费。

4. CIP

Carriage And Insurance Paid To (insert named place of destination)运费,保险费付至(插入指定目的地)

CIP(插入指定目的地)Incoterms®2010,指卖方除了必须承担在 CPT 术语下同样的义务外,还须负责办理货物运输保险,并支付保险费。

5. DAT

Delivered At Terminal (insert named terminal at port or place of destination) 运输终端交货(插入指定港口或目的地的运输终端)

DAT(插入指定港口或目的地的运输终端)Incoterms®2010,指当卖方在指定的装运港或目的地的指定运输终端将货物从抵达的卸货运输工具上卸下,交给买方处置时即完成交货。卖方承担将货物送至指定港口或目的地的运输终端并将其卸下期间的一切风险。卖方无义务办理进口清关的手续和承担相关的费用。

6. DAP

Delivered At Place (insert named place of destination)目的地交货(插入指定目的地)

DAP(插入指定目的地)Incoterms®2010,指当卖方在指定目的地将还在运抵的运输工具上可供卸载的货物交由买方处置时,即为交货。卖方负责承担将货物运送到指定地点前的一切风险。卖方无义务办理进口清关的手续和承担相关的费用。

7. DDP

Delivered Duty Paid(insert named place of destination) 完税后交货(插入指定目的地)

DDP 插入指定目的地)Incoterms®2010,指卖方在指定目的地将仍处于抵达的运输工具上,但已经完成进口清关,且可供卸载的货物交由买方处置时,即交货。卖方还应承担交货前的一切风险、责任和费用,其中包括可能的货物进口报关的手续和费用,以及支付进口关税和其他捐税。

与 EXW 相反,DDP 是卖方所承担义务最多的贸易术语。

8.2.2 适用于海运和内河水运的术语

1. FAS

Free Alongside Ship (insert named port of shipment)船边交货(插入指定装运港)。

FAS(插入指定装运港)Incoterms®2010,指卖方在指定的装运港将货物教导买方指定的船边(例如,置于码头或驳船上)时,即交货。货物灭失或损坏的风险在货物交到船边时发生转移,同时买方承担自那时起的一切费用。若买方所派船只不能靠岸,卖方应负责用驳船把货物运至船边,卖方在船边完成交货义务,风险责任同时转移。由买方负责装船手续和费用,由卖方办理出口报关手续。

2. FOB

Free On Board(insert named port of shipment)装运港船上交货(插入指定装运港)。

FOB(插入指定装运港)Incoterms® 2010,指卖方以在指定装运港将货物装上买方指定的船上或通过取得已交付至船上的方式交货。卖方承担货物交至船上前的一切风险和费用。

按照 Incoterms® 2010 的解释,在 FOB 下,买卖双方的主要义务如下:

(1)卖方的义务:必须在合同规定的装运期内,在指定的装运港将货物装上买方指定的船上或以取得已经在船上交付的货物,并承担货物在装运港装到指定船上之前的一切费用和风险;负责取得出口报关所需的各种证件,并负责办理出口手续;负责提供商业发票和通常的单证(可以是同等作用的电子记录或程序),证明已完成交货装船的义务。

(2)买方的义务:负责租船订舱,支付运费,并给予卖方关于船名、装船地点和要求交货时间的充分的通知;自负风险和费用取得进口报关所需的各种证件,并办理货物进口或过境运输的相关手续;收取卖方按合同规定交付的货物和接受与合同相符的单据(可以是同等作用的电子记录或程序),并按合同规定支付货款。

【案例 8-2】　该选 FCA 还是 FOB?

【案情】

我国北京 A 公司向美国纽约 B 公司出口某商品 50,000 箱,B 公司提出按 FOB 新港条件成交,而 A 公司则提出采用 FCA 北京的条件。试分析 A 公司和 B 公司各自提出上述成交条件的原因。

【分析】

因为北京是内陆城市,FCA 北京可适用的运输方式较多,相对于 FOB 新港,卖方可节省内陆运输费用,风险也较少。

3. CFR

Cost And Freight(insert named port of destination)成本加运费(插入指定目的港)。

CFR 与 FOB 不同之处在于:其一,由卖方负责租船订舱并支付费用。按照 Incoterms® 2010 的解释,卖方只需按通常条件租船订舱,经习惯航线运送货物;其二,关于运输单据,CFR 术语规定,应由卖方自行承担费用,除非另有约定,卖方应提交可以转让的海运提单或者可以使买方得以通知承运人的方式出售在途货物;而 FOB 则无此要求,可以提交海运提单,也可以提交不可转让的海运单。

CFR 在货物装船、风险转移、办理进出口手续和接单付款方面,买卖双方的义务和 FOB 是相同的。如果卖方按照运输合同在目的地交付点发生了卸货费用,则除非双方事先另有约定,卖方无权向买方要求补偿该项费用。

4. CIF

Cost,Insurance And Freight(insert named port of destination)成本加保险费加运费(插入指定目的港)。

CIF(插入指定目的港)Incoterms® 2010 在货物装船、风险转移、卸货费用负担方面、办理进出口手续和接单付款方面,买卖双方的义务和 CFR 是相同的。卖方还要为买方在运输途中货物的灭失或损坏办理保险。卖方应在不迟于货物装上船时,办理货运保险。在合同无明示时,卖方可按保险条款中最低责任的险别投保,保险金额一般为 CIF 价格的 110%。

【案例 8-3】 CIF 条件成交的合同该保证到货吗?

【案情】

我某出口公司按 CIF 条件向欧洲某国进口商出口一批草编制品,向中国人民保险公司投保了一切险,并规定信用证方式支付。我出口公司在规定的期限、指定的我国某港口装船完毕,船公司签发了提单,然后去中国银行议付款项。第二天,出口公司接到客户来电,称:装货的海轮在海上失火,草编制品全部烧毁,客户要求我公司出面向中国人民保险公司提出索赔,否则要求我公司退回全部货款。问:该批交易按 CIF 伦敦条件成交,对客户的要求我公司该如何处理? 为什么?

【分析】

我方回复客户向保险公司索赔。因为 CIF 合同为装运合同,我方只要在规定的装运时间交货,无需保证到货。

8.2.3 对常用贸易术语的总结

1. 最常见的三种贸易术语(FOB、CFR、CIF)的比较

(1)相同点:适用于内河及海洋运输;交货在装运港;风险转移点在装运港船上;买卖双方分别办理进出口手续;均属于装运合同。

(2)不同点:价格构成不同,买卖方所承担的责任与费用不同。FOB=出口总成本,CFR=FOB+主运费,CFR=CFR+保险费。

2. 货交装运港 FOB、CFR、CIF 与货交承运人(FCA、CPT、CIP)贸易术语的比较

(1)相同点:买卖双方分别办理进出口手续;风险划分点前后的责任和风险分别由买卖方承担。从价格构成上,FCA=FOB,CPT=CFR,CIP=CIF。

(2)不同点:适用范围不同,前者适用于内河及海洋运输,后者适用于任何运输方式;交货地点不同,前者交货在装运港,后者交货在承运人所在地点;风险点不同,前者在装运港船上,后者在承运人所在地点。

【案例 8-4】 "空运方式"到底是该用 CIF 还是 CIP?

【案情】

某出口公司 A 同新加坡的客户因价格条款发生了一些分歧,一直争执不下。A 和这个客户做的业务是空运方式进行运输,A 认为"CIF"只是用于"海运及陆运方式"而不是用于"空运方式",所以坚持用"CIP"条款(并且银行方面也坚持按照国际惯例空运必须使用"CIP")。可客户坚持要用"CIF",他们认为"CIP"比"CIF"多一个费用。A 想问到底"CIP"和"CIF"在费用上有什么区别? A 的做法是不是正确?

【分析】

CIP 指卖方承担的费用为:运费、保险费付至事实上的目的地。CIF 指卖方承担的费用为:运费、保险费付至指定的目的港。

上述两条款在费用上的区别是:

如收货人指定的目的地为新加坡可直达或经转运可到达的国际空运港机场(IATA 规

定)如:北京首都国际机场(Beijing Airport),上海浦东国际机场(Shanghai Pudong Airport),南京禄口国际机场(Nanjing Lukou Airport)等,则上述条款在费用方面无实质上的区别。因为,按国际惯例货物到达目的港机场后所产生的任何费用均由收货人即买方承担,如提货费、仓储费和劳务费等。

如收货人指定的目的地不是国际空港机场,而是国内内陆城市(如:江苏无锡、浙江嘉兴)或收货人指定的工厂,就不能使用 CIF 条款而只能使用 CIP 条款。

CIF 是"港口到港口"条款,空运方式可套用空港到空港(Airport to Airport)。

CIP 条款是和任何运输方式的"多式联运",发货人将承担到"事实上的目的地"的保险费和运费。是用 CIP 条款航空公司一般无法接受,通常只有航空货运代理公司法可完成上述运输任务。

8.3 FOB 价格核算及价格换算公式

8.3.1 出口价格核算

价格核算是进出口业务的关键环节,它直接关系到交易磋商的成败和买卖双方的利益,因此,只有了解并掌握出口价格的核算方法,才能保证所报价格的准确与合理。

1. 出口价格构成

出口商品价格的构成包括成本、费用和利润三部分。

(1)实际成本

出口商品的实际成本(cost)包括生产成本、加工成本和进货成本三种类型。我们对出口商品的实际成本的核算应当剔除增值税。

(2)费用

出口商品的费用(expenses/charges)包括国内费用和国外费用两部分。

国内费用项目较多,主要有:

①加工整理费;

②包装费用;

③保管费用(包括仓租、火险等);

④国内运输费用(仓库至码头、车站、空港、集装箱运输场、集装箱堆场);

⑤拼箱费(如果货物构不成一整集装箱);

⑥证件费用(商检费、公证费、领事签证费、产地证费、许可证费、报关单费等);

⑦银行费用(贴现、贷款利息、手续费等);

⑧预计损耗(耗损、短损、漏损、破损、变质等);

⑨港区港杂费(出口货物在装运前在港区码头所需支付的各种费用);

⑩经营管理费(通讯费、交通费、交际费等费用)。

国外费用主要有:

①国外运费(自装运港至目的港的海上运输费用);

②国外保险费(海上货物运输保险);

③如果有中间商,还应包括支付给中间商的佣金。

(3)预期利润

在出口交易中,利润(expected profit)对于出口商是极为重要的,因此,它是价格构成中必不可少的,一般以成交额或成本为基数计算。

2.价格核算方法一:构成要素加总法

根据构成要素加总法计算的出口报价为:

出口报价=实际成本+费用+预期利润

(1)实际成本核算——以出口贸易公司为例

对于从事出口的贸易公司来说,需要了解的主要是进货成本。一般是指国内供货商的报价,它包含了增值税。我们对出口商品的实际进货成本的核算应当剔除增值税。又由于我国尚未采取足额退税,就有必要掌握如何根据增值税以及实际退税率来计算出口商品的实际进货成本。计算公式如下:

实际成本=含税成本-退税收入

$$退税收入=\frac{含税成本}{1+增值税率}\times 出口退税率$$

故

$$实际成本=含税成本-\frac{含税成本}{1+增值税率}\times 出口退税率$$

$$=含税成本\times(1-\frac{出口退税率}{1+增值税率})$$

(2)各种价格基本构成

国际货物买卖中常用贸易术语的价格的基本构成为:

FOB 价=实际成本+国内费用+预期利润

CFR 价=实际成本+国内费用+预期利润+主运费

CIF 价=实际成本+国内费用+预期利润+主运费+保险费

3.价格核算方法二:盈亏换汇比法

很显然,用上述各种构成要素加成可以计算出相应价格,但是,国内费用具有不确定性,而且用这种方法比较麻烦,也不符合实际业务操作。下面介绍用"盈亏换汇比法"来计算出口价格(以 FOB 为例)。盈亏换汇比(Y),即计算出考虑退税条件下的盈亏平衡点时的出口换汇成本,通过相关公式再计算价格。

(1)盈亏换汇比的计算

1)外贸公司

例如,外贸公司出口某产品,其含税成本(含增值税)为 C 元人民币/只,该产品可以享受退税率为 A,增值税率为 R,盈亏换汇比为 Y_1,外贸公司盈亏换汇比(Y_1)推导如下。

产品出口时不亏也不赢的 FOB 价格为:

$$FOB=C/Y_1 \tag{8-1}$$

同时,考虑到出口退税,产品出口在盈亏平衡点时,即企业出口某单位产品的外汇收入折算成人民币加上退税额应等于某产品含税成本(含增值税),所以可以得到以下公式:

$$\text{FOB 价} \times \text{外汇买入价} + C \times \frac{A}{1+R} = C \tag{8-2}$$

将式(8-1)代入式(8-2),并整理得

$$Y_1 = \frac{\text{外汇买入价}}{1 - \dfrac{A}{1+R}} \tag{8-3}$$

例如某产品可以享受退税率为 17%,增值税率为 17%,外汇买入价为 6.83,计算得到 $Y_1 = 7.9911$。

2)生产企业

目前生产企业自营出口多数实行出口货物全额征税、出口退税的办法,生产企业退税的计算方法与外贸公司的不同,即

生产企业的退税 = FOB 价格 × 外汇买入价 × 出口退税率

$$\text{外贸公司的退税收入} = \frac{\text{含税成本}}{1 + \text{增值税率}} \times \text{出口退税率}$$

对于生产企业而言,上述盈亏换汇比的公式就不再适用了,生产企业的盈亏换汇(Y_2)比推导如下。

例如,生产企业自营出口某产品,其含税成本(含增值税)为 B 元人民币/只,该产品可以享受出口退税率为 A,增值税率为 R,所以,产品出口时不亏也不赢的 FOB 价格为:

$$\text{FOB} = \frac{B}{Y_2} \tag{8-4}$$

同时,考虑到退税,产品出口在盈亏平衡点时,即企业出口某单位产品的外汇收入折算成人民币加上退税额应等于某产品含税成本(含增值税),所以可得

$$\text{FOB 价} \times \text{买入价} + \text{FOB 价} \times \text{外汇买入价} \times \text{退税率} = B \tag{8-5}$$

整理式(8-5)得

$$\text{FOB 价} = \frac{B}{\text{外汇买入价}(1+A)} \tag{8-6}$$

比较式(8-4)和式(8-6),得

$$Y_2 = \text{外汇买入价} \times (1+A) \tag{8-7}$$

例如,某产品可以享受退税率为 13%,增值税率为 17%,外汇买入价为 6.83,计算得到 $Y_2 = 7.7179$。

(2)FOB 价格的计算

$$\text{对外贸公司而言,FOB 价} = \frac{\text{含税成本}(C) \times (1 + \text{毛利润率})}{\text{盈亏换汇比}(Y_1)}$$

$$\text{对生产企业而言,FOB 价} = \frac{\text{含税成本}(B) \times (1 + \text{毛利润率})}{\text{盈亏换汇比}(Y_2)}$$

应用上述公式时请注意以下两点:

①毛利润率因企业定价决策而言,比如 10%～30%,一般不是固定的数值。

②在相同条件下,生产企业的盈亏换汇比在数值上比外贸企业的来得大。在不考虑产品人民币价格的不同(实际上是生产企业的比外贸公司的要低一些)时,生产企业直接对外报价格相对低一些,更有竞争力,尤其在差额大的情况下更是如此。

8.3.2　主要贸易术语的价格换算

已知 CIF 的价＝FOB 价＋国外运费＋国外保险费,而国外保险费是以 CIF 价格为基础计算的,即

CIF 价＝FOB 价＋国外运费＋CIF 价×保险加成×保险费率

(1)FOB 价换算其他价

CFR 价＝FOB 价＋国外运费

$$CIF 价 = \frac{FOB 价 + 国外运费}{1 - 保险加成 \times 保险费率}$$

(2)CFR 价换算其他价

FOB 价＝CFR 价－国外运费

$$CIF 价 = \frac{CFR 价}{1 - 保险加成 \times 保险费率}$$

(3)CIF 价换算其他价

FOB 价＝CIF 价×(1－保险加成×保险费率)－国外运费

CFR 价＝CIF 价×(1－保险加成×保险费率)

同理,我们可以计算 FCA、CPT 和 CIP 三种价格之间的换算。

8.3.3　佣金和折扣

1. 佣金

佣金(commission)又称手续费(brokerage),是买方(如由他委托中间商采购)或卖方(由他委托中间商推销)付给中间商的报酬。佣金分"明佣"和"暗佣"两种,在价格中体现佣金的为明佣,在价格中看不出含佣,但实际上含佣的为暗佣,两者通称为含佣价。暗佣表面上与净价没有区别,为了明确起见,一般在净价的贸易术语后加"net"字样。

在实际业务中,一般按成交额为计算佣金的基数,用公式表示:

佣金额＝含佣价×佣金率

含佣价＝净价＋佣金额

或者:

$$含佣价 = \frac{净价}{1 - 佣金率}$$

具体到某一贸易术语:

$$FOB 含佣价 = \frac{FOB 净价}{1 - 佣金率}$$

$$CFR 含佣价 = \frac{CFR 净价}{1 - 佣金率}$$

$$CIF 含佣价 = \frac{CIF 净价}{1 - 佣金率}$$

实际业务中,有时外商因情况变化,要求将一种贸易术语改报成另一种贸易术语,或将净价改报成含佣价,或调整含佣价的佣金率,只要不影响我方净收入,都可以接受。至于调整或改报的结果均可通过以上公式计算并获得。

2.折扣

折扣(discount)是指卖方按原价给予买方一定百分比的减让,一般由卖方在付款时预先扣除。

国际贸易中常用的折扣有品质折扣、数量折扣、季节折扣、现金折扣、特别折扣等。折扣的表示方法及计算方式有很多种,但最常用的计算方法是:

折扣＝成交金额×折扣率

折实售价＝原价×(1－折扣率)

8.4　合同中的价格条款

国际货物买卖合同中的价格条款主要包括单价(unit price)和总值(total amount)两项内容,单价主要由计价货币、单位价格金额、计量单位和贸易术语四部分组成。此外,单价中还包括佣金或折扣等。总值是单价和数量的乘积。

8.4.1　价格条款的基本要素

1.计量单位

单价条款中的计量单位应与数量条款中的计量单位相一致。若数量条款中的计量单位为“M/T”,则单价条款中的计量单位也应用“M/T”,而不应用“L/T”或“S/T”。

2.单价金额

在填写书面合同时,要将双方协商的价格准确无误地写在单价条款中,参照国际贸易的习惯做法,注意佣金和折扣的运用。若企业在出口合同中误填的金额低于商定的金额,或在进口合同中误填的金额高于商定的金额,就极可能造成不必要的损失。

单价中涉及的计价数量单位、计价货币、装卸地名称等必须书写正确、清楚,以利合同的履行。

3.计价货币

尽量使用可以自由兑换、汇率比较稳定的货币,而且出口时争取使用汇率向上浮的货币,即“硬币”;进口时争取使用汇率呈下浮趋势的货币,即“软币”。在必要时加订汇率保值条款。

4.选用适当的贸易术语

在考虑有利于本国经济发展及企业的经营意图的情况下,一般出口尽量使用 CIF(或CIP)价,进口使用 FOB(或 FCA)价。贸易术语后面均需加注装运地或目的地,若装运地或目的地在世界上有相同名称的,应在装运地或目的地后面加注国别或地区名称。

5.机动幅度

如果货物品质和数量约定有一定的机动幅度,则对机动部分的作价也应一并规定。

8.4.2 价格条款例证

1. CIF London 每公吨 200 美元

CIF London USD200. 00 per M/T

2. FOB Shanghai 每公吨 200 美元

FOB Shanghai USD 200. 00 per Metric Ton

3. CFRC3‰ NewYork 每打 100 美元

CFRC3‰ NewYork USD100. 00 per doz

小　结

1. 在国际货物买卖中,买卖双方在交易磋商和合同订立过程中,一般都需要使用贸易术语来确定双方在交接货物方面的部分合同义务。在贸易业务中,由于贸易术语对买卖双方在交货、风险划分、费用负担、办理运输合同和保险合同等方面有较明确的规定,这在一定意义上就决定了合同的性质。

2. 在出口业务中,确定价格的基本原则是,在坚持平等互利的基础上,以国内机构为基础,参考国际市场价格,按照国别政策,利用各种差价并结合购销意图制定适当的价格。

3. 价格核算是报价的前提和基础,FOB 价格的计算以及与其他价格的换算显得十分重要。

习　题

1. 选择题

(1) 在以下条件成交的合同中,不属于装运合同的是(　　)。

A. FOB 上海 Incoterms® 2010

B. FAS 天津 Incoterms® 2010

C. DES 厦门 Incoterms® 2010

D. CIF 纽约 Incoterms® 2010

(2) 按照 Incoterms® 2010 的解释,采用 FOB 条件成交,买卖双方风险划分的界限是(　　)。

A. 运输工具上　　　　　　　　　　B. 装运港船边

C. 装运港船舷　　　　　　　　　　D. 装运港船上

(3) 根据 Incoterms® 2010 的解释,按 CFR 术语成交,卖方无义务(　　)。

A. 提交货运单据　　　　　　　　　B. 租船订舱

C. 办理货运保险　　　　　　　　　D. 取得出口许可证

（4）按照 Incoterms® 2010 的解释，采用 CIF 条件成交时，货物装船时从吊钩脱落掉入海里造成的损失由（　　）。

A. 卖方负担　　　　　　　　　　　　B. 买方负担

C. 承运人负担　　　　　　　　　　　D. 买卖双方共同负担

（5）按照 Incoterms® 2010 的解释，CIF 与 CFR 的主要区别在于（　　）。

A. 办理租船订舱的责任方不同　　　　B. 办理货运保险的责任方不同

C. 风险划分的界限不同　　　　　　　D. 办理出口手续的责任方不同

（6）我国出口公司向德国出口核桃 3000 公吨，一般应采用（　　）贸易术语为好。

A. FOB 汉堡　　　　　　　　　　　　B. FOB 青岛

C. FOB 北京机场　　　　　　　　　　D. CIF 汉堡

（7）在实际业务中，FOB 条件下，买方常委托卖方代为租船、订舱，其费用由买方负担。如到期订不到舱，租不到船，（　　）。

A. 卖方不承担责任，其风险由买方承担　　B. 卖方承担责任，其风险也由卖方承担

C. 买卖双方共同承担责任、风险　　　　　D. 双方均不承担责任，合同停止履行

（8）根据 Incoterms® 2010 的解释，FOB 条件和 CFR 条件下卖方均应负担（　　）。

A. 提交商业发票及海运提单　　　　　　B. 租船订舱并支付运费

C. 货物于装运港越过船舷以前的一切风险　D. 货物进口清关手续

（9）Incoterms® 2010 共包括（　　）种贸易术语。

A. 12　　　　　　　B. 13　　　　　　　C. 11　　　　　　　D. 10

（10）价格条款的正确写法是（　　）。

A. 每件 3.50 元 CIF 香港　　　　　　B. 每件 3.50 美元 CIF

C. 每件 3.50 元 CIFC 伦敦　　　　　　D. 每件 3.50 美元 CIF C2％伦敦

2. 判断题

（1）如果买卖双方在合同中作出与国际惯例完全相反的约定，只要这些约定是合法的，将得到有关国家法律的承认和保护，并不因与惯例相抵触而失效。　　　　　　（　　）

（2）FOB 价格条件按各国惯例的解释都是由卖方负责申请领取出口许可证和支付出口税。　　　　　　（　　）

（3）以下的价格表示法是否正确：DM75.00CIF Hamburg。　　　　　　（　　）

（4）按 FOB、CFR、CIF 三种贸易术语成交，货物在装运港越过船舷以后，风险即告转移。因此，当货物到达目的港后，买方如果发现到货品质、数量和/或包装有任何与合同规定不符的情况，卖方就不负责任。　　　　　　（　　）

（5）在 FOB 条件下，卖方可以接受买方委托，代理租船订舱手续。　　　　　　（　　）

（6）使用固定价格，在合同中明确规定之后，均按合同确定的价格结算货款，任何一方不得擅自变更原价格。（　　）

（7）凡是价格中不含佣金的称为净价。　　　　　　（　　）

（8）价格条款包括计量单位、单位价格金额、计价货币和价格术语。　　　　　　（　　）

（9）佣金和折扣都是在收到全部货款之后再支付的。　　　　　　（　　）

（10）计价货币和支付货币可以采用进口国或出口国的货币，也可以采用第三国货币。

　　　　　　（　　）

3. 简答题

(1)何谓贸易术语？有哪些相关国际惯例？

(2)相比 Incoterms2000，Incoterms® 2010 具有哪些新特点？

(3)简述 CIF、CFR、FOB 的异同点。

(4)简述 FOB、CFR、CIF 和 FCA、CPT、CIP 两类贸易术语的异同点。

(5)简述价格条款的基本要素。

(6)为什么 CIF 是一种典型的象征性交货？（删除）

4. 计算题

(1)某外贸企业与英商达成一笔交易，合同规定我方出口某商品 500 公吨，每公吨 450 美元 CFRC2％利物浦，海运运费每公吨 29 美元，出口收汇后出口企业向该英商汇付佣金。

计算：(1)该出口企业向中国银行购买支付佣金的美元共需多少人民币？(2)该出口企业的外汇净收入为多少美元。

（按当时中行牌价：100 美元＝829.45/830.15 人民币元）

(2)进出口贸易公司出口某产品，增值税率为 17％，其退税率为 13％，外汇买入价 100 美元＝667 人人民币元，请计算盈亏换汇比。

(3)某进出口贸易公司出口警灯，根据以下资料，计算 FOB WENZHOU、CFR DUBAI、CIF DUBAI 价格，具体资料如表 4-4 所示。

表 8-3　警灯出口的产品资料

名　称	货　号	只/纸箱	每个纸箱毛重 KGS	每个纸箱净重 KGS
警灯	ZL-313	12	15	13
纸箱尺码(CM)	含税价格(元)	增值税率	退税率	银行买入价
58×39.5×58.5	40	17％	17％	1 美元＝6.67 元人民币
订货数量	保一切险,费率	投保加成率	WENZHOU 到的运费	毛利润率
1×20′集装箱(28M3)	1％	10％	1×20′集装箱为 USD1000.00	15％

5. 案例分析

(1)我某出口企业与某外商按 CIF 某港口、即期信用证方式付款的条件达成交易，出口合同和收到的信用证均规定不准转运。我方在信用证有效期内将货物装上直驶目的港的班轮，并以直运提单办理了议付，国外开证行也凭议付行提交的直运提单付了款。承运船只驶离我国途径某港时，船公司为接载其他货物，擅自将我方托运的货物卸下，换装其他船舶继续运往目的港。由于中途耽搁，加上换装的船舶设备陈旧，使抵达目的港的时间比正常直运船的抵达时间晚了两个多月，影响了买方对货物的使用。为此，买方向我出口企业提出索赔，理由是我方提交的是直运提单，而实际上是转船运输，是弄虚作假行为。我方有关业务员认为，合同用的是"到岸价格"，船舶的舱位是我方租订的，船方擅自转船的风险理应由我方承担。因此按对方要求进行了理赔。问我方这样做是否正确？为什么？

(2)我国北京 A 公司拟向美国纽约 B 公司出口某商品 50000 箱，B 公司提出按 FOB 新港条件成交，而 A 公司则提出采用 FCA 北京的条件。试分析 A 公司和 B 公司各自提出上述成交的原因。

第 9 章　国际货款的收付

学习目标

通过本章的学习，要求能够理解支付工具和支付方式的相关基本概念，掌握国际货款收付的基本种类、风险及控制，熟练掌握合同中的支付条款的表述及应用。

本章重点

1. 票据（支付工具）的分类及内容
2. 汇付、托收、信用证的含义、种类、程序、特点、应用及风险防范

本章难点

1. 汇付与托收程序
2. 信用证程序和特点
3. 汇付、托收和信用证的应用及风险防范

国际货款的收付是贸易合同中十分重要的条款之一，它不仅直接关系到进出口双方的资金融通和周转，而且影响到进出口双方的商业风险。一笔没有信用的销售对企业而言，是没有意义的销售。所以，进出口双方都是非常关注这个条款，其往往在谈判中成为焦点。本章拟从支付工具（票据）、支付方式以及选用等内容进行介绍。

9.1　支付工具

国际贸易货款的收付，采用现金结算的较少，大多使用非现金结算，即采用各类金融票据来进行支付。金融票据（financial document）是指可以流通转让的债权凭证，是国际上通行的结算和信贷工具。金融票据主要有汇票（bill of exchange）、本票（promissory note）和支票（check or cheque），其中汇票最为常见。

9.1.1　汇　票

1. 汇票的含义

根据 1995 年 5 月 10 日公布的《中华人民共和国票据法》第 19 条规定：汇票是出票人签发的，委托付款人在见票时或在指定日期无条件支付确定的金额给收款人或持票人的票据。

按照各国广泛引用或参照的《英国票据法》的规定，汇票是由一个人向另一个人签发的，要求即期或定期或在可以确定的将来时间，对某人或其指定人或持票人支付一定金额的无条件书面支付命令。从上面的定义看，汇票有 3 个当事人，即出票人（drawer）、受票人

(drawee)或付款人(payer)和收款人(payee)。

2.基本内容

各国票据法对汇票内容的规定不同,一般认为应包括下列基本内容:

(1)注明"汇票"字样;

(2)无条件的支付命令;

(3)汇票金额;

(4)出票日期和地点;

(5)收款人姓名和商号;

(6)付款地点;

(7)付款期限;

(8)付款人姓名和商号;

(9)出票人签字。

附:汇票样本

BILL OF EXCHANGE

No. _____

For _____ _____

   (amount in figure)   (place and date of issue)

At _____ sight of this FIRST Bill of Exchange(SECOND being unpaid)

pay to _____or order the sum

of _____

      (amount in words)

Value received for _____ of _____

    (quantity)   (name of commodity)

Drawn under _____

L/C No. _____ ___ dated _____

To: _____   For and on behalf of

___ _____   _____

            (Signature)

3.汇票的种类

(1)按出票人(drawer)的不同,可分为银行汇票(banking bill)和商业汇票(commercial bill)。出票人为银行,即为银行汇票;出票人为商业,即为商业汇票。

(2)按有无附商业单据,可分为光票(clean bill)和跟单汇票(documentary bill)。汇票在使用过程中,如无附商业单据,即为光票;如有附商业单据,跟单汇票。

(3)按付款时间的不同,可分为即期汇票(sight draft)和远期汇票(time bill or usance bill)。如果付款人见到汇票后立即付款,即期汇票;如果付款人见到汇票后在一定期限或的特定日期付款,远期汇票。

远期汇票的付款时间一般有以下四种规定方式:

①见(汇)票后××天付款(at ×× days after sight);

②出(汇)票后××天付款(at ×× days after date of issue);

③提单日期后××天付款(at ×× days after date of b/l);

④指定日期(fixed date)。

要注意上述①至③种情况下付款时间的不同,③付款时间最早,②付款时间其次,①付款时间最迟,因为在通常情况下,提单日期最早,汇票日期不得早于提单日期,而见票日期在国外收到汇票时的日期,从出票日期到见票需要一个邮程。

4.汇票的使用程序

(1)出票

出票(issue)是指出票人在汇票上填写付款人、付款金额、付款日期和地点及收款人等项目,经签字交给受票人的行为。收款人(即汇票抬头)有三种写法:

①限制性抬头(non-negotiable),如 Pay to ××× co.,限定了汇票的收款人,该汇票在市场上不能转让和流通。

②指示性抬头(endorsable),如 Pay to order 或 Pay to the order of ×× co or ×× bank.,该汇票通过持票人在背面签字(背书),即可转让给他人。在国际贸易结算中比较常用。

③持票人或来人抬头(marketable),Pay to the bearer. 该汇票无需持票人背书就可以转让给他人。

(2)提示

提示(presentation)是指持票人将汇票提交付款人要求承兑或付款的行为。付款人见到汇票叫见票(sight)。提示可以分付款提示和承兑提示。如果是即期汇票,付款人应作出付款提示;如是远期汇票,先做出承兑提示,到期时付款。

(3)承兑

承兑(acceptance)是指付款人对远期汇票表示承担到期付款责任的行为。即期汇票不需要该程序。

(4)付款

付款(payment)是指受票人(付款人)对即期汇票在见票后立即履行支付责任或对已经承兑的汇票在到期时履行支付责任的行为。

(5)背书

汇票是一种流通工具(Negotiable Instrument),可以在票据市场上流通转让。背书(endorsement)是转让汇票权利的一种法定手续,就是由汇票持有人在汇票的被面签上自己的名字或再加上受让人的名字,并把汇票交给受让人的行为。

(6)拒付

持票人提示汇票要求承兑时,遭到拒绝承兑(dishonor by no-acceptance),或持票人提示汇票要求付款时,遭到拒绝付款(dishonor by non-payment),均称为拒付(dishonor),也称退票。

(7)追索

当持票人遭到拒付就可向出票人或汇票背书人行使追索(resource)权。汇票的善意持有人有权向所有"前手"追索,一直可追索到出票人。持票人为了行便追索权,通常要及时作成拒绝证书。持票人请公证机构作拒绝证书是为了证明持票人已按规定行使票据权利但未获结果。由此,持票人得以行使追索权。汇票拒付时,持票人应立即将票据交当地公证人,由其再向付款人提示,若付款人仍拒付,则公证人将立即作成书面证明交持票人。为了避免承担被追索的责任,出票人或出让人在出票或背书时可加注"不受追索"(without recourse)字样。但是列明这种记载的汇票,一般不易在市场上被转让和流通。

9.1.2 本 票

1. 本票的定义

《英国票据法》关于本票的定义是,本票是由一人向另一人签发的约定在见票时或在指定的或可以确定的将来时间向特定的人或其指定的人或持票人无条件支付一定金额的书面承诺。

2. 本票的必要项目

(1)注明"本票"字样;

(2)无条件的支付承诺;

(3)确定的金额;

(4)收款人姓名和商号;

(5)出票日期;

(6)出票人签字。

附:本票样本

Usd50 000.00　　New York,March 12,2006

One month after date I promise to pay ××(收款人)or order the sum of U. S. DOLLARS FIFTY THOU-SAND for value received.

×××(签名)

3. 本票的种类

按出票人的不同,本票可分为商业本票(commercial note)和银行本票(banking note)。企业和个人签发的本票为商业本票;银行签发的本票为银行本票。

商业本票按付款日期不同分为定日付款本票、签票日后定期付款本票,见票后定期付款本票和见票即付本票。银行本票则都是即期的。我国《票据法》第七十三条规定:"本票是出票人签发的,承诺自己在见票时无条件支付确定的金额给收款人或者持票人的票据。本法所称本票,是指银行本票。"由此可见,我国《票据法》所指的本票为银行即期本票,而未规定商业本票,这主要是从我国目前实际情况考虑的。银行本票,因是银行信用,较为常用。

9.1.3 支 票

1. 支票的定义

支票是银行存款户对银行签发的要求银行对特定的人或其指定人或持票人在见票时无条件支付一定金额的书面命令。签发支票是以存款者在银行存款账户上有足够数额存款或事先同银行洽订有一定的透支额度作为前提条件的。实际上,支票是以银行为付款人的即期汇票。

2. 支票的必要项目

(1)注明"支票"字样;

(2)无条件的支付委托;

（3）确定的金额；

（4）付款人姓名和商号；

（5）出票日期；

（6）出票人签字。

附：支票样本

Cheque for Usd50 000.00   New York，March 12，2006

Pay to the order of ××（收款人）

The sum of U. S. DOLLARS FIFTY THOUSAND

To：×× Bank，New York

                      ×××（签名）

3. 支票的种类

按照我国《票据法》，支票可分为现金支票和转账支票，现金支票可以向银行提取现金，转账支票通过银行将票款收入账户。转账支票也叫划线支票，是在支票正面划两道平行线，划线支票只能通过银行收款入账。使用划线支票的目的是为了在支票遗失、被人冒领时，还有可能通过银行代收的线索追回票款。

按各国票据法规定，支票可以由银行加"保付"（certified to pay）而成为保付支票（certified check）。支票一经保付，付款责任即由银行承担，出票人、背书人都可免予追索。付款银行对支票保付后，即将票款从出票人的账户转入一个专户，以备付款，所以保付支票提示时，不会退票。

在我国出口贸易中，如国外进口商交来支票作为支付凭证，为防止对方开立空头支票，除可要求对方出具"保付支票"外，还可在收到对方支票后，立刻委托我国内银行凭该支票向国外付款行收款，待支票面额收妥后方可发货，以防上当受骗。

9.2 汇付和托收

汇付和托收是国际贸易结算中两种常见的方式，均属于商业信用，即货款的成功收付与否关键在于买卖双方的信用，不存在银行信用担保。

9.2.1 汇 付

汇付（remittance），又称汇款，即付款人主动通过银行或其他途径将款项汇交收款人。

1. 汇付的当事人

（1）汇款人（remitter），一般为进口方；

（2）收款人（payee），一般为出口方；

（3）汇出行（remitting bank），也称进口地银行（importer's bank）；

（4）汇入行（paying bank），也称出口地银行（exporter's bank）。

2.汇付的种类

（1）信汇

信汇（mail transfer,M/T）是指汇出行应汇款人的申请将信汇委托书寄给汇入行,授权解付一定金额的款项给收款人的一种汇款方式。信汇委托书须由汇出行签字,经汇入行核对签字无误,证实信汇真实性后,方能解汇。信汇的优点是费用低廉,但收款人收到汇款的时间较迟。信汇业务程序如图9-1所示。

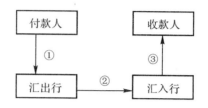

图 9-1　信汇和电汇业务程序图

图注:①汇款人向汇出行申请汇款;②汇出行以信函(信汇)或电报(电汇)授权汇入行解付一定金额给收款人;③汇入行解付金额给收款人。

（2）电汇

电汇（telegraphic transfer,T/T）是指汇出行应汇款人的申请拍发加押电报、电传或SWIFT给汇入行,授权解付一定金额的款项给收款人的一种汇款方式。在电报或电传上,汇出行应加注双方约定的"密押",以使汇入行核对金额和证实电报的真实性。电汇的优点是收款人收到汇款的时间迅速,但费用较高。电汇业务程序如图9-2所示。

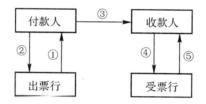

图 9-2　票汇业务程序图

图注:①汇款人向汇出行申请汇款;②出票行出具汇票交向汇款人;③汇款人将汇票寄交收款人;④ 收款人将汇票提示给指定受票行;⑤受票行对汇票付款或承兑。

（3）票汇

票汇（remittance by banker's draft,D/D）是指汇出银行应汇款人的申请,代汇款人开立以其分行或代理行为解付行的即期汇票,支付一定金额给收款人的另一种汇款方式。票汇业务程序如图9-2所示。

3.汇付在国际贸易中的应用

（1）预付货款

预付货款（pay in advance）是进口商先将货款的一部分或全部汇交出口商,出口商收到货款后,立即或在一定时间内发运货物的结算方式。预付货款有利于出口商,而不利于进口商。一般地,合同中规定买方应在装船前××天支付全部或一定比例的货款给卖方（Buyer should pay total or ××% amount to seller by T/T within ×× days before shipment. ）。

（2）货到付款

货到付款出口商先发货，进口商后付款的结算方式。与预付货款相反，货到付款有利于进口商，而不利于出口商，因为后者要承担进口商不付款的风险，实际上就是赊销（open account，O/A）。一般地，合同中规定买方应该在装船后若干天内支付全部或一定比例的货款给卖方（Buyer should pay total or ××% amount to seller by T/T within ×× days after shipment.）。

（3）双汇付

显然，预付货款与货到付款是两种比较"极端"的做法，有时会造成进出口双方利益的不平衡，对于初次交易的进出口双方而言，往往会因互不信任对方而不愿意采用上述（1）、（2）方式。随着国际贸易实践的发展，出现了"双汇付"的做法，就是将（1）、（2）方式有机地结合使用，正好可以缓解以上矛盾。

一般地，贸易合同中规定，买方应在合同签订后若干天内预付××%（一般为 20%～30%，下同）作为订金，若卖方不能如期装船，应将订金双倍退还买方；卖方在货物装船后1～2 天内将正本海运提单（B/L）传真给买方，买方收到后在×天（期限长短应考虑航线，若为近洋航线，大约为 1～2 天；若为远洋航线，可以适当延长）内电汇（T/T）剩余货款给卖方，并将电汇收据（T/T Receipt）传真给卖方，卖方收到后立即将正本 B/L 快递或电报放货（Telex Release）给买方。买卖双方应及时分别审核 B/L 和 T/T Receipt 的真实性，以保证上述条款的正常实现。

该做法对出口商来说，可以大大降低收汇风险，因出口商已收取订金，而且在装船后到货款落实前仍掌握海运提单；对进口商来说，如果出口商未按期装船，可要求退还双倍订金，而且在确定出口商装船后才 T/T 剩余大部分货款，不但不会占用大量资金，而且能保证收到货物。如果出现买方不及时付款，卖方无论如何要掌握提单，直至买方付款为止。实践中，我国企业与东南亚客户交易时大量采用此种方法。

【案例 9-1】　汇付遭拒付案

2005 年 11 月底，我方 A 公司与台湾地区 B 公司签订一份出口各式打火机合同，总价值 10118.00 美元，数量为 111000 只，只（为 1×20′集装箱），规定从上海运往基隆港（Kelung），到港时间不得晚于 12 月 17 日，支付方式为 B 公司收到目的港代理的接货通知书后 48 小时内将全部货款办理电汇（T/T）给 A 公司。由于装运期较为迫切，我方立即准备货物，并预定了 12 月 10 日船期（预计整个航程共需 7 天）。货物如期装船后，正本提单寄 B 公司。但因货物途经高雄时多停靠了 2 天，于 12 月 19 日才抵达目的港，客户于次日提货后，提出暂时拒付全部货款，待货物销完后再付，原因是货物未能如期到港，致使这批货物无法赶上当地圣诞节的销售高潮，其部分客户已纷纷取消订单，造成此批货物大量积压，给他带来巨大经济损失。A 公司多次电告 B 公司，告知货物未能如期到港（延误 2 天），我方是无法预料与控制的，再者，因备货时间短，我方已尽力将货物装上最早船期。A 公司多次要求 B 公司办理付款，B 公司均不予理睬。两个月后，A 公司只好请台湾地区某一友好客户 C 与 B 公司协商，B 公司才开始有所松口，条件是要求我方降价 30% 后才同意给予付款（客户称约有价值 30% 货物积压仓库）。经我方一再努力与之协商，最终才以我方降价 15% 告终，此案中我方直接损失 1500 多美元。如图 9-3 所示。

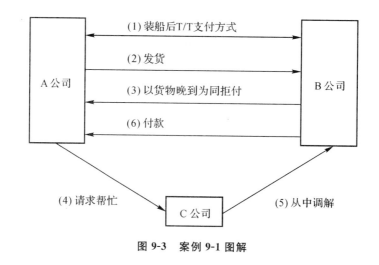

图 9-3　案例 9-1 图解

分析:

此案虽已了结,但给我们留下深刻的教训。

1.在签订合同时是否接受客户提出的特殊条款,应以我方能否保证这一条款的实现为前提,切不可掉以轻心,盲目接受。所谓特殊条款,一般是指非我方销售确认书(S/C)上原有或应有的,而是对方在签约时提出的对我方带有限制性的条款。本案中客户要求我方保证货物不得晚于 1997 年 12 月 17 日到达目的港,应属于客户的特殊条款。根据国际贸易海洋运输惯例,船方(或船代)可向托运人提供大约到港日(即为 ETA),但并不负有法律责任,仅供托运人参考,因为货物在整个运输过程中受到各种自然和社会因素影响,船方(或船代)对整个航程是无法准确预计的,更何况作为托运人的 A 公司。另外,本案中交货时间很紧,签约后仅十来天,我方又无法提前装运,更是无法保证这一条款的实现。在实际业务中,客户经常会对质量、运输、检验和支付方式等问题提出特殊条款,我方应谨慎对待,切勿盲目接受。

2.要谨慎选择支付方式。在本案中,我方接受了货物到港后对方付款(电汇),实属赊销(O/A),是我方收汇风险最大的一种方式,因我方已先行发货,且正本提单已寄客户,完全丧失物权,客户若借故拒付,是相当容易的。因此,可以这样说,我方选择了这一方式,为客户的日后拒付创造了条件。所以,在不了解对方资信或大宗交易的情况下,尽量避免用赊销方式,最好采用预付款(即先收款后发货)、信用证,或两者并用,这样在一定程度上可以避免收汇风险。

9.2.2　托　收

1.含义

根据国际商会《托收统一规则》(URC522,1995 年公布并于 1996 年生效)规定:托收(collection)是指由收到托收指示的银行根据所收到的指示处理金融票据(支付工具)和商业单据(装运单据)以便取得付款或承兑。通俗地说,也即托收是债权人(出口人)出具债权凭证(支付工具)委托银行向债务人(进口人)收取货款的一种支付方式。

2.当事人及其关系

根据"URC522"的规定,托收一般有如下几个当事人:

（1）委托人（principal），委托银行向国外付款人收款的出票人，通常为出口方。

（2）托收行（remitting bank），接受委托人的委托，办理托收业务的银行，通常为出口方银行。

（3）代收行（collecting bank），接受托收行的委托向付款人收取票款的进口地银行。通常为托收行的国外分行或代理行。

（4）提示行（presenting bank），向付款人作出提示汇票和单据的银行，可以是代收行委托与付款人有未来账户关系的银行，也可以由代收行自己兼行。

（5）付款人（payer），汇票的受票人，通常为进口方。

3. 种类及程序

按托收过程，汇票是否随附商业单据来划分，可以分为光票托收（clean collection）和跟单托收（documentary collection）。前者在托收过程中，汇票没有随附发票、提单等商业单据而单独使用，国际贸易中不常用；后者在托收过程中，汇票随附发票、提单等商业单据使用，国际贸易中货款的收取大都采用后者。在跟单托收的情况下，按照向进口人交单的条件不同，可分为付款交单（documents against payment，D/P）和承兑交单（documents against acceptance，D/A）。

（1）付款交单

付款交单是指即代收行在付款人（进口商）付款后才将全套托收单据交（放）给付款人，即以付款为条件的交单。按付款人付款期限的不同，分为即期（D/P at sight）和远期（D/P after ×× days'sight）。

①即期 D/P，即在付款人（进口商）见票后即期付款后，代收行才将全套托收单据交（放）给付款人，即以即期付款为条件的交单。业务程序如图 9-4 所示。

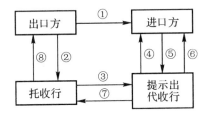

图 9-4　D/P 业务程序图

图注：①委托人（出口方）向付款人（进口方）发货物；②出口方整理好全套单据（含汇票、发票、提单等）交给托收行；③托收行将全套单据寄交代收行；④提示行向进口方提示汇票；⑤进口方见票后立即（或远期）履行付款责任；⑥进口方取得全套单据；⑦托收行将金额如数拨划给托收行；⑧托收行将金额如数拨划给出口方

②远期 D/P，即在付款人（进口商）见票后先承兑到期付款后，代收行才将全套托收单据交（放）给付款人，即以远期付款为条件的交单。D/P 业务程序如图 9-4 所示。

付款交单的最本质特点是，不管是即期 D/P 还是远期 D/P，代收行均以进口方付款为条件才将全套托收单据（发票、提单等）交给进口方。因此，如果进口方没有付款，银行通常情况下不会将单据交于进口方，所以其最大风险是进口方因市场发生不利变动等因素拒绝付款，但货物仍归出口方所有。

在远期 D/P 中，如果出现货物到达目的港日期早于付款日期，这样就出现进口方不能及时提货的问题。为了不耽误提货，进口方可以要求代收行允许其借出单据。其具体做法是,进口方向代收行出具信托收据(trust receipt,T/R),是进口方凭以借出运输单据,以便提货出售,取得货款再偿还代收银行的保函。这种做法对出口方或代收行来说有一定风险。因此,借出单据前对进口方的资信调查十分重要。按惯例,如果是出口方授权代收银行凭T/R借单给进口人,如果出现进口方没有按期偿还货款,后果由出口方负责;若是代收银行自主决定凭信托收据借单,如果出现进口方没有按期偿还货款,后果由代收银行负责,要赔偿出口方货款。

【案例 9-2】 D/P 的损失案

某外贸公司与某美籍华人客商做了几笔顺利的小额交易后,付款方式为预付。后来客人称销路已经打开,要求增加数量,可是,由于数量太多,资金一时周转不开,最好将付款方式改为 D/P AT SIGHT。当时我方考虑到采用 D/P AT SIGHT 的情况下,如果对方不去付款赎单,就拿不到单据,货物的所有权归我方所有。结果,未对客户的资信进行全面调查,就发出了一个 40′货柜的货物,金额为 3 万美元。事情发展极为不顺。货物到达目的港后,客户借口资金紧张,迟迟不去赎单。10 天后,各种费用相继发生。考虑到这批货物的花色品种为客户特别指定,拉回来也是库存,便被迫改为 D/A 30 天。可是,客户将货提出之后,就再也没有音信。到涉外法律服务处与讨债公司一问才知道,到美国打官司费用极高,于是只好作罢。

分析:

出口公司要从中吸取教训,并以下几点引起重视:

1.客户在开始时往往付款及时,后来突然增加数量,要求出口方给予优惠的付款条件如 D/P、D/A 或 O/A(OPEN ACCOUNT)。如果出口公司答应客户条件,为以后的纠纷埋下了隐患。

2.出口公司在接受客户 D/P 条件后,客户没有付款赎单,反而提出 D/A30 天。出口方应考虑到 D/A 的风险和后果。

(2)承兑交单(D/A)

承兑交单是指即代收行在付款人(进口商)承兑汇票后才将全套托收单据交(放)给付款人,即以承兑为条件的交单。付款交单的最本质特点是,D/A 条件下,代收行会以进口方承兑为条件将全套单据(发票、提单等)交给进口方。进口方获得单据后可以先行提货,其最大的风险是进口方因市场发生不利变动等因素到期拒绝付款,但货物已经被提走,出口方落得货款两空。承兑交单(D/A)程序如图 9-5 所示。

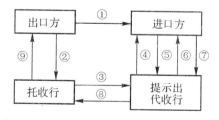

图 9-5 D/A 业务程序图

图注:①委托人(出口方)向付款人(进口方)发货物;②出口方整理好全套单据(含汇票、发票、提单等)交给托收行;③托收行将全套单据寄交代收行;④提示行向进口方提示汇票;⑤进口方见票后履行承兑责任;⑥进口方取得全套单据;⑦进口方到期履行付款责任;⑧托收行将金额如数拨给托收行;⑨托收行将金额如数划给出口方

【案例 9-3】　承兑交单(D/A)项下产生的拖欠

我国沿海一家进出口集团公司与澳大利亚 B 公司有 3 年多的合作历史,双方一直保持着良好贸易关系。合作初期,B 公司的订单数量不大,但是该公司的订货也很稳定,且付款情况也较好。后来,随着双方之间的相互了解和熟悉,我进出口公司为 B 公司提供了优惠付款条件,由最初的信用证即期、D/P 即期、D/A60 天到 D/A90 天,而双方的贸易额也由每年的六七万美元增加到七八十万美元。

2005 年 9 月,B 公司又给我进出口公司下了一批订单,货物总值 25 万美元,价格条件为 CIF 墨尔本,而我进出口公司在未对该客户进行严格信用审核的情况下,同意给予对方 D/A180 天的信用条件。2005 年 11 月,全部货物如期出运,我进出口公司也及时向银行议付了单据。

2006 年 5 月,汇票承兑日到期时,B 公司以市场行情不好,大部分货物未卖出为由,要求延迟付款。之后,我进出口公司不断给 B 公司发传真、EMAIL 等,要求该公司付款或退货。B 公司对延迟付款表示抱歉,并答应尽快偿付。2006 年 11 月,B 公司以资金困难为由,暂时只能偿付我进出口公司 3 万美元。我进出口公司表示同意,并要求马上汇款。即使这样,B 公司一会儿说其财务人员有病,一会儿又称其主要负责人休假,继续拖欠付款。

2007 年 1 月,B 公司总经理 K 先生辞职,在此之前,我进出口公司与 B 公司的所有交易都是经由 K 先生达成的。以后,B 公司对我进出口公司的所有函件没有任何答复。到 2007 年 3 月,我进出口公司与 B 公司失去联系。

2007 年 5 月,东方国际保理中心受理此案,通过调查得知,B 公司已于 2007 年 3 月申请破产。东方国际保理中心为我进出口公司及时申请了债券,尽力争取把其损失降到最低。但是,根据当地清算委员会的最初报告,保理中心了解到,B 公司的债务总额为其资产总额的 3 倍,且该公司 90% 以上的资产已经抵押给银行。不言而喻,我进出口公司将蒙受巨大的坏账损失。如图 9-6 所示。

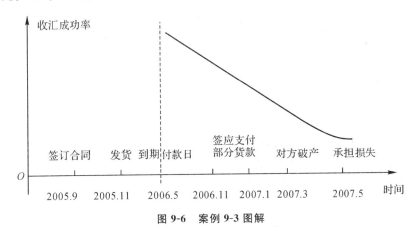

图 9-6　案例 9-3 图解

分析:

通过以上案例可以看出,当一笔海外应收账款没有即使收回的时候,企业最大的风险莫过于因对方破产而带来的坏账损失,即使对方的信用状况较好,有时候,遭受这种风险的可能也在所难免。通过对大量的拖欠案例的分析,客户在破产前会有一些迹象,请进出口企业注意观察如下征兆,必要时,应及时采取措施加以防范:

1.客户突然要求大量增加订单数量;

2.客户改变惯用的付款方式;

3.客户财务状况不好,资金不足,周转困难;

4.客户不断地变换拖延、拒付货款理由;

5.客户长时间不答复债权人的函电;

6.客户不提供书面的还款计划,或承诺付款声明;

7.客户公司的管理层内部发生重大变化。

4.托收在国际贸易中的应用

托收属于商业信用,采用托收作为支付方式时,卖方须先行发货,才能办理有关收汇业务,对卖方具有相对较大的风险。所以卖方选用时,应先了解托收的性质、风险和合同条款的签订。

(1)托收的性质

托收业务过程中虽然有多家银行的参与,但付款人是否对汇票付款或承兑纯粹看付款人的信用,银行在业务过程中,不管单据的审核,不管货物,也不管货款,即所谓的"三不管"原则,因此托收属于商业信用。

(2)托收的风险

不管是付款交单和承兑交单两种方式,均要求卖方先行发货,然后通过银行向买方收款,对买方相对有利,对卖方相对不利,而后者风险更大。在国际贸易中,卖方应谨慎选用。归纳起来,托收的风险主要体现在以下三个方面:

①在D/P即期票据提示时,买方或者以他手头资金短缺,要求改用其他延期付款的方式;或者以市场疲软,要求降低价格为借口,拒付单据。

②卖方将货物发运后,买方明确向卖方提出:因为卖方以前发运的货物存在着所谓严重的质量问题,使他蒙受巨大的损失。这一次,他必须先看货物在市场上的销售情况后再确定以前的补偿和此批货款的支付等问题。如果卖方不同意这样做,他将拒收此批货物。

③在D/A方式下,买方提走货物以后,在单**据的**付款期限到期后却迟迟不到银行支付货款。

(3)合同的条款

①付款交单(D/P at sight):买方应凭卖方开具的即期跟单汇票于见票时立即付款,付款后交单。(Upon first presentation the buyer shall pay against documentary draft drawn by the sellers at sight. The shipping documents are to be delivered against payment only.)

②承兑交单(D/A at after days'sight):买方应对卖方开具的远期跟单汇票于第一次提示时应即于承兑,并于到期日付款,承兑后交单。(Upon first presentation the buyer shall accept against documentary draft drawn by the sellers at ×× days'sight. The shipping documents are to be delivered against acceptance only.)

9.3 信用证

长期以来,信用证作为银行信用的支付方式,一直处于主导地位。虽然进入 20 世纪 90 年代以来,信用证在世界贸易中的使用率迅速下降,但是我国对外贸易结算仍以信用证为主(约占出口总额的 80%),其仍是出口企业首选的支付方式。在介绍信用证有关内容之前,有必要对《跟单信用证统一惯例 600 号出版物》(简称《UCP600》)作简要介绍。在 2006 年 10 月召开的国际商会(ICC)巴黎年会上,顺利通过了《UCP600》(2007 修订版),新版本将于 2007 年 7 月 1 日起实施。《UCP600》(2007 修订版)是在《UCP500》(1993 年修订版)的基础上修订,是对《UCP500》的不断完善。[①]《UCP600》第一条规定了统一惯例的适用范围,即"适用于所有在信用证正文中表明按本惯例办理的跟单信用证(包括本惯例适用范围内的备用信用证)。除非信用证中另有明文规定,本惯例对一切当事人均有约束力。"《UCP600》的内容包括六大部分,即总则与定义、信用证的形式与通知、责任与义务、单据、杂项规定和可转让信用证,已成为当事人保证信用证得以正常运作必须遵循的国际惯例。下面介绍的相关内容都在《UCP600》的框架之内。

9.3.1 含 义

根据《UCP600》规定,信用证(letter of credit,L/C)是指由银行(开证行)依照客户(申请人)的要求和指示或自己主动开立的,在符合信用证条款的条件下凭规定单据承诺付款的书面文件。这个定义中隐含三层意思:①信用证是由银行开立的,属于银行信用;②卖方(受益人)需要向银行出示单据;③出示的单据必须符合信用证条款等。

9.3.2 信用证的当事人

信用证涉及的当事人较多,一般有以下六个基本当事人:

1.申请人(applicant or opener),是指向银行申请开立信用证的人,即进口人或实际买主。

2.受益人(beneficiary),是指信用证上指定的有权使用信用证的人,即出口方或实际供货人。

3.开证行(issuing bank),是指接受委托开立信用证并承担保证付款的银行,一般为进口方银行。

4.付款行(paying bank or drawee bank),是指开证行指定的对信用证项下付款或充当汇票付款人的银行,可以由开证行自己承担,也可为进口方银行授权的银行。

5.通知行(advising bank),是指受开证行的委托,将信用证转交给受益人的银行,一般为开证行的往来行或出口方指定银行。

6.议付行(negotiating bank),是指开证行的授权买入或贴现受益人提交的符合信用证

---

① 本章所有涉及信用证业务的案例均发生在《UCP600》实施之前,所以,案例分析仍以《UCP500》为依据。

规定的汇票和单据的银行,一般为出口方银行或开证行指定的银行。

9.3.3 信用证业务程序

信用证业务程序比较复杂,环节较多,L/C 业务程序如图 9-7 所示(以即期信用证为例)。

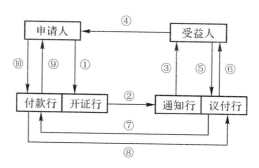

图 9-7　L/C 业务程序图

图注:①申请人向开证行申请开立信用证;②开证行开出信用证;③通知行将信用证通知给受益人;④受益人向申请人装运货物;⑤受益人将全套单据交给向议付行;⑥议付行审核单据确定无误后办理议付(垫付)给受益人;⑦议付行向付款行寄出单据;⑧付款行付款或承兑;⑨付款行向申请人提示单据;⑩申请人付款

9.3.4 信用证的主要内容

信用证内容简繁不一,但概括起来一般都包含以下六个方面的内容:

1.关于 L/C 本身的条款(about L/C):包括号码、种类、金额、开证日期、当事人等条款。

2.关于汇票的条款(about draft):包括汇票的当事人、金额、期限和主要条款等。

3.关于货物的条款(about goods):包括商品品名、数量、价格和包装等条款。

4.关于装运的条款(about shipment):包括装运港、目的港和转运港、是否允许分批转运、装运日期等条款。

5.关于单据的条款(about documents):包括要求受益人提交的单据种类、份数以及要求等条款,是跟单信用证的核心条款。

6.其他条款:

(1)关于特殊条款(about additional conditions):对于较为复杂的信用证,一般均有这个条款,比如对装运、单据等的特殊要求;

(2)开证行保证付款的文句;

(3)关于给议付行的指示(about banking instructions)。

附:信用证样本

−FAR EAST NATIONAL BANK OF SAN FRANCISCO

−CALIFORNIA U. S. A.

IRREVOCABLE DOCUMENTARY CREDIT	L/C NUMBER:XYZ123 DATE OF ISSUE:30TH MAY,2003 SAN FRANCISCO
EXPIRY DATE AND PLACE: JULY 30TH,2003 SHANGHAI	APPLICANT: ×× IMP AND EXP COMPANY ××,CA94104 U. S. A.
BENEFICIARY: ×× CO. ,LTD. ××,SHANGHAI CHINA	AMOUNT: USD10000. 00(U. S. DOLLARS TEN THOUSAND ONLY) AVAILABLE BY:BENEFICIARY'S DRAFTS AT SIGHT DRAWN ON US

(注:以上均为关于 L/C 本身的条款)

SHIPMENT DETAILS:

FROM SHANGHAI TO SAN FRANCISCO LATEST ON 30 JUN,2003

CIF SAN FRANCISCO U. S. A.

PARTIAL SHIPMENTS:NOT ALLOWED TRANSHIPMENT:ALLOWED

(注:以上为关于装运的条款)

　−DESCRIPTION OF GOODS:3 ITEMS OF SUNGLASSES AS PER SALES CONFIRMATION NO. TL-0201 DATED MARCH 15,2003

　　(注:以上为关于货物的条款)

　　+DOCUMENTS REQUIRED:

　−SIGNED COMMERCIAL INVOICE IN TRIPLICATE INDICATING SEPERATELY FOB VALUE,FREIGHT CHARGES,INSURANCE PREMIUM AND L/C NUMBER

　−FULL SET ORIGINAL CLEAN ON BOARD OCEAN BILLS OF LADING MADE OUT TO SHIPPER'S ORDER,ENDORSED TO THE ORDER OF FAR EAST NATIONAL BANK OF SAN FRANCISCO,MARKED FREIGHT PREPAID AND NOTIFY APPLICANT MENTIONING THIS L/C NUMBER

　−. MARINE INSURANCE POLICY OR CERTIFICATE FOR FULL CIF VALUE PLUS 10% COVERING CIC ALL RISKS AND WAR RISKS.

　　−PACKING LIST IN TRIPLICATE

　　−CERTIFICATE OF ORIGIN

　　(注:以上为关于单据的条款)

　　−+DETAILS OF CHARGES:ALL BANKING CHARGES AT YOUR END ARE FOR ACCOUNT OF BENEFICIARY

　　−+PERIOD FOR PRESENTATION:DOCUMENTS TO BE PRESENTED WITHIN 10 DAYS AFTER THE B/L DATE

一十 INSTRUCTION TO PRESENTING BANK: DOCUMENTS ARE TO BE DESPATCHED BY REGISTERED AIRMAIL IN ONE COVER

十 THIS CREDIT IS SUBJECT TO UCP 500

9.3.5 信用证的特点

1. 信用证是银行信用

《UCP600》第 15 条规定,对于各种类型的信用证,"当开证行授权另一银行凭表面上符合信用证条款的单据付款、承担延期付款责任、承兑汇票或议付时,开证行和保兑行(若有的话)有义务:①对已承担付款、承担延期付款责任、承兑汇票或议付的银行进行偿付;②接受单据"。在这个意义上,如果申请人倒闭,开证行还是照样履行要付款责任。

2. 信用证是自足文件

《UCP600》第 4 条阐明,信用证与合同的关系,"信用证按其性质与凭以开立的信用证的销售合同或其他合同,均属不同的业务"。虽然信用证是在合同的基础上开立的,但信用证一旦开立,就成为独立自主的文件。在这个意义上,银行在审核单据时往往只需对照信用证,而不是合同或者两者兼顾,所以受益人按信用证条款的要求操作,而不是按合同条款要求操作。

3. 信用证是单据交易

信用证如果出现信用证条款与合同不符,一旦受益人接受了,就要按信用证办事。因为《UCP600》第 5 条规定了单据与货物/服务/履约行为的关系,"在信用证业务中,有关各方所处理的是单据,而不是与单据有关的货物/服务/履约行为";《UCP600》第 34 条阐明了当事人对单据的真伪性不负责任。"银行对任何单据的格式、完整性、正确性、真实性、伪造或法律效力,或单据上规定的或附加的一般/及或特殊条件,一概不负责任;……"在这个意义上,有关银行只管单据而不管货物/服务/履约行为,只要受益人提交的单据与信用证条款一致,银行就要履行付款责任。否则,银行就可以不履行付款责任,哪怕货物/服务/履约行为是符合基础合同要求的。

【案例 9-4】 单证不符拒付案

某 A 公司在 2006 年 11 月与阿联酋迪拜某 B 公司签订了一份出口合同,货物为 1×20′集装箱一次性打火机。不久 B 公司即开来一份不可撤销即期信用证,来证规定装船期限为 2001 年 1 月 31 日,要求提供"Full set original clean on board ocean Bill of Lading..."(全套正本清洁已装船海运提单)。由于装船期太紧,A 公司便要求 B 公司展期,装船期限改为 2007 年 3 月 31 日。B 公司接受了 A 公司的要求修改了信用证。收到信用证并经全面审查后未发现问题,A 公司在 3 月 30 日办理了货物装船,4 月 13 日向议付行交单议付。

4 月 27 日接到议付行转来的开证行的拒付通知:你第××××号信用证项下的单据经我行审查,发现如下不符点:提单上缺少"已装船"批注。以上不符点已经与申请人联系,亦不同意接受。单据暂代保管,听候你方的处理意见。

A 公司的有关人员立即审复查了提单,同时与议付行一起翻阅与研究了《跟单信用证统一惯例》500 号出版物(以下简称《UCP500》)的有关规定,证实了开证行的拒付是合理的。A 公司立即电洽申请人,提单缺少"已装船"批注是我方业务人员的疏忽所致,货物确实是被如期装船的,而且货物将在 5 月 3 日左右如期到达目的港,我方同意他在收到目的港船代的提货通知书后再向开证行付款赎单。B 公司回复由于当地市场上一次性打火机的售价大幅下降,只有在我方降价 30% 后方可向开证行赎单。我方考虑到自己理亏在先,同时通过国内同行与其他客户又了解到,进口国当地市场价格确实已大幅下降,我方处于十分被动地位,只好同意降价 30%,了结此案。如图 9-8 所示。

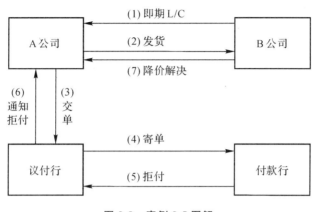

图 9-8　案例 9-5 图解

分析:

此案的案情并不复杂,却给我方带来巨大的损失,不得不引起深思。我们应该从中吸取以下教训:

1. 应尽早办理装运。A 公司虽然在信用证规定的装船期限内办理了装运,满足了信用证的要求,但距 B 公司开证时已 4 个多月了。在这段时间内,由于货物本身的消费特征以及国际市场供求情况的变化,货物的当地市场价格有可能大幅下降,为避免价格下降给我方带来的损失(其实也为避免我方的损失),我方应尽快办理装运。在此案中,B 公司曾多次来电要求我方尽早装运,但我方认为装运期仍未到,没有很合理地安排生产进度,以致在装船期即将临近时才办理装运,货物到港时已距 B 公司开证时 5 个多月,又恰逢当地市场价格下降,其实已为客户拒付货款埋下了伏笔。

2. 应严格按照信用证与《UCP500》的要求制作与审核单据。信用证要求提供"已装船"提单,我方应提供相应的提单,以便做到"单证相符"。根据《UCP500》第 23 条 A 款第 2 项规定,除非信用证另有规定,提单应注明货物已装船或已装具名船只,可由提单上印就的"货物已装上具名船只"或"货物已装运具名船只"的词语来表示。在此情况下,提单的出具日期即视为装船日期与装运日期。在所有其他情况下,装上具名船只,必须以提单上注明货物装船日期的批注来证实。在此情况下,装船批注日期即视为装运日期。案中的提单(提单上没有印就上述词语)则属于后一种情况,只要在提单上注明货物装船日期的批注就行了。如果我方业务人员能按照信用证的要求制作托运单(在托运单上注明要求提供"已装船"提单),承运人或其代理人根据托运单内容与《UCP500》的规定制作并签发提单,银行能根据信用证与《UCP500》来审核 A 公司交来的议付单据,那么上述案例也许就不会发生了。

9.3.6　信用证的种类

根据《UCP600》的规定,为保障受益人利益,信用证都是不可撤销的。而《UCP500》曾规定过,信用证可以分为不可撤销信用证与可撤销信用证。信用证按不同标准可以划分为以下几种类型：

1. 根据业务流程中使用的汇票种类不同，分为跟单信用证（documentary credit）与光票信用证（clean credit）

（1）跟单信用证

如信用证业务流程中使用的是跟单汇票，即跟单信用证，在信用证条款中就会有"单据要求"（document required）。

（2）跟票信用证

如果信用证业务流程中使用的是光票（汇票）的信用证，在信用证条款中就没有"单据要求"。在国际贸易中使用比较广泛的是跟单信用证。

2. 根据信用证付款期限的长短，分为即期信用证（sight credit）与远期信用证（usance credit）

（1）即期信用证

信用证业务流程中使用远期汇票的信用证，在信用证条款中会有"即期汇票"的条款（draft at sight）。

（2）远期信用证

信用证业务流程中使用即期汇票的信用证，在信用证条款中就会有"远期汇票"的条款（Draft at ×× days' sight）。对受益人而言，前者收款时间快，后者较慢。

3. 根据信用证是否可以转让，分为转让信用证（transferable credit）与不可转让信用证（non-transferable credit）

（1）可转让信用证

按《UCP600》第 38 条的解释，是指第一受益人可以要求授权付款，承担延期付款责任，承兑或议付的银行（"转让银行"），或在自由议付信用证的情况下，在信用证中特别授权转让的银行，将该信用证全部或部分转让给一个或数个受益人（第二受益人）使用的信用证。开证行对信用证的"可转让"的要求既明确又严格，即只有开证行在信用证中明确注明"可转让"的，信用证才能转让。诸如"可分割"（divisible）、"可分开"（fractionable）、"可转移"（transmissible）等用语并不能使信用证可转让。因此，如果信用证中使用了这些用语，银行可不予置理。

（2）不可转让信用证

如果 L/C 中没有规定"可转让信用证"或"不可转让信用证"，应视为不可转让信用证。

伴随着转口贸易的出现，在跟单信用证结算业务中也派生出一种转让信用证的结算方式。以香港地区转让信用证为例进行讨论。在这类转让信用证业务中，香港地区的商人（第一受益人）一般只充当中间商的角色，内地的进出口公司（第二受益人）为实际的供货商。第一受益人在收到进口商的信用证以后，通过当地的银行（转让银行）将其转让给内地的第二受益人，由第二受益人发货并向银行单据。待转让银行从原始信用证的开证行收到货款后，在向内地第二受益人付款。转让信用证的第一受益人为赚取商品的差价利润，一般会降低商品的价格，并缩短装船期和信用证有效期等项目以为其换单留出相应的时间。因此，转让信用证是一份经过"缩水"的信用证。

4.根据信用证是否保兑,分为保兑信用证(confirmed credit)与不保兑信用证(uncon-firmed credit)

(1)保兑信用证

由开证银行开出的信用证经另一家银行加以保证兑付,称为保兑信用证。凡在信用证上载文,愿意承担保兑者称为保兑银行(confirming bank),保兑银行通常是由通知银行担任。

(2)不保兑信用证

由开证银行开出的信用证未经另一家银行加以保证兑付,称为不保兑信用证。

在国际贸易实践中采用保兑信用证,这种信用证对于受益人而言,就同时取得了两家银行的付款保证。《UCP600》第 8 条规定了保兑行的责任,归纳起来,保兑信用证已明确的是保兑银行须直接向受益人负责,保兑银行议付时承担第一付款人角色,即保兑行应该按照开证行的授权或要求办理信用证的有关事项,独立对受益人负责。换言之,保兑银行充当和承担第一付款人的责任,而不是受益人向开证银行要求付款,被开证银行拒绝以后,才能向保兑银行要求偿付;也不是仅在开证行由于某种原因倒闭致使无法向受益人付款的情况下,才由保兑行向受益人履行付款义务。受开证行的委托,以自己的名义从事收单付款的行为,并对其行为负法律责任,承担与开证行相同的付款义务。

5.循环信用证

循环信用证(revolving credit)是指信用证被受益人全部或部分使用后,又恢复到原金额,再被受益人继续使用,直至用完规定的使用次数或累计总金额时为止的信用证。

它与一般信用证的不同之处在于它可以多次循环使用,而一般信用证在使用后即告失效。循环信用证主要用于长期或较长期内分批均匀交货的供货合同。使用这种信用证,买方可节省开证押金和逐单开证的手续费用,卖方也避免了等证、催证、审证的麻烦,因而有利于买卖双方业务的开展。

循环信用证按运用的方式不同,分为按时间循环和按金额循环两种:

(1)按时间循环信用证是指受益人在一定时间内可多次支取信用证规定金额的信用证。

(2)按金额循环信用证是指受益人按信用证规定金额议付后仍恢复原金额再继续使用,直至用完规定的循环次数或总金额时为止。在该项下,恢复到原金额的做法有三种:

①自动式循环:信用证规定的每次金额用完后,无需等待开证行通知,即可自动恢复到原金额,再次使用。

②半自动循环:信用证规定的每次金额用完后的若干天内,开证行未发出停止循环使用的通知,即可自动恢复到原金额,继续使用。

③非自动循环:信用证规定的每次金额用完后,必须待开证行的通知到达后,方能恢复到原金额,继续使用。

6.背对信用证

背对信用证(back to back credit),又称背对背信用证或从属信用证(subsidiary 或 sec-ondary credit),是适应中间商经营进出口业务的需要而产生的一种信用证。它是指出口人(中间商)收到进口人开来的信用证(称为母证)后,要求该证的通知行或其他银行以原证为基础,另开一张内容近似的新证(称为子证)给另一受益人(实际供货人)。这另开的新证就是背对信用证。背对信用证通常应用在转口贸易中。

新证开立后,原证仍有效,由新证开证行代原受益人(中间商)保管。原证的开证行与开证人同新证毫无关联,原因在于新证开证人是原证的受益人,而不是原证的开证人与开证行。因此,新证的开证行在对其受益人(供货人)付款后,便立即要求原证受益人(中间商)提供符合原证条款的商业发票与汇票,以便同新证受益人提供的商业发票与汇票进行调换,然后附上货运单据寄原证的开证行收汇。不过,新证交货期要短于原证交货期,其单价要低于原证,其金额也小于原证,以使原证受益人中间商提前时间办理交单议付,并使其有利可图。这里要注意,新证的内容除开证人、受益人、金额、单价、保险金额、装运期限、有效期限等可有变动外,其他条款一般与原证相同。只是新证条款的修改比较困难,所需时间也较长,原因在于新证条款如要修改,新证开证人需征得原证开证人的同意。

7. 对开信用证

对开信用证(reciprocal credit),是买卖双方各自开立的以对方为受益人的信用证,即在对等贸易中,交易双方互为买卖双方,双方各为自己的进口部分互为对方开立信用证,这两张互开的信用证便是对开信用证。

对开信用证从生效时间看,有两种做法:一是同时生效的对开信用证,即一方开出的信用证,虽已为对方所接受,但暂不生效,候另一方开来回头信用证被该证受益人接受时,通知对方银行两证同时生效;二是分别生效的对开信用证,即一方开出的信用证被受益人接受后随即生效,无需等待另一方开来回头信用证。

这种信用证在易货贸易、补偿贸易、来料加工、来件装配业务中的使用居多。

8. 预支信用证

预支信用证(anticipatory L/C)是指开证行允许受益人在货物装运前,可凭汇票或其他有关证件向指定付款行(通常为通知行)提前支取贷款的信用证。它与远期信用证刚好相反,是开证人付款在先,受益人交单在后。预交信用证分为全部预支和部分预支两种信用证。

(1)全部预支信用证是指仅凭受益人提交的光票预支全部货款,实际上等于预付货款,也有的要求受益人在凭光票预取货款时,须附交一份负责补交货运单据的声明书;

(2)部分预支信用证,是指凭受益人提交的光票和以后补交装运单据的声明书预支部分货款,待货物装运后货运单据交到银行再付清余款。预支货款要扣除利息。

为醒目起见,预支信用证的预支条款常用红字打出,习惯上称其为红条款信用证(red clauses credit)。不过,现在使用的预支信用证的预支条款,并非都用红字打出,即使用黑字打出,同样能起红条款信用证的作用。

9. 备用信用证

备用信用证(standby letter of credit),又称商业票据信用证(commercial letter of credit)、担保信用证或保证信用证(guarantee letter of credit),是指开证行根据开证人的请求开立的对受益人承诺某项义务的凭证,或者开证行对开证人不履行合同义务予以一般性付款担保的信用凭证。例如,开证行为开证人不履行合同义务而对受益人做出下列承诺担保:偿还开证人的借款或预支给开证人的款项;支付由开证人所承担的负债;对开证人不履约而付款。

可见,备用信用证实质上就是保函,是在开证人(债务人)不履约或违反约定时才使用的,因而有担保信用证之称。在一般情况下,备用信用证并不被使用,具有备用性质,这就是常说的往往"备而不用"。

《UCP600》仍把备用信用证列入信用证范围,明确规定该惯例的条文适用于备用用证。备用信用证之所以被称为信用证,是基于采用备用信用证,开证行的付款是以单证相符为条件的,它与跟单信用证有以下不同点:

(1)备用信用证可适用于除货物买卖之外的其他多种交易,如劳务贸易、工程项目承包等,其目的是为了融通资金或保证付款。跟单信用证则不同,它一般只适用于货物买卖,以清偿货款为目的。

(2)备用信用证具有保函性质,即受益人只有在开证人未能履行合同义务时才能行使信用证规定的权利,从开证行索偿,如果开证人履行了合同义务,受益人则无此权利,因此,它往往是备而不用的文件。跟单信用证则不具有保函性质,即只要受益人履行了信用证规定的条件,开证行必须付款。

(3)在备用信用证项下,受益人可凭其出具的汇票或证明开证人违约的证明书,向开证行索偿债款。在跟单信用证项下,受益人向开证行索偿,要以其提交符合信用证规定的货运单据为依据。

但要注意,一笔业务采用备用信用证时,如果在该证中作了"根据(《跟单信用证统一惯例》第 600 号出版物)开立"的限定,那么它的各方当事人的权利与义务就要依据该惯例的条文加以解释,而不能以"备用信用证实质上是银行保证函为由",同时加列"根据《合约保证书统一规则》(第 325 号出版物)开立"的文句,因为国际商会的这两种文件的立意及遵循的准则各异。

9.3.7　合同中的信用证条款

合同中应规定 L/C 种类、有效期、开证期限等内容。

1.即期信用证

即期信用证表示为"By irrevocable letter of credit available by seller's documentary draft at sight to be valid for negotiation in china until 15 days after date of shipment. The L/C must reach the sellers before ××."(通过不可撤销信用证,凭卖方的跟单汇票见票即获得支付,该证在装运后 15 天内在中国议付有效,该证必须在××前到达卖方。)

2.远期信用证

远期信用证则表示为"By irrevocable letter of credit available by seller's documentary draft at ×× days'sight to be valid for negotiation in china until 15 days after date of shipment. The L/C must reach the sellers before ××."(通过不可撤销信用证,凭卖方的跟单汇票见票后××天获得支付,该证在装运后 15 天内在中国议付有效,该证必须在××前到达卖方。)

9.4 其他支付方式

9.4.1 银行保函

1. 定 义

银行保函（banker's letter of guarantee，L/G）是指银行应客户的申请向受益人开立的有担保性质的书面承诺文件，一旦申请人未按其与受益人签订合同的约定偿还债务或履行约定义务时，由银行履行担保责任。

按照与基础合同关系的性质不同，银行保函可以分为见索即付保函（独立性保函）和从属性保函。见索即付保函是一种与基础交易的执行情况相脱离，虽根据基础交易的需要而出具，但一旦开立后其本身的效力不依附于基础交易合约，其付款责任仅以自身的条款为准的担保，它与基础交易合同之间是一种相互独立、各自具有法律效力的平行法律关系。担保人（银行）付款的唯一依据是单据，而不是某一事实。担保人（银行）与保函所可能依据的合约无关，也不受其约束。其有关的国际惯例是由国际商会制订并修订的《见索即付保函统一规则》，即国际商会第 458 号出版物，简称《UDG458》，目前国际结算中主要使用的就是见索即付保函。从属性保函是将担保责任置于基础交易合同的从属性地位，担保人（银行）在保函项下所承担的付款责任成立与否将只能依照基础合同的实际执行情况加以确定，主合同无效，从合同也无效，国内的银行做国内业务时大多采用的是从属性保函。

从担保银行所承担的付款责任看，可分为承担第一性付款责任的保函和承担第二性付款责任的保函。对于承担第一性付款责任的保函，其受益人无须事先向申请人追索，当保函项下担保责任未能履行时，可直接向担保银行追索，由担保银行履行担保责任。对于承担第二性付款责任的保函，当申请人没有完成基础合同所规定的责任时，受益人应先向申请人追索，当申请人未能履行责任时，再向担保人追索。

2. 办理手续

一般情况下，银行保函的办理手续如下：

(1)申请人需填写开立保函申请书并签章；

(2)提交保函的背景资料，包括合同、相关部门的批准文件等；

(3)提供相关的保函格式并加盖公章；

(4)提供企业近期财务报表和其他有关证明文件；

(5)落实银行接受的担保，包括缴纳保证金、质押、抵押、第三者信用担保或以物业抵押或其他方式作担保，授信开立等；

(6)由银行审核申请人资信情况、履约能力、项目可行性、保函条款及担保、质押或抵押情况后，可对外开出保函。

3. 银行保函与跟单信用证的比较

(1) 适用范围

跟单信用证适用于国际货物的买卖,而银行保函不但适用于国际货物的买卖,还适用于需要作担保的场合以及国际经济交往中货物买卖以外的其他各种交易方式。银行保函的种类主要包括借款保函、融资租赁保函、补偿贸易保函、投标保函、履约保函、预付款保函、付款保函以及来料或来件加工保函、质量保函、预留金保函、延期付款保函、票据或费用保付保函、提货担保、保释金保函及海关免税保函等。

(2) 与交易合同的关系

跟单信用证和银行保函都以交易合同为依据开立。如果保函是独立性的,则与跟单信用证一样,一旦开立,法律效力不依附于交易合同。如果保函为从属性的,则属于交易合同的从属合同,其法律效力随交易合同的存在而存在,随交易合同的消失而消失。

(3) 银行信用方

跟单信用证以银行信用代替商业信用,而银行保函是商业信用的一种补充,即提供了一种银行信用的担保。两者银行都有付款责任。跟单信用证下,银行为第一性的付款责任。如保函为独立性的,申请人未履行义务时,银行也是主债务人,受益人直接向其追索。如保函是从属性的,则受益人应先直接向申请人索偿,只有当申请人被法律强制执行仍无力履约时,受益人才可凭保函向担保银行索偿。

(4) 支付依据

在银行支付款项时,独立性保函和跟单信用证处理的是单据,单据符合信用证或保函的要求即付款;而如果保函是从属性的,则还要联系到合同的履约事实后考虑是否支付。

9.4.2 保 理

保理业务是一项集贸易融资、商业资信调查、应收账款管理及信用风险担保于一体的新兴综合性金融服务。近年来随着国际贸易竞争的日益激烈,国际贸易买方市场逐渐形成,赊销日益盛行,由于保理业务能够很好地解决赊销中出口商面临的资金占压和进口商信用风险的问题,因而在欧美、东南亚等地日渐流行并在世界各地迅速发展。据统计,2004 年,全球保理业务量已经达到了 8600 亿欧元,其中国内保理业务量达 7900 亿欧元,国际保理业务量超过 680 亿欧元。而同期,作为贸易大国的中国,保理业务量为 43 亿欧元(其中国内保理业务量为 35.6 亿欧元,国际保理业务量为 7.6 亿欧元),仅为全球保理业务量的 0.5%。可见,保理业务在中国具有较大的发展空间。

1. 定义

保理(factoring)即保付代理的简称,根据国际统一私法协会《国际保理公约》的定义,保理是指卖方、供应商或出口商与保理商间存在一种契约关系。根据该契约,卖方、供应商或出口商将其现在或将来的基于其与买方(债务人)订立的货物销售或服务合同所产生的应收账款转让给保理商,由保理商为其提供下列服务中的至少两项:贸易融资、销售分户账管理、应收账款的催收、信用风险控制与坏账担保。

2. 国际保理业务流程

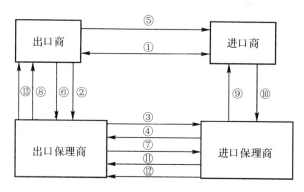

图 9-6 国际保理业务流程图

图注：①出口商寻找有合作前途的进口商；②出口商向出口保理商提出叙做保理的需求并要求为进口商核准信用额度；③出口保理商要求进口保理商对进口商进行信用评估；④如进口商信用良好，进口保理商将为其核准信用额度；⑤如果进口商同意购买出口商的商品或服务，出口商开始供货，并将附有转让条款的发票寄送进口商；⑥出口商将发票副本交出口保理商；⑦出口保理商通知进口保理商有关发票详情；⑧如出口商有融资需求，出口保理商付给出口商不超过发票金额的 80% 的融资款；⑨进口保理商于发票到期日前若干天开始向进口商催收；⑩进口商于发票到期日向进口保理商付款；⑪进口保理商将款项付出口保理商；⑫如果进口商在发票到期日 90天后仍未付款，进口保理商作担保付款；⑬出口保理商扣除融资本息(如有)及费用，将余额付出口商

9.5　各种支付方式的结合使用

9.5.1　三种方式的比较

汇付、托收与信用证的特点与性质是不同的，在选用的时候要认识到各种方式对买卖双方的风险。

1. 汇付与托收

汇付主要应用在预付款与赊销中，前者卖方先收款后发货，对卖方十分有利，对买方十分不利，而后者则刚好相反；托收有付款交单(D/P)和承兑交单(D/A)两种方式，均要求卖方先行发货，然后通过银行向买方收款，对买方相对有利，对卖方相对不利，而后者风险更大。

2. 信用证

信用证体现"独立性原则、凭单付款原则"，原本这种运行机制是非常有效的，但这种机制本身也存在漏洞，使得不法商人有机可乘，利用假证、"软条款"、假单、假货等进行信用证欺诈，这种欺诈行为已屡见不鲜。比如邓白氏国际信息咨询公司发现，他们所接的案例更多的是在信用证项下发生的，从而使得信用证的有效性大打折扣。

三种方式的比较如表 9-1 所示。

表 9-1　三种支付方式的比较

方　式	汇　付	托　收	信用证
性质	商业信用	商业信用	银行信用
卖方风险	采用赊销(O/A)时,十分不利	不管 DP 或 DA 均要求卖方先行发货,然后通过银行向买方收款,对卖方相对不利,而后者风险更大	买方可能通过假证骗取货物,通过在信用证设置"软条款"进行欺诈,使卖方遭遇风险
买方风险	采用预付款时,十分不利	对买方相对有利	卖方可能通过提供假单、假货进行欺诈

9.5.2　各种方式的搭配使用

基于上面的分析,进出口商在选择支付方式时常会出现矛盾,选择单一支付方式有时不免显得过于绝对。在国际贸易中经常出现各种方式结合使用的情况,大致有以下三种情况。

1. 汇付与信用证结合

出口贸易中汇付与信用证结合使用,是指一笔出口合同金额的一部分由信用证支付,另一部分通过汇付(一般采用电汇,即 T/T)支付。比如常见的做法是,合同中规定合同中支付方式为,$x\%$(一般为 70%～80%,下同)货款由信用证支付,剩余 $y\%$(一般为 20%～30%,下同)货款应由买方(即进口商,下同)在不晚于货物装船前若干天通过汇付方式支付给卖方(即出口商,下同)。

2. 付款交单(D/P)与预付款相结合

合同中规定的支付方式为买方签订合同后先预付 $y\%$ 的订金,剩余 $x\%$ 采用付款交单(D/P)方式。买方已支付 20%～30% 的订金,一般不会拒付托收项下的货款,否则,订金将无法收回,因此,卖方的收汇风险将大大降低,即使买方拒付,仍可以将货物返运回国,订金将用于支付往返运费。但若进口国是巴基斯坦、叙利亚、约旦和孟加拉等国,情况就不一样了。这些国家的海关规定如货物返运回国,必须要向其提交买方出具的书面退货声明并经进口国银行书面证实后,海关才能办理退关及退货手续,否则不予办理有关手续。有了上述规定,如果买方在拒付 D/P 后不愿出具书面退货声明,卖方就不能将货物返运回国。因此,这种情况下,买方拒付 D/P 的可能性大大提高,并在拒付之后往往提出降价等苛刻要求。因此,与上述国家的客商交易时,要慎重考虑。这种方式被较多地应用在与欧洲客户的交易中。

3. 跟单托收与信用证结合

跟单托收与信用证结合是指部分货款采用信用证支付,部分采用跟单托收支付。一般做法是,在出口合同中支付条款作如下规定:"买方须在装运月份前若干天送达,卖方不可撤销信用证,规定 $x\%$(一般为 40%～80%)发票金额凭即期光票支付,其余 $y\%$ 金额以跟单托收方式付款交单(即期或远期)。全套货运单据附于托收项下,在买方付清发票的全部金额后交单。如买方不能付清全部发票金额,则货运单据须由开证行掌握,凭卖方指示处理。"关键是使用光票信用证和跟单托收的结合。

4. O/A、D/A 和国际保理或出口信用险相结合

对卖方风险最大的挂账(O/A)、承兑交单(D/A),可以与国际保理或出口信用险结合使用。这里重点介绍一下国际保理。国际保理(international factoring)又称保付代理业务,是

指出口商以挂账(O/A)、承兑交单(D/A)等方式销售货物时,保理商买进出口商的应收账款,并向其提供资金融通、进口商资信评估、销售账户管理、信用风险担保、账款催收等一系列服务的综合金融服务方式。通过以上方式,出口商将挂账(O/A)、承兑交单(D/A)的收汇风险转移给相关机构,专心从事生产和收购等商务活动。随着国际贸易的不断开展,这种结合使用方式已经在我国越来越受到重视和应用。

9.6　实验教学

9.6.1　目　的

通过认识 L/C 实例,帮助学生加深对理论知识的理解和巩固。

9.6.2　要　求

根据以下 L/C 实例完成操作,基本看懂 L/C 的主要条款,找出信用证五大方面的条款:

1.关于 L/C 本身(号码、开证日期、当事人、金额等)。

2.关于货物的说明。

3.关于装运。

4.关于单据。

5.其他条款:

(1)关于特殊条款;

(2)开证行保证付款的文句;

(3)关于给议付行的指示。

TOKOYO NATIONAL BANK

IRREVOCABLE DOCUMENTARY CREDIT	L/C NUMBER:TNB002 DATE OF ISSUE:15TH FEB,2003, NOGOYA
EXPIRY DATE AND PLACE: MAY 15TH,2003 SHANGHAI	APPLICANT: YAKAHA CO. ,LTD.
BENEFICIARY: SHANGHAI ×× TRADING CO. LTD. ××,SHANGHAI CHINA	AMOUNT: USD25000.00(U. S. DOLLARS TWENTY — FIVE THOUSAND ONLY)
SHIPMENT DETAILS: FROM SHANGHAI TO NAGOYA LATEST ON 30TH APR. ,2003. PARTIAL SHIPMENTS:NOT ALLOWED TRANSHIPMENT:ALLOWED	AVAILABLE BY: BENEFICIARY'S DRAFTS AT SIGHT DRAWN ON US.

+DOCUMENTS REQUIRED:

—SIGNED COMMERCIAL INVOICE IN TRIPLICATE INDICATING L/C NUMBER

—FULL SET ORIGINAL CLEAN ON BOARD OCEAN BILLS OF LADING MADE OUT TO SHIPPER'S ORDER, ENDORSED TO OUR ORDER, MARKED FREIGHT PREPAID AND NOTIFY APPLICANT MENTIONING THIS L/C NUMBER

—. MARINE INSURANCE POLICY OR CERTIFICATE FOR FULL CIF VALUE PLUS 10% COVERING CIC ALL RISKS AND WAR RISK.

—PACKING LIST IN TRIPLICATE

—GSP CERTIFICATE FORMA.

—

—+DESCRIPTION OF GOODS:2 ITEMS OF "HOKO" BRAND OF LIGHTERS AS PER SALES S/C NO. YL—030201—1 DATED FEB. 01,2003.

—　CIF NAGOYA

—　SHIPPING MARKS:

—　　YKH

—　　YL—030201—1

—　　NAGOYA

—　　C/NO. 1—40

—+DETAILS OF CHARGES:ALL BANKING CHARGES AT YOUR END ARE FOR ACCOUNT OF BENEFICIARY

—+PERIOD FOR PRESENTATION:DOCUMENTS TO BE PRESENTED WITHIN 10 DAYS AFTER THE B/L DATE

—+INSTRUCTION TO PRESENTING BANK:DOCUMENTS ARE TO BE DESPATCHED BY REGISTERED AIRMAIL IN ONE COVER

+THIS CREDIT IS SUBJECT TO UCP 500.

小　结

1. 国际货款的收付,大多使用非现金结算,即采用各类金融票据来进行支付,应用于国际结算的金融票据主要有汇票、本票和支票。

2. 国际货款收付的主要方式有汇付、托收和信用证。前两者属于商业信用,后者属于银行信用,本章分别介绍它们的定义、种类、业务程序以及合同中的条款。

3. 汇付因其手续简单、费用低等优点而日益受到进出口商的青睐,尤其在发达国家之间越来越得到广泛应用;信用证因其银行信用,能相对保证进出口商的利益,不过其手续繁杂、费用高昂。

4. 为了规避风险和降低商务成本,各种方式的结合使用逐渐受到人们的关注,同时也是进出口商支付方式的理性选择的一种表现。

习 题

1. 单项选择题

(1)银行汇票的出票人是(　　)。

A. 银行　　　　　　B. 企业　　　　　　C. 银行或企业　　　D. 以上均有可能

(2)商业汇票的出票人是(　　)。

A. 银行　　　　　　B. 企业　　　　　　C. 银行或企业　　　D. 以上均有可能

(3)国际货物买卖使用托收方式,委托并通过银行收取货款,使用的汇票是(　　)。

A. 商业汇票,属于商业信用　　　　　　B. 银行汇票,属于银行信用

C. 商业汇票,属于银行信用　　　　　　D. 银行汇票,属于商业信用

(4)票汇业务,大多数情况下使用的汇票是(　　)。

A. 商业汇票,属于商业信用　　　　　　B. 银行汇票,属于银行信用

C. 商业汇票,属于银行信用　　　　　　D. 银行汇票,属于商业信用

(5)使用 L/C、D/P、D/A 三种支付方式结算货款,就卖方的收汇风险而言,从小到大依次排序为(　　)。

A. D/P、D/A、L/C　　B. D/A、D/P、L/C　　C. L/C、D/P、D/A　　D. L/C、DA、DP

(6)当信用证条款与买卖合同规定不一致时,受益人可以要求(　　)。

A. 开证行修改　　　B. 申请人修改　　　C. 通知行修改　　　D. 议付行修改

(7)在下列支付方式中,最有利于进口方的是(　　)。

A. 信用证　　　　　B. D/P 即期　　　　C. 预付款　　　　　D. D/A30 天

(8)既然信用证是依据买卖合同开立的,出口商要保证安全收汇,必须做到(　　)。

A. 提交的单据,必须与买卖合同规定相符

B. 提交的单据,必须与信用证规定相符

C. 当信用证与买卖合同不一致时,提交的单据,应以买卖合同规定为主,也要适当参照信用证有关规定。

D. 以上均有可能,视具体情况而定。

(9)多用于易货交易、来料加工和补偿贸易业务的是(　　)。

A. 循环信用证　　　B. 对背信用证　　　C. 对开信用证　　　D. 备用信用证

(10)如果信用证的有效期规定为 3 个月或 6 个月,但未列明从何时起算,按照《跟单信用证明统一惯例》的规定,其有效期应从(　　)。

A. 合同签定之日起算　　　　　　　　B. 货物装船之日起算

C. 信用证的开证日起算　　　　　　　D. 货物到达目的地之日起算

2. 判断题

(1)汇票经过背书后,可以转让。　　　　　　　　　　　　　　　　　(　　)

(2)对银行汇票是光票,商业汇票是跟单汇票。　　　　　　　　　　　(　　)

(3)银行汇票是一种商业汇票,所以属于商业信用。　　　　　　　　　(　　)

(4)对卖方而言,在汇付、托收和 L/C 三中支付方式中,汇付的风险最大。　　　(　　)

(5)票汇是汇付的一种方式,属于商业信用,故使用商业汇票。　　　(　　)

(6)L/C、D/P、D/A 三种支付方式中,买方最容易接受 D/A 方式,其有助于达成交易,扩大出口,所以我方应增加对 D/A 的使用。　　　(　　)

(7)信用证是银行应进口商的申请,向出口商开出的保证付款凭证,因此,进口商应承担第一付款人的责任。　　　(　　)

(8)托收是商业信用,信用证是银行信用　　　(　　)

(9)《UCP600》规定,不规定有效期的信用证无效。　　　(　　)

(10)《UCP600》规定信用证有效期为 3 个月,应从装运日开始起算。　　　(　　)

3: 简答题

(1)汇付在国际贸易中应用主要有哪几种方式,请简要说明之。

(2)D/P AT 30 DAYS AFTER SIGHT 和 D/A AT 30 DAYS AFTER SIGHT 有何区别? 各有什么风险?

(3)简述信用证支付的特点。

(4)何谓循环信用证,一般应用于哪些交易?

(5)何谓可转让信用证,一般应用于哪些交易?

4. 案例分析

(1)我国某公司出口一批红枣,合同与信用证均写明三级品,发货时才知三级红枣库存不足,便以部分二级红枣顶替,并在发票上注明:"二粉红枣仍以三级计价",问:这种以好顶次的做法是否妥当? 为什么?

(2)我国某公司向外国 A 商出口货物一批。A 商按时开来不可撤销信用证,我国公司按时装船并向议付银行交单(单证严格相符)。不久后我方接议付银行通知,称该开证行因经营不善已宣布破产,故其不再承担付款责任,开证行建议我方直接向 A 商索取货款。对此,我公司应如何处理? 为什么?

第 10 章 商品检验、索赔、仲裁与不可抗力

学习目标

通过本章的学习,要求能够理解商品检验权、装船前检验以及合同中检验、争议、索赔等基本概念。掌握合同中的商品检验、索赔、仲裁、不可抗力等基本条款内容。

本章重点

1. 商品检验与装船前检验
2. 解决争议的基本方式和选择
3. 仲裁协议的基本内容
4. 不可抗力的范围与法律后果

本章难点

1. 装船前检验基本做法
2. 解决争议的基本方式和选择

在国际贸易中,对进出口货物检验已经成为货物买卖的重要环节和买卖合同的一项重要内容。争议常有发生,如何处理争议是一个非常重要的问题,妥善处理一项争议,对于买卖双方维护自己的合法权益,同时保障贸易的顺利进行和发展至关重要。而妥善处理争议,必然需要了解包括争议解决方法等在内的与索赔和理赔相关的事宜。此外,国际贸易中,发生不可抗力导致合同无法正常履行的情况也时有出现,如何正确对待出现的不可抗力事件,也是国际贸易合同履行中的一项重要内容。

10.1 商品检验

10.1.1 商品检验的作用与意义

在国际贸易中,进出口商品检验是必不可少和十分必要的。作为买卖双方,进行必要的商品检验,可以保证货物的品质符合合同的要求,从而使合同得到正常有序的履行。同时,通过商品检验,卖方可以有效监控产品质量,提高自身的商业信誉,而买方可以及时发现商品品质问题,保障自身的合法权益。

此外,除买卖双方外,作为商品的进出口国,为了维护社会公共利益和进出口贸易有关各方的合法权益,促进对外经济贸易关系的顺利发展,对进出口商品品质进行管理,一般都制定了有关商品检验的法律或政府法令。在中国,1989 年 8 月 1 日起施行《中华人民共和

国进出口商品检验法》,在 2002 年 4 月 28 日第九届全国人民代表大会常务委员会第二十七次会议上通过了《关于修改〈中华人民共和国进出口商品检验法〉的决定》,对该法予以了修正。

10.1.2　检验权与检验机构

1. 检验权

在国际贸易中,货物买卖双方交接货物,通常要经过卖方生产、卖方检验、交付、买方检验、接受或拒收货物等环节。其中,买方检验是重点内容。实践中,对于买方检验环节,买卖双方通常在合同中予以了规定或者已形成一定的惯例。同时,对于买方的检验权,多数国家也以法规作出了规定。例如,《中华人民共和国合同法》第 157 条规定:"买受人收到标的物时应当在约定的检验期间内检验。没有约定检验期间的,应当及时检验。"第 158 条规定:"当事人约定检验期间的,买受人应当在检验期间内将标的物的数量或者质量不符合约定的情形通知出卖人⋯⋯当事人没有约定检验期间的,买受人应当在发现或者应当发现标的物的数量或者质量不符合约定的合理期间内通知出卖人⋯⋯"此外,对于买方的检验权在国际惯例或公约中也有所体现。例如,在《联合国国际货物销售合同公约》中,第 38 条规定:"①买方必须在按情况实际可行的最短时间内检验货物或由他人检验货物。②如果合同涉及货物的运输,检验可推迟到货物到达目的地后进行。③如果货物在运输途中改运或买方须再发运货物,没有合理机会加以检验,而卖方在订立合同时已知道或理应知道这种改运或再发运的可能性,检验可推迟到货物到达新目的地后进行。"第 58 条(3)款规定:"买方在未有机会检验货物前,无义务支付价款,除非这种机会与双方当事人议定的交货或支付程序相抵触。"

从以上规定可以看出,除双方另有约定外,买方有权对自己所购买的货物进行检验。但是,必须指出的是,买方对货物的检验并不一定是接受货物的前提条件,买方对收到的货物可以检验,也可以不进行检验,假如买方没有利用合理机会对货物进行检验,就是放弃了检验权,当然,也就丧失了拒收货物的权力。

此外,除了买卖双方对货物检验作出规定外,货物的进出口国通常还通过立法形式,规定某些商品在进口或出口时必须由法律规定的检验机构进行检验,并且检验合格后方可以放行。

2. 法定检验

(1)概念

进出口商品法定检验,是指进出口国的出入境检验检疫部门根据该国法律法规规定,对规定的进出口商品或有关的检验检疫事项实施强制性的检验检疫,未经检验检疫或经检验检疫不符合法律法规规定要求的,不准输入输出。法定检验的目的是为了保证进出口商品、动植物(或产品)及其运输设备的安全,卫生符合该国有关法律法规规定以及国际上的有关规定;防止次劣有害商品、动植物(或产品)以及危害人类和环境的病虫害和传染病源输入或输出,保障生产建设安全和人类健康。例如,在《中华人民共和国进出口商品检验法》中,第 4 条规定:"进出口商品检验应当根据保护人类健康和安全、保护动物或者植物的生命和健康、保护环境、防止欺诈行为、维护国家安全的原则,由国家商检部门制定、调整必须实施检验的进出口商品目录并公布实施。"

（2）检验机构

由于进出口商品的法定检验是由该国通过立法形式规定的，所以检验机构通常是由官方组织担任。例如《中华人民共和国进出口商品检验法》第 2 条规定："国务院设立进出口商品检验部门（以下简称国家商检部门），主管全国进出口商品检验工作。国家商检部门设在各地的进出口商品检验机构（以下简称商检机构）管理所辖地区的进出口商品检验工作。"我国的进出口商品法定检验机构主要为"中华人民共和国国家出入境检验检疫局"。该局为1998 年初由原国家进出口商品检验局、原卫生部卫生检疫局和原农业部动植物检疫局共同组建而成，归口国家海关总署领导，它的成立标志着我国出入境检验检疫事业进入了一个新的发展时期。回顾中国"三检"的历史沿革，"三检"分兵把口造成的交叉重复查验的现象较为严重，对口岸运作限制过多，对进出口贸易限制过多，大大削弱了我国口岸能力的发挥，直接影响了我国投资环境和对外贸易的持续发展，毫无疑问，"三检合一"，具有十分重要的现实意义。首先，有利于消除口岸查验政出多门所带来的重复管理、重复检验检疫、重复收费、通关效率低、企业负担重等一系列弊端，使"一次报验、一次取（采）样、一次检验检疫、一次卫生除害处理、一次收费、一次发证放行（即"六个一"）的工作规程具有现实可能性；其次，更便于履行和实现国家统一意志和主权，也便于国务院统一管理和地方政府的监督；其三，有利于减轻财政负担。过去"三检"均自成体系，而每一个体系都需要国家及地方投资建设，因此，不论是建立机构、配备人员，还是装备检验、检疫仪器设备，都存在"大而全"、"小而全"的重复建设问题。"三检合一"后，这种由于重复建设而带来的人力、财力、物力浪费问题便迎刃而解了。这样就方便了与国际检验检疫同行的技术交流活动，加快了国际上先进管理经验及检测技术成果的引进与吸收，使在短时间内迅速提高自身的竞争能力成为可能。

按照国务院批准的国家出入境检验检疫局方案规定，"三检合一"后的中华人民共和国国家出入境检验检疫局是主管出入境卫生检疫、动植物检疫、商品检验、鉴定、认证和监督管理的行政执法机构，其主要职责是：

①研究拟定有关出入境卫生检疫、动植物检疫及进出口商品检验法律、法规和政策规定的实施细则、办法及工作规程，督促检查出入境检验检疫机构贯彻执行。

②组织实施出入境检验检疫、鉴定和监督管理；负责国家实行进口许可制度的民用商品入境验证管理；组织进出口商品检验检疫的前期监督和后续管理。

③组织实施出入境卫生检疫、传染病监测和卫生监督；组织实施出入境动植物检疫和监督管理；负责进出口食品卫生、质量的检验、监督和管理工作。

④组织实施进出口商品法定检验；组织管理进出口商品鉴定和外商投资财产鉴定；审查批准法定检验商品的免验和组织办理复验。

⑤组织对进出口食品及其生产单位的卫生注册登记及对外注册管理；管理出入境检验检疫标志、进口安全质量许可、出口质量许可并负责监督检查；管理和组织实施与进出口有关的质量认证认可工作。

⑥负责涉外检验检疫和鉴定机构（含中外合资、合作的检验、鉴定机构）的审核认可并依法进行监督。

⑦负责商品普惠制原产地证和一般原产地证的签证管理；负责管理出入境检验检疫业务的统计工作和国外疫情的收集和分析，提供信息指导和咨询。

⑧拟定出入境检验检疫科技发展规划；组织有关科研和技术引进工作；收集和提供检验

检疫技术情报。

⑨垂直管理出入境检验检疫机构;开展有关出入境检验检疫方面的国际合作与技术交流,按规定承担技术性贸易壁垒和检疫协议的实施工作,执行有关协议。

⑩承办国务院及海关总署交办的其他事项。

综上所述,国家出入境检验检疫局的职责主要分为法定检验检疫、鉴定工作和监督管理三大方面。此外,进出口药品的监督检验、计量器具的量值检定、船舶和集装箱的规范检验、飞机(包括飞机发动机、机载设备)的适航检验、锅炉和压力容器的安全检验、核承压设备的安全检验等,分别由国家各有关主管部门归口实施法定检验和监督管理。上述产品的进出口,须依法向各专职检验部门申请办理,取得合格检验鉴定文件后,才能进口或出口。

（3）检验范围

法定检验的范围由国家法律作出规定,通常是由该国商检部门制定出必须实施检验的进出口商品目录。也就是说,必须实施检验的进出口商品目录内的进出口商品,属于法定检验的范围。我国法定检验的商品主要有:①列入《出入境检验检疫机构实施检验检疫的进出境商品目录》(简称《检验检疫商品目录》);②《中华人民共和国食品卫生法(试行)》规定,应实施卫生检验检疫的进出口食品;③危险货物的包装容器、危险货物运输设备和工具的安全技术条件的性能和使用鉴定;④装运易腐烂变质食品、冷冻品的船舱、货仓、车厢和集装箱等运载工具;⑤国家其他有关法律、法规规定须经出入境检验检疫机构检验的进出口商品、物品、动植物等。

必须指出的是,对于法定检验以外的进出口商品,国家的商检机构并非不进行任何监督管理,通常是其对法律规定必须经商检机构检验的进出口商品以外的进出口商品,根据国家规定实施抽查检验。

（4）检验标准及方法

法定检验进出口商品,通常按照该国家技术规范的强制性要求进行检验;如果尚未制定技术规范的强制性要求的,可以按照相关的国际通用标准或外国有关标准进行检验。法定检验的方法一般由商检机构决定,我国通常采用抽查。

（5）关于免验

在我国,列入必须实施检验的进出口商品目录的进出口商品,由收货人、发货人或者其生产企业提出申请,经国家质量监督检验检疫总局审核批准,可以免予检验(以下简称免验)。免验有效期一般为 3 年。免验商品免验应当符合以下条件:

①申请免验的进出口商品质量应当长期稳定,在国际市场上有良好的质量信誉,无属于生产企业责任而引起的质量异议、索赔和退货,检验检疫机构检验合格率连续 3 年达到百分之百。

②申请人申请免验的商品应当有自己的品牌,在相关国家或者地区同行业中,产品档次、质量处于领先地位。

③申请免验的进出口商品,其生产企业的质量管理体系应当符合 ISO 9000 质量管理体系标准或者与申请免验商品特点相应的管理体系标准要求,并获得权威认证机构认证。

④为满足工作需要和保证产品质量,申请免验的进出口商品的生产企业应当具有一定的检测能力。

⑤申请免验的进出口商品的生产企业应当符合《进出口商品免验审查条件》的要求。

此外,下列进出口商品不予受理免验申请:

- 食品、动植物及其产品;
- 危险品及危险品包装;
- 品质波动大或者散装运输的商品;
- 需出具检验检疫证书或者依据检验检疫证书所列重量、数量、品质等计价结汇的商品。

3.约定检验

(1)概念

约定检验是指货物买卖双方在交易中按形成的惯例进行检验或在合同中对检验的内容、方法、检验方等作出规定并按规定执行。

(2)机构

约定检验的机构一般由买卖双方在合同中予以规定。按照是否由政府设立,检验机构可以分为官方检验机构和独立检验机构。官方检验机构是由政府设立的监督检验机构,主要依照法律和行政法规的规定,对有关进出口商品进行严格的检验管理,如中华人民共和国国家出入境检验检疫局,美国食品药品管理局(简称 FDA)等。独立检验机构是指由商会、协会、同业公会或私人设立的半官方或民间商品检验机构,担负着国际贸易货物的检验和鉴定工作。由于独立检验机构承担的民事责任有别于官方商品检验机构承担的行政责任,所以在国际贸易中更易被买卖双方接受。独立检验机构根据委托人的要求,以自己的技术、信誉及对国际贸易的熟悉,为贸易当事人提供灵活、及时、公正的检验鉴定服务,受到对外贸易关系人的共同信任,已经成为检测市场的主流力量。在我国,按法律规定,经国家商检部门许可的检验机构,可以接受对外贸易关系人或者外国检验机构的委托,办理进出口商品检验鉴定业务。国际上著名的独立检验机构有美国担保人实验室(UL)、瑞士日内瓦通用鉴定公司(Societe Generale De Surveillance S. A. ,SGS)、美国材料与试验协会(ASTM)等。

需要指出的是,约定检验不一定都由专业检验机构担当,在交易惯例或合同中也较常出现由买卖双方自行担任检验人的约定。

(3)检验范围、标准及方式

约定检验的范围、标准和方式通常按照合同的规定或交易惯例。

10.1.3 检验证书及其作用

1.概念

检验证书(inspection certificate)是由商检机构签发的证明商品检验结果的书面证明文件。此外,经过买卖双方同意,也可采用由出口商品的制造商、出口商、进口商或者进口商的代理出具证明的办法。

2.种类

进出口商品的检验证书种类较多,在我国,常见的各种证书有以下几种。

(1)品质检验证书

品质检验证书证明进出口商品的品质、规格、等级、成分、性能等实际情况,是出口商品交货结汇,进口商品结算索赔,进出口商品报关、输出输入和仲裁诉讼的合法凭证。

（2）重量、数量检验证书

重量、数量检验证书证明进出口商品的重量，如毛重、净重和皮重等，是出口商品交货结汇、签发提单和进口商品结算、索赔的有效凭证；出口商品的重量证书，也是国外报关征税和计算运费、装卸费用的证件。

（3）兽医检验证书

兽医检验证书是证明出口动物产品或食品已经过检疫合格的证件，主要适用于出口冻品（冻畜肉、冻禽）、禽畜肉、罐头、皮张、毛类、绒类、猪鬃、肠衣等商品，是对外交货、银行结汇和进口国通关输入的重要证件。此外，出口食品包装箱和罐头上的兽医验讫证明标志，具有商检证书同等效用的官方兽医证明的作用。

（4）卫生/健康证书

卫生/健康证书是证明可供人类食用的出口动物产品、食品等经过卫生检验或检疫合格的证件。其适用于罐头、冻鱼、冻虾、食品、蛋品、乳制品、蜂蜜等，是对外交货、银行结汇和通关验放的有效证件。

（5）消毒检验证书

消毒检验证书是证明出口动物产品经过消毒处理，保证安全卫生的证件。其适用于猪鬃、马尾、皮张、山羊毛、羽毛、人发等商品，是对外交货、银行结汇和国外通关验放的有效凭证。

（6）熏蒸证书

熏蒸证书是用于证明出口粮谷、油籽、豆类、皮张等商品，以及包装用木材与植物性填充物等，已经过熏蒸灭虫的证书。

（7）残损检验证书

残损检验证书是证明进口商品残损情况的证件。其适用于进口商品发生残、短、渍、毁等情况；可作为收货人向发货人或承运人或保险人等有关责任方索赔的有效证件。

（8）积载鉴定证书

积载鉴定证书是证明船方和集装箱装货部门正确配载积载货物，作为证明履行运输契约义务的证件。可供货物交接或发生货损时处理争议之用。

（9）产地证明书

产地证明书是出口商品在进口国通关输入和享受减免关税优惠待遇以及证明商品产地的凭证。包括一般产地证和普惠制产地证等。

（10）价值证明书

价值证明书作为进口国管理外汇和征收关税的凭证。在发票上签盖商检机构的价值证明章与价值证明书具有同等效力。

此外，还有证明其他检验、鉴定工作的检验证书，如证明承运出口商品的船舱清洁、密固、冷藏效能及其他技术条件是否符合保护承载商品的质量和数量完整与安全要求的验舱等证书等。

不同的检验机构出具的检验证书格式一般略有不同，但一般都要包括发货人、收货人、商品、唛头、数量、重量和检验结果等内容。

附:国家出入境检验检疫局检验证书

---

1. NAME OF CONSIGNOR：

2. NAME OF CONSIGNEE：

.INSPECTION CERTIFICATE

3. NO. ：
4. DATE：

5. COMMODITY：

6. SHIPPING MARKS：

7. QUANTITY：

8. WEIGHT：

9. RESULTS OF INSPECTION：

10. SIGNATURE

ENTRY-EXIT INSPECTION AND QUARANTINE OF PEOPLE'S REPUBLIC OF CHINA

---

3. 作用

在国际贸易中,商品检验证书的作用是:

(1)海关放行的依据。对于法定检验的产品,如果没有经过国家检验机构的检验并检验合格,将无法出口或进口。

(2)议付货款的依据。如果合同中规定交货时需要提供检验证明,那么如果未提交符合要求的检验证明,买方可以拒绝付款。

(3)货物符合合同的依据。检验证书可以作为证明交货的品质、数量、包装以及其他条件等是否符合合同规定的依据。

(4)索赔和理赔的依据。买卖双方对交货品质、数量、包装以及卫生条件与合同规定是否相符发生争议时,买卖双方可以凭检验证书作为拒收、索赔或理赔的依据。

10.1.4 关于装船前检验

1. 概念

装船前检验是指雇佣独立的专业公司来检验海外订购货物的装载情况,主要是检验价格、数量和质量。这个做法被许多发展中国家所采用,其目的在于防止资本外流、商业欺诈以及逃避海关关税等情况的发生,保护国内财政利益和弥补行政管理机构的不足。这些发展中国家的政府部门颁布法令,实施"进口货物全面监管计划"(简称 CISS),该计划的主要内容就是装船前检验,即指定国际公证检验机构对进口货物在出口国进行检验,检验合格后出具清洁报告书并允许进口,如果检验结果不合格,将拒绝进口。而通常这些国际公证检验机构主要有 SGS(瑞士通用公证行)、IITS(英国英之杰检验集团)、BV(法国船级社)、OMIC(日本海外货物检查株式会社)等。国际上实施 CISS 的国家(或地区)主要包括:安哥拉、阿根廷、玻利维亚、布基那法索、布隆迪、柬埔寨、喀麦隆、中非、刚果共和国、象牙海岸、厄瓜多尔、几内亚、肯尼亚、马拉维、马里、毛里塔尼亚、墨西哥、巴拉圭、秘鲁、菲律宾、卢旺达、塞内加尔、刚果民主共和国、赞比亚等。

2.程序

以在中国办理装船前检验,由 SGS 检验为例,检验通常按以下程序进行。

(1)出口成交

出口商按正常的贸易程序与进口商达成出口交易,进口商把有关这笔交易的情况通知本国的 SGS 联络办公室,同时通知出口商须请 SGS-CSTC 通标公司验货。(注:SGS-CSTC 通标公司,系瑞士通用公证行(SGS)与中国标准技术开发公司(CSTC)共同组建的合资公司,成立于 1991 年,截至 2004 年,已在中国包括上海、天津、大连、青岛、广州、厦门、深圳、宁波、秦皇岛、南京等地设有 17 家分支机构)SGS-CSTC 收到进口国 SGS 联络办公室的通知(检验编号)后,传真(邮寄)给出口商一份注明"SGS 检验编号"(I. O. NO.)和 SGS-CSTC "ICN"编号的空白验货申请表(RFI),通知出口商提交单据,安排验货。

(2)申请检验

为安排检验,出口商需填写带有 SGS 检验编号的验货申请表(RFI),连同相关单据一起传真(寄)给离验货地点最近的 SGS-CSTC 分公司。一般出口商须在检验日期的 3 个工作日前,把 RFI 和相关单据交给 SGS-CSTC 分公司。

(3)SGS-CTSG 进行检验

SGS-CSTC 的检验员将对照出口商的形式文件,检验货物的规格、名称、数量、外观质量,必要时要抽取样品。

(4)SGS-CSTC 出具所要求的最终文件

此外,如果出口商收到的信用证上要求"在出口商的发票上贴 SGS 安全标签(Security label)",出口商可提交一份最终出口发票给最近的 SGS-CSTC 分公司,并领取安全标签,或要求 SGS-CSTC 将安全标签邮寄给出口商。请注意,只有在完成以上(1)~(4)的程序后,SGS-CSTC 才会签发安全标签。

10.1.5　进出口商品检验的程序

1.进出口商品约定检验的时间和地点

在约定检验中,关于检验时间和地点的规定主要包括:

(1)在出口国产地检验

货物发货前,由卖方会同买方检验人员对货物进行检验,卖方只对商品离开产地前的品质负责,货物离产地后运输途中品质的变化,由买方负责。

（2）在装运港（地）检验

货物在装运前或装运时由双方按约定方式检验，并出具检验证明，作为确认交货品质和数量的依据，这种规定，称为以"离岸品质和离岸数量"为准。

（3）目的港（地）检验

货物在目的港（地）卸货后，由双方按约定方式检验，并出具检验证明，作为确认交货品质和数量的依据，这种规定，称为以"到岸品质和到岸数量"为准。

（4）买方营业处所或用户所在地检验

对于那些密封包装、精密复杂的商品，不宜在使用前拆包检验，或需要安装调试后才能检验的产品，可将检验推迟至用户所在地，由双方按约定方式检验并出具证明。

（5）出口国检验，进口国复检

这种方法，最为方便且合理，在国际贸易实践中多采用这一做法。需要指出的是，买方复验，是指买方收到货物后有复验权，而复验期限的长短，应视商品的性质和港口情况而定。复验方、复验地点应在合同中予以规定。

10.1.6 我国进出口商品的法定检验程序

在我国，进出口商品的法定检验程序如图 10-1 所示。

图 10-1 我国进出口商品的法定检验程序

1. 进口商品

（1）报检

关于法定检验进口商品的报检，《进出口商品检验法》规定："本法规定必须经商检机构检验的进口商品的收货人或者其代理人，应当向报关地的商检机构报检。"这一规定包含以下几层含义：一是报检也称为报验。法定检验进口商品的报检时间是要在必须经商检机构检验的进口商品到货后，如果上述商品还未到货，则不能向商检机构报检。二是法定检验的进口商品的报检主体为收货人或者其代理人。同时，《进出口商品检验法》还对进口货物的收货人的代理人报检的要求作出了规定，即为进口货物的收货人办理报检手续的代理人应当在商检机构进行注册登记，办理报检手续时应当向商检机构提交授权委托书。三是报检地点是报关地的商检机构。

（2）检验及出证

根据《进出口商品检验法实施条例》的规定："对外贸易合同或者运输合同约定商品检验地点的，在约定的地点进行检验；未约定检验地点的，在卸货口岸、到达站或者商检机构指定的地点进行检验。大宗散装商品、易腐烂变质商品以及卸货时发现残损或者数量、重量短缺的商品，必须在卸货口岸或者到达站进行检验。需要结合安装调试进行检验的成套设备、机电仪器产品以及在口岸开件检验后难以恢复包装的商品，可以在收货人所在地进行检验。"向商检机构报验的期限，由于进口商品的不同，索赔有效期和品质保证期不同，因而，规定的报检时间也不同。一般商品应在到达报验地点 3 天内，向所在地区的商检机构报验。如果索赔期已近,来不及完成检验出证时,收货人要事先向国外办理延长索赔期的手续。但对口岸卸货时发现有残损、短少的进口商品,应当立即报验,以便在卸货地检验,确定残损缺少状况,判明原因和责任归属。商检机构应当在国家商检部门统一规定的期限内检验完毕,并出具检验证单。

（3）验放

海关凭商检机构签发的货物通关证明验放,即海关对法定检验的进口商品只能凭商检机构签发的出入境货物通关单验放。

2.出口商品

（1）报检

法定检验的出口商品的报检主体为发货人或者其代理人。为出口货物的发货人办理报检手续的代理人应当在商检机构进行注册登记,办理报检手续时应当向商检机构提交授权委托书。报检的地点和期限应当按照商检机构的规定。商检机构规定的地点,是指货物装运口岸和商品集中的产地或储存地。报检的期限根据有关规定,出境货物最迟应于报关或装运前 7 天报检,对于个别检验检疫周期较长的货物,应留有相应的检验检疫时间。发货人向商检机构报检时,应当填写出境货物报检单并提供对外贸易合同（售货确认书或函电）、信用证、发票、装箱单等必要的单证,商检机构经审查后接受报检。商检机构对出口商品进行检验应具备下列条件:一是对外贸易关系人已对外签订销售合同,凭信用证支付货款的,已收到国外开来的信用证,并明确了装运条件和检验依据。二是出口货物已备齐,除散装货、裸装货外,已包装完毕,外包装符合出口要求。三是除合同、信用证规定的中性包装外,已刷好出口标记。四是整批商品堆码整齐,便于检验人员查看包装和标记,进行抽样和现场检验。

（2）检验、出证。

关于法定检验出口商品检验证单的出具,商检机构在国家商检部门统一规定的期限内检验完毕,并出具检验证单。商检机构在对出口商品检验后,对检验合格的商品,按照对外合同、信用证、有关国际规定或者申请人的要求,可出具各类商检证书,主要包括品质证书、数量或重量证书、熏蒸证书等。同时,商检机构为了便于出口商品在国内有关部门办理手续或商检机构之间沟通情况,简化检验程序,可签发有关商检单证,主要包括:一是预验结果单,即出口商品经商检机构预先检验合格后对内签发,用于商品出口时向当地商检机构换证用。二是出口商品检验换证凭单,即出口商品经发运地的商检机构检验合格后对内签发,用于商品出口时申请人凭此向口岸商检机构申请出口检验换证用。三是出口商品放行单,即法定检验商品经检验合格后对内签发,海关凭此对法定检验商品验放出口。四是不合格通知单,即出口商品经商检机构检验不合格时对内签发,此单签发后出口商品不能放行出口。五是海运出口危险货物包装容器性能检验结果单,即商检机构对出口危险货物的包装容器性能鉴定合格后对内签发。使用危险货物包装容器的单位向商检机构申请包装容器使用鉴定时需要提供该单。六是海运出口危险货物包装容器使用鉴定结果单,即海运危险货物有包装容器经商检机构进行使用鉴定合格后对内签发,供外贸经营单位装运出口危险货物和办理出口装运等手续用。七是委托检验结果单,即商检机构接受有关单位委托申请,对商品进行检验后对内签发,供申请人了解委托样品情况用。

（3）验放

为了加强对出口商品的通关管理,我国建立了"先报检、后报关"的通关机制,要求企业先向商检机构报检,经审核后,由商检机构出具统一的采用防伪技术的通关单,海关对法定检验的出口商品只能凭商检机构签发的出入境货物通关单验放,即海关凭商检机构签发的货物通关证明验放,也就是说,海关对法定检验的出口商品只能凭商检机构签发的出入境货物通关单验放。

10.1.7　合同中商品检验条款

1.检验条款的意义

在国际贸易中,进出口商如果能结合自己的企业、进出口商品的总体情况,灵活选用检验方式,制定出切实可行的检验条款,那么,检验条款的签订可以帮助出口商提高履行合同的质量,帮助进口商保障自己的权益。

2.常见检验条款

（1）确定检验方式

具体检验方式可分为自行检验、共同检验、产地检验、出口商品内地检验与口岸查验、出口商品到岸复验等多种方式。所以双方签订合同时,事先应该明确具体采取哪种方式检验,出口时,如果争取到自行检验形式,可以省去很多麻烦,但这需要出口企业提高自己产品的信誉度,只有在企业生产规范、产品质量稳定时才可能做到。另外,出口情况下,如果客户要求由某家检验机构对出口商品检验,而出口商对该家机构并不熟悉,那么出口商应该要求客户提供该机构的详细介绍,并在签约前与其联系,询问清楚该机构检验的具体要求,如方式、时限、费用等。

（2）确定检验内容

确定检验内容是商检条款的核心内容之一。在确定检验内容的时候,规定商品的品质指标要科学合理,并要结合行业或技术上的需要。需要补充一下的是,理论上讲,检验的内容包括检验的项目、类别、所用的标准、检验的方法等方面。不同的标准或不同检验的方法对同一种商品将会检验出不同结果。对于金额大、交货周期长的出口合同,将这些内容清清楚楚地写在合同上肯定是明智之举。

（3）选定检验机构

国际贸易领域的各类商品检验、鉴定机构很多,不同的商检机构的服务态度、工作作风和质量、收费标准千差万别。"公正性"、"公认性"很重要,这应是选择商检机构的首要条件。另外,选择检验机构可以选择国际一流的公证行,它们在世界各地特别是在中国内地的分支机构、办事处多,联系方便,申请检验和出证时间短,收费也比较规范。

（4）明确检验费用由谁承担

进出口业务中,出口时商检费用一般由出口商自己承担,到岸后的检验费用一般由进口商承担。不过,在出口时,当买家提出额外的商检要求时,出口商就得考虑费用该由谁承担的问题了,当然还要考虑额外的工作所占用的时间和对整个出口流程的影响。

示例：

货到目的港7天内经××商品检验局复检,如发现品质或数量或重量与本合同规定不符,买方凭××商品检验局出具的检验证明,向卖方提出退货或索赔,所有因退货或索赔引起的一切费用及损失均由卖方负担,属保险公司或船运公司责任者除外。(In case the quality,quantity or weight of goods be found not in conformity with those stipulated in the contract after reinspection by the ×× Commodity Inspection Bureau within 7 days after arrival of the goods at the port of destination,the Buyers have right to return the goods or lodge claims against the Sellers for compensation of losses upon the strength of Inspection Certificate issued by the said Bureau,with the exception of those claims for which the insurers or the carriers are liable.)

【案例 10-1】　未保留货样以致无法正常应对索赔

中国 A 公司与国外 B 公司签订合同,出口一批茶巾。双方在商讨合同时,对于有关检验的权利和义务作了仔细讨论,最后达成了一致。货物到达 B 处后,不久,B 来电表示据其客户反映该批茶巾出现较为严重的褪色现象,提出要求 A 退回部分货款作为补偿。A 立刻着手处理该项索赔,但却发现由于出货时过于匆忙,忘记了留存大货样,所以对客户提出的问题无法予以验证,而此时客户又多次来电催促结果,A 公司十分被动。幸亏此时 A 公司恰好有业务员出差至 B 处,于是委托该业务员上门处理,结果发现是客户使用不当导致的褪色,和客户解释协调后,圆满解决了此次索赔。

分析:

只在合同签订时注意把握文字条款,在业务中是远远不够的,除了书面文字的合理外,对于货物检验问题,还要特别注意实践中的种种细节,A 公司面临的这次索赔就形象地说明了这个道理。如果不是恰好有业务员出差至 B 处,A 公司将处于非常尴尬的境地。

10.2　索　赔

10.2.1　索赔与理赔的概念

索赔是指国际贸易业务的一方违反合同的规定,直接或间接地给另一方造成损害,受损方向违约方提出损害赔偿要求。所谓理赔,是指违约方受理受损方提出的赔偿要求。可见,索赔和理赔是同一个问题的两个方面。在实际业务中,索赔条款通常与商检条款订立在一起。

10.2.2　违约责任与索赔权利

在国际贸易中,一方违反合同的规定,直接或间接地给另一方造成损害,受损方有权向违约方提出损害赔偿要求,但索赔并非可以无限制的,必须和违约方违约责任相对应。例如,《公约》中第七十四条规定:"一方当事人违反合同应负的损害赔偿额,应与另一方当事人因他违反合同而遭受的包括利润在内的损失额相等。这种损害赔偿不得超过违反合同一方在订立合同时,依照他当时已知道或理应知道的事实和情况,对违反合同预料到或理应预料到的可能损失。"此外,《公约》第七十七条还规定:"声称另一方违反合同的一方,必须按情况采取合理措施,减轻由于该另一方违反合同而引起的损失,包括利润方面的损失。如果他不采取这种措施,违反合同一方可以要求从损害赔偿中扣除原可以减轻的损失数额。"

此外,在违约情况下,受损害一方提出的赔偿损失的方式也是与对方的违约责任相联系的,例如,在《公约》中,第二十五条规定:"一方当事人违反合同的结果,如使另一方当事人蒙受损害,以致实际上剥夺了他根据合同规定有权期待得到的东西,即为根本违反合同。"第四十六条:"……(2)如果货物不符合同,买方只有在此种不符合同情形构成根本违反合同时,才可以要求交付替代货物……"第五十一条:"……(2)买方只有在完全不交付货物或不按照合同规定交付货物等于根本违反合同时,才可以宣告整个合同无效。"可见,受损害一方由于对方违约造成了损失后,要求采取的赔偿方式是受到违约方违约行为的严重性限制的,在违约方的违约行为不构成根本违反合同时,宣布合同无效、要求交付替代货物等法律救济方式就无法采用,而只能选择损害赔偿、对货物进行修理等救济方式。当然,双方协商所采用的解决方式不受限制。

【案例 10-2】 冻火鸡迟装导致的索赔案

美国 A 公司与国外 B 公司签订合同进口一批冻火鸡,合同规定 B 公司必须在 9 月底以前装船,但是 B 公司由于种种原因直至 10 月 7 日才将货物装船。A 公司表示将拒收货物,并提出撤销合同和赔偿损失要求。B 公司认为虽然装船迟于合同规定时间,但火鸡的品质完全符合要求,只同意赔偿部分损失,不同意撤销合同,请分析 A 公司的做法是否合理。

分析:

A 公司的做法是否合理,关键要从这批货物的具体用途考虑,如果 A 公司购买火鸡,只是用于一般日常的商业销售用途,通常不可以撤销合同。如果购买这批火鸡是有特殊用途,对时间有严格要求(例如为美国十一月的第四个星期四的感恩节准备),则迟装就会导致货物滞销甚至无法销售。在这种情况下,A 表示将拒收货物,并提出撤销合同和赔偿损失要求是合理的。

10.2.3 索赔条款的内容

合同中的索赔条款,主要应该包括索赔依据、索赔期限和索赔办法等内容。

1. 索赔依据

合同当事人在索赔时,必须提出充分的依据,包括事实依据、法律依据或者权威机构的证明文件等,如果缺乏相应的依据,都可能遭到对方的拒赔。

2. 索赔期限

索赔期限是指索赔的有效期限,通常的索赔期限有两种,一种是约定期限,另一种是法定期限。

3. 索赔办法

在现实业务中,对于索赔办法包括金额一般只作笼统规定,因为实际业务中造成对方损失的原因很多,签订合同时难以预计,而发生违约事实时,补救办法又是多样的,所以难以在合同订立时准确加以规定。

10.2.4 罚金或违约金条款

为保证合同履行,当事人双方可以事先在合同中约定一方违约时,应向对方支付的金钱,称为违约金或罚金。一般适用于迟延交货、延期接货、拖延开立 L/C、拖延付款等,并不以造成损失为前提,数额以约定为主,分惩罚性和补偿性两种。而且,如果是履行迟延造成违约方支付违约金,通常不能免除违约方继续按照合同履行义务的责任。不过必须指出的是,在英美法系的国家,惩罚性的违约金是不受法律承认的,一般在合同中将有惩罚性质的违约金称为补偿性违约金。

10.2.5　定金的含义

为保证合同履行,当事人双方可以事先在合同中约定一定数额作为定金,定金与预付款不同,是对合同履行的担保,买方违约,定金不得收回;卖方违约,定金双倍返还。定金的实践意义在于提高合同的履约率。但必须注意的是,首先,定金条款不能与预付款条款混同使用。其次,定金规定明确具体,通常在合同顺利履行后,定金转为合同价款的一部分。第三,合同中同时存在违约金和定金时,一方违约,只能选择其中一种使用。

10.3　仲　裁

10.3.1　概　述

在国际货物买卖中,当发生争议时,通常采取的解决争议的方式有友好协商、调解、仲裁、诉讼等。一旦发生争议,首先应通过友好协商的方式解决,以利于保护商业秘密和企业声誉。在协商不成的情况下,则当事人可按照合同约定或争议的情况采用调解、仲裁或诉讼方式解决争议。

1. 调解

由双方当事人自愿将争议提交选定的调解机构(法院,仲裁机构或专门的调解机构),由该机构按调解程序进行调解(conciliation)。若调解成功,双方应签订和解协议,作为一种新的契约予以执行;若调解意见不为双方或其中一方接受,则该意见对当事人无约束力,调解即告失败。

2. 仲裁

仲裁(arbitration)是指当事人达成书面协议,在某一事件或问题发生争议又不能协商解决时,自愿把争议提交给双方同意的仲裁机构,由仲裁机构依法做出对当事人双方均有约束力的裁决的一种非诉讼制度。

3. 诉讼

诉讼(litigation)是指一方当事人向法院起诉,控告合同的另一方,一般要求法院判令另一方当事人以赔偿经济损失或支付违约金的方式承担违约责任,也有要求对方实际履行合同义务。诉讼是当事人单方面的行为,只要法院受理,另一方就必须应诉。但诉讼方式的缺点在于立案时间长,诉讼费用高。另外,国际贸易中,异国法院的判决未必是公正的,同时,由于各国司法程序不同,当事人在异国诉讼也会比较复杂。

综观上述解决争议的方式,在国际贸易实践中,如果友好协商无法解决,仲裁是最被广泛采用的一种方式。

10.3.2　仲裁的特点

与采取诉讼的形式解决争议相比,仲裁主要有以下的特点:

1. 以仲裁协议为基础,充分尊重当事人意思自治。仲裁是以当事人自愿为前提的,包括自愿决定采用仲裁方式解决争议;自愿决定解决争议的事项,选择仲裁机构等;当事人还有权在仲裁委员会提供的名册中选择其所信赖的人士来处理争议。在涉外仲裁中,当事人双方可以自愿约定采用哪些仲裁规则和适用的法律等。

2. 一裁终局,即裁决一旦做出,就发生法律效力,并且当事人对仲裁裁决不服是不可以就同一纠纷再向仲裁委员会申请仲裁或向法院起诉的,仲裁也没有二审、再审等程序。

3. 一般不公开进行。此举可以防止泄露当事人不愿公开的专利、专有技术等。仲裁方式保护了当事人的商业秘密,更为重要的是仲裁从庭审到裁决结果的秘密性,使当事人的商业信誉不受影响,也使双方当事人在感情上容易接受,有利于日后继续生意上的往来。

4. 独立、公平、公正。仲裁是由仲裁庭独立进行的,任何机构和个人均不得干涉仲裁庭。此外,仲裁委员会聘请的仲裁员都是公道正派的有名望的专家,由于经济纠纷多涉及特殊知识领域,由专家断案更有权威性,而且仲裁中处于第三人地位,不是当事人的代理人,由其居中断案,更具公正性。

由于仲裁所具有的上述独立、公正和能迅速地解决争议,给予当事人以充分的自治权,以及具有灵活性、保密性、终局性和裁决易于得到执行等特点,加上其程序简便、结案较快、费用开支较少,从而为越来越多的国际贸易当事人选择并采用。

10.3.3　仲裁协议/条款的形式和作用

1. 概念

仲裁协议或条款是指当事人在合同中约定的或事后达成的将争议提交仲裁裁决的书面协议或条款。仲裁协议/条款独立于合同存在,不因合同的终止、无效而终止或无效。

根据我国仲裁法的规定,一项有效的仲裁协议须具备以下三个条件:①有提交仲裁的意思表示;②有选定的仲裁委员会;③有明确的仲裁事项。

2. 形式

仲裁协议或条款订立的形式主要有两种,即争议发生前订立或发生后订立。

3. 作用

仲裁协议或条款的作用主要包括以下三点:

(1)争议以仲裁解决,不得起诉。签订仲裁协议或条款后,发生争议时,应该将争议通过仲裁的形式解决,而非采取诉讼形式。

(2)排除法院对争议管辖权。需要指出的是,一旦选定以仲裁解决争议,达成协议,即排除法院争议的管辖权,但一方诉之法院,另一方首次开庭前未对法院受理提出异议的,视为放弃仲裁协议。

(3)仲裁机构取得对争议的管辖权。

10.3.4　仲裁条款的内容

在国际货物买卖中,仲裁条款的内容繁简不一,一般主要包括以下几个方面:

1. 仲裁地点的规定

在什么地方进行仲裁,是买卖双方在磋商仲裁条款时的一个重点。这主要是因为,仲裁地点与仲裁所适用的程序法以及合同适用的实体法关系极为密切。在我国,通常进出口贸易合同中的仲裁地点,视贸易对象和情况的不同,一般采用下述三种规定方法之一:

(1)力争规定在我国仲裁。

(2)可以规定在被告所在国仲裁。

(3)规定在双方认同的第三者国仲裁。

2. 仲裁机构的选择

国际贸易中的仲裁,可由双方当事人在仲裁协议中规定在常设的仲裁机构进行,也可以由当事人双方共同指定仲裁员组成临时仲裁庭进行仲裁。当事人双方选用哪个国家(地区)的仲裁机构审理争议,应在合同中作出具体说明。

目前国际上主要的仲裁机构主要包括以下几个。

(1)国际商会仲裁院(ICC)

国际商会仲裁院英文名为:The International Court of Arbitration of International Chamber of Commerce,英文简称为 ICC。在国际商事仲裁领域,ICC 是最具影响的仲裁机构之一。其成立于 1923 年,属于国际商会的一部分。

(2)美国仲裁协会(AAA)

美国仲裁协会英文名为:American Arbitration Association,英文简称为 AAA。美国仲裁协会成立于 1926 年,是一个非盈利性的为公众服务的机构。美国仲裁协会的总部设在纽约,在美国一些主要州设有分部。90 年代,为开拓亚太业务,美国仲裁协会成立亚太争议中心。美国仲裁协会的仲裁员来自很多国家,且数量达数千人之多。当事人也可以在其仲裁员名册之外指定仲裁员。在没有约定的情况下,所有案件只有 1 名仲裁员,即独任仲裁员。但如仲裁协会认为该案件争议复杂时,可决定由 3 名仲裁员组成仲裁庭。从案件数量上讲,美国仲裁协会的受案量世界第一,但其中劳动争议等美国国内案件占绝大部分。

(3)中国国际经济贸易仲裁委员会(CIETAC)

中国国际经济贸易仲裁委员会(以下简称仲裁委员会,自 2000 年 10 月 1 日起同时启用名称"中国国际商会仲裁院"),英文名为:China International Economic And Trade Arbitration Commission,英文简称 CIETAC,是中国国际贸易促进委员会根据中华人民共和国中央人民政府政务院 1954 年 5 月 6 日的决定,于 1956 年 4 月设立的,当时名称为对外贸易仲裁委员会。中国实行对外开放以后,为了适应国际经济贸易关系不断发展的需要,对外贸易仲裁委员会于 1980 年改名为对外经济贸易仲裁委员会,又于 1988 年改名为中国国际经济贸易仲裁委员会。从 1994 年起,中国国际经济贸易仲裁委员会已步入世界主要仲裁机构的行列,在国际争议受案量方面,一直排在世界前列。近年来,受理案件的争议金额也有大幅增长,在国际商事仲裁领域扮演越来越重要的角色。

(4)伦敦国际仲裁院(LCIA)

伦敦国际仲裁院英文名为:The London Court of International Arbitration,英文简称为 LCIA。它是世界上最古老的仲裁机构,成立于 1892 年。伦敦国际仲裁院设在伦敦,在仲裁案件中其主要作用是指定仲裁员和对案件进行一些辅助性的管理。它也设有仲裁员名册,仲裁员的成员也是多种多样,可以适应各种类型案件的需要。

（5）斯德哥尔摩商会仲裁院（SCC）

斯德哥尔摩商会仲裁院英文全称为：The Arbitration Institute of The Stockholm Chamber of Commerce，英文简称 SCC。斯德哥尔摩商会成立于 1917 年，其仲裁机构组织设立于 1949 年。设立的目的在于解决工业、贸易和运输领域的争议。SCC 的总部设在瑞典的斯德哥尔摩，包括秘书局和 3 名成员组成的委员会。SCC 解决国际争议的优势在于其国家的中立地位，特别以解决涉及远东或中国的争议而著称。

3. 仲裁程序法的适用

在买卖合同的仲裁条款中，应订明用哪个国家（地区）和哪个仲裁机构的仲裁规则进行仲裁。

4. 仲裁裁决的效力

仲裁裁决的效力主要是指由仲裁庭做出的裁决，对双方当事人是否具有约束力，是否为决定性的，能否向法院起诉要求变更裁决。

5. 仲裁费用的负担

通常在仲裁条款中明确规定仲裁费用由谁负担。一般规定由败诉方承担，也有规定为由仲裁庭酌情决定的。

6. 仲裁条款示例

一切因执行本合同引起的争议，均应由双方友好协商解决。如协商不能解决，则应提交仲裁，仲裁在中国进行。提交上海中国国际经济贸易仲裁委员会，按照其仲裁规则进行仲裁。该仲裁委员会的裁决为终局性的，对双方均有约束力，仲裁费用除非仲裁委员会另有裁定，概由败诉方承担。

（All Disputes Arising From The Performance of This Contract Should Be Settled Through Friendly Negotiation. Should No Settlement Be Reached Through Negotiation, The Case Shall Be Submitted Arbitration In China. The Case Shall Be Submitted To China International Economic And Trade Arbitration Commission，Shanghai And The Arbitration Rules of This Commission Shall Be Applied. The Award of The Arbitration Shall Be Final And Binding Upon Both Parties. The Arbitration Fee Shall Be Borne By The Losing Party Unless Otherwise Awarded By The Arbitration Organization. ）

10.3.5 仲裁程序

仲裁程序（arbitration procedure）是指双方当事人将所发生的争议根据仲裁协议的规定提交仲裁时应办理的各项手续。

仲裁程序的主要内容大致如下。

1. 提出仲裁申请

提出仲裁申请仲裁程序开始的首要手续。各国法律对申请书的规定不一致。在我国，《中国国际经济贸易仲裁委员会仲裁规定》规定：当事人一方申请仲裁时，应向该委员会提交包括下列内容的签名申请书：①申诉人和被诉人的名称、地址；②申诉人所依据的仲裁协议；③申诉人的要求及所依据的事实和证据。申诉人向仲裁委员提交仲裁申请书时，应附具本人要求所依据的事实的证明文件，指定一名仲裁员，预缴一定数额的仲裁费。如果委托代理人办理仲裁事项或参与仲裁的，应提交书面委托书。

2.组织仲裁庭

根据我国仲裁规则,申诉人和被申诉人各自在仲裁委员会仲裁员名册中指定一名仲裁员,并由仲裁委员会主席指定一名仲裁员为首席仲裁员,共同组成仲裁庭审理案件;双方当事人亦可在仲裁委员名册共同指定或委托仲裁委员会主席指定一名仲裁员为独任仲裁员,成立仲裁庭,单独审理案件。

3.审理案件

仲裁庭审理案件的形式有两种:一是不开庭审理,这种审理一般是经当事人申请,或由仲裁庭征得双方当事人同意,只依据书面文件进行审理并做出裁决;二是开庭审理,这种审理按照仲裁规则的规定,采取不公开审理,如果双方当事人要求公开进行审理时,由仲裁庭做出决定。

4.做出裁决

裁决是仲裁程序的最后一个环节。裁决做出后,审理案件的程序即告终结,因而这种裁决被称为最终裁决。根据我国仲裁规则,最终裁决外,仲裁庭认为有必要或接受当事人之提议,在仲裁过程中,可就案件的任何问题做出中间裁决或者部分裁决。中间裁决是指对审理清楚的争议所做暂时性裁决,以利对案件的进一步审理;部分裁决是指仲裁庭对整个争议中的一些问题已经审理清楚,而先行做出得部分终局性裁决。这种裁决是构成最终裁决的组成部分。仲裁裁决必须于案件审理终结之日起 45 天内以书面形式做出,仲裁裁决除由于调解达成和解而做出的裁决书外,应说明裁决所依据的理由,并写明裁决是终局的和做出裁决书的日期地点以及仲裁员的署名等。

当事人对于仲裁裁决书,应依照其中所规定的时间自动履行,裁决书未规定期限的,应立即履行。一方当事人不履行的,另一方当事可以根据中国法律的规定,向中国法院申请执行,或根据有关国际公约,或中国缔结或参加的其他国际条约的规定办理。

按照各国际仲裁规则的一般规定,仲裁裁决如系:在无仲裁协议的情况下做出的,或以无效(呈过期)的仲裁协议为据做出的裁决;仲裁员的行为不当或越权所做出的裁决;以伪造证据为依据所做出的裁决;或裁决的事项是属于仲裁地法律规定不得提交仲裁处理的裁决等,当事人可在法定期限内,请求仲裁地的管辖法院撤销仲裁裁决,并宣布其为无效。

10.4　不可抗力

10.4.1　不可抗力的含义和范围

不可抗力(force majeure)是指买卖合同签订后,不是由于当事人一方的过失或故意,发生了当事人在订立合同时不能预见,对其发生和后果不能避免并且不能克服的事件,以致不能履行合同或不能如期履行合同。遭受不可抗力事件的一方,可以据此免除履行合同的责任或推迟履行合同,对方无权要求赔偿。

不可抗力通常包括两种情况:一种是自然原因引起的,如水灾、旱灾、暴风雪、地震等;另一种是社会原因引起的,如战争、罢工、政府禁令等。但不可抗力事件目前国际上并无统一的明确解释。哪些意外事故应视作不可抗力,可由买卖双方在合同的不可抗力条款中约定。

10.4.2　不可抗力条款的规定

不可抗力条款是进出口合同中的一种免责条款,即免除由于不可抗力事件而违约的一方的违约责任。进出口合同中的不可抗力条款,按对不可抗力事件范围规定的不同,主要有以下三种方式。

1. 概括式

概括式是指即对不可抗力事件作笼统的提示。如"由于不可抗力的原因,而不能履行合同或延迟履行合同的一方可不负有违约责任。但应立即以电传或传真通知对方,并在××天内以航空挂号信向对方提供中国国际贸易促进委员会出具的证明书"。

2. 列举式

列举式是指即逐一订明不可抗力事件的种类。如"由于战争、地震、水灾、火灾、暴风雪的原因而不能履行合同或延迟履行合同的一方不负有违约责任……"

3. 综合式

综合式是指即将概括式和列举式合并在一起。如"由于战争、地震、水灾、火灾、暴风雪或其他不可抗力原因而不能履行合同的一方不负有违约责任……"综合式是最为常用的一种方式。

10.4.3　不可抗力法律后果及处理原则

不可抗力事件所引起的后果,主要有两种:第一是解除合同,第二是延迟履行合同,究竟是哪一种应结合具体情势商定。

10.4.4　不可抗力的通知

按照国际惯例,当发生不可抗力影响合同履行时,当事人要取得免责的权利,必须及时通知另一方,并在通知中提出处理的意见。例如,《公约》第79条第4款明确规定:不履行义务的一方必须将障碍及其对他履行义务能力的影响通知另一方。如果该项通知在不履行义务的一方已知道或理应知道此一障碍后一段合理时间内仍未为另一方收到,则他对由于另一方未收到通知而造成的损害应负赔偿责任。

10.4.5　不可抗力的证明

国际贸易中,当一方援引不可抗力要求免责时,都必须向对方提交证明文件,作为发生不可抗力的证据。在国外,一般由当地的商会或合法的公证机构出具。在我国,由中国国际贸易促进委员会或设在口岸的分会出具。

【案例10-3】　水灾会构成不可抗力吗?

某年3月,我国A公司与英国B公司成交小麦100公吨,每公吨CFR London 400英镑,总金额为40000英镑,交货期为当年5—9月。签约后,A公司购货地发生水灾,于是A公司以不可抗力为由,向B公司提出要求免除交货责任,解除合同,但B公司回电拒绝。请分析A公司要求以不可抗力免除交货的理由是否充分。

分析：

不可抗力事由发生后，带来两种后果，解除合同与延迟履行。在本案例中，合同所涉及的货物——小麦并非特定产地产品，即不是只有某一特定地区才有出产，所以 A 公司的购货地区发生水灾，其仍然可以从其他产地调集小麦，所以 A 公司无法要求免除交货义务。

10.4.6　不可抗力条款示例

不可抗力条款一般包括以下内容：①对不可抗力范围的限定；②规定不可抗力范围的方式；③发生不可抗力事故后的处理方法。

例如，由于战争、地震、洪水、火灾、暴风雨、雪灾或其他不可抗力的原因，致使卖方不能全部或部分装运或延迟装运合同项下的货物，卖方对于这种不能装运或延迟装运本合同货物的情况不负有责任。但卖方须用电报或电传通知买方，并须在×天内以航空挂号信件向买方提交由中国国际贸易促进委员会（或中国国际商会）出具的证明此类事件的证明书。

(If The Shipment of The Contracted Goods Is Prevented Or Delayed In Whole Or In Part By Reason of War, Earthquake, Flood, Fire, Storm, Heavy Snow Or Other Causes of Force Majeure, The Seller Shall Not Be Liable For Non-Shipment Or Late Shipment of The Goods of This Contract. However, The Seller Shall Notify The Buyer By Cable Or Telex And Furnish The Latter Within ××× Days By Registered Airmail With A Certificate Issued By The China Council For The Promotion of International Trade(Or China Chamber of International Commerce)Attesting Such Event Or Events.)

小　结

1. 商品检验涉及较多的概念，如检验权、检验机构、检验证书、装船前检验等；商品检验的基本程序十分重要，对实践具有指导作用，装船前检验尤其应引起重视。

2. 索赔、仲裁与不可抗力是合同中较为固定的条款（一般都事先印制好），它同样是不可缺少的部分，有着不可忽视的作用。

3. 应掌握合同中索赔、仲裁与不可抗力条款的基本内容。

习　题

1. 单项选择题

(1)目前，中国进出口商品法定检验的主要机构是（　　）。

A. 进出口商检局　　　　　　　　　B. 出口地海关

C. 各出口商自行检验　　　　　　　D. 中华人民共和国国家出入境检验检疫局

(2)中华人民共和国国家出入境检验检疫局是由原国家三个部门合并组建而成的，其中,不包括(　　)。

A.国家进出口商品检验局　　　　　　B.卫生检疫局

C.动植物检疫局　　　　　　　　　　D.食品药物检验局

(3)在中国,出口商品的报检主体是(　　)。

A.发货人或其代理人　　　　　　　　B.生产人

C.运输人　　　　　　　　　　　　　D.进口商

(4)对于约定检验,最通行的方法是(　　)。

A.在出口国产地检验

B.目的港(地)检验

C.买方营业处所或用户所在地检验

D.出口国检验,进口国复检

(5)在中国,进口商品的报检主体是(　　)。

A.发货人或其代理人　　　　　　　　B.生产人

C.运输人　　　　　　　　　　　　　D.进口商品的收货人或者其代理人

(6)根据《公约》的规定,只有(　　)情况下才能够解除合同。

A.根本违反合同　　B.非根本违反合同　　C.卖方推迟交货　　D.卖方寄单延迟

(7)根据英国的《货物买卖法》的规定,只有(　　)情况下才能够解除合同。

A.违反要件　　　　　　　　　　　　B.违反担保

C.卖方推迟交货　　　　　　　　　　D.卖方寄单延迟

(8)对于迟延交货而言,违约方支付违约金后,通常(　　)。

A.违约方继续履行合同义务　　　　　B.违约方不需要继续履行合同义务

C.违约方只需要部分履行合同义务　　D.合同自行失效

(9)仲裁案件在审理时(　　)。

A.一般公开进行　　B.一般不公开进行　　C.半公开进行　　　D.必须公开进行

(10)对不同情况下不可抗力事件所引起的后果,下面正确的描述是(　　)。

A.可以解除合同或延迟履行合同　　　B.均可解除合同

C.不可解除合同,但可以延迟履行　　D.必须通过法院判决决定

2.判断题

(1)国际贸易中买方是否具有检验权,通常是由双方签订的合同所确定的,合同未确定,则无检验权。　　　　　　　　(　　)

(2)在我国法定的检验方法一般由商检机构决定,通常采用抽查。　　(　　)

(3)对于约定检验而言,检验机构选择各国一般为通过立法确定。　　(　　)

(4)在我国,产地检验证书的出具一般不需要经过检验部门的现场查验。　　(　　)

(5)在中国,SGS-CSTC通标公司是进行装船前检验的主要机构。　　(　　)

(6)索赔和理赔是一个事物的两个方面,不是截然独立的。　　(　　)

(7)遭受损害的一方向违约方要求赔偿,这是理赔。　　(　　)

(8)不可抗力条款是买卖合同中的一项免责条款。　　(　　)

(9)不可抗力事故一定不是因为合同当事人自身的过失或疏忽导致的。　　(　　)

(10)调解结果和仲裁结果一样是终局性的。　　(　　)

3. 简答题

(1)简述进出口商品法定检验的含义。

(2)简述索赔条款的内容。

(3)简述违约金条款的含义。

(4)简述仲裁的含义与特点。

(5)简述不可抗力的含义。

4. 案例分析

(1)某年,我国 A 公司与香港 B 公司签订了一份进口香烟生产线合同。设备是二手货,共 18 条生产线,由 C 国某公司出售,价值 100 多万美元。合同规定,出售商保证设备在拆卸之前均在正常运转,否则更换或退货。设备运抵目的地后发现,这些设备在拆运前早已停止使用,在目的地装配后也因设备损坏、缺件根本无法马上投产使用。但是,由于合同规定如要索赔需商检部门在"货到现场后 14 天内"出证,而实际上货物运抵工厂并进行装配就已经超过 14 天,无法在这个期限内向外索赔。这样,工厂只能依靠自己的力量进行加工维修。经过半年多时间,花了大量人力物力,也只开出了 4 套生产线。请就这一案例作出分析。

(2)我公司以 CFR 条件对德国出口一批小五金工具。合同规定货到目的港后 30 天内检验,买方有权凭检验结果提出索赔。我公司按期发货,德国客户也按期凭单支付了货款。可半年后,我公司收到德国客户的索赔文件,称上述小五金工具有 70% 已锈损,并附有德国某内地一检验机构出具的检验证书。对德国客户的索赔要求,我公司应如何处理?

(3)我公司以 CIF 条件从美国进口一套设备,合同总价款为 800 万美元。合同中规定,如果合同一方违约,另一方有权向违约方索赔,违约方需向对方支付 1200 万美元的违约金。合同订立后,我公司迟迟收不到货,因而影响到自己的生产、经营。故此,我公司在索赔期内向美方提出索赔,而美方却向当地法院提起诉讼。在这种情况下,美国法院将如何判决?

(4)某公司与外商订立一份化工产品进口合同,订约后由于该产品的国际市场行情上扬,外商亏本。于是他以不可抗力为由要求撤销合同。问:进口人应如何对待此问题?

第11章　进出口合同的商订

学习目标

通过本章的学习,要求能够理解了解进出口合同的订立在交易中的重要性,理解相关基本概念,掌握订立国际货物买卖合同的法律步骤,熟练掌握有关惯例在实际业务中的应用。

本章重点

1.商务谈判的基本形式与程序

2.发盘和接受的有关惯例

3.合同的签订与生效

本章难点

发盘和接受的有关惯例

合同的商订,也称为商务谈判,是进出口业务的重要环节之一。在国际贸易中,商务谈判是达成交易的首要工作,通过商务谈判,才可能达成最终的合同。了解和掌握合同商订的基本环节和注意事项,是顺利进行进出口合同商订的重要内容。

11.1　商务谈判的基本原则

11.1.1　商务谈判的含义

商务谈判是当事人之间为实现一定的经济目的,明确相互的权利和义务关系而进行协商的行为。了解商务谈判的基本原则,是谈判取得成功的保证。

11.1.2　商务谈判的基本原则

1.以经济利益为目的,取得双赢

商务谈判的谈判者以获取经济利益为追求目标。在满足经济利益的前提下,才涉及其他非经济利益。所以与其他谈判相比,商务谈判更加重视谈判的经济效益。人们通常以取得的经济效益的好坏来评价谈判的成功。在商务谈判中,不讲求经济效益就失去了商务谈判的价值和意义。但需要注意的是,以经济利益为目的并非让对方无利可图,只有实现双赢,才可能促成一次成功的交易。

2.以价格谈判为核心的,兼顾其他利益

商务谈判涉及的因素很多,谈判者的需求和利益表现在众多方面,但价格几乎是所有商务谈判的核心内容。这是因为,在商务谈判中价值的表现形式——价格最直接地反映了谈判双方的利益。谈判双方在其他利益上的得与失,在很多情况下或多或少都可以折算为一定的价格,并通过价格升降得到体现。需要指出的是,在商务谈判中,我们一方面要以价格为中心,坚持自己的利益,另一方面又不能仅仅局限于价格,应该拓宽思路,设法从其他利益因素上争取应得的利益。因为,与其在价格上与对手争执不休,还不如在其他利益因素上使对方在不知不觉中让步,这是从事商务谈判的人需要注意的。

3. 熟悉国际商务规则,了解谈判对手情况

由于国际商务谈判的结果会导致资产、货物等跨国转移,必然要涉及国际贸易、国际结算、国际保险、国际运输等一系列问题。所以,谈判人员要熟悉各种国际惯例,熟悉对方所在国的法律条款,熟悉国际经济组织的各种规定和国际法。此外,由于国际商务谈判的谈判者代表了不同国家和地区的利益,有着不同的社会文化和经济政治背景,人们的价值观、思维方式、行为方式、语言及风俗习惯各不相同,从而使影响谈判的因素更加复杂,谈判的难度更加大。在实际谈判过程中,对手的情况千变万化,作风各异,有热情洋溢者,也有沉默寡言者;有果敢决断者,也有多疑多虑者;有善意合作者,也有故意寻衅者;有谦谦君子,也有傲慢自大、盛气凌人的自命不凡者。凡此种种表现,都与一定的社会文化和经济政治有关。不同表现反映了不同谈判者有不同的价值观和不同的思维方式。因此,谈判者必须有广博的知识和高超的谈判技巧,不仅能在谈判桌上因人而异,运用自如,而且要在谈判前注意资料的准备、信息的收集,使谈判按预定的方案顺利地进行。

4. 注重合同条款的严密性与准确性

商务谈判的结果通常是由双方协商一致的协议或合同来体现的。合同条款实质上反映了各方的权利和义务,合同条款的严密性与准确性是保障谈判获得各种利益的重要前提。有些谈判者在商务谈判中花了很大气力,好不容易为自己获得了较有利的结果,对方为了得到合同,也迫不得已作了许多让步,这时谈判者似乎已经获得了这场谈判的胜利,但如果在拟订合同条款时,掉以轻心,不注意合同条款的完整、严密、准确、合理、合法,其结果会被谈判对手在条款措词或表述技巧上,引你掉进陷阱,这不仅会把到手的利益丧失殆尽,而且还要为此付出惨重的代价。因此,在商务谈判中,谈判者不仅要重视口头上的承诺,更要重视合同条款的准确性和严密性。

11.2　国际货物买卖合同订立的步骤

11.2.1　有关国际货物买卖的法律、公约及惯例

1. 各国国内法

各国调整国际货物买卖合同的法规主要可以分为大陆法国家的买卖法和英美法国家的买卖法等,在中国迄今尚无商法典。所以,我国国际货物买卖,主要受到合同法的调整,符合《联合国国际货物销售合同公约》的适用条件,则受到该公约支配。

2. 国际条约与国际贸易惯例

1980 年《联合国国际货物销售合同公约》(以下简称"公约")是迄今为止有关国际货物

买卖合同的一项最为重要的国际条约。它是由联合国国际贸易法委员会主持制订的,于1980年在维也纳举行的外交会议上获得通过,在1988年1月1日中国、美国、法国等11国完成批准参加手续,公约正式生效。迄今为止,公约已经得到包括世界全部主要贸易国(日本除外)在内的50多个国家批准,其中,既包括大陆法系的德、法、意,又包括美、澳、加等英美法系国家。

(1)《公约》的适用范围

《公约》的第1条规定"公约适用于营业地在不同缔约国的当事人",需要注意的是,此条强调营业地位于不同国家,而非国籍,营业地是指固定的、永久的、独立进行营业的场所。代表机构所在地不是公约意义的"营业地",而是属于代理关系中的代理人。如果当事人有一个以上的营业地,则选择与合同最紧密的,如无,以当事人惯常居住地为准。

《公约》第2条指出了不适用的买卖,包括"购供私人、家人或家庭使用的货物的销售,除非卖方在订立合同前任何时候或订立合同时不知道而且没有理由知道这些货物是购供任何这种使用;经由拍卖的销售;根据法律执行令状或其他令状的销售;公债、股票、投资证券、流通票据或货币的销售;船舶、船只、气垫船或飞机的销售;电力的销售。"

必须指出的是,《公约》的适用不具有强制性。只要贸易双方在合同中约定不适用《公约》,即可以排除《公约》的适用,如未明确法律适用问题,则《公约》自动适用。此外,贸易双方在合同中还可以部分排除《公约》适用。

(2)《公约》对我国的适用问题

中国对《公约》的适用提出了两项保留,首先,对其中第1条1款(B)做出保留,即不同意扩大《公约》适用范围至缔约国与非缔约国间。另外,对《公约》的第11条做出保留,规定合同必须采取书面形式。

此外,调整国际货物买卖合同还包括如《2000通则》等国际贸易惯例。

11.2.2 买卖合同订立程序

国际货物买卖合同通常订立程序为:邀请发盘(invitation to treat)、询盘(inquiry)、发盘(offer)、还盘(counter-offer)、接受等,其中发盘、接受为不可缺少的两个环节。

1.询盘/邀请发盘

询盘是指准备出售或购买商品的人向潜在的买主或供货人探询该商品的成交条件或交易可能性的业务行为,询盘不具有法律上的约束力。

2.发盘

(1)含义及构成要件

发盘也称为"发价"。发盘可以由买方,也可以由卖方提出,《公约》第14条(1)规定,"向一个或一个以上特定的人提出的订立合同的建议,如果十分确定并且表明发价人在得到接受时承受约束的意旨,即构成发盘"。

发盘与通常向广大公众发出的广告有所不同,对于广告,一般情况下,多数国家的法规认为不是发盘。例如,在大陆法系中,对于广告,一般认为"不得视为发盘"。在英美法系中,一般也不视为发盘,不过也指出"只要内容确定,在某些场合下也可以视为发盘"。而《公约》中第14条(2)规定,"非向一个或一个以上特定的人提出的建议,仅应视为邀请发盘,除非提出建议的人明确地表示相反的意向"。

（2）构成有效发盘的条件

根据发盘的含义，构成一项有效发盘的条件有以下几点：

①必须向一个或一个以上特定的人提出。

②发盘人必须清楚明白地表明愿意按发盘内容订立合同的意思。

③发盘的内容必须十分明确和肯定。例如，在《公约》规定"如果写明货物并且明示或暗示地规定数量和价格或规定如何确定数量和价格，即为十分确定"。也就是说，一般情况下，发盘中含有货物的名称、数量、价格，就可以认为内容明确肯定。而根据美国相关法律，发盘只需表明数量或计量方法即可，争议发生时，法院按照所谓合理的依据判定争议。可见，由于不同法律的适用，对于发盘的内容要求明确和肯定无法有一个统一标准，为了慎重起见，一般将货物的名称、数量、价格、运输条件、结算条件等在发盘中列明为宜。

④发盘必须送达受盘人。这点也十分重要，反映了发盘生效的一个基本前提，即"送达生效"（或称"到达生效"）。在不同的法系以及《公约》中，这点是一致的。在《公约》中，对于"送达"的理解，第24条作了规定；"……送达对方，系指用口头通知对方或通过任何其他方法送交对方本人，或其营业地或通讯地址，如无营业地或通讯地址，则送交对方惯常居住地。"

（3）发盘生效的时间

发盘生效的时间通常有下面的几种情况，在以口头方式发盘时，发盘自对方了解时生效；在以书面方式发盘时，发盘送达受盘人时生效；而如果采用数据电文形式发盘，则发盘进入特定系统时间为生效时间。

（4）发盘的撤回和撤销

发盘的撤回与撤销是两个不同的概念，撤回是指在发盘尚未生效时，发盘人采取行动，阻止它的生效。而撤销是指发盘已生效后，发盘人以一定方式解除发盘的效力。对于发盘是否可以撤回或撤销，不同法系国家的法律作了不同的规定。例如，在美国法律中，认为发盘原则上对发盘人没有约束力，在受盘人接受前，发盘人随时可以撤销发盘，除非该项发盘是采取了对价形式或其他特定形式。而德国法律认为，发盘原则上对发盘人有约束力，除非有相反说明。可以看出，对于发盘是否可以撤回或撤销，各国规定不尽相同。在这里，我们主要讨论有关《公约》的规定。

①撤回。《公约》第15条2款规定："一项发盘，即使是不可撤销的，得予撤回（withdrawal），如果撤回通知于发盘送达受盘人之前或同时，送达受盘人。"不过，现实业务中，对于使用现代传输方式如通过电子邮件等方式进行的发盘，此项关于撤回的规定就显得实际意义不大了。

②撤销。《公约》16条规定："在未订立合同之前，发盘得予撤销（revocation），如果撤销通知于被发盘人发出接受通知之前送达受盘人"。也就是说，受盘人如果已经发出接受承诺，则发盘人就已经丧失撤销发盘的权利。此外，《公约》还特别指出几种情况下，发盘是不得撤销的，包括"发盘写明接受发盘的期限或以其他方式表示发盘是不可撤销的"；"受盘人有理由信赖该项发盘是不可撤销的，而且受盘人已本着对该项发价的信赖行事"。

（5）发盘的终止和失效

对于发盘的终止失效，主要有下面几个原因：

①发盘超过有效期，如果发盘没有明确规定有效期，则超过"合理时间"发盘失效。而对

于"合理时间"的规定,不同的法规有不同的理解。所以,一般而言,发盘应该规定一个明确的有效期,避免对于"合理时间"争议的发生。

②受到发盘人的撤销而失效。需要指出的是,发盘的撤回并不构成要约失效的情形,因为此时发盘尚未生效。

③受盘人明示或默示的拒绝而失效。例如,《公约》第17条规定:"一项发盘,即使是不可撤销的,于拒绝通知送达发盘人时终止。"这就是说,当受盘人不接受发盘的内容,并将拒绝的通知送到发盘人手中时,原发盘就失去效力,发盘人不再受其约束。而明示的拒绝,主要是指受盘人通知发盘人不接受发盘;默示的拒绝主要表现在对于发盘中的条件进行讨价还价。

④出现其他法定事项造成发盘失效。例如,发生不可抗力事件,或者发盘人或受盘人在发盘被接受前丧失行为能力等。

3.还盘

还盘(counter-offer)又称为还价,受盘人在接到发盘后,不能完全同意发盘的内容,为了进一步磋商交易,对发盘提出修改意见,用口头或书面形式表示出来,就构成还盘。而还盘所带来的法律后果是使得原发盘失效,并且还盘还可能构成一次新的发盘。

4.接受

(1)含义及构成要件

在《公约》中,对于接受,是这样定义的:"受盘人声明或做出其他行为表示同意一项发盘,即是接受,缄默或不行动本身不等于接受。"

构成一项有效的接受,必须符合下面几个条件:

①接受必须由受盘人做出。接受必须是由受盘人做出,其他人对发盘表示同意,不能构成接受。这一条件与发盘的第一个条件是相呼应的:发盘必须向特定的人发出,即表示发盘人愿意按发盘的条件与受盘人订立合同,但并不表示他愿意按这些条件与任何人订立合同。因此,接受也只能由受盘人做出,才具有效力。

②接受必须与发盘所提出的交易条件保持一致。就是说,接受应是无条件的。如果受盘人在回复中使用了接受的字眼,但对发盘的内容做了增加、限制或修改,这称为有条件的接受,一般不能成为有效的接受,而属于还盘性质。

③接受必须在规定的有效期内做出。如果无有效期,必须在合理的时间内做出。

④接受必须以口头或者书面语言向发盘人表示出来,受盘人的沉默或者不作任何表示不构成承诺。此外,如果受盘人按照和发盘人之间的惯例作法,以某种行为来表示同意,则无须通知发盘人。

【案例11-1】 有效接受必须由特定受盘人做出吗?

某中间商A,就某商品邀请中国B公司发盘,B公司于6月8日向A方发盘并限6月15日前复到有效。6月11日B公司收到美国C商人按发盘规定的各项交易条件开来的信用证,同时收到中间商A的来电:"你8日发盘已转美国C商。"经查该商品国际市场价格猛涨,于是B公司将信用证退回开证银行,再按新价直接向美商C发盘,而美商C以信用证于发盘有效期内到达为由,拒绝接受新价,并要求B公司按原价发货,否则将追究B公司的责任。请分析C商人的要求是否合理?为什么?

分析:

对方要求不合理。构成一项接受应具备的条件之一是:接受由特定的受盘人作出。本案例中,B公司发盘特定的受盘人是香港某中间商 A,只有 A 发出的接受通知才具有接受的效力。11 日 B 公司收到的美国 C 商人开来的信用证可视作一项发盘,该发盘必须得到 B 公司的接受,合同才成立。在合同未成立的情况下,C 商人就要求 B 公司发货显然是不合理的。

(2)接受生效的时间

对于接受生效的时间,在英美法系国家,采用的是"投邮主义",即接受通知一经投递,则接受开始生效。而在《公约》中,第 18 条规定:"接受发盘于表示同意的通知送达发盘人时生效。如果表示同意的通知在发盘人所规定的时间内,如未规定时间,在一段合理的时间内,未曾送达发盘人,接受就成为无效,但须适当地考虑到交易的情况,包括发盘人所使用的通讯方法的迅速程度。对口头发盘必须立即接受,但情况有别者不在此限。"或者"如果根据该项发盘或依照当事人之间确立的习惯做法和惯例,被盘人可以做出某种行为,例如与发运货物或支付价款有关的行为来表示同意,而无须向发盘人发出通知,则接受于该项行为做出时生效……"可以看出,按照《公约》的规定,接受生效的时间采取的是"到达主义"。另外,大陆法系对于接受生效时间的规定,也是采取"到达主义"。

(3)带附加条件的接受是否构成有效接受

在某些情况下,受盘人表示愿意接受发盘,但提出了一些修改意见,那么对于这种情况下的接受,应该如何认识呢? 在这里,我们来看看《公约》的相关规定,在《公约》的第 19 条规定:"①对发盘表示接受但载有添加、限制或其他更改的答复,即为拒绝该项发盘,并构成还盘。②但是,对发盘表示接受但载有添加或不同条件的答复,如所载的添加或不同条件在实质上并不变更该项发盘的条件,除发盘人在不过分迟延的期间内以口头或书面通知反对其间的差异外,仍构成接受。如果发盘人不做出这种反对,合同的条件就以该项发盘的条件以及接受通知内所载的更改为准。③有关货物价格、付款、货物质量和数量、交货地点和时间、一方当事人对另一方当事人的赔偿责任范围或解决争端等的添加或不同条件,均视为在实质上变更发价的条件。"可以看出,按照《公约》规定,受盘人如果未对发盘做出实质性的更改,其接受是有效的。但在实际业务中间,对于哪些条件的更改属于实质性更改,哪些不属于,交易双方常常出现不同的理解,容易出现争议,这在业务中应该加以注意。

【案例 11-2】　保持缄默是接受还是拒绝?

(1)我某公司向美国一客户发盘,后者很快回复,接受,但要求提供产地证明,我方不予理睬,而是以高价卖给了其他客户,美国商人坚持合同有效。最后诉诸法律,结果怎样?

(2)我某公司向法国一客户发盘,后者很快回复,接受,但价格降至 15 美元,我方不予理睬,而是以高价卖给了其他客户,法国商人坚持合同有效。最后诉诸法律,结果怎样?

分析:

从上述两个案例涉及带附加条件的接受是否构成有效接受的问题。根据《公约》相关规定,(1)例中美国商人要求提供产地证明,在实质上并不变更该项发盘的条件,除发盘人在不过分迟延的期间内以口头或书面通知反对其间的差异外,仍构成接受。所以美国商人的接受是有效的,我某公司的做法显然是不妥的,美国商人将会胜诉。(2)例中法国客户对价格作了变更,视为在实质上变更发盘的条件,其接受是无效的,所以,我某公司做法是可行的,将会胜诉。

（4）接受的撤回

根据接受生效的时间，按照英美法系国家的规定，由于接受是"投邮生效"的，所以不存在接受撤回的问题。而如果适用《公约》的规定，则如果撤回通知于接受原发盘通知生效之前或同时到达发盘人，接受得以撤回。

（5）逾期的接受

在国际贸易中，由于各种原因，导致接受通知有时晚于发盘人规定的有效期送达，这在法律上称为"逾期的接受"。对于这种接受，发盘人应该如何处理呢？《公约》第 21 条的规定："逾期接受仍有接受的效力，如果发盘人毫不迟延地用口头或书面将此种意见通知受盘人。"另外，第 21 条还规定了非受盘人原因导致接受逾期的情况："如果载有逾期接受的信件或其他书面文件表明，它是在传递正常、能及时送达发盘人的情况下寄发的，则该项逾期接受具有接受的效力，除非发盘人毫不迟延地用口头或书面通知受盘人"

【案例 11-3】 逾期的接受是否是有效的？

我一出口企业对意大利某商人发盘，发盘中限定最迟当月 20 日复到有效，19 日意商人用电报通知我方接受该发盘，由于电报局传递延误，我方于 21 日上午才收到对方的接受通知，而我方在收到接受通知前获悉市场价格已上涨。对此，我方应如何处理？

分析：

中国与意大利均系《联合国国际货物销售合同公约》缔约国，该案例在双方洽谈过程中，均未排除或做出任何保留，因此，双方当事人均应受《公约》约束。我方于 21 日收到意商的接受电报属因传递延误而造成的逾期接受。因此，如我方不能同意此项交易，应即复电通知对方：我方原发盘已经失效。如我方鉴于其他原因，愿按原发盘达成交易，订立合同，可回电确信，也可不予答复，予以默认。

11.3　合同的形式及其基本内容

11.3.1　基本形式

合同的基本形式主要有书面合同与口头形式合同两种，其中书面形式最为常见，如销售确认书、购买确认书等。另外，还有口头形式以及其他形式，如以行为表示接受等。

11.3.2　口头形式合同有效性的认定

在中国的《合同法》中，对于合同的形式，第 10 条做出了如下的规定："当事人订立合同，有书面形式、口头形式和其他形式。法律、行政法规规定采用书面形式的，应当采用书面形式……"从这条可以知道，在国际贸易买卖中，可以采用口头或书面形式订立合同。而同时，前面已经提到，由于在我国核准加入《公约》时，对公约的第 11 条做出声明加以保留，即《公约》第 11 条的规定"销售合同无须以书面订立或书面证明，在形式方面也不受任何其他条件的限制。销售合同可以用包括人证在内的任何方法证明"不适用于中国。根据此项保留，中方当事人与营业地处于另一缔约国当事人的国际货物买卖合同必须采取书面形式。中国之所以做出此项保留,是由于核准加入《公约》时,中国调整涉外经济合同关系的法律是 1985年颁布的《涉外经济合同法》,该法规定一切涉外经济合同必须采用书面形式。因此,出现了上述我国对《公约》中合同形式的保留。我国目前的《合同法》是 1999 年 10 月 1 日起实施的,《涉外经济合同法》同时废止,那么,《合同法》取代《涉外经济合同法》后,对于涉外经济活动中国际货物买卖合同,如何确定口头形式合同是否为有效呢? 可以从以下几点考虑:

第一,在我国政府尚未以书面形式宣布撤销《公约》核准书中对于合同形式做出的保留。在适用《公约》情况下,在与营业地所在国为《公约》缔约国的客户进行国际货物的买卖时,对于合同的有效形式则应该认定为书面形式而不能采用口头形式。

第二,如果对方当事人营业地所在国为《公约》缔约国,但是双方在合同中排除了《公约》的适用,那么,如果此时所适用的调整合同的法律认可口头形式合同为有效合同,则可以采用口头形式合同。

第三,在我国当事人与营业地所在国为非《公约》缔约国的当事人进行国际货物买卖的情况下,如果按照国际私法的冲突规则适用我国的法律,那么,对于这种情况,国际货物买卖合同采取口头形式可以认为是一种有效的合同形式。如果根据国际私法的冲突规则适用其他国家的法律,而此法律认同国际货物买卖合同口头形式有效,则合同可以采用口头形式;反之,需要采用书面形式订立。

第四,如果我国政府以书面形式正式通知《公约》保管人撤回对《公约》11 条做出的保留,那么,我国的当事人与营业地所在国为《公约》缔约国的当事人进行国际货物的买卖时,如果适用《公约》,则可以采取口头形式。但必须注意的是,撤回声明于保管人收到之日起六个月后的第一个月第一天才生效,在此之前,符合此条情形的合同订立仍须采用书面形式。另外,还要注意的是,下面第五点中所列出的国家例外。

第五,《公约》的缔约国中,除了中国对于合同的形式做出保留外,还有下面的国家也对合同形式问题作了相类似于的保留。这些国家包括阿根廷、白俄罗斯、智利、匈牙利、乌克兰等。在这种情况下,如果我国当事人与营业地所在国属于上述国家的当事人进行国际货物的买卖交易时,即便中国政府将来以书面形式宣布撤销对于《公约》第 11 条的保留,但由于上述国家的保留声明,只要当事人双方未明确排除适用《公约》,则双方当事人之间的合同仍然必须采取书面形式。中国与这些国家的贸易交往正在日益扩大,所以,与这些国家当事人订立国际货物买卖合同,应当十分注意这点。

上面通过五点的分析,阐述了不同情况下,我国当事人在国际货物买卖中与另一方当事人采用口头形式订立合同的有效性。在国际货物买卖中,对于一些涉及金额较大的合同,从交易安全和证据学的角度考虑,还是采取书面形式为好,而不论根据上述五点对方当事人的身份是否导致口头合同为有效形式;况且,在一般情况下,对方也同样会有类似的考虑。对于一些金额较小的合同,或在客户拥有良好信誉的情况下,如果对方当事人身份符合上述口头合同为有效形式的条件,为了抓住商机,可以采用口头合同的形式。或者,接到口头订单后,为节省时间,先备货,备货的同时,再起草书面合同由双方签署。当然,如果在仓促中,无法明确分辨对方的身份符合上述的那一点,在这种情况下,采用书面形式的合同不失为最明智的办法。

11.3.3 合同成立的时间

根据《公约》的规定,接受于送达发盘人时生效,接受生效的时间,实际上就是合同成立的时间,合同一经订立买卖双方即存在合同关系,受到合同的约束。实际业务中,有时双方当事人在洽商交易时约定,合同成立的时间,以签约时合同上所写明的日期为准,或在某条件出现时成立。此外,根据我国法律和行政法规规定,应当由国家批准的合同,在获得批准时,合同方成立。

11.3.4 基本内容

国际货物买卖合同主要包括三个部分,即约首、正文、约尾。

1. 约首

合同的约首主要包括合同名称、编号、日期、签约地点、当事人的名称和地址等。

2. 正文

在基本条款部分,主要规定了货物名称、数量、价格以及包装、运输、保险、检验、索赔理赔、仲裁以及不可抗力条款等。此外,根据货物的性质,还可能加列和货物相关的其他一些内容,如对运输的特别要求等。

3. 约尾

合同的结尾主要包括合同的份数、效力以及双方的签字等。

附:空白销售确认书

SALES CONFIRMATION

S/C No. :

Date:

The Seller: The Buyer:

E-Mail: E-Mail:

This sales confirmation is made by and between the Sellers and the Buyers; whereby the sellers agree to sell and the Buyers agree to buy the undermentioned goods according to the terms and conditions stipulated below and overleaf:

Commodity & Specifications	Quantity	Unit Price(US $)	Amount(US $)

TOTAL CONTRACT VALUE:

1. More or less : _____ % allowed.

2. Packing:

3. Port of loading: port of destination:
   shipping marks:

4. Time of shipment：_____，allowing transshipment and partial shipment.

5. Terms of payment：The buyer shall open through a bank acceptable to the seller an irrevocable letter of credit at sight which should reach the seller by the end of and remain valid for negotiation in China until 15 days after the date of shipment.

6. Insurance：

☐To be effected by the buyer.

☐The seller shall cover insurance against _____ and _____ for of _____ the total invoice value as per the relevant ocean marine cargo clauses of the People's Insurance Company of China dated 1/1/1981.

7. In case of any discrepancy in quality，claim should be filed by the buyer within 130 days after the arrival of the goods at port of destination；while for quantity discrepancy，claim should be filed by the buyer within 150 days after the arrival of the goods at port of destination.

8. The seller shall not hold liable for non-delivery or delay in delivery of the entire lot or a portion of the goods hereunder by reason of natural disasters，war or other causes of force majeure，however，the seller shall notify the buyer as soon as possible and furnish the buyer within 15 days by registered airmail with a certificate issued by the china council for the promotion of international trade attesting such event(s).

9. All deputies arising out of the performance of，or relating to this contract，shall be settled through negotiation. In case no settlement can be reached through negotiation，the case shall then be submitted to the china international economic and trade arbitration commission for arbitration in accordance with its arbitral rules. The arbitration shall take place in shanghai. The arbitral award is final and binding upon both parties.

10. The buyer is requested to sign and return one copy of this contract immediately after receipt of the same. Objection，if any，should be raised by the buyer within 3 working days，otherwise it is understood that the buyer has accepted the terms and conditions of this contract.

11. Special conditions：(these shall prevail over all printed terms in case of any conflict.)

Confirmed by：

THE SELLER：　　　　　　　　　　　　　　　THE BUYER：

（signature）　　　　　　　　　　　　　　　　（signature）

11.4　实验教学

11.4.1　目　的

通过认识已签署的出口合同，帮助学生加深对理论知识的理解和巩固。

11.4.2　要　求

根据以下已签署的出口合同（售货确认书），完成两个操作：

1. 找出该合同的约首、正文、约尾。

2. 要求找出并熟悉下列条款：

(1)商品品名、品质条款

（2）数量、溢短装和包装条款

（3）价格条款

（4）装运条款

（5）付款条款

（6）保险条款

（7）仲裁、索赔、不可抗力条款

SALES CONFIRMATION

S/C No. :yl-030201-1

Date:Feb. 01,2003

The Seller:Shanghai ×× Trading Co. Ttd.　　　　The Buyer:Yakaha Co. ,Ltd.

E-Mail:××××　　　　　　　　　　　　　　　　E-Mail:××××

This sales confirmation is made by and between the Sellers and the Buyers; whereby the sellers agree to sell and the Buyers agree to buy the undermentioned goods according to the terms and conditions stipulated below and overleaf:

Commodity & Specifications	Quantity	Unit Price(US $)	Amount(US $)
"Koho"brandof lighers art no. yl-014 yl-011	10000pcs 10000pcs	CIF Nagoya USD1. 20/PC USD1. 30/PC Total:	USD11000. 00 USD13000. 00 USD25000. 00
Total Value(in words):U. S. Dollars twenty-five thousand only.			

1. More or less : ___3__ % allowed.

2. Packing:10pcs in a white box,50 such boxes in a carton,total in 40 cartons.

3. Port of loading:Shanghai　　　　　　port of destinationNagoya

　　shipping marks:YKH

　　　　　　yl-030201-1

　　　　　　Nagoya

　　　　　　C/no. 1-40.

4. Time of shipment: within 45 days after receipt of L/C ,allowing transshipment and partial shipment.

5. Terms of payment:The buyer shall open through a bank acceptable to the seller an irrevocable letter of credit at sight which should reach the seller by the end of ××× and remain valid for negotiation in China until 15 days after the date of shipment.

6. Insurance:

□To be effected by the buyer.

√□The seller shall cover insurance against all risks and war risk for 110% of the total invoice value as per the relevant ocean marine cargo clauses of the People's Insurance Company of China dated 1/1/1981.

7. In case of any discrepancy in quality, claim should be filed by the buyer within 130 days after the arrival of the goods at port of destination; while for quantity discrepancy, claim should be filed by the buyer within 150 days after the arrival of the goods at port of destination.

8. The seller shall not hold liable for non-delivery or delay in delivery of the entire lot or a portion of the goods hereunder by reason of natural disasters, war or other causes of force majeure, however, the seller shall notify the buyer as soon as possible and furnish the buyer within 15 days by registered airmail with a certificate issued by the china council for the promotion of international trade attesting such event(s).

9. All deputies arising out of the performance of, or relating to this contract, shall be settled through negotiation. In case no settlement can be reached through negotiation, the case shall then be submitted to the china international economic and trade arbitration commission for arbitration in accordance with its arbitral rules. The arbitration shall take place in shanghai. The arbitral award is final and binding upon both parties.

10. The buyer is requested to sign and return one copy of this contract immediately after receipt of the same. Objection, if any, should be raised by the buyer within 3 working days, otherwise it is understood that the buyer has accepted the terms and conditions of this contract.

11. Special conditions: (these shall prevail over all printed terms in case of any conflict.)
Confirmed by:

THE SELLER:
(signature)××××

THE BUYER:
(signature)××××

小　结

1. 了解商务谈判的含义及基本原则是顺利完成商务谈判目标的前提。
2. 订立国际货物买卖合同的程序,也是买卖合同条款磋商的过程,并应遵循《公约》的有关规定。
3. 进出口合同的成立与生效是两个既相关又不同的概念,订立书面合同十分重要。

习　题

1. 单项选择题
(1)根据《公约》规定,(　　　)的买卖不适用《公约》。
A. 船舶　　　　　　　B. 汽车　　　　　　　C. 打火机　　　　　　　D. 皮鞋
(2)买卖合同的订立程序必然包括(　　　)。
A. 询盘　　　　　　　B. 发盘　　　　　　　C. 还盘　　　　　　　D. 验货
(3)通常情况下,广告属于(　　　)。
A. 邀请发盘　　　　　　　　　　　　B. 发盘
C. 接受　　　　　　　　　　　　　　D. 还盘

(4)下面对发盘人最准确的描述是（　　　）。

A. 发盘人是买方　　　　　　　　　　B. 发盘人是卖方

C. 发盘人可以是买方或卖方　　　　　D. 以上均不对

(5)在《公约》中,对于发盘的内容必须有十分明确和肯定的规定,不包括(　　　)。

A. 货物名称　　　　　　　　　　　　B. 明示或暗示地规定数量

C. 明示或暗示地规定价格　　　　　　D. 交货时间

(6)根据《公约》的规定,发盘生效的时间是(　　　)。

A. 到达生效　　　　　　　　　　　　B. 投邮生效

C. 发盘书完成时生效　　　　　　　　D. 以上均不对

(7)A 公司给 B 公司的一项发盘,由(　　　)做出的接受构成有效的接受。

A. B 公司的子公司　　　　　　　　　B. B 公司的分公司

C. B 公司的另一客户 C 公司　　　　D. 以上均不对

(8)对于接受生效的时间,在英美法系国家,采用的是(　　　)。

A. 到达主义　　　　　　　　　　　　B. 投邮主义

C. 接受书完成时生效　　　　　　　　D. 以上均不对

(9)对于接受生效的时间,《公约》的规定,采用的是(　　　)。

A. 到达主义　　　　　　　　　　　　B. 投邮主义

C. 接受书完成时生效　　　　　　　　D. 以上均不对

(10)根据《公约》的规定,合同成立的时间是(　　　)。

A. 接受发出的时间　　　　　　　　　B. 接受到达的时间

C. 书面合同签署的时间　　　　　　　D. 接受书完成的时间

2. 判断题

(1)在国际货物买卖中,买卖双方即便在符合《公约》的适用范围情况下,也可以排除《公约》的适用。　　　　　　　　　　　　　　　　　　　　　　　　　（　　　）

(2)对于《公约》,我国提出了"合同必须采取书面形式"的保留。　　（　　　）

(3)通常,发盘、接受为国际货物买卖合同订立程序中不可缺少的两个环节。（　　　）

(4)根据美国相关法律,发盘只需表明数量或计量方法即可认为发盘的内容十分明确和肯定。　　　　　　　　　　　　　　　　　　　　　　　　　　　　（　　　）

(5)发盘的撤销是指在发盘尚未生效时,发盘人采取行动,阻止它的生效。（　　　）

(6)在国际货物买卖中,还盘可能构成一次新的发盘。　　　　　　　（　　　）

(7)对于发盘,通常情况下缄默是接受的一种表示方式。　　　　　　（　　　）

(8)通常,对于通过电子邮件发出的发盘,仍然可以撤回。　　　　　（　　　）

(9)根据《公约》的规定,对于规定了有效期的发盘,仍然可以撤销。（　　　）

(10)根据《公约》的规定,任何带附加条件的接受不构成有效接受,只是一项还盘。

（　　　）

3. 简答题

(1)简述商务谈判的基本原则。

(2)简述《公约》适用的范围。

(3)简述构成有效发盘的条件。

(4)简述发盘终止和失效的主要原因。

(5)简述构成一项有效接受的条件。

4. 案例分析

(1)一法国商人于某日上午走访我国外贸企业洽购某商品。我方口头发盘后,对方未置可否,当日下午法商再次来访表示无条件接受我方上午的发盘,那时,我方已获知该项商品的国际市场价格有趋涨的迹象。对此,你认为我方应如何处理为好,为什么?

(2)中国 C 公司于 2003 年 7 月 16 日收到巴黎 D 公司发盘:"马口铁 500 公吨,每吨 545 美元 CFR 中国口岸,8 月份装运,即期信用证支付,限 20 日复到有效。"我方于 17 日复电:"若单价为 500 美元 CFR 中国口岸可接受 500 公吨马口铁,履约中如有争议在中国仲裁。"D 公司复电"市场坚挺,价格不能减,仲裁条件可接受,速复。"此时马口铁价格确实趋涨。我方于 19 日复电"接受你 16 日发盘,信用证已由中国银行开出,请确认。"但法商未确认并退回信用证。请问:①合同是否成立?②我方有无失误?

第 12 章　进出口合同的履行

学习目标

通过本章的学习,要求能够理解与掌握履行进出口合同的基本程序、各个环节的相关注意事项等基本内容,学会进出口交易的规范操作。

本章重点

1. 进出口交易的基本程序及其各个环节
2. 信用证的审核与修改

本章难点

出口交易各程序的相关注意事项

在国际贸易中,买卖双方通过商务谈判并达成协议后,一般以合同形式规定了双方当事人的权利和义务。而合同签订后,买卖双方都应受其约束,都要本着"重合同,守信用"的原则,切实履行合同,合同的顺利履行是完成交易的重要前提。此外,缮制履行合同时所需的相关单证,也是合同履行的重要内容之一。

12.1　出口合同的履行

出口合同的履行(以贸易术语为 CIF 和支付方式为 L/C 的出口合同为例),一般可以分解为以下五个环节,如图 12-1 所示。

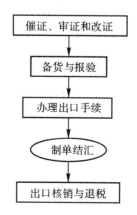

图 12-1　出口合同履行程序

12.1.1　催证、审证和改证

虽然信用证结算方式比其他结算方式要复杂一些,但在中国的应用较为广泛,所以本节主要介绍以信用证为结算方式的出口程序,其他结算方式下的出口程序与之类似。同时,需要指出的是,实际业务中,如果交易采用信用证方式结算,那么,催证、审证和改证的步骤一般需要在备货前进行,而采用其他结算方式情况下,如何实施需要根据合同的相应规定。

1. 催开信用证

在按信用证为结算方式成交时,通常买方按约定时间开证是卖方履行合同的前提条件,尤其是大宗交易或按买方要求而特制的商品交易,买方及时开证更为必要。否则,卖方无法安排生产和组织货源。在实际业务中,由于种种原因买方不能按时开证的情况时有发生,因此,我们应结合备货情况做好催证工作,及时提请对方按约定时间办理开证手续,以利于合同的履行。

2. 审核信用证

实际业务中,由于种种原因,买方开来的信用证常有与合同不相符的情况,为了维护出口方的利益,确保收汇安全和合同的顺利履行,对于开来的信用证应该进行认真的核对和审查。实际业务中,审核信用证主要有下面两方面:

(1)银行审核

通常情况下,信用证是由开证行通过 SWIFT、电传或邮寄等方式发到国内的通知银行,由国内的通知银行首先审核信用证真伪后再交给受益人,如果通知行与受益人有较好的业务关系或通知行也是该信用证的议付银行,那么,该银行对于信用证的基本条款包括开证行信用、索汇路线等也会有一个初步的审核。

(2)出口商(受益人)审核

出口商(受益人)收到通知银行交来的信用证后,必须对信用证进行仔细认真的审核。

①对照合同。信用证是申请人依据销售合同或其他合同开立的,受益人在审核信用证时应认真核对该合同,保证其内容与该合同条款"相一致"。不过需要注意的是,"相一致"并非指信用证条款与合同条款表面上的严格一致,而是指在保证受益人的利益不低于合同规定或在受益人愿意给予对方利益让步的范围内,信用证的条款均可视为与合同内容的"相一致",受益人应予以接受。例如,合同规定"Partial Shipment and Transhipment not allowed 不允许分批与转运",来证规定"Partial Shipment and Transhipment allowed 允许分批与转运"。则可以接受这样的条款。

②对照《跟单信用证统一惯例》(《UCP500》)。《UCP500》第 1 条就指出了:"适用于所有在信用证正文中表明按本惯例办理的跟单信用证(包括本惯例适用范围内的备用信用证)"。实际业务中的信用证,一般都表示遵从《UCP500》的规定。《UCP500》的内容包括 6 大部分,即总则与定义、信用证的形式与通知、责任与义务、单据、杂项规定和可转让信用证等。《UCP500》已成为保证信用证在其相关当事人之间得以正常运作的重要国际惯例。所以,在审核信用证时,根据《UCP500》的规定做出判断是非常重要的。

③业务实际与商业习惯。对于出口合同中未作规定或无法根据《UCP500》来做出判断的信用证条款,受益人应根据业务实际与商业习惯来审核。这些条款一般被列在信用证的单据条款(documents required)和附加条款(additional conditions)中。特别是信用证中列

有的附加条款,有时多达十多条,包括了对单据、运输等方面的特殊要求。这些条款会影响受益人的业务操作,直接或间接地影响受益人制单与交单,从而加大了收汇风险。因此,受益人应根据业务实际与商业习惯来确定这些条款是否接受。

例如,对以下条款:"Commercial invoices should be approved by China Council for Promotion of International Trade and certified in the usually accepted manner by any Arab Embassy,Legation or Consulate.(商业发票应该由中国国际贸易促进委员会认证并且通过阿拉伯国家大使馆以通常可接受的方式证实)","Transhipment is allowed at Hongkong port via Evergreen Lines only.(转运只得在香港通过 Evergreen Lines 办理)"等,只能根据业务实际来判断是否接受了。

3.修改信用证

如果受益人对信用证的某些条款不能接受,那么就需要要求申请人修改。当然,如果信用证的相应内容受益人无异议,自然不用要求修改了。提出修改时,应该注意以下几点:

(1)审核信用证是前提。出口商对信用证仔细审核,发现不合适的条款,是要求对方修改信用证的基本前提。

(2)修改函是依据。实际业务中,申请人(进口商)是根据受益人的修改函向银行申请修改信用证的,因此修改函是申请人向银行申请改证的依据。受益人在拟写修改函时应遵循以下几个原则:

①及时。在及时审证的基础上,发现不能接受的条款后,受益人应及时拟写修改函,以免对方以装船临近等为由拒绝修改或提出改变支付方式(如往往改信用证为付款交单或赊销等对出口商不利的支付方式)。

②完整和明确。根据《UCP500》第 5 条(a)款的规定,信用证的开证指示、信用证本身、对信用证的修改指示及修改本身必须完整和明确。修改函是申请人向开证行发出信用证修改指示的依据。受益人应该在修改函中明确列出所有不能接受的条款,同时应提出相应的修改内容,即受益人可以接受的内容,必要时应做出说明,以便申请人在收到后能及时理解并做出相应准确的修改。例如,我出口商向某客户出口货物,收到对方的来证后,发现许多不合常规的错误(我方认为是对方疏忽造成,不是故意设置的),因此立即给对方指出需要修改的条款,对方很快作了修改,但我方又发现对方的修改并没有符合我方的意愿,原因是我方没有在修改函提出相应的修改内容,而双方对某些条款的理解是有偏差的。因此,对方的修改仍没有达到我方的意愿。

③一次提出。受益人向对方提出修改,尽管理论上只要在信用证有效期内,可以是无数次的,但为了不给双方增加改证手续和费用,应尽量一次提出。由于审证不全面和考虑不周到,受益人多次提出修改,对方有可能会拒绝修改。例如,在申请人已做出第一次修改后,受益人又发现某些不能接受的条款并提出修改,此时,申请人可能会以种种理由比如手续麻烦、费用高昂、多次改证不便为借口拒绝改证,此时我方将十分被动。

(3)受益人怎样对待修改通知书。《UCP500》中规定:当受益人向申请人发出修改函后,如果后者同意修改,便会很快向开证行申请改证,开证行会将修改通知书(amendment advice)通过原通知行通知受益人(第 11 条(b)款的规定)。对于修改通知书,受益人可以如何对待,《UCP500》作了如下规定:

①当受益人接受修改,可采取"默示接受",但不接受时,应向通知修改的银行发出拒绝

通知。《UCP500》第 9 条(d)款(3)规定:在受益人向通知修改的银行表示接受该修改之前,原信用证(或先前已接受修改的信用证)的条款对受益人仍然有效。受益人应发出接受或拒绝接受修改的通知。如受益人未发出上述通知,当它提交给指定银行或开证行的单据与信用证以及尚未表示接受的修改的内容一致时,则该事实即视为受益人已做出接受修改的通知,并从此时起,该信用证已作修改。

②《UCP500》第 9 条(d)款(4)规定,受益人对同一修改通知中的内容不允许部分接受,因而,对修改内容的部分接受当属无效。根据这点,如果受益人不能接受修改通知书中的一部分内容,应全盘拒绝并通知原通知行,而后要求申请人重新修改。

③对于转让信用证,《UCP500》第 48 条(e)款规定:如信用证转让给一个以上的第二受益人,其中一个或几个第二受益人拒绝接受信用证的修改,并不影响其他第二受益人接受修改。对拒绝接受修改的第二受益人而言,该信用证视作未被修改。

综上所述,正确把握信用证修改,应分为两个阶段,一是在修改前,受益人准确审核信用证及拟写修改函;二是在修改后,受益人应正确对待修改通知书。

12.1.2 备货与报验

1.备货(生产或采购)

备货工作,主要是指按照合同的要求组织生产加工。在备货环节,主要应从三个方面考虑:首先,考虑生产过程中货物自身需要注意的问题,包括货物的品质、规格是否符合合同的要求,生产合同要求的货物数量所需的生产原料是否充足,生产周期的长短等。其次,要考虑货物的包装,即按约定的条件进行包装后,包装是否能够适应运输和保护商品的要求,如发现包装不良或有破损,应及时修整或调换。第三,在包装的明显部位,应按合同规定显示唛头,同时,对于包装上的其他各种标志是否符合要求,也应当注意。

2.报验

凡按国家规定必须进行法定检验的出口货物,在备妥货物后,应向相应机构申请检验。属于法定检验的货物,只有经检验后出具检验检疫局签发的检验合格证书,海关才会放行,凡检验不合格的货物,一律不得出口。法定检验申请报验时,应填制出口报验申请单,向生产企业所在地检验检疫局办理申请报验手续,该申请单的内容,一般包括品名、规格、数量或重量、包装、产地等项,在提交申请单时,应随附合同和信用证副本等有关文件,供检验检疫局检验和发证时作参考。当货物经检验合格,检验部门发给放行证明,货物才准予出口。如果出口商品不属于法定检验商品范围,而合同中约定需要申请有关人员或机构检验的,应根据合同规定安排相应人员或机构检验货物。

需要指出的是,检验需要花费一定的时间周期,所以在安排检验时,必须给检验留下充足的时间,避免影响到货物的运输。

12.1.3 办理出口手续

办理出口手续是履行出口合同的重要环节,一般可以分解为租船订舱、出口报关、出口投保和装船通知四个环节,如图 12-2 所示。

1.租船订舱

出口公司通常委托货运服务机构(国际储运公司、国际货运代理公司、国际运输联盟等)

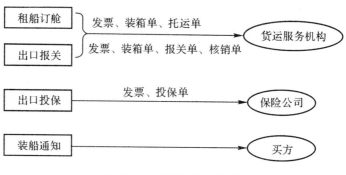

图 12-2 办理出口手续程序

办理货物运输。按 CIF 或 CFR 条件成交时,出口商应及时办理租船订舱工作,如系大宗货物,需要办理租船手续,非大宗货物则需洽订舱位。一般情况下,各外贸公司订舱需要填写托运单(或者货物明细单),告之托运货物的基本情况以及希望船期等,货运服务机构根据出口商的要求安排舱位。在安排妥当后,货运服务机构发给托运人进仓通知书,通知出口人送货地点和时间,如果是采用"门到门"方式,则通知托运人载有集装箱车辆到生产企业拉运货物时间。在 FOB 成交时,由买方安排海运,此时,出口商需要和进口商保持沟通,确保货物准时送到装货地,实现船货的良好衔接。

该环节需要向货运服务机构提交的单据主要有商业发票、装箱单和托运单等。

2.出口报关

出口货物在装船出运之前,需向海关办理报关手续,出口货物办理报关时必须填写出口货物报关单,提供核销单、发票、装箱单,必要时还需要重量单、商品检验证书以及其他有关证件,海关查验有关单据后,即在装货单上盖章放行,凭以装船出口。出口公司向装运港海关申请报关,一般也委托货运服务机构办理。

该环节需要向货运服务机构提交的单据主要有商业发票、装箱单、报关单和核销单等。

3.出口投保

在 CIF 或 CIP 条件下,出口公司代买方向保险公司办理投保手续。凡按 CIF 条件成交的出口合同,在货物装船前,卖方应及时向保险公司办理投保手续,出口货物投保一般都是逐笔办理,投保人应填制投保单,将货物名称、保险金额、运输路线、运输工具、开航日期和投保险别等一一列明,保险公司据此出具相应保单。

4.装船并向买方发出装船通知

货物装船以后,船长或大副则签发收货单,即大副收据作为货物已装妥的临时收据,托运人凭此收据即可向船公司或其代理人交付运费并换取正式提单,如收货单上有大副批注,换取提单时应将大副批注注在提单上。货物装船后,出口商一般需要将装船的情况通知进口商,以便进口商安排接货事宜,特别在出口商安排运输而进口商办理保险的情况下,这点尤其重要,例如在以 CFR 成交时。装船通知(shipping advice)的内容主要包括货物名称、数量、运输工具名称、装运港、目的港、货物总价、提单号、货物唛头等。

12.1.4　L/C 项下制单结汇

1. 结汇方式

以 L/C 为支付方式的交易,在完成前面几个环节后,即要严格按照 L/C 条款要求制作相关单据(详见 12.3 主要进出口单据)。根据 L/C 交易流程,向议付行交单议付,并办理结汇手续,通常有以下三种做法:

(1)收妥结汇(收妥付款),即议付行收到外贸公司出口单据后,寄交国外开证行或付款行索取货款,收到后即转到外贸公司账户。

(2)押汇(买单结汇),即议付行审单后,买入外贸公司的汇票和单据,根据汇票或发票金额扣除利息等费用后将余款转到外贸公司账户,然后再将单据寄交国外付款行索取货款。

(3)定期结汇,即议付行根据向国外索款的所需时间,预先确定一个固定的结汇期限,到期后主动将票款转到外贸公司账户。

2. 不符点的处理

在出口商提交的单据存在不符点而又无法更正时,议付行通常做法如下:①表提不符点,是指议付行把不符点开列在寄单函上,寄给开证行,开证行审单确认不符点存在后,接洽申请人是否同意付款,如同意,则申请人付款后开证行将该款项转至议付行;如申请人不予接受,则开证行退单,议付行照样退单给受益人。②电提不符点,是指在存在不符点的情况下,议付行先向国外开证行拍发电报或电传,列明不符点,待开证行复电同意后再将单据寄出的方法。

在信用证结算方式下,如果单据出现不符点,受益人是否可以得到货款往往取决于申请人的商业信用。根据《UCP500》第 14 条(有不符点的单据与通知事宜)(b)款规定,开证行及/或保兑行(如有),或代其行事的指定银行,收到单据后,必须仅以单据为依据,确定这些单据是否表面与信用证条款相符。如与信用证条款不符,上述银行可以拒绝接单。同时,该条(c)款又规定,如开证行已确定单据表面与信用证条款不符,它可以自行确定联系申请人,请其对不符点予以接受,但是,这样做不能借此延长第 13 条(b)款规定的期限。可见,在存在不符点情况下,能否收到 L/C 款项,最终取决于申请人的决定。所以,在制单时要遵循"三相符"原则,即"单证相符、单单相符、单货相符"。

顺便介绍一下,如果是非 L/C 结汇的情况,如汇付,托收等,其结汇通常按照合同规定或相关规则。

【案例 12-1】　两个不符点导致拒付案

2001 年 4 月,广交会上某公司 A 与科威特某一老客户 B 签定合同,客人欲购买 A 公司的玻璃餐具(英文名为 GLASS WARES),A 公司报价 FOB WENZHOU,从温州出运到科威特,海运费到付。合同金额为 USD25064.24,共 1×40′高柜,支付条件为全额信用证,客人很快开信用证到 A 公司,要求 6 月份出运货物。

A 公司按照合同与信用证的规定在 6 月份按期出了货,并向银行交单议付,但银行在审核后发现两个不符点:①发票上:GLASS WARES 错写成 GLASSWARES(中间没有空格);②提单上:"提货人"一栏,TO THE ORDER OF BURGAN BANK,KUWAIT 错写成 TO THE ORDER OF BURGAN BANK,即漏写 KUWAIT。A 公司认为这两个是极小的不符点,根本不影响提货。A 公司本着这一点,又认为客户是老客户,就不符点担保出单了。但 A 公司很快就接到由议付行转来的"拒付通知",银行就以上述两个不符点作为拒付理由拒绝付款。A 公司立即与客户取得联系,原因是客户认为到付的运费(USD2275.00)太贵拒绝到付运费(原来 A 公司报给客户的是 5 月份的海运费,到付价大约是 USD11250.00,后 6 月份海运费价格上涨,但客户并不知晓),因此货物滞留在码头,A 公司也无法收到货款。后来 A 公司人员进行各方面的协调后,与船公司联系要求降低海运费,船公司将运费降到 USD2100.00,客户才勉强接受,到银行付款赎单,A 公司被扣了不符点费用,整个解决纠纷过程使得 A 公司推迟收汇大约 20 天。

分析:

此案的案情并不复杂,却给我方带来巨大的损失,不得不引起人们的深思。我们应该从中吸取以下教训:

1. "不符点"没有大小之分,都可能导致拒付。在本案中,A 公司事先知道单据存在"不符点"的情况下还是出单,存在潜在的风险。A 公司认为十分微小的"不符点"却恰恰成了银行拒付的正当理由。

2. A 公司还是要严格按照信用证与《UCP500》的要求制作与审核单据,以免给对方"有机可乘"。本案中,海运运费的上涨,本与 A 公司并无关系,因"不符点"使客户有机会进行讨价还价。

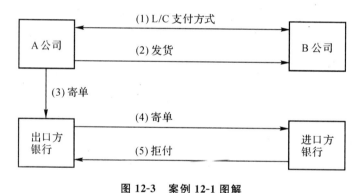

图 12-3　案例 12-1 图解

12.1.5　出口核销与退税

1. 出口核销

在中国,货物出口收汇后,还要办理出口核销手续。出口核销是指外汇监管当局对出口单位的出口货物实施跟踪监管直到货款收回进行核销的一种事后监督制度。出口收汇核销制度,是国家加强出口收汇管理,确保国家外汇收入,防止外汇流失的一项重要措施。有对外贸易经营权的中资企业和外商投资企业向境外出口货物,均应当在其注册地外汇管理局办理出口收汇核销手续。出口收汇核销程序主要包括:网上向外汇管理局申领"出口收汇核销单";实际领取;网上向海关进行备案;报关时使用核销单;报关后拿回已盖章的核销单;货款收妥、货物出口后向外汇管理局递交核销单;审核有关单证,办理核销手续等。

2. 出口退税

出口退税是一个国家或地区对已报送离境的出口货物,由税务机关将其在出口前的生产和流通的各环节已经缴纳的国内增值税或消费税等间接税税款退还给出口企业的一项税收制度。1985 年 3 月,国务院正式颁发了《关于批转财政部〈关于对进出口产品征、退产品税或增值税的规定〉的通知》,规定从 1985 年 4 月 1 日起实行对出口产品退税政策。随着国家税制的改革,我国改革了已有退还产品税、增值税、消费税的出口退税管理办法,建立了以新的增值税、消费税制度为基础的出口货物退(免)税制度。

出口退税登记的一般程序是:

(1)有关证件的送验及登记表的领取。企业在取得有关部门批准其经营出口产品业务的文件和工商行政管理部门核发的工商登记证明后,应于 30 日内办理出口企业退税登记。

(2)退税登记的申报和受理。企业领到"出口企业退税登记表"后,即按登记表及有关要求填写,加盖企业公章和有关人员印章后,连同出口产品经营权批准文件、工商登记证明等证明资料一起报送税务机关,税务机关经审核无误后,即受理登记。

(3)填发出口退税登记证。税务机关接到企业的正式申请,经审核无误并按规定的程序批准后,核发给企业"出口退税登记证"。

(4)出口退税登记的变更或注销。当企业经营状况发生变化或某些退税政策发生变动时,应根据实际需要变更或注销退税登记。

企业办理出口退税附送材料主要有:

(1)报关单。报关单是货物进口或出口时进出口企业向海关办理申报手续,以便海关凭此查验和验放而填写的单据。

(2)出口销售发票。通常是指商业发票,这是出口企业根据与出口购货方签订的销售合同填开的单证,是外商购货的主要凭证,也是出口企业财会部门凭此记账做出口产品销售收入的依据。

(3)进货发票。提供进货发票主要是为了确定出口产品的供货单位、产品名称、计量单位、数量,是否是生产企业的销售价格,以便划分和计算确定其进货费用等。

(4)结汇水单或收汇通知书。

(5)属于生产企业直接出口或委托出口自制产品,凡以到岸价 CIF 结算的,还应附送出口货物运单和出口保险单。

(6)有进料加工复出口产品业务的企业,还应向税务机关报送进口料件的合同编号、日期、进口料件名称、数量、复出口产品名称、进料成本金额和实纳各种税金额等。

(7)产品征税证明。

(8)出口收汇已核销证明。

(12)与出口退税有关的其他材料。

【案例 12-2】 报关单的计量单位与品名有误而影响正常退税

A 公司委托其客户指定的船公司出口近 50 万美元的货物,涉及 50 多万元的出口退税。具体情况是,由于 A 公司采购时是以"盒"为单位采购的,A 公司提供的报关单上也是注明"506000 BOXES",所以工厂的增值税发票开的单位也是以"506000 盒"为单位。由于船公司在重新填写报关单时却将"BOXES"漏打,只标明"6000KGS",因此海关计算机上该产品的数量为"6000 千克",导致报关单上的内容与发票上的数量和单位不同,A 公司不能正常退税。A 公司要求船公司办理改单(修改报关单据),就是要在品名下注明"506000 BOXES",但是由于船公司的一再拖延,导致 A 公司无法办理退税手续。A 公司不断催促船公司办理改单,考虑到手续麻烦需要较长时间,要求对方必须在 3 个月内将改后的单据退还给 A

公司,否则要其承担由于不能正常退税造成的相关经济损失。3 个月后,总算了解此案。

分析:

本案可以吸取的教训有:为了报关不要发生问题,卖方在报关时需注意,最好用铅笔在报关单上注明正确的品名、数量单位等以防发生错误。

关于报关单据和改单有以下注意点:

1. 报关时应注意报关单上资料的准确性。可能由于一个资料的问题,会造成不能正常报关、正常出运、正常退单、正常退税等。

2. 注意报关单据上的单位,为了避免这样的类似事情再次发生,在海关计量单位与我们要求的计量单位不同时,需特别要加注我们所要求的单位/品名。

3. 可能会因为货名的英文品名太长,在报关单商品名下加注数量和单位是可能会由于海关的计算机问题不能全部显示,所以以防这样的事情发生,还需在下注明数量和单位的英文货名尽量简写。

4. 报关的品名与数量、单位,必须和工厂开具的增值税发票一致。

5. 报关过程中,可能会碰到我们提供的 H.S. 的编号与货物中文品名有所出入,海关提出更改品名,但是不管怎样,都要显示我们要求的中文品名,可以加在括号内。

12.2　进口合同的履行

我国进口货物,以按 FOB 条件成交并采用信用证付款方式为例,其合同履行的一般程序包括开立信用证、租船订舱、接运货物、办理货运与保险、审单付款、报关提货、验收与拨交货和办理索赔等。如图 12-4 所示。

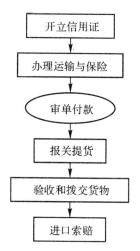

图 12-4　进口合同履行程序

12.2.1　开立信用证或办理其他付款手续

在以信用证结算情况下，买方开立信用证是履行合同的前提条件，因此，签订进口合同后，应按规定办理开证手续。买方向银行办理开证手续时，必须按合同内容填写开证申请书，银行则按开证申请书内容开立信用证。因此，信用证内容是以合同为依据开立的，它与合同内容应当一致。卖方收到信用证后，如要求延展装运期和信用证有效期或变更装运港等，若我方同意对方的请求，即可向银行办理改证手续。如果是以其他结算方式结算货款，例如支付预付款等，也需要及时办理相关手续。

1. 开证申请书

第一部分是信用证的内容，包括受益人名称、地址，信用证的性质、金额，汇票内容，货物描述，运输条件，所需单据种类份数，信用证的交单期、到期日和地点，信用证通知方式等。

第二部分是申请人对开证银行的声明。其内容通常规定印刷在开证申请书上，包括承认遵守《CUP500》的规定；保证向银行支付信用证项下的货款、后续费、利息及其他费用；在申请人付款赎单前，单据及货物所有权属银行所有等。

2. 开证注意事项

(1)信用证的内容应是完整和自足的

信用证内容应严格以合同为依据，对于应在信用证中明确的合同条款，必须具体列明，不能使用"按××号合同规定"等类似的表达方式。因为信用证是一个自足文件，有其自身的完整性和独立性，不应参照或依附于其他契约文件。

(2)信用证的条件必须单据化

《UCP600》规定，如信用证载有某些条件，但并未规定需提交与之相符的单据，银行将视这些条件为未予规定而不予理睬。因而，进口方在申请开证时，应将合同的有关规定转化成单据，而不能照搬照抄。比如，合同中规定货物按不同规格包装，则信用证中应要求受益人提交装箱单；合同以 CFR 条件成交，信用证应要求受益人提交清洁已装船提单，并且提单上应注明运费已付等。

(3)按时开证

应在合同规定的期限内开证；如果合同未规定开证期限，应在合理时间内开证，以使受益人有足够的时间备妥货物并出运。通常作为掌握在交货期前的一个半月至两个月左右。

(4)关于保护性规定

《UCP600》中若干规定，均以"除非信用证另有规定"为前提。比如，"除非信用证另有规定银行将接受下列单据而不论其名称如何"等。如果进口方认为《UCP600》的某些规定将给自己增加风险，则可利用"另有规定"这一前提，在信用证中列入相应的保护性条件。比如，《UCP600》规定，禁止转运对集装箱运输无约束力，若买方仍要求禁止转运，则可在信用证中加列"即使货装集装箱，本证严禁转运"等。

12.2.2　办理租船订舱、委托运输和货运保险

按 FOB 条件签订进口合同时，应由买方安排船舶，如买方自己没有船，则应负责租船或委托货运服务机构办理订舱手续，当办妥租船订舱手续后，应及时将船名及船期通知卖方，以便卖方备货装船，避免出现船等货的情况。买方备妥船或订妥舱位后，还应做好催装

工作,随时掌握卖方备货情况和船舶动态,催促卖方做好装船准备工作。对于数量大或重要的进口货物,必要时,可派员前往出口地点检验监督,以便接运工作的顺利进行。

在由我方办理保险时,当接到卖方的装运通知后,应及时将船名、提单号、开航日期、装运港、目的港以及货物的名称和数量等内容通知保险公司,办妥投保手续。

12.2.3 审单付款

货物装船后,卖方即凭提单等有关单据向当地银行议付货款。开证行(或保兑行)收到国外议付行寄来的单据后,应对单据进行认真细致的审核,以确定单据表面是否符合信用证的要求。《CUP600》第 14 条(b)款规定:"开证行、保兑行(如有),或代其行事的指定银行,应有各自的合理的审单时间——不得超过从其收到单据的翌日起算 7 个银行工作日,以便决定是接受或拒绝接受单据,并相应地通知寄单方。"开证行(或保兑行)审核单据并确定无误,即通知买方付款赎单。如开证行(或保兑行)审单发现单证不符或单单不符,又该如何处理? 根据《CUP600》第 16 条规定:"如开证行已确定单据表面与信用证条款不符,它可以自行确定联系申请人,请其对不符点予以接受,但是,这样做不能借此延长第 13 条(b)款规定的期限。"因此,上述情况下,开证行(或保兑行)会将不符点通知进口商,后者应酌情作出付款或拒付的决定。

12.2.4 报关提货

买方付款赎单后,货物运抵目的港,即应及时向海关办理申报手续。经海关查验有关单据、证件和货物,交纳相应费用后,并在提单上签章放行后,即可凭以提货。

我国海关规定,除海关特准外,出口货物的发货人应在货物运抵海关监管区后,装货前24 小时向海关申报。发货人通常委托货运服务机构办理。

12.2.5 验收和拨交货物

凡属进口的货物,都应认真验收,如发现品质、数量、包装有问题应及时取得有效的检验证明,以便向有关责任方提出索赔或采取其他救济措施。对于法定检验的进口货物,必须向卸货地或到达地的商检机构报验,未经检验的货物,不准销售和使用。为了在规定时效内对外提出索赔,凡属下列情况的货物,均应在卸货港口就地报验:①合同订明须在卸货港检验的货物;②货到检验合格后付款的;③合同规定的索赔期限很短的货物;④卸货时已发现残损、短少或有异状的货物。如无上述情况,而用货单位不在港口的,可将货物转运至用货单位所在地再行验收,验收中如发现问题,应及时请当地商检机构出具检验证明,以便在索赔有效期内对外提出索赔。此外,货物进口后,应及时向用货单位办理拨交手续,如用货单位在卸货港所在地,则就近拨交货物;如用货单位不在卸货地区,则委托货运代理将货物转运内地,并拨交给用货单位。

12.2.6 进口索赔

如果进口货物经过检验或使用存在问题,那么就需要根据合同和相应法规的规定向责任方提出索赔。

在履行凭信用证付款的 FOB 进口合同时,上述各项基本环节是不可缺少的,但是在履行基于其他付款方式和其他贸易术语成交的进口合同时,则环节有所区别。例如,在采用汇付或托收的情况下,就不存在买方开证的工作环节;在履行 CFR 进口合同时,买方则不负责租船订舱,此项工作由卖方办理;在履行 CIF 进口合同时,买方不仅不承担货物从装运港到目的港的运输任务,而且不负责办理货运投保手续,此项工作由卖方按约定条件代为办理。这就表明,履行进口合同的环节和工作内容,主要取决于合同的类别及其所采取的支付方式。

【案例 12-3】　止付禁令成功处理进口索赔案

2002 年 3 月,中国 A 公司与韩国 B 公司签订合同进口化工原料,价值为 10 万美元,A公司按合同规定开立不可撤销延期付款信用证(deferred payment credit),信用证中规定受益人在货物装船 48 小时内将全套单据包括一份正本提单直接寄给申请人,即"One set of documents including one original B/L to be forwarded to L/C applicant through courier service within 48 hours after shipment."货物如期装船并很快到达我方温州港,我方也收到正本提单,随即办理了清关及提货手续,经我方商检机构检验后,发现货物质量与合同严重不符,我方立即向对方提出退货并要求赔偿损失,而对方态度十分强硬,不予理睬。A 公司也随即通知了开证行。几天之后,我方开证行收到信用证项下全套单据,经审核单据完全符合信用证要求,开证行将只得作出承担远期付款责任的保证,一旦作出,将对 A 公司十分不利。这时,A 公司通过当地法院对 B 公司提起诉讼,宣称申请人具有实质上的欺诈,向法院提示了检验证书,法院经过证据核实后,暂时禁止了开证行兑付该信用证的提示。至此,B公司主动接洽 A 公司,答应退货并赔偿 A 公司的经济损失。一起进口纠纷案完满告结。

分析:

这个案子如此快速顺利地解决,主要基于两个重要原因:

1. 信用证"正本提单"条款对 A 公司相当有利

信用证规定受益人在货物装船后寄一份正本提单给申请人,称为"正本提单"条款。货船从韩国釜山港到温州港约需 4～5 天,受益人收到该正本提单后便可先行清关提货,并对货物进行检验,发现问题后,便可及时向对方提出,受益人显然掌握了主动权。

2. 法院颁发了止付禁令

根据《跟单信用证统一惯例》500 号出版物(以下简称 UCP500)第 9 条(a)款(2)规定,对不可撤销信用证而言,在其规定的单据全部提交指定银行或开证行,并符合信用证条款的条件下,便构成开证行的确定承诺,对延期付款信用证——按信用证规定所确定的到期日付款。受益人提交的单据完全符合信用证要求,因此,开证行只得做出承担远期付款责任的保证,但有例外,如果申请人能申请到止付禁令,就可以暂时禁止开证行兑付该信用证的提示。本案的情况就是这样的。

12.3 主要进出口单据

12.3.1 主要进出口操作单据

1. 报验单

报验单也称检验申请单,是指根据我国《商检法》规定,针对法定检验的进出口货物向指定商检机关填制和申报货物检验的申请单。其内容一般包括品名、规格、数量(或重量)、包装、产地等项。

2. 报关单

报关单是向海关申报进出口货物,供海关验关估税和放行的法定单据,也是海关对进出口货物统计的原始资料。根据货物进出口的情况,又分为《出口货物报关单》和《进口货物报关单》。其主要填写项目为经营单位、贸易性质、贸易国别(地区)、货名、规格及货号、成交价格、数量、海关编号等。在提交进出口货物报关单时,一般还须按规定随附如下文件或单证:进出口许可证或批准文件、商业发票、进出口货物装箱单、减税、免税或免验的证明文件、商检证明等。

3. 投保单

投保单是进出口企业向保险公司对运输货物进行投保的申请书,也是保险公司据以出具保险单的凭证,保险公司在收到投保单后即缮制保险单。投保单一般是在逐笔投保方式下采用的做法。进出口企业在投保单中要填制的内容包括货物名称、运输标志、包装及数量、保险金额、保险险别、运输工具、开航日期、航程号等。实际业务中,也有在商业发票上写上投保险别等要求交给保险公司办理保险的做法。

4. 货物托运单

货物在办理运输过程中需要缮制托运单据,不同运输方式或运输工具使用不同格式的托运单。主要包括海运托运单、陆运托运单和空运托运单。在托运单中,填写货物的基本情况如名称、价格、数量、体积、重量、装运港(地)、目的港(地)、要求运输时间等。实际业务中,托运单据也有可能被省略,而使用企业自制的含有货物出运要求的货物明细单代替。需要指出的是,一般情况下,托运单据需要和商业发票、装箱单等单据一同使用。

12.3.2 主要进出口结付汇单据

对于进出口中涉及的几种主要结汇单据及出口商制单时应注意的问题,介绍如下。

1. 汇票

汇票(bill of exchange;draft)一般是各种结汇方式中都使用的主要单据之一。其填制方法和内容是否正确无误,对出口商安全收汇很重要。出口商开具汇票时,首先要明确如下事项:

(1)付款人。采用信用证支付方式时,汇票的付款人应按信用证的规定填写,如来证没有具体规定付款人名称,一般可理解为付款人是开证行。如果是采取托收方式,一般汇票的付款人是进口商。

(2)受款人。一般情况下,无论是信用证付款方式,还是其他付款方式,如托收,汇票的受款人一般做成凭指示抬头(Pay to order),由收款银行指示将该货款打入出口公司的银行账号。

汇票一般开具一式两份,两份具有同等效力,其中一份付讫,另一份自动失效。

2.发票

一提起发票(invoice),通常指的就是商业发票,但是,根据用途的不同,还有许多其他种类发票,如海关发票、领事发票、厂商发票和形式发票等。

(1)商业发票

商业发票(commercial invoice)是卖方开立的载有货物名称、数量、价格等内容的清单,作为买卖双方交接货物和结算货款的主要单证,也是进出口报关完税必不可少的单证之一。

在我国,各进出口公司的商业发票没有统一格式,但主要项目基本相同,其中包括发票编号、开票日期、数量、包装、单价、总值和支付方式等项内容。

在制作发票时应注意以下问题:

①对收货人的填写,信用证方式结算时,除少数信用证另有规定外,一般均应填写开证申请人或进口人。其他方式结算时,一般填写进口人。

②对货物的名称、规格、数量、单价、包装等项内容的填制,凡属信用证方式,必须与来证所列各项要求完全相符,不能有任何遗漏或改动。如来证内没有规定详细品质或规格,必要时可按合同加注一些说明,但不能与来证的内容有抵触,以防国外银行挑剔而遭到拖延或拒付货款。

③如客户要求或信用证规定在发票内加列船名、原产地、生产企业的名称、进口许可证号码等,均可一一照办。

④来证和合同规定的单价含有"佣金"(commission)的情况,在发票处理上应照样填写,不能以"折扣"字样代替。如来证和合同规定有"现金折扣"(cash discount)的字样,在发票上也应全名照列,不能只写"折扣"或"贸易折扣"(trade discount)等字样。

⑤如属信用证方式付款,发票的总值不得超过信用证规定的最高金额。按照银行惯例的解释,开证银行可以拒绝接受超过信用证所许可金额的商业发票。

⑥由于各国法令或习惯不同,有的来证要求在发票上加注"证明所列内容真实无误"(或称"证实发票"certified invoice)、"货款已经收讫"(或称"收妥发票"receipt invoice),或加注有关出口企业国籍、原产地等证明文句,出口商应在不违背我国方针、政策和法令的情况下,酌情办理。

(2)海关发票(customs invoice)

有些国家的海关制定一种固定的发票格式,要求国外出口商填写。属于这类发票有下列三种不同的叫法:①海关发票(customs invoice);②估价和原产地联合证明书(C.C.V.O.即 combined certificate of value and origin);③根据××国海关法令的证实发票(certified invoice in accordance with ×× customs regulations)。对于上述三种叫法的发票,在习惯上我们统称为海关发票。进口国要求提供这种发票,主要是作为估价完税或征收差别待遇关税或征收反倾销税的依据。此外,还供编制统计资料之用。

在填写海关发票时,一般应注意以下问题:

①各个国家(地区)使用的海关发票,都有其固定格式,不得混用。

②凡是商业发票和海关发票上共有项目的内容,必须与商业发票保持一致,不得相互矛盾。

③在"出口国国内市场价格"一栏,其价格的高低是进口国海关作为是否征收反倾销税的重要依据。在填制这项内容时,应根据有关规定慎重处理。

④如成交价格为 CIF 条件,应分别列明 FOB 价、运费、保险费,这三者的总和,应与 CIF 货值相等。

⑤签字人和证明人均须以个人身份出面,而且这两者不能为同一个人。个人签字均须以手签生效。

(3)领事发票

有些国家,例如一些拉丁美洲、中东等国家规定,凡输往该国的货物,国外出口商必须向该国海关提供经该国领事签证的发票(consular invoice)。有些国家制定了固定格式的领事发票;也有一些国家则规定可在出口商的商业发票上由该国领事签证(consular visa),领事发票的作用与海关发票基本相似,各国领事签发领事发票时均需收取一定的领事签证费。如国外来证有需由我方提供领事发票的条款,可以首先考虑说明当地无对方机构,争取取消。如无法取消则按有关规定办理,需要指出的是,办理领事发票周期较长,这点必须充分考虑。

(4)厂商发票

厂商发票(manufacturer's invoice)是由出口货物的制造厂商所出具的以本国货币为计价单位、用来证明出口国国内市场出厂价格的发票。其目的也是供进口国海关估价、核税以及征收反倾销税之用。如果国外来证有此要求,应参照海关发票有关国内价格的填制办法处理。

3.海运提单

(1)海运提单的重要性

海运提单(bill of lading)是船方或其代理人在收到其承运的货物时签发给托运人的货物收据,也是承运人与托运人之间的运输契约的证明,在法律上它具有物权凭证的作用。收货人在目的港提取货物时,必须提交正本提单。可见,海运提单是各种单据中最重要的单据。

(2)海运提单的格式和内容

提单的格式很多,每个船公司都有自己的提单格式,但基本内容大致相同,一般包括提单正面的记载事项和提单背面印就的运输条款。

1)提单正面的内容

提单正面的记载事项,分别由托运人和承运人或其代理人提供,由承运人或其代理人填写签发。通常包括下列事项:托运人(Shipper);收货人(Consignee);被通知人(Notify Party);收货地或装货港(Place of Receipt or Port of loading);目的地或卸货港(Destination or Port of Discharge);船名及航次(Vessel's Name & Voyage Number);唛头及件号(Shipping Marks & Numbers);货名及件数(Description of Goods & Number of Packages);重量和体积(Weight & Measurement);运费预付或运费到付(Freight Prepaid or Freight Collect);正本提单的张数(Number of Original B/L);船公司或其代理人的签章(Name & Signature of the Carrier);签发提单的地点及日期(Place & Date of Issue)等。

2)提单背面条款

在班轮提单背面,通常都有印就的运输条款,这些条款是作为确定承运人与托运人之间以及承运人与收货人及提单持有人之间的权利和义务的主要依据。提单背面条款的内容由各船公司自行确定,其内容不尽一致,但大致相近。

3)提单的正本和副本

按提单使用的有效性分,可分为正本提单和副本提单。

①正本提单(original B/L)。是指提单上经承运人、船长或其代理人签字盖章并注明签发日期的提单。这种提单在法律上和商业上都是公认有效的单证。提单上必须要标明"正本"(Original)字样,以示与副本提单有别。

②副本提单(copy B/L)。是指提单上没有承运人、船长或其代理人签字盖章,而仅供工作上参考之用的提单。在副本提单上一般都标明"Copy"或"Non-negotiable"字样,以示与正本提单有别。

4)制作提单应注意的问题

①提单的种类。提单的种类很多,应按合同或信用证要求的类别提供。

②提单的收货人(consignee)。提单的收货人,习惯上称为抬头人。在信用证或托收支付方式下,绝大多数的提单都做成"凭指定"(to order)抬头或者"凭托运人指定"(to order of shipper)抬头。这种提单必须经托运人背书,才可流通转让;也有的要求做成"凭××银行指定"(to order of ×× bank),一般是规定凭开证行指定。

③提单的货物名称。提单上有关货物名称可以用概括性的商品统称,不必列出详细规格,但应注意不能与来证所规定的货物特征相抵触。

④提单的运费项目。如 CIF 或 CFR 条件,在提单上应注明"运费已付"(freight pre-paid);如成交价格为 FOB 条件,在提单上则注明"运费到付"(freight collect)。除信用证内另有规定外,提单上不必列出运费的具体金额。

⑤提单上的目的港和件数。提单上的目的港和件数,原则上应和运输标志上所列的内容相一致。对于包装货物在装船过程中,如发生漏装少量件数,可在提单上运输标志件号前面加"EX"字样,以表示其中有缺件,例如,"EXNos.1—100"。

⑥提单的签发份数。根据《UCP500》规定,银行接受全套正本仅有一份的正本提单,或一份以上正本提单。如提单正本有几份,每份正本提单的效力是相同的,但是,只要其中一份凭以提货,其他各份立即失效。因此,合同或信用证中规定要求出口商提供"全套提单"(full set or complete set B/L),就是指承运人在签发的提单上所注明的全部正本份数。实际业务中,提单正本一般为三份。

⑦提单的签署人。如信用证要求港到港的海运提单,银行将接受由承运人或作为承运人的具名代理或代表,或船长或作为船长的具名代理或代表签署的提单。

⑧有关装运的其他条款。买方有时限于本国法令,或为了使货物迅速到达或其他原因,在来证中加列其他装运条款,并要求出口商照办。如要求出口商提供航线证明、船籍证明、船龄证明,或者指定装运船名、指定转运港、指定集装箱货轮等。对上述各项要求,应按照有关规定,并结合运输条件适当掌握。如属不合理的或者买方难以办到的运输条款,必须向买方提出修改信用证。

4. 保险单

(1)保险单(insurance policy)的被保险人应是出口商或者是信用证上的受益人,并加空白背书。

(2)保险险别和保险金额应与信用证规定一致。在单据的表面上对 CIF 和 CIP 的金额能够被确定时,保险单必须表明投保最低金额。该项金额应为货物的 CIF 或 CIP 的金额加10%,否则,银行接受的最低投保金额,应为根据信用证要求而付款、承兑或议付金额的110%,或发票金额的110%,以两者之中较高者为准。保险单所表明的货币,应与信用证规定的货币相符。其他结算方式下,一般投保金额也为发票金额的110%。

(3)保险单的签发日期应当合理,在保险单上,除非表明保险责任最迟于货物装船或发运或接受监督之日起生效外,银行将拒受出单日期迟于装船或发运或接受监管时间的保险单。

5. 产地证明书

产地证明书(certificate of origin)是一种证明货物原产地或制造地的证件。不用海关发票或领事发票的国家,要求提供产地证明,以便确定对货物应征收的税率。有的国家限制从某个国家或地区进口货物,也有的要求以产地证来证明货物的来源。

产地证明书一般由出口地的公证行或工商团体签发。在我国,可由国家出入境检验检疫局或贸促会签发。

6. 普惠制单据

普惠制(generalized system of preferences documents)简称 GSP。随着中国经济的发展,给予我国普惠制待遇的国家已经较少。对这些给普惠国家的出口货物,须提供普惠制单据,作为进口国海关减免关税的依据。目前中国使用的普惠制单据主要是表格 A 产地证(GSP certificate of origin form A)。其适用于一般商品,由出口公司填制,并经国家出入境检验检疫局签证出具。

7. 装箱单和重量单

装箱单和重量单(packing list and weight memo)是用来补充商业发票内容的不足,便于国外买方在货物到达目的港时,供海关检查和核对货物。装箱单又称花色码单,列明每批货物的逐件花色搭配;重量单则列明每件货物的毛、净重。

8. 检验证书

各种检验证书是分别用以证明货物的品质、数量、重量和卫生条件。在我国,这类证书一般由国家出入境检验检疫局出具,如合同或信用证无特别规定,也可以分不同情况,由进出口公司、生产企业或其他检验机构出具,但应注意证书的名称及所列项目或检验结果,应与合同及信用证规定相同。

12.3.3 制作审核结汇单据的基本原则

1. 正确

单据内容必须正确,在信用证结算方式下,既要符合信用证的要求,又要能真实反映货物的实际情况,且各单据的内容不能相互矛盾。

2. 完整

单据份数应符合要求,不能短少,单据本身的内容,应当完备,不能出现项目短缺情况。

3. 及时制单

单据制作应及时,以免错过合同或信用证规定的交单日期。

4. 简明

单据内容应按要求和国际惯例填写,力求简明,切勿加列不必要的内容。

5. 整洁

单据的布局要美观大方,缮写或打印的字迹要清楚醒目,不宜随意使用修改章,尤其对金额、件数和重量等,更不宜改动。

12.4　索赔与理赔工作

在国际贸易交易过程中,买卖双方往往会由于彼此间的权利和义务问题而引起争议。争议发生后,因一方违反合同规定,直接或间接给另一方造成损失,受损方向违约方在合同规定的期限内提出赔偿要求,以弥补其所受损失,就是索赔。

违约的一方,如果受理遭受损害方所提出的赔偿要求,赔付金额或实物,以及承担有关修理、加工整理等费用,或同意换货等就是理赔。如有足够的理由解释清楚,不接受赔偿要求的就是拒赔。

对外贸易中的争议和索赔情况是经常发生的,直接关系到对外贸易有关各方的经济权益,所以各方都十分重视索赔和理赔,在合同中应订明有关的条款,以维护自己的利益。从法律观点来说,违约的一方应该承担赔偿的责任,对方有权提出赔偿的要求直到解除合同。只有当履约中发生不可抗力的事故,致使一方不能履约或不能如期履约时,才可根据合同规定或法律规定免除责任。

在我国的进出口贸易中,发生争议、索赔的事例是很多的,特别在市场情况发生变化,国外有些客户觉得履约对他们不利时,往往寻找各种借口拒不履约或拖延履约,甚至弄虚作假或提出无理要求。此外,我方也由于各种原因,有时也出现违约的事例。因此,如何正确处理好对外的索赔和理赔是一个十分重要的问题,它既关系到维护国家的权益和声誉,又涉及比较复杂的业务技术问题。所以,索赔、理赔是一项政策性、技术性很强的涉外工作,必须严肃对待和认真处理。

此外,在履行进口合同过程中,往往因卖方未按期交货或货到后发现品质、数量和包装等方面有问题,致使买方遭受损失而需向有关方面提出索赔。进口索赔事件虽不是每笔交易一定发生,但为了维护我方的利益,我们对此项工作应当常备不懈,随时注意一旦出现卖方违约或发生货运事故,应切实做好进口索赔工作。为此,我们必须注意以下事项,在查明原因。分清责任的基础上确定索赔对象。

1. 根据事故性质和致损原因的不同,向责任方提出索赔

例如,凡属原装短少和品质、规格与合同不符的,应向卖方提出索赔;货物数量少于提单所载数量,或在签发清洁提单情况下货物出现残损短缺,则应向承运人索赔;由于自然灾害、意外事故而使货物遭受承保险别范围内的损失,则应向保险公司索赔。

2.提供索赔证据

为了保证索赔工作的顺利进行,必须提供切实有效的证据,如事故记录、短卸或残损证明和联检报告等,必要时,还可提供物证或实物照片等。

3.掌握索赔期限

向责任方提出索赔,应在规定的期限内提出,过期提出索赔无效,在合同内一般都规定了索赔期限:向卖方索赔,应在约定期限内提出,如合同未规定索赔期限,按《联合国际货物销售合同公约》规定,买方向卖方声称货物不符合合同时限,是买方实际收到货物之日起两年;向船公司索赔的时限,按《海牙规则》规定,是货物到达目的港交货后一年;向保险公司索赔的时限,按中国人民保险公司制定的《海洋运输货物保险条款》规定,为货物在全部卸离海轮后两年。

4.索赔金额

索赔金额应适当确定,除包括受损商品价值外,还应加上有关费用(如检验费等)。索赔金额究竟多少,其中究竟包括哪些费用,应视具体情况而定。

12.5　实验教学

12.5.1　目　的

通过认识 L/C 项下的全套单据的实例,帮助学生加深对单据格式、内容等理论知识的理解和巩固。

12.5.1　要　求

根据合同(实验教学 8.4 合同 NO. CF-030201)和信用证(实验教学 5.5 L/C NO. NTB-001),制作了以下全套单据。根据以下单据实例,完成操作,基本看懂单据的主要条款和内容。

商业发票举例:

COMMERCIAL INVOICE

1)SELLER SHANGHAI ×× TRADING CO. LTD. ××,SHANGHAI CHINA	3)INVOICE NO. : CF—001
	4)INVOICE DATE: APR. 23,2003
2)BUYER YAKAHA CO. ,LTD. ××××××	5)TOTAL AMOUNT(IN WORDS): U. S. DOLLARS TWENTY-FIVE THOUSAND ON-LY

6)MARKS	7)DESCRIPTION OF GOODS	8)QTY.	12)UNIT PRICE	10)AMOUNT

2 ITEMS OF"HOKO"BRAND OF LIGHTERS AS PER SALES S/C NO. YL-030201-1 DATED

FEB. 01,2003.　　　　　　　　　　　　　　　CIF NAGOYA

YKH　　　　　YL－012　　　10000PCS　USD1. 20/PC USD12000. 00

YL－030201－1　YL－014　　　10000PCS　USD1. 30/PC USD13000. 00

NAGOYA

C/NO. 1－40

　　　　　　　　TOTAL:20000PCS　　　　　USD25000. 00

　　　　L/C NO. TNB002

　　　　　　　　　　　　　　　　　　　　ISSUED BY

　　　　　　　　　　　　　SHANGHAI CHENFA TRADING CO. LTD

　　　　　　　　　　　　　　　　SIGNATURE

　　　　　　　　　　　　　　　　Mark lin

装箱单

PACKING LIST

1)SELLER SHANGHAI ×× TRADING CO. LTD. ××,SHANGHAI CHINA	3)INVOICE NO. : CF－001	4)INVOICE DATE: APR. 23,2003
	5)FROM: SHANGHAI	6)TO: NAGOYA
	7)TOTAL PACKAGES(IN WORDS): FORTY CARTONS	
2)BUYER －YAKAHA CO. ,LTD. －××××××	8)MARKS & NOS. : －YKH －YL－030201－1 －NAGOYA －C/NO. 1－40	

12)C/NOS.	10)NOS. & KINDS OF PKGS.		11)QTY.	12)G. W. (kg)	13)N. W. (kg)	14)MEAS(m³)
2 ITEMS OF"HOKO"BRAND OF LIGHTERS						
1－20	YL－012	20CARTONS	10000PCS	500	460	1. 20
21－40	YL－014	20CARTONS	10000PCS	580	540	1. 35
TOTAL:	40 CARTONS	20000PCS		1180	1100	2. 55

　　　　　　　　　　　　　　　　　　　　ISSUED BY

　　　　　　　　　　　　　SHANGHAI CHENFA TRADING CO. LTD

　　　　　　　　　　　　　　　　SIGNATURE

　　　　　　　　　　　　　　　　Mark lin

海运提单

BILL OF LADING FOR COMBINED TRANSPORT SHIPMENT OR PORT TO PORT SHIPMENT

Shipper SHANGHAI ×× TRADING CO. LTD.	B/L NO. PEL－001 **PANTAINER** Express Line
Consignee or Order TO ORDER	Carrier： Pantainer Ltd.
Notify Address YAKAHA CO. ,LTD. ××××××	Viaduktstrasse 42 P. O. Box 4002 Basle/Switzerland

Pre-carriage by	Place of receipt	For delivery please apply to：
Ocean vessel. YANDANSHAN V. 021	Port of loading SHANGHAI	
Port of discharge NAGOYA	Place of Delivery	

Marks & Nos. Meas(M³)	Container No.	Nos. & Kinds of Pkgs.	Description of Goods	G. W. (Kg)	
YKH YL－030201－1 NAGOYA C/NO. 1－40	40 CARTONS	"HOKO"BRAND OF LIGHTERS		1180	2. 55

Total Number of Containers Or Packages(In Words)：FORTY CARTONS ONLY

Freight & Charges FREIGHT PREPAID		Declared Value From Merchant	
Prepaid At	Payable At	Number of Original B(S)L THREE	
Place of B(S)L SHANGHAI	Date APR. . 30,2003	HELKA SHIIPING CO,. LTD. as agent for the carrier,Pantainer Ltd.	

普惠制产地证

ORIGINAL

1. Goods consigned from(Export's name, Address, country) SHANGHAI ×× TRADING CO. LTD. ××, SHANGHAI CHINA	Reference No. GENERALIZED SYSTEM OF PREFERENCES CERTIFICATE OF ORIGIN (Combined declaration and certificate)
2. Goods consigned to(Consignee's name, Address, country) YAKAHA CO. ,LTD. ××××××	**FORM A** Issued in THE PEOPLE'S REPUBLIC OF CHINA (country) See Notes overleaf

3. Means of transport and route(as far as known) FROMSHANGHAI TO NAGOYA BY SEA	4. For official use

5. Item number 1	6. Marks and numbers of packages YKH YL－030201－1 NAGOYA C/NO. 1－40	7. Number and kind of packages; description of goods FORTY(40)CARTONS OF "HOKO" BRAND OF LIGHTERS * * * * * * * * * * *	8. Origin criterion (See Notes overleaf) "P"	12. Gross weight or other quantity 1180KGS. 20000PCS	10. Number and date of invoices CF－001 APR. 23,2003

11. Certification It is hereby certified, on the basis of control carried out, that the declaration by the exporter is correct. SHANGHAI, APR. 27,2003 Place and date, signature and stamp of certifying authority	12. Declaration by the exporter The undersigned hereby declares that the above details and statements are correct; that all the goods were produced in 　　CHINA　　　　　(country) And that they comply with the origin requirements specified for those goods in the Generalized System of Preferences for goods exported to 　　JAPAN　　　(importing country) SHANGHAI, APR. 27,2003 Place and date, signature of authorized signatory

货物运输保险单

CARGO TRANSPORTATION INSURANCE POLICY

发票号(INVOICE NO.)CF－001 保单号次

合同号(CONTRACT NO.)YL－030201－1 POLICY NO PC01037650

信用证号(L/C NO.)TNB－002

被保险人：

Insured：SHANGHAI ×× TRADING CO. LTD.

中国人民保险公司(以下简称本公司)根据被保险人的要求,由被保险人向本公司缴付约定的保险费,按照本保险单承保险别和背面所列条款与下列特款承保下述货物运输保险,特立本保险单。

THIS POLICY OF INSURANCE WITNESSES THAT THE PEOPLE'S INSURANCE COMPANY OF CHINA(HEREINAFTER CALLED"THE COMPANY") AT THE REQUEST OF INSURED AND IN CONSIDERATION OF THE AGREED PREMIUM PAID TO THE COMPANY BY THE INSURED UN-DERTAKES TO INSURE THE UNDERMENTIONED GOODS IN TRANSPORTATION SUBJECT TO THE CONDITIONS OF THIS POLICY AS PER THE CLAUSES PRINTED OVERLEAF AND OTHER SPECIAL CLAUSES ATTACHED HEREON

标 记 MARKS & NOS.	数量及包装 QUANTITY	保险货物项目 DESCRIPTION OF GOODS	保险金额 AMOUNT INSURED
AS PER INVOICE NO CF－001	40CARTONS	"HOKO"BRAND OF LIGHTERS	USD27500.00

总保险金额

TOTAL AMOUNT INSURED：SAY US DOLLARS TWENTY－SEVEN THOUSAND FIVE HUN-DRED ONLY

保费 启运日期： 装载运输工具：

PREMIUM AS ARRANGED DATE OF COMMENCEMEN AS PER B/L PER CONVEYANCE
   YANDANSHAN V. 021

自经至 FROM   SHANGHAI,CHINA   VIA _____ TO   NAGOYA,JAPAN

承保险别：CONDITIONS：CIC ALL RISKS AND WAR RISK.

所保货物,如发生保险单项下可能引起索赔的损失或损坏,应立即通知本公司下述代理人查勘。如有索赔应向本公司提交保险单正本(共2份正本)及有关文件。如一份正本已用于索赔,其余正本自动失效。

IN THE EVENT OF LOSS DAMAGE WHICH MAY RESULT IN A CLAIM UNDER THIS POLICY, IMMEDIATE NOTICE MUST BE GIVEN TO THE COMPANY AGENT AS MENTIONED HEREUN-DER CLAIMS IF ANY,ONE OF THE ORIGINAL POLICY WHICH HAS BEEN ISSUED IN 2 ORIGI-NAL TOGETHER WITH RELEVANT DOCUMENTS SHALL BE SURRENDERED TO THE COMPA-NY IF THE ORIGINAL POLICY HAS BEEN ACCOMPLISHED,THE OTHERS TO BE VOID .

赔款偿付地点

CLAIM PAYABLE AT   NAGOYA

出单日期 中国人民保险公司上海市分公司

ISSUING DATE   APR. 27,2003 The People's Insurance Company of China

Shanghai Branch

小　结

1. 出口合同(以 CIF 和 L/C 的合同为例)履行分为五个基本步骤,步步紧扣,不得脱节。

2. 进口合同(以 FOB 的合同为例)履行分为六个基本步骤,也是步步紧扣,不得脱节。

3. 主要进出口单据的基本种类和制作原则,尤其是 L/C 项下的制作,要遵循"三相符"原则,即"单证相符、单单相符、单货相符"。

习　题

1. 单项选择题

(1)在出口业务中,银行对于信用证的审核主要是审核(　　)。

A. 信用证的真伪　　　　　　　　B. 申请人的信用

C. 船期是否合适　　　　　　　　D. 货物名称是否正确

(2)对于合同规定"Partial Shipment and Transhipment not allowed",来证规定"Partial Shipment and Transhipment allowed",受益人(　　)。

A. 应该接受　　　　　　　　　　B. 应该要求修改

C. 应该请申请人说明不符原因　　D. 应该请开证行说明不符原因

(3)对于不可撤销信用证的一份修改,受益人(　　)。

A. 有权拒绝　　　　　　　　　　B. 必须接受

C. 可以部分拒绝　　　　　　　　D. 以上均不对

(4)对于同一份信用证的多份修改,受益人(　　)。

A. 如果接受,必须全部接受　　　B. 如果拒绝,必须全部拒绝

C. 可以接受其中一份或几份　　　D. 以上均不对

(5)受益人如果要求修改信用证,必须向(　　)发出修改函。

A. 开证行　　　B. 通知行　　　C. 议付行　　　D. 申请人

(6)出口业务中,出口报关单的填写人应该是(　　)。

A. 出口商　　　B. 货物运输人　　　C. 货物生产人　　　D. 进口商

(7)出口业务中,保险单上的被保险人,通常应该填写(　　)。

A. 进口商　　　B. 货物运输人　　　C. 货物生产人　　　D. 出口商

(8)出口业务中,海运提单的正本通常有三份,那么,提货时,(　　)。

A. 三份必须同时出示　　　　　　B. 出示任何一份正本就可以

C. 至少需要两份正本　　　　　　D. 一份正本只能提取三分之一货物

(9)出口业务中,将提单做成指示提单,是指对提单(　　)的制作要求。

A. 出口人　　　B. 通知人　　　C. 运输人　　　D. 收货人

(10)通常情况下,出口业务中保险单的签发日期应该(　　)。

A.早于提单日期　　　　　　　　B.晚于提单日期

C.早于、晚于提单日期均可　　　　D.以上均不对

2. 判断题

(1)在出口程序中,如果采用信用证结算,那么催证、审证和改证的步骤一般都是在备货后进行。　　　　　　　　　　　　　　　　　　　　　　　　　　　　　(　　)

(2)出口业务中收到的信用证必须与合同完全一致。　　　　　　　　　　(　　)

(3)合同规定"2005 年 12 月前装运",来证规定"2005 年 10 月前装运",在这种情况下,可以认为信用证和合同是相一致的。　　　　　　　　　　　　　　　　　(　　)

(4)在信用证有效期内,理论上修改信用证可以是无限次,但作为受益人来说,为了业务的顺利进行,应该尽量一次提出。　　　　　　　　　　　　　　　　　　　(　　)

(5)当受益人接受信用证的修改,可采取"默示接受",即不声明接受,但按修改后的信用证要求交单。　　　　　　　　　　　　　　　　　　　　　　　　　　　(　　)

(6)如果可转让信用证转让给一个以上的第二受益人,其中一个或几个第二受益人拒绝接受信用证的修改,并不影响其他第二受益人接受修改。　　　　　　　　　(　　)

(7)信用证结算方式下,如果出现了不符点,则银行信用变成商业信用,受益人是否可以得到货款就失去了银行信用的保证。　　　　　　　　　　　　　　　　　(　　)

(8)GSP 证书也是产地证的一种。　　　　　　　　　　　　　　　　　(　　)

(9)进口业务中,向责任方提出索赔,应在规定的期限内提出,过期提出索赔无效。

　　　　　　　　　　　　　　　　　　　　　　　　　　　　　　　　　(　　)

(10)在我国进口业务中,如果采用 FOB 国外口岸,对于进口商而言及时投保是非常重要的。　　　　　　　　　　　　　　　　　　　　　　　　　　　　　　　　(　　)

3. 简答题

(1)简述出口程序中催证的意义。

(2)简述出口商(受益人)审核信用证的依据。

(3)简述受益人拟写修改函时应遵循的原则。

(4)简述 L/C 项下结汇的结汇方式。

(5)简述 L/C 项下制单结汇不符点的处理。

4. 案例分析

(1)中国 A 公司向德国 B 公司出口羊绒披肩,并签订了 CIF 合同。A 公司在装船前向检验机构申请检验,检验结果是货物符合合同的质量要求。A 公司投保一切险并在装船后及时向 B 公司发出了装船通知,但在海上航行中由于货物被雨水浸泡,质量降低。货物到达目的港后,B 公司要求 A 公司赔偿差价损失。请问:A 公司是否应该接受索赔,为什么?货物被海水浸泡的风险损失又由谁承担?

(2)中方 A 公司与某国 B 公司签订合同一份,规定即期信用证支付,信用证规定不可转运,不可分批装运,货物总量 1000 公吨,A 公司收到 L/C 后,开始备货,货物备好准备装运时,收到信用证修改,修改了目的港,并且增加货物数量 1000 公吨,由于临时准备货物来不及,A 公司决定,先将准备好的货物运至指定的新港口,修改书上要求的另外 1000 公吨待备好货后再运,请对 A 公司的做法予以评析。

习题参考答案

`

第1章

1. 单选题

(1)B　(2)A　(3)D　(4)C　(5)C

2. 判断题

(1)√　(2)√　(3)×　(4)√　(5)√

3. 简答题(略)

第2章

1. 单项选择题

(1)A　(2)B　(3)B　(4)C　(5)B　(6)D　(7)C　　(8)B　(9)A　(10)C

2. 简答题

(1)大卫·李嘉图的比较成本理论是在亚当·斯密的绝对成本理论的基础上发展起来的。根据斯密的观点,国际分工应按绝对的成本差异进行,即一个国家输入的商品一定是生产上具有绝对优势、生产成本绝对低于他国的商品。李嘉图进一步发展了这一观点,他认为,参与国际分工和国际贸易的双方,不一定都要有某一商品的生产绝对成本低,只要各自生产相对成本较低的商品进行交换,双方都可以获利,即"两优取其最优,两劣取其次"。

(2)主要包括要素供给比例说与要素价格均等化说,其中前者内容如下:

①国际贸易的原因在于价格的国际差异;②价格的国际差异来源于成本的国际差异;③各国不同的成本比例;④生产要素的不同价格比例;⑤生产要素不同的供给比例;⑥生产要素的不同需求比例。

(3)李斯特的贸易保护理论认为:"比较成本说"不利于德国生产力的发展;古典学派自由贸易学说忽视了各国历史和经济上的特点;主张国家干预对外贸易;贸易保护要有条件和手段。

(4)里昂惕夫利用投入—产出分析方法对美国的对外贸易商品结构进行具体计算,其目的是对 H-O 原理进行验证。结果发现美国出口商品具有劳动密集型特征,而进口替代商品更具有资本密集型特征。这个验证结论正好与 H-O 模型的结论相反。

(5)原因:①同类产品的异质性是产业内贸易的重要基础;②规模经济收益递增是产业内贸易的重要成因;③经济发展水平是产业内贸易的重要因素。

结果:一国既出口又进口某种同类型制成品,其贸易对象是同一产业内具有异质性的产品。

(6)弗农把由于新技术生产的产品的生命周期分为 3 个阶段。第一阶段为新生期;第二阶段为成长期;第三阶段为成熟期。

第3章

1. 填空题

(1)有定额进口许可证、无定额进口许可证

(2)出口价格指数除以进口价格指数、贸易条件比基期改善、贸易条件比基期恶化

(3)绝对配额、关税配额

(4)对外贸易总政策、进出口商品政策、对外贸易国别政策

2. 选择题

(1)B　(2)C　(3)D　(4)C　(5)C　(6)C　(7)D　(8)A

3. 判断题

(1)×　(2)×　(3)×　(4)×　(5)×　(6)×

4. 问答题(略)

第4章

1. 单选题

(1)B　(2)A　(3)C　(4)A　(5)A　(6)B　(7)B　(8)C　(9)D　(10)B

2. 判断题

(1)√　(2)×　(3)√　(4)√　(5)×　(6)√　(7)√　(8)√　(9)×　(10)×

3. 简答题

(1)经济一体化消除了同一贸易体内各成员之间的贸易和投资壁垒。各成员国之间由此而引致的贸易程度的加强称之为贸易创造。

(2)贸易转移效应(trade diversion dffect)是指由于关税同盟对内取消关税,对外实行统一的保护关税,成员国把原来从同盟外非成员国低成本生产的产品进口转为从同盟内成员国高成本生产的产品进口,从而使贸易方向发生了转变。

(3)关税同盟理论、自由贸易区理论、共同市场理论、协议国际分工理论。

(4)从区域经济一体化的益处与缺陷分析。

(5)优惠贸易安排、自由贸易区、关税同盟、共同市场、经济同盟与政治同盟。

第5章

1. 单选题

(1)D　(2)B　(3)D　(4)B　(5)C　(6)B　(7)A　(8)A　(9)A

2. 判断题

(1)√　(2)×　(3)√　(4)√　(5)√

3. 简答题

(1)有四点原因:GATT 是一个"临时协定"、GATT 的许多规则不严密,执行起来有很大空隙,有些缺乏法律的约束力、GATT 中还存在着大量"灰色区域",有很多例外、解决纠纷常常无法议决,难以取得实际成效。

(2)略

(3)从定义方面比较,还有理解"内外平等、外外平等"的含意。

(4)略

(5)WTO 不同于 GATT,它是一个世界性的法人组织,与联合国等国际组织有着平等的地位,有着一套完整的组织机构。其中主要由部长会议、总理事会、理事会、争端解决机构和秘书处五个部门组成。

第 6 章

1. 单项选择题

(1)C　(2)C　(3)C　(4)A　(5)C　(6)D　(7)C　(8)C　(9)A　(10)C

2. 判断题

(1)×　(2)×　(3)√　(4)√　(5)×　(6)×　(7)×　(8)×　(9)√　(10)×

3. 简答题

(1)卖方复制买方提供样品供买方确认,然后按经确认后的样品生产。

(2)合同规定卖方的交货数量可以按一定机动幅度比合同多交或少交若干,多交或少交部分价格一般按合同价格。

(3)中性包装是指既不表明生产国别、地名和厂商名称,也不表明商标(trade marks)或牌号(brand)的包装。包括无牌中性和定牌中性。

(4)运输包装:①适应商品的特性;②适应运输的要求;③考虑各国的规定和客户的要求;④便于各环节有关人员进行操作;⑤在牢固的前提下节省费用;销售包装:①便于陈列;②便于识别商品;③便于携带和使用;④要有艺术吸引力;⑤符合民族惯例。

(5)运输标志,习惯上被称为"唛头"(mark),它通常用一个简单的几何图形和一些字母、数字、简单文字组成。便于运输、辨认货物、顺利完成交易等,防止错发错运。

运输标志由四个部分组成:主要标志、参照号码、目的地(或目的港)名称,件数号码。

4. 案例分析

(1)本案应吸取的教训是:在合同中明确规定品质的表示方法,要么采用凭样品成交,要么使用规格,而且标准不能定得太高,避免所交货物品质与合同规定不符。合同羊绒含量为100%是不可能达到的,所以本案应在合同中规定羊绒含量为70%左右比较好。

(2)数量条款是合同中的主要交易条件,是买卖双方交接货物的重要依据。本案中虽然多交的 30 公吨货物没有超过数量的机动幅度 5%,但金额超过信用证的规定,所以被银行拒付。

5. 实训题　略

第 7 章

1. 单项选择题

(1)A　(2)A　(3)A　(4)A　(5)C　(6)D　(7)A　(8)B　(9)A　(10)D

2. 判断题

(1)√　(2)×　(3)√　(4)×　(5)×　(6)×　(7)×　(8)×　(9)×　(10)√

3. 简答题

(1)①是货物收据;②是所有权凭证;③是运输合同。

(2)不记名抬头,可以转让;记名抬头,不能转让;指示性抬头,背书后可转让。

(3)①基本险,有平安险(free particular average,FPA)、水渍险(with particular or with particular average)和一切险(all risks),承保的范围依次是从小到大。②附加险别,有一般附加险(general additional risks)和特殊附加险(special additional risks),一般附加险包含在一切险中。

(4)ICC-(A)险的承保风险采用"一切发现除外责任"的方式表示,近似于一切险;

ICC-(B)险的承保风险采用"列明风险"方式,近似于水渍险;

ICC-(C)险的承保风险采用"列明风险"方式,承保"重大意外事故",小于平安险。

"协会货物战争险条款"、"协会货物罢工险条款"等同于CIC中战争险和罢工险,"恶意损害险"属于一般附加险,包含在ICC(A)中。

(5)被保险人:THE SELLER,被保险金额:110% OF TOTAL INVOICE VALUE,险别:WPA AND WAR RISK,受约束的保险条款:AS PER CIC CLAUSES DATED 1/1/1981。

4.计算题

(1)解:W>M按重量计费。

F=基本运费+附加费

$\quad$=计费数量×费率(1+附加费率)

$\quad$=100×0.025×443.00×(1+30%+10%)

$\quad$=1550.50(港元)

答:运费是1550.50港元

(2)解:CIF=CFR/1-110%×保险费率

$\qquad$=1800/1-110%×(1%+0.03%)

$\qquad$=1820.62

CIFC2%=CIF/1-C

$\qquad$=1820.62/1-2%

$\qquad$=1857.78(美元)

答:应报价CIFC2%1857.78美元。

5.案例分析题

(1)我认为如果光从信用证项下我方能否如期收汇考虑,这样做是可以的。因为,信用证一经开立就成为独立于合同之外的法律文件,只要单证一致,既可收取货款。信用证中笼统规定"最迟装运期6月30日,分数批装运",所以,我方的做法是可以的,但为防日后麻烦,我方应争取等量分批的做法,这既符合了合同规定,又满足了信用证的要求。

(2)不行。从上述规定看,显然1、2、3三个月各装100箱,此条旨在限定装运期限,早装不行,晚装也不行,这叫定期分运条款。《UCP600》规定,其中如有一批未按装运定期装运,以后再装便告失效,合同终止。

(3)②④⑤属于GA,①③是PA。

(4)给予赔偿。因为属于平安险承保范畴。

第8章

(1)C　(2)D　(3)C　(4)A　(5)B　(6)D　(7)A　(8)C　(9)C　(10)D

2. 判断题

(1)√　(2)×　(3)×　(4)×　(5)√　(6)√　(7)×　(8)√　(9)×　(10)√

3. 简答题

(1)贸易术语(trade terms)又称价格术语、价格条件,是指用一个简短的概念或外文缩写来表明商品的价格构成,买卖双方各自应负的责任、费用和风险的专门用语。目前有三大惯例:《1932 年华沙—牛津规则》、《1941 年美国对外贸易定义修订本》和《INCOMTERMS2000》。

(2)Incoterms® 2010 具有以下新特点:

①两个新增术语 DAT 和 DAP 取代了国际贸易术语解释通则 2000 中的 DAF、DES、DEQ 和 DDU。

②Incoterms® 2010 共有 11 个贸易术语,根据使用的运输方式不同分为两大类。

③国际贸易术语不仅适用于国际货物买卖合同,而且也适用于国内货物买卖合同。

④Incoterms® 2010 在每个贸易术语前,均给出了该术语的使用说明。

⑤尽可能对地点和港口做出详细说明,更能凸显国际贸易术语的作用。

Incoterms® 2010 对买卖双方义务的规定有所变化。

(3)相同点:都适合于海洋及内河运输;风险转移点在船舷;买卖方各自办理进出口手续;都属于装运合同。不同点:价格构成不同,买卖双方所承担运输保险责任不同。

(4)相同点:进出口手续的办理;风险划分点前后的费用;在价格构成上,FCA＝FOB,CPT＝CFR,CIP＝CIF。不同点:在适用范围、交货地点和风险转移点方面存在不同。

(5)计量单位,单价金额,计价货币,选用适当的贸易术语。

4. 计算题

(1)①佣金＝含佣价×佣金率

　　　　＝450 美元×500×2％

　　　　＝4500 美元

所需人民币＝4500 美元×6.67

　　　　＝30015 元人民币

②CFR 净价＝CFR2％×(1－2％)

　　　　＝450×0.98

　　　　＝441 美元

外汇净收入 FOB ＝(CFR－运费)×500

　　　　　　＝(441－29)×500

　　　　　　＝206 000(美元)

或:450 美元×500－4500 美元－29 美元×500＝206 000 美元

答:①该出口企业向中国银行购买支付佣金的美元共需 300 15 元人民币。

②该出口企业的外汇净收入为 206000 美元。

(2)盈亏换汇比 $= \dfrac{\text{银行外汇买入价}}{1-\dfrac{\text{退税率}}{1+\text{增值税率}}}$

盈亏换汇比 $= \dfrac{\text{银行外汇买入价}}{1-\dfrac{\text{退税率}}{1+\text{增值税率}}} = \dfrac{6.67}{1-\dfrac{13\%}{1+17\%}} = 7.5038$

(3)①盈亏换汇比 $= 7.8039$(应用第2题的公式)

②FOB $=$ 含税价格 $\times$(1+毛利润率)/盈亏换汇比 $= 40 \times (1+15\%)/9.65 = 7.8039$ $=$ USD5.89

③每个纸箱的体积 $= 58 \times 39.5 \times 58.5 = 13400 cm^3 = 0.134 m^3$

1个20'集装箱可容纳的数量 $= 28/0.134 = 208$ 箱; $208 \times 12 = 2496$ 只

④运费/只 $= 1000/2496 =$ USD 0.40

⑤CFR $=$ FOB+运费 $= 5.89 + 0.4 =$ USD6.29

⑥CIF 价 $= \dfrac{\text{CFR 价}}{1-\text{保险加成}\times\text{保险费率}} = 6.29/(1-1.1\times1\%) =$ USD6.36

5.案例分析

(1)我方这样做是错误的,买方应向船方追究擅自转船的责任。因为 CIF 属于装运合同,它不是到货合同。"以越过船舷"作为划分买卖双方的所承担的风险界限。在本案中,我方在信用证有效期内将货物装上直驶目的港的班轮,就已完成了义务。

(2)A 公司提出采用 FCA 的原因是 FCA 条件对 A 公司而言,具有①风险提前转移,②提前交单收汇,③费用和责任减少的优点。

B 公司提出采用 FOB 的原因是 FOB 条件对 B 公司而言,具有①风险推迟转移,②付款延迟,③费用和责任减少的优点。

第9章

1.单项选择题

(1)A (2)B (3)A (4)D (5)C (6)B (7)D (8)B (9)C (10)C

2.判断题

(1)× (2)× (3)× (4)× (5)× (6)× (7)× (8)√ (9)× (10)×

3.简答题

(1)①预付款:如买方应该支付××%给卖方,在装船前20天。

②赊销:如买方应该在装船后若干天内支付××%给卖方。

(2)D/P AT 30 DAYS AFTER SIGHT 为付款交单30天,D/A AT 30 DAYS AFTER SIGHT 为承兑交单30天,前者最大风险是买方拒付,后者有可能货物和货款两失。

(3)①开证行负有第一性付款责任;②是独立自主的文件;③是一种单据交易。

(4)一般应用在等额(量)分批装运的交易。

(5)一般应用在中间商参与的交易。

4.案例分析(要点)

(1)这样做不妥,因为单证不符,我公司可能遭到开证行拒付。

(2)我公司应要求开证行履行付款责任,因为根据《UCP600》规定,开证行负有第一性付款责任。

第10章

1. 单项选择题

(1)D　(2)D　(3)A　(4)D　(5)D　(6)A　(7)A　(8)A　(9)B　(10)A

2. 判断题

(1)×　(2)√　(3)×　(4)√　(5)√　(6)√　(7)×　(8)√　(9)√　(10)×

3. 简答题

(1)进出口商品法定检验是指进出口国的出入境检验检疫部门根据该国法律法规规定，对规定的进出口商品或有关的检验检疫事项实施强制性的检验检疫，未经检验检疫或经检验检疫不符合法律法规规定要求的，不准输入输出。

(2)合同中的索赔条款，主要应该包括索赔依据、索赔期限和索赔办法等内容。

(3)为保证合同履行，当事人双方可以事先在合同中约定一方违约时，应向对方支付的金钱，称为违约金或罚金。

(4)是指当事人达成书面协议，在某一事件或问题发生争议又不能协商解决时，自愿把争议提交给双方同意的仲裁机构，由仲裁机构依法做出对当事人双方均有约束力的裁决的一种非诉讼制度。特点：①以仲裁协议为基础，充分尊重当事人意思自治；②一裁终局；③一般不公开进行；④独立、公平、公正。

(5)不可抗力是指买卖合同签订后，不是由于当事人一方的过失或故意，发生了当事人在订立合同时不能预见，对其发生和后果不能避免并且不能克服的事件，以致不能履行合同或不能如期履行合同。遭受不可抗力事件的一方，可以据此免除履行合同的责任或推迟履行合同，对方无权要求赔偿。

4. 案例分析

(1)该案例的要害问题是合同签订者把引进设备仅仅看做是订合同、交货、收货几个简单环节，完全忽略了检验、索赔这两个重要环节。特别是索赔有效期问题，合同质量条款订得再好，而索赔有效期订得不合理，质量条款就成为一句空话。大量事实证明，外商在索赔有效期上提出不合理意见，往往表明其质量上存在问题，需要设法掩盖。如果你只满足于合同中品质规定的漂亮辞藻，不注意索赔条款，就很可能发生此类事故。

(2)①我方公司可以拒绝，超过了索赔期限。双方在合同中规定货到目的港后30天内检验。尽管这是一个买方复验的期限，但实质上是索赔的期限。而德国客户却在半年后方向我公司提出索赔，显然其索赔是超过了索赔的期限，因此，按照有关法律，德国客户也就丧失了向我方公司索赔的权利。

②德国客户提供的索赔依据不符合要求。一般情况下，双方规定在货到目的港后××天内检验时，买方提供的检验证书应由目的港的检验机构出具。而就本案例而言，买方提供的检验证书却是由德国内地的检验机构出具，显然是不合格的。这也容易使人产生联想认为这批货物的锈损，可能是买方自己在接收货物后和上市销售前因保管不善所致。因此，这份索赔依据是不充分的，卖方是有理由拒赔的。

(3)美国法院有可能判定合同中规定的违约金为罚金，并宣布对合同中规定的1200万美元的违约规定不予承认。原因是：

①美国属英美法系的国家,而英美法系把违约金严格地区分为"罚金"和"预约赔偿金"。其认为前者是无效的,不可强制执行;后者是有效的,可以强制执行。至于两者之间怎样区分,要以当事人订立合同时的真实意图而定。如果当事人的意图具有惩戒性质,则违约金就是"罚金";如果当事人是为减少将来计算违约损害的麻烦而规定的,即属于"预约赔偿金"。

②就本案例来讲,由于合同中只简单订明如果一方违约,需向对方支付违约金,易让人理解为这是为了预防违约而制定的。另外,合同中规定的违约金额较高,超出合同价款的一半,也易让人理解为这笔违约金具有惩戒性质,即为"罚金"。如果我方公司不能提供自己因卖方延迟交货而遭受的损失与这1200万美元的违约金大体一致的充足证明,法院就会因其过高而将此违约金判定为"罚金"而不予承认。

(4)外商的撤销合同要求不能成立。因为合同货物市价上扬属商业风险,不构成不可抗力事件。故此,我方应拒绝外商撤约要求,催促对方按时发货。

第 11 章

1. 单项选择题:
(1)A (2)B (3)A (4)C (5)D (6)A (7)B (8)B (9)A (10)B
2. 判断题
(1)√ (2)√ (3)√ (4)√ (5)× (6)√ (7)× (8)× (9)× (10)×
3. 简答题
(1)①以经济利益为目的,取得双赢。
②以价格谈判为核心地,兼顾其他利益。
③熟悉国际商务规则,了解谈判对手情况。
④注重合同条款的严密性与准确性。
(2)《公约》的第1条规定"公约适用于营业地在不同缔约国的当事人"。公约第2条指出了不适用的买卖,包括"购供私人、家人或家庭使用的货物的销售,除非卖方在订立合同前任何时候或订立合同时不知道而且没有理由知道这些货物是购供任何这种使用;经由拍卖的销售;根据法律执行令状或其他令状的销售;公债、股票、投资证券、流通票据或货币的销售;船舶、船只、气垫船或飞机的销售;电力的销售。"

(3)①必须向一个或一个以上特定的人提出。
②发盘人必须清楚地表明愿意按发盘内容订立合同的意思。
③发盘的内容必须十分明确和肯定。
④发盘必须送达受盘人。

(4)对于发盘的终止失效,主要有下面几个原因:
①发盘超过有效期,如果发盘没有明确规定有效期,则超过"合理时间"发盘失效。
②受到发盘人的撤销而失效。
③受盘人明示或默示的拒绝而失效。
④出现其他法定事项造成发盘失效。

(5)构成一项有效的接受,必须符合下面几个条件:
①接受必须由受盘人做出。
②接受必须与发盘所提出的交易条件保持一致。

③接受必须在规定的有效期内做出。如果无有效期,必须在合理的时间内做出。

④接受必须以口头或者书面语言向发盘人表示出来,受盘人的沉默或者不作任何表示不构成承诺。此外,如果受盘人按照和发盘人之间的惯例做法,以某种行为来表示同意,则无须通知发盘人。

4. 案例分析

(1)分析:中国与法国均系《联合国国际货物销售合同公约》缔约国,洽谈过程中,双方对《公约》均未排除或作出任何保留。因此,双方当事人均应受该《公约》约束。按《公约》规定:对口头要约,须立即接受方能成立合同。据此,我方鉴于市场有趋涨迹象,可以予以拒绝或提高售价继续洽谈。

(2)合同不能成立。理由是:D 公司 16 日发盘经过 C 公司 17 日的还盘已失效。我方有失误。具体有二:(1)我 C 公司不应接受 D 公司 16 日发盘,而应接受其 17 日发盘;(2)在作"接受"时,不应用"请确认"字样或文句。

第 12 章

1. 单项选择题

(1)A (2)A (3)A (4)C (5)D (6)A (7)D (8)B (9)D (10)A

2. 判断题

(1)× (2)× (3)√ (4)√ (5)√ (6)√ (7)√ (8)√ (9)√ (10)√

3. 简答题

(1)在按信用证为结算方式成交时,通常买方按约定时间开证是卖方履行合同的前提条件,尤其是大宗交易或按买方要求而特制的商品交易,买方及时开证更为必要。否则,卖方无法安排生产和组织货源,在实际业务中,由于种种原因买方不能按时开证的情况时有发生,因此,我们应结合备货情况做好催证工作,及时提请对方按约定时间办理开证手续,以利合同的履行。

(2)①对照合同。②对照《跟单信用证统一惯例》(《UCP500》)。③业务实际与商业习惯。

(3)①及时。②完整和明确。③一次提出。

(4)①收妥结汇(收妥付款)。②押汇(买单结汇)。③定期结汇。

(5)在出口商提交的单据存在不符点而又无法更正时,议付行通常做法如下:①表提不符点。②电提不符点。

4. 案例分析

(1)不负责,因为 CIF 为象征性交货;由于投保了一切险,损失应由保险公司承担。

(2)修改不可以部分接受,既然已经接受新目的港,那么必须一次运完,否则将造成单证不符。

附录1 联合国国际货物销售合同公约

（1980 年 4 月 11 日订于维也纳）

本公约各缔约国,铭记联合国大会第六届特别会议通过的关于建立新的国际经济秩序的各项决议的广泛目标,考虑到在平等互利基础上发展国际贸易是促进各国间友好关系的一个重要因素,认为采用照顾到不同的社会、经济和法律制度的国际货物销售合同统一规则,将有助于减少国际贸易的法律障碍,促进国际贸易的发展,兹协议如下。

第一部分　适用范围和总则

第一章　适用范围

第一条

(1)本公约适用于营业地在不同国家的当事人之间所订立的货物销售合同:

(a)如果这些国家是缔约国;或

(b)如果国际私法规则导致适用某一缔约国的法律。

(2)当事人营业地在不同国家的事实,如果从合同或从订立合同前任何时候或订立合同时,当事人之间的任何交易或当事人透露的情报均看不出,应不予考虑。

(3)在确定本公约的适用时,当事人的国籍和当事人或合同的民事或商业性质,应不予考虑。

第二条

本公约不适用于以下的销售:

(a)购供私人、家人或家庭使用的货物的销售,除非卖方在订立合同前任何时候或订立合同时不知道而且没有理由知道这些货物是购供任何这种使用;

(b)经由拍卖的销售;

(c)根据法律执行令状或其他令状的销售;

(d)公债、股票、投资证券、流通票据或货币的销售;

(e)船舶、船只、气垫船或飞机的销售;

(f)电力的销售。

第三条

(1)供应尚待制造或生产的货物的合同应视为销售合同,除非订购货物的当事人保证供应这种制造或生产所需的大部分重要材料。

(2)本公约不适用于供应货物一方的绝大部分义务在于供应劳力或其他服务的合同。

第四条

本公约只适用于销售合同的订立以及卖方和买方因此种合同而产生的权利和义务。特

别是,本公约除非另有明文规定,与以下事项无关:

(a)合同的效力,或其任何条款的效力,或任何惯例的效力;

(b)合同对所售货物所有权可能产生的影响。

第五条

本公约不适用于卖方对于货物对任何人所造成的死亡或伤害的责任。

第六条

双方当事人可以不适用本公约,或在第十二条的条件下,减损本公约的任何规定或改变其效力。

第二章 总则

第七条

(1)在解释本公约时,应考虑到本公约的国际性质和促进其适用的统一以及在国际贸易上遵守诚信的需要。

(2)凡本公约未明确解决的属于本公约范围的问题,应按照本公约所依据的一般原则来解决,在没有一般原则的情况下,则应按照国际私法规定适用的法律来解决。

第八条

(1)为本公约的目的,一方当事人所作的声明和其他行为,应依照他的意旨解释,如果另一方当事人已知道或者不可能不知道此一意旨。

(2)如果上一款的规定不适用,当事人所作的声明和其他行为,应按照一个与另一方当事人同等资格、通情达理的人处于相同情况中,应有的理解来解释。

(3)在确定一方当事人的意旨或一个通情达理的人应有的理解时,应适当地考虑到与事实有关的一切情况,包括谈判情形、当事人之间确立的任何习惯作法、惯例和当事人其后的任何行为。

第九条

(1)双方当事人业已同意的任何惯例和他们之间确立的任何习惯做法,对双方当事人均有约束力。

(2)除非另有协议,双方当事人应视为已默示地同意对他们的合同或合同的订立适用双方当事人已知道或理应知道的惯例,而这种惯例,在国际贸易上,已为有关特定贸易所涉同类合同的当事人所广泛知道并为他们所经常遵守。

第十条

为本公约的目的:

(a)如果当事人有一个以上的营业地,则以与合同及合同的履行关系最密切的营业地为其营业地,但要考虑到双方当事人在订立合同前任何时候或订立合同时所知道或所设想的情况;

(b)如果当事人没有营业地,则以其惯常居住地为准。

第十一条

销售合同无须以书面订立或书面证明,在形式方面也不受任何其他条件的限制。销售合同可以用包括人证在内的任何方法证明。

第十二条

本公约第十一条、第二十九条或第二部分准许销售合同或其更改或根据协议终止,或者任何发价、接受或其他意旨表示得以书面以外任何形式做出的任何规定不适用,如果任何一方当事人的营业地是在已按照本公约第九十六条做出了声明的一个缔约国内,各当事人不得减损本条或改变其效力。

第十三条

为本公约的目的,"书面"包括电报和电传。

第二部分　合同的订立

第十四条

(1)向一个或一个以上特定的人提出的订立合同的建议,如果十分确定并且表明发价人在得到接受时承受约束的意旨,即构成发价。一个建议如果写明货物并且明示或暗示地规定数量和价格或规定如何确定数量和价格,即为十分确定。

(2)非向一个或一个以上特定的人提出的建议,仅应视为邀请做出发价,除非提出建议的人明确地表示相反的意向。

第十五条

(1)发价于送达被发价人时生效。

(2)一项发价,即使是不可撤销的,得予撤回,如果撤回通知于发价送达被发价人之前或同时,送达被发价人。

第十六条

(1)在未订立合同之前,发价得予撤销,如果撤销通知于被发价人发出接受通知之前送达被发价人。

(2)但在下列情况下,发价不得撤销:

(a)发价写明接受发价的期限或以其他方式表示发价是不可撤销的;或(b)被发价人有理由信赖该项发价是不可撤销的,而且被发价人已本着对该项发价的信赖行事。

第十七条

一项发价,即使是不可撤销的,于拒绝通知送达发价人时终止。

第十八条

(1)被发价人声明或做出其他行为表示同意一项发价,即是接受,缄默或不行动本身不等于接受。

(2)接受发价于表示同意的通知送达发价人时生效。如果表示同意的通知在发价人所规定的时间内,如未规定时间,在一段合理的时间内,未曾送达发价人,接受就成为无效,但须适当地考虑到交易的情况,包括发价人所使用的通信方法的迅速程度。对口头发价必须立即接受,但情况有别者不在此限。

(3)但是,如果根据该项发价或依照当事人之间确立的习惯作法和惯例,被发价人可以做出某种行为,例如与发运货物或支付价款有关的行为,来表示同意,而无须向发价人发出通知,则接受于该项行为做出时生效,但该项行为必须在上一款所规定的期间内做出。

第十九条

(1)对发价表示接受但载有添加、限制或其他更改的答复,即为拒绝该项发价,并构成还价。

(2)但是,对发价表示接受但载有添加或不同条件的答复,如所载的添加或不同条件在实质上并不变更该项发价的条件,除发价人在不过分迟延的期间内以口头或书面通知反对其间的差异外,仍构成接受。如果发价人不做出这种反对,合同的条件就以该项发价的条件以及接受通知内所载的更改为准。

(3)有关货物价格、付款、货物质量和数量、交货地点和时间、一方当事人对另一方当事人的赔偿责任范围或解决争端等的添加或不同条件,均视为在实质上变更发价的条件。

第二十条

(1)发价人在电报或信件内规定的接受期间,从电报交发时刻或信上载明的发信日期起算,如信上未载明发信日期,则从信封上所载日期起算。发价人以电话、电传或其他快速通讯方法规定的接受期间,从发价送达被发价人时起算。

(2)在计算接受期间时,接受期间内的正式假日或非营业日应计算在内。但是,如果接受通知在接受期间的最后 1 天未能送到发价人地址,因为那天在发价人营业地是正式假日或非营业日,则接受期间应顺延至下一个营业日。

第二十一条

(1)逾期接受仍有接受的效力,如果发价人毫不迟延地用口头或书面将此种意见通知被发价人。

(2)如果载有逾期接受的信件或其他书面文件表明,它是在传递正常、能及时送达发价人的情况下寄发的,则该项逾期接受具有接受的效力,除非发价人毫不迟延地用口头或书面通知被发价人:他认为他的发价已经失效。

第二十二条

接受得予撤回,如果撤回通知于接受原应生效之前或同时,送达发价人。

第二十三条

合同于按照本公约规定对发价的接受生效时订立。

第二十四条

为公约本部分的目的,发价、接受声明或任何其他意旨表示"送达"对方,系指用口头通知对方或通过任何其他方法送交对方本人,或其营业地或通讯地址,如无营业地或通讯地址,则送交对方惯常居住地。

第三部分　货物销售

第一章　总则

第二十五条

一方当事人违反合同的结果,如使另一方当事人蒙受损害,以致实际上剥夺了他根据合同规定有权期待得到的东西,即为根本违反合同,除非违反合同一方并不预知而且一个同等资格、通情达理的人处于相同情况中也没有理由预知会发生这种结果。

第二十六条

宣告合同无效的声明,必须向另一方当事人发出通知,方始有效。

第二十七条

除非公约本部分另有明文规定,当事人按照本部分的规定,以适合情况的方法发出任何通知、要求或其他通知后,这种通知如在传递上发生耽搁或错误,或者未能到达,并不使该当事人丧失依靠该项通知的权利。

第二十八条

如果按照本公约的规定,一方当事人有权要求另一方当事人履行某一义务,法院没有义务做出判决,要求具体履行此一义务,除非法院依照其本身的法律对不属本公约范围的类似销售合同愿意这样做。

第二十九条

(1)合同只需双方当事人协议,就可更改或终止。

(2)规定任何更改或根据协议终止必须以书面做出的书面合同,不得以任何其他方式更改或根据协议终止。但是,一方当事人的行为,如经另一方当事人寄以信赖,就不得坚持此项规定。

第二章　卖方的义务

第三十条

卖方必须按照合同和本公约的规定,交付货物,移交一切与货物有关的单据并转移货物所有权。

第一节　交付货物和移交单据

第三十一条

如果卖方没有义务要在任何其他特定地点交付货物,他的交货义务如下:

(a)如果销售合同涉及货物的运输,卖方应把货物移交给第一承运人,以运交给买方;

(b)在不属于上款规定的情况下,如果合同指的是特定货物或从特定存货中提取的或尚待制造或生产的未经特定化的货物,而双方当事人在订立合同时已知道这些货物是在某一特定地点,或将在某一特定地点制造或生产,卖方应在该地点把货物交给买方处置;

(c)在其他情况下,卖方应在他于订立合同时的营业地把货物交给买方处置。

第三十二条

(1)如果卖方按照合同或本公约的规定将货物交付给承运人,但货物没有以货物上加标记、或以装运单据或其他方式清楚地注明有关合同,卖方必须向买方发出列明货物的发货通知。

(2)如果卖方有义务安排货物的运输,他必须订立必要的合同,以按照通常运输条件,用适合情况的运输工具,把货物运到指定地点。

(3)如果卖方没有义务对货物的运输办理保险,他必须在买方提出要求时,向买方提供一切现有的必要资料,使他能够办理这种保险。

第三十三条

卖方必须按以下规定的日期交付货物:

(a)如果合同规定有日期,或从合同可以确定日期,应在该日期交货;

(b)如果合同规定有一段时间,或从合同可以确定一段时间,除非情况表明应由买方选定一个日期外,应在该段时间内任何时候交货;或者

(c)在其他情况下,应在订立合同后一段合理时间内交货。

第三十四条

如果卖方有义务移交与货物有关的单据,他必须按照合同所规定的时间、地点和方式移交这些单据。如果卖方在那个时间以前已移交这些单据,他可以在那个时间到达前纠正单据中任何不符合同规定的情形,但是,此一权利的行使不得使买方遭受不合理的不便或承担

不合理的开支。但是,买方保留本公约所规定的要求损害赔偿的任何权利。

第二节　货物相符与第三方要求

第三十五条

(1)卖方交付的货物必须与合同所规定的数量、质量和规格相符,并须按照合同所规定的方式装箱或包装。

(2)除双方当事人业已另有协议外,货物除非符合以下规定,否则即为与合同不符:

(a)货物适用于同一规格货物通常使用的目的;

(b)货物适用于订立合同时曾明示或默示地通知卖方的任何特定目的,除非情况表明买方并不依赖卖方的技能和判断力,或者这种依赖对他是不合理的;

(c)货物的质量与卖方向买方提供的货物样品或样式相同;

(d)货物按照同类货物通用的方式装箱或包装,如果没有此种通用方式,则按照足以保全和保护货物的方式装箱或包装。

(3)如果买方在订立合同时知道或者不可能不知道货物不符合同,卖方就无须按上一款(a)项至(d)项负有此种不符合同的责任。

第三十六条

(1)卖方应按照合同和本公约的规定,对风险移转到买方时所存在的任何不符合同情形,负有责任,即使这种不符合同情形在该时间后方始明显。

(2)卖方对在上一款所述时间后发生的任何不符合同情形,也应负有责任,如果这种不符合同情形是由于卖方违反他的某项义务所致,包括违反关于在一段时间内货物将继续适用于其通常使用的目的或某种特定目的,或将保持某种特定质量或性质的任何保证。

第三十七条

如果卖方在交货日期前交付货物,他可以在那个日期到达前,交付任何缺漏部分或补足所交付货物的不足数量,或交付用以替换所交付不符合同规定的货物,或对所交付货物中任何不符合同规定的情形做出补救,但是,此一权利的行使不得使买方遭受不合理的不便或承担不合理的开支。但是,买方保留本公约所规定的要求损害赔偿的任何权利。

第三十八条

(1)买方必须在按情况实际可行的最短时间内检验货物或由他人检验货物。

(2)如果合同涉及货物的运输,检验可推迟到货物到达目的地后进行。

(3)如果货物在运输途中改运或买方须再发运货物,没有合理机会加以检验,而卖方在订立合同时已知道或理应知道这种改运或再发运的可能性,检验可推迟到货物到达新目的地后进行。

第三十九条

(1)买方对货物不符合同,必须在发现或理应发现不符情形后一段合理时间内通知卖方,说明不符合同情形的性质,否则就丧失声称货物不符合同的权利。

(2)无论如何,如果买方不在实际收到货物之日起两年内将货物不符合同情形通知卖方,他就丧失声称货物不符合同的权利,除非这一时限与合同规定的保证期限不符。

第四十条

如果货物不符合同规定指的是卖方已知道或不可能不知道而又没有告知买方的一些事实,则卖方无权援引第三十八条和第三十九条的规定。

第四十一条

卖方所交付的货物,必须是第三方不能提出任何权利或要求的货物,除非买方同意在这种权利或要求的条件下,收取货物。但是,如果这种权利或要求是以工业产权或其他知识产权为基础的,卖方的义务应依照第四十二条的规定。

第四十二条

(1)卖方所交付的货物,必须是第三方不能根据工业产权或其他知识产权主张任何权利或要求的货物,但以卖方在订立合同时已知道或不可能不知道的权利或要求为限,而且这种权利或要求根据以下国家的法律规定是以工业产权或其他知识产权为基础的:

(a)如果双方当事人在订立合同时预期货物将在某一国境内转售或做其他使用,则根据货物将在其境内转售或做其他使用的国家的法律;或者

(b)在任何其他情况下,根据买方营业地所在国家的法律。

(2)卖方在上一款中的义务不适用于以下情况:

(a)买方在订立合同时已知道或不可能不知道此项权利或要求;或者

(b)此项权利或要求的发生,是由于卖方要遵照买方所提供的技术图样、图案、程式或其他规格。

第四十三条

(1)买方如果不在已知道或理应知道第三方的权利或要求后一段合理时间内,将此一权利或要求的性质通知卖方,就丧失援引第四十一条或第四十二条规定的权利。

(2)卖方如果知道第三方的权利或要求以及此一权利或要求的性质,就无权援引上一款的规定。

第四十四条

尽管有第三十九条第(1)款和第四十三条第(1)款的规定,买方如果对他未发出所需的通知具备合理的理由,仍可按照第五十条规定减低价格,或要求利润损失以外的损害赔偿。

第三节　卖方违反合同的补救办法

第四十五条

(1)如果卖方不履行他在合同和本公约中的任何义务,买方可以:

(a)行使第四十六条至第五十二条所规定的权利;

(b)按照第七十四条至第七十七条的规定,要求损害赔偿。

(2)买方可能享有的要求损害赔偿的任何权利,不因他行使采取其他补救办法的权利而丧失。

(3)如果买方对违反合同采取某种补救办法,法院或仲裁庭不得给予卖方宽限期。

第四十六条

(1)买方可以要求卖方履行义务,除非买方已采取与此一要求相抵触的某种补救办法。

(2)如果货物不符合同,买方只有在此种不符合同情形构成根本违反合同时,

才可以要求交付替代货物,而且关于替代货物的要求,必须与依照第三十九条发出的通知同时提出,或者在该项通知发出后一段合理时间内提出。

(3)如果货物不符合同,买方可以要求卖方通过修理对不符合同之处做出补救,除非他考虑了所有情况之后,认为这样做是不合理的。修理的要求必须与依照第三十九条发出的通知同时提出,或者在该项通知发出后一段合理时间内提出。

第四十七条

(1)买方可以规定一段合理时限的额外时间,让卖方履行其义务。

(2)除非买方收到卖方的通知,声称他将不在所规定的时间内履行义务,买方在这段时间内不得对违反合同采取任何补救办法。但是,买方并不因此丧失他对迟延履行义务可能享有的要求损害赔偿的任何权利。

第四十八条

(1)在第四十九条的条件下,卖方即使在交货日期之后,仍可自付费用,对任何不履行义务做出补救,但这种补救不得造成不合理的迟延,也不得使买方遭受不合理的不便,或无法确定卖方是否将偿付买方预付的费用。但是,买方保留本公约所规定的要求损害赔偿的任何权利。

(2)如果卖方要求买方表明他是否接受卖方履行义务,而买方不在一段合理时间内对此一要求做出答复,则卖方可以按其要求中所指明的时间履行义务。买方不得在该段时间内采取与卖方履行义务相抵触的任何补救办法。

(3)卖方表明他将在某一特定时间内履行义务的通知,应视为包括根据上一款规定要买方表明决定的要求在内。

(4)卖方按照本条第(2)和第(3)款做出的要求或通知,必须在买方收到后,始生效力。

第四十九条

(1)买方在以下情况下可以宣告合同无效:

(a)卖方不履行其在合同或本公约中的任何义务,等于根本违反合同;或

(b)如果发生不交货的情况,卖方不在买方按照第四十七条第(1)款规定的额外时间内交付货物,或卖方声明他将不在所规定的时间内交付货物。

(2)但是,如果卖方已交付货物,买方就丧失宣告合同无效的权利,除非:

(a)对于迟延交货,他在知道交货后一段合理时间内这样做;

(b)对于迟延交货以外的任何违反合同事情:

(一)他在已知道或理应知道这种违反合同后一段合理时间内这样做;或

(二)他在买方按照第四十七条第(1)款规定的任何额外时间满期后,或在卖方声明他将不在这一额外时间履行义务后一段合理时间内这样做;或

(三)他在卖方按照第四十八条第(2)款指明的任何额外时间满期后,或在买方声明他将不接受卖方履行义务后一段合理时间内这样做。

第五十条

如果货物不符合同,不论价款是否已付,买方都可以减低价格,减价按实际交付的货物在交货时的价值与符合合同的货物在当时的价值两者之间的比例计算。但是,如果卖方按照第三十七条或第四十八条的规定对任何不履行义务做出补救,或者买方拒绝接受卖方按照该两条规定履行义务,则买方不得减低价格。

第五十一条

(1)如果卖方只交付一部分货物,或者交付的货物中只有一部分符合合同规定,第四十六条至第五十条的规定适用于缺漏部分及不符合同规定部分的货物。

(2)买方只有在完全不交付货物或不按照合同规定交付货物等于根本违反合同时,才可以宣告整个合同无效。

第五十二条

(1)如果卖方在规定的日期前交付货物,买方可以收取货物,也可以拒绝收取货物。

(2)如果卖方交付的货物数量大于合同规定的数量,买方可以收取也可以拒绝收取多交部分的货物。如果买方收取多交部分货物的全部或一部分,他必须按合同价格付款。

第三章　买方的义务

第五十三条

买方必须按照合同和本公约规定支付货物价款和收取货物。

第一节　支付价款

第五十四条

买方支付价款的义务包括根据合同或任何有关法律和规章规定的步骤和手续,以便支付价款。

第五十五条

如果合同已有效的订立,但没有明示或暗示地规定价格或规定如何确定价格,在没有任何相反表示的情况下,双方当事人应视为已默示地引用订立合同时此种货物在有关贸易的类似情况下销售的通常价格。

第五十六条

如果价格是按货物的重量规定的,如有疑问,应按净重确定。

第五十七条

(1)如果买方没有义务在任何其他特定地点支付价款,他必须在以下地点向卖方支付价款:

(a)卖方的营业地;或者

(b)如凭移交货物或单据支付价款,则为移交货物或单据的地点。

(2)卖方必须承担因其营业地在订立合同后发生变动而增加的支付方面的有关费用。

第五十八条

(1)如果买方没有义务在任何其他特定时间内支付价款,他必须于卖方按照合同和本公约规定将货物或控制货物处置权的单据交给买方处置时支付价款。卖方可以支付价款作为移交货物或单据的条件。

(2)如果合同涉及货物的运输,卖方可以在支付价款后方可把货物或控制货物处置权的单据移交给买方作为发运货物的条件。

(3)买方在未有机会检验货物前,无义务支付价款,除非这种机会与双方当事人议定的交货或支付程序相抵触。

第五十九条

买方必须按合同和本公约规定的日期或从合同和本公约可以确定的日期支付价款,而无需卖方提出任何要求或办理任何手续。

第二节　收取货物

第六十条

买方收取货物的义务如下:

采取一切理应采取的行动,以期卖方能交付货物;和接收货物。

第三节　买方违反合同的补救办法

第六十一条

(1)如果买方不履行他在合同和本公约中的任何义务,卖方可以:

(a)行使第六十二条至第六十五条所规定的权利;

(b)按照第七十四至第七十七条的规定,要求损害赔偿。

(2)卖方可能享有的要求损害赔偿的任何权利,不因他行使采取其他补救办法的权利而丧失。

(3)如果卖方对违反合同采取某种补救办法,法院或仲裁庭不得给予买方宽限期。

第六十二条

卖方可以要求买方支付价款、收取货物或履行他的其他义务,除非卖方已采取与此一要求相抵触的某种补救办法。

第六十三条

(1)卖方可以规定一段合理时限的额外时间,让买方履行义务。

(2)除非卖方收到买方的通知,声称他将不在所规定的时间内履行义务,卖方不得在这段时间内对违反合同采取任何补救办法。但是,卖方并不因此丧失他对迟延履行义务可能享有的要求损害赔偿的任何权利。

第六十四条

(1)卖方在以下情况下可以宣告合同无效:

(a)买方不履行其在合同或本公约中的任何义务,等于根本违反合同;或

(b)买方不在卖方按照第六十三条第(1)款规定的额外时间内履行支付价款的义务或收取货物,或买方声明他将不在所规定的时间内这样做。

(2)但是,如果买方已支付价款,卖方就丧失宣告合同无效的权利,除非:

(a)对于买方迟延履行义务,他在知道买方履行义务前这样做;或者

(b)对于买方迟延履行义务以外的任何违反合同事情:

(一)他在已知道或理应知道这种违反合同后一段合理时间内这样做;或

(二)他在卖方按照第六十三条第(1)款规定的任何额外时间满期后或在买方声明他将不在这一额外时间内履行义务后一段合理时间内这样做。

第六十五条

(1)如果买方应根据合同规定订明货物的形状、大小或其他特征,而他在议定的日期或在收到卖方的要求后一段合理时间内没有订明这些规格,则卖方在不损害其可能享有的任何其他权利的情况下,可以依照他所知的买方的要求,自己订明规格。

(2)如果卖方自己订明规格,他必须把订明规格的细节通知买方,而且必须规定一段合理时间,让买方可以在该段时间内订出不同的规格。如果买方在收到这种通知后没有在该段时间内这样做,卖方所订的规格就具有约束力。

第四章　风险移转

第六十六条

货物在风险移转到买方承担后遗失或损坏,买方支付价款的义务并不因此解除,除非这种遗失或损坏是由于卖方的行为或不行为所造成。

第六十七条

(1)如果销售合同涉及货物的运输,但卖方没有义务在某一特定地点交付货物,自货物按照销售合同交付给第一承运人以转交给买方时起,风险就移转到买方承担。如果卖方有义务在某一特定地点把货物交付给承运人,在货物于该地点交付给承运人以前,风险不移转到买方承担。卖方受权保留控制货物处置权的单据,并不影响风险的移转。

(2)但是,在货物以货物上加标记、或以装运单据、或向买方发出通知或其他方式清楚地注明有关合同以前,风险不移转到买方承担。

第六十八条

对于在运输途中销售的货物,从订立合同时起,风险就移转到买方承担。但是,如果情况表明有此需要,从货物交付给签发载有运输合同单据的承运人时起,风险就由买方承担。尽管如此,如果卖方在订立合同时已知道或理应知道货物已经遗失或损坏,而他又不将这一事实告之买方,则这种遗失或损坏应由卖方负责。

第六十九条

(1)在不属于第六十七条和第六十八条规定的情况下,从买方接收货物时起,或如果买方不在适当时间内这样做,则从货物交给他处置但他不收取货物从而违反合同时起,风险移转到买方承担。

(2)但是,如果买方有义务在卖方营业地以外的某一地点接收货物,当交货时间已到而买方知道货物已在该地点交给他处置时,风险方始移转。

(3)如果合同指的是当时未加识别的货物,则这些货物在未清楚注明有关合同以前,不得视为已交给买方处置。

第七十条

如果卖方已根本违反合同,第六十七条、第六十八条和第六十九条的规定,不损害买方因此种违反合同而可以采取的各种补救办法。

第五章 卖方和买方义务的一般规定

第一节 预期违反合同和分批交货合同

第七十一条

(1)如果订立合同后,另一方当事人由于下列原因显然将不履行其大部分重要义务,一方当事人可以中止履行义务:

(a)他履行义务的能力或他的信用有严重缺陷;或

(b)他在准备履行合同或履行合同中的行为。

(2)如果卖方在上一款所述的理由明显化以前已将货物发运,他可以阻止将货物交给买方,即使买方持有其有权获得货物的单据。本款规定只与买方和卖方间对货物的权利有关。

(3)中止履行义务的一方当事人不论是在货物发运前还是发运后,都必须立即通知另一方当事人,如经另一方当事人对履行义务提供充分保证,则他必须继续履行义务。

第七十二条

(1)如果在履行合同日期之前,明显看出一方当事人将根本违反合同,另一方当事人可以宣告合同无效。

(2)如果时间许可,打算宣告合同无效的一方当事人必须向另一方当事人发出合理的通知,使他可以对履行义务提供充分保证。

（3）如果另一方当事人已声明他将不履行其义务,则上一款的规定不适用。

第七十三条

（1）对于分批交付货物的合同,如果一方当事人不履行对任何一批货物的义务,便对该批货物构成根本违反合同,则另一方当事人可以宣告合同对该批货物无效。

（2）如果一方当事人不履行对任何一批货物的义务,使另一方当事人有充分理由断定对今后各批货物将会发生根本违反合同,该另一方当事人可以在一段合理时间内宣告合同今后无效。

（3）买方宣告合同对任何一批货物的交付为无效时,可以同时宣告合同对已交付的或今后交付的各批货物均为无效,如果各批货物是互相依存的,不能单独用于双方当事人在订立合同时所设想的目的。

第二节 损害赔偿

第七十四条

一方当事人违反合同应负的损害赔偿额,应与另一方当事人因他违反合同而遭受的包括利润在内的损失额相等。这种损害赔偿不得超过违反合同一方在订立合同时,依照他当时已知道或理应知道的事实和情况,对违反合同预料到或理应预料到的可能损失。

第七十五条

如果合同被宣告无效,而在宣告无效后一段合理时间内,买方已以合理方式购买替代货物,或者卖方已以合理方式把货物转卖,则要求损害赔偿的一方可以取得合同价格和替代货物交易价格之间的差额以及按照第七十四条规定可以取得的任何其他损害赔偿。

第七十六条

（1）如果合同被宣告无效,而货物又有时价,要求损害赔偿的一方,如果没有根据第七十五条规定进行购买或转卖,则可以取得合同规定的价格和宣告合同无效时的时价之间的差额以及按照第七十四条规定可以取得的任何其他损害赔偿。但是,如果要求损害赔偿的一方在接收货物之后宣告合同无效,则应适用接收货物时的时价,而不适用宣告合同无效时的时价。

（2）为上一款的目的,时价指原应交付货物地点的现行价格,如果该地点没有时价,则指另一合理替代地点的价格,但应适当地考虑货物运费的差额。

第七十七条

声称另一方违反合同的一方,必须按情况采取合理措施,减轻由于该另一方违反合同而引起的损失,包括利润方面的损失。如果他不采取这种措施,违反合同一方可以要求从损害赔偿中扣除原可以减轻的损失数额。

第三节 利息

第七十八条

如果一方当事人没有支付价款或任何其他拖欠金额,另一方当事人有权对这些款额收取利息,但不妨碍要求按照第七十四条规定可以取得的损害赔偿。

第四节 免责

第七十九条

（1）当事人对不履行义务,不负责任,如果他能证明此种不履行义务,是由于某种非他所能控制的障碍,而且对于这种障碍,没有理由预期他在订立合同时能考虑到或能避免或克服它或它的后果。

(2)如果当事人不履行义务是由于他所雇用履行合同的全部或一部分规定的第三方不履行义务所致,该当事人只有在以下情况下才能免除责任:

(a)他按照上一款的规定应免除责任,和

(b)假如该项的规定也适用于他所雇用的人,这个人也同样会免除责任。

(3)本条所规定的免责对障碍存在的期间有效。

(4)不履行义务的一方必须将障碍及其对他履行义务能力的影响通知另一方。

如果该项通知在不履行义务的一方已知道或理应知道此一障碍后一段合理时间内仍未为另一方收到,则他对由于另一方未收到通知而造成的损害应负赔偿责任。

(5)本条规定不妨碍任何一方行使本公约规定的要求损害赔偿以外的任何权利。

第八十条

一方当事人因其行为或不行为而使得另一方当事人不履行义务时,不得声称该另一方当事人不履行义务。

第五节　宣告合同无效的效果

第八十一条

(1)宣告合同无效解除了双方在合同中的义务,但应负责的任何损害赔偿仍应负责。宣告合同无效不影响合同关于解决争端的任何规定,也不影响合同中关于双方在宣告合同无效后权利和义务的任何其他规定。

(2)已全部或局部履行合同的一方,可以要求另一方归还他按照合同供应的货物或支付的价款,如果双方都须归还,他们必须同时这样做。

第八十二条

(1)买方如果不可能按实际收到货物的原状归还货物,他就丧失宣告合同无效或要求卖方交付替代货物的权利。

(2)上一款的规定不适用于以下情况:

(a)如果不可能归还货物或不可能按实际收到货物的原状归还货物,并非由于买方的行为或不行为所造成;或者

(b)如果货物或其中一部分的毁灭或变坏,是由于按照第三十八条规定进行检验所致;或者

(c)如果货物或其中一部分,在买方发现或理应发现与合同不符以前,已为买方在正常营业过程中售出,或在正常使用过程中消费或改变。

第八十三条

买方虽然依第八十二条规定丧失宣告合同无效或要求卖方交付替代货物的权利,但是根据合同和本公约规定,他仍保有采取一切其他补救办法的权利。

第八十四条

(1)如果卖方有义务归还价款,他必须同时从支付价款之日起支付价款利息。

(2)在以下情况下,买方必须向卖方说明他从货物或其中一部分得到的一切利益:

(a)如果他必须归还货物或其中一部分;或者

(b)如果他不可能归还全部或一部分货物,或不可能按实际收到货物的原状归还全部或一部分货物,但他已宣告合同无效或已要求卖方支付替代货物。

第六节　保全货物

第八十五条

如果买方推迟收取货物,或在支付价款和交付货物应同时履行时,买方没有支付价款,而卖方仍拥有这些货物或仍能控制这些货物的处置权,卖方必须按情况采取合理措施,以保全货物。他有权保有这些货物,直至买方把他所付的合理费用偿还他为止。

第八十六条

(1)如果买方已收到货物,但打算行使合同或本公约规定的任何权利,把货物退回,他必须按情况采取合理措施,以保全货物。他有权保有这些货物,直至卖方把他所付的合理费用偿还给他为止。

(2)如果发运给买方的货物已到达目的地,并交给买方处置,而买方行使退货权利,则买方必须代表卖方收取货物,除非他这样做需要支付价款而且会使他遭受不合理的不便或需承担不合理的费用。如果卖方或受权代表他掌管货物的人也在目的地,则此一规定不适用。如果买方根据本款规定收取货物,他的权利和义务与上一款所规定的相同。

第八十七条

有义务采取措施以保全货物的一方当事人,可以把货物寄放在第三方的仓库,由另一方当事人担负费用,但该项费用必须合理。

第八十八条

(1)如果另一方当事人在收取货物或收回货物或支付价款或保全货物费用方面有不合理的迟延,按照第八十五条或第八十六条规定有义务保全货物的一方当事人,可以采取任何适当办法,把货物出售,但必须事前向另一方当事人发出合理的意向通知。

(2)如果货物易于迅速变坏,或者货物的保全牵涉到不合理的费用,则按照第八十五条或第八十六条规定有义务保全货物的一方当事人,必须采取合理措施,把货物出售,在可能的范围内,他必须把出售货物的打算通知另一方当事人。

(3)出售货物的一方当事人,有权从销售所得收入中扣回为保全货物和销售货物而付的合理费用。他必须向另一方当事人说明所余款项。

第四部分　最后条款

第八十九条

兹指定联合国秘书长为本公约保管人。

第九十条

本公约不优于业已缔结或可以缔结并载有与属于本公约范围内事项有关的条款的任何国际协定,但以双方当事人的营业地均在这种协定的缔约国内为限。

第九十一条

(1)本公约在联合国国际货物销售合同会议闭幕会议上开放签字,并在纽约联合国总部继续开放签字,直至 1981 年 9 月 30 日为止。

(2)本公约须经签字国批准、接受或核准。

(3)本公约从开放签字之日起开放给所有非签字国加入。

(4)批准书、接受书、核准书和加入书应送交联合国秘书长存放。

第九十二条

(1)缔约国可在签字、批准、接受、核准或加入时声明他不受本公约第二部分的约束或不受本公约第三部分的约束。

(2)按照上一款规定就本公约第二部分或第三部分做出声明的缔约国,在该声明适用的部分所规定事项上,不得视为本公约第一条第(1)款范围内的缔约国。

第九十三条

(1)如果缔约国具有两个或两个以上的领土单位,而依照该国宪法规定、各领土单位对本公约所规定的事项适用不同的法律制度,则该国得在签字、批准、接受、核准或加入时声明本公约适用于该国全部领土单位或仅适用于其中的一个或数个领土单位,并且可以随时提出另一声明来修改其所做的声明。

(2)此种声明应通知保管人,并且明确地说明适用本公约的领土单位。

(3)如果根据按本条做出的声明,本公约适用于缔约国的一个或数个但不是全部领土单位,而且一方当事人的营业地位于该缔约国内,则为本公约的目的,该营业地除非位于本公约适用的领土单位内,否则视为不在缔约国内。

(4)如果缔约国没有按照本条第(1)款做出声明,则本公约适用于该国所有领土单位。

第九十四条

(1)对属于本公约范围的事项具有相同或非常近似的法律规则的两个或两个以上的缔约国,可随时声明本公约不适用于营业地在这些缔约国内的当事人之间的销售合同,也不适用于这些合同的订立。此种声明可联合做出,也可以相互单方面声明的方式做出。

(2)对属于本公约范围的事项具有与一个或一个以上非缔约国相同或非常近似的法律规则的缔约国,可随时声明本公约不适用于营业地在这些非缔约国内的当事人之间的销售合同,也不适用于这些合同的订立。

(3)作为根据上一款所做声明对象的国家如果后来成为缔约国,这项声明从本公约对该新缔约国生效之日起,具有根据第(1)款所做声明的效力,但以该新缔约国加入这项声明,或做出相互单方面声明为限。

第九十五条

任何国家在交存其批准书、接受书、核准书或加入书时,可声明它不受本公约第一条第(1)款(b)项的约束。

第九十六条

本国法律规定销售合同必须以书面订立或书面证明的缔约国,可以随时按照第十二条的规定,声明本公约第十一条、第二十九条或第二部分准许销售合同或其更改或根据协议终止,或者任何发价、接受或其他意旨表示得以书面以外任何形式做出的任何规定不适用,如果任何一方当事人的营业地是在该缔约国内。

第九十七条

(1)根据本公约规定在签字时做出的声明,须在批准、接受或核准时加以确认。

(2)声明和声明的确认,应以书面提出,并应正式通知保管人。

(3)声明在本公约对有关国家开始生效时同时生效。但是,保管人于此种生效后收到正式通知的声明,应于保管人收到声明之日起6个月后的第1个月第1天生效。根据第九十四条规定做出的相互单方面声明,应于保管人收到最后一份声明之日起6个月后的第1个月第 1 天生效。

(4)根据本公约规定做出声明的任何国家可以随时用书面正式通知保管人撤回该项声明。此种撤回于保管人收到通知之日起 6 个月后的第 1 个月第 1 天生效。

(5)撤回根据第九十四条做出的声明,自撤回生效之日起,就会使另一国家根据该条所做的任何相互声明失效。

第九十八条

除本公约明文许可的保留外,不得作任何保留。

第九十九条

(1)在本条第(6)款规定的条件下,本公约在第十件批准书、接受书、核准书或加入书、包括载有根据第九十二条规定做出的声明的文书交存之日起 12 月后的第 1 个月第 1 天生效。

(2)在本条第(6)款规定的条件下,对于在第 10 件批准书、接受书、核准书或加入书交存后才批准、接受、核准或加入本公约的国家,本公约在该国交存其批准书、接受书、核准车或加入书之日起 12 个月后的第 1 个月第 1 天对该国生效,但不适用的部分除外。

(3)批准、接受、核准或加入本公约的国家,如果是 1964 年 7 月 1 日海牙签订的《关于国际货物销售合同的订立统一法公约》(《1964 年海牙订立合同公约》)和 1964 年 7 月 1 日在海牙签订的《关于国际货物销售统一法的公约》(《1964 年海牙货物销售公约》)中一项或两项公约的缔约国。应按情况同时通知荷兰政府声明退出《1964 年海牙货物销售公约》或《1964 年海牙订立合同公约》)或退出该两公约。

(4)凡为《1964 年海牙货物销售公约》缔约国并批准、接受、核准或加入本公约和根据第九十二条规定声明或业已声明不受本公约第二部分约束的国家,应于批准、接受、核准或加入时通知荷兰政府声明退出《1964 年海牙货物销售公约》。

(5)凡为《1964 年海牙订立合同公约》缔约国并批准、接受、核准或加入本公约和根据第九十二条规定声明或业已声明不受本公约第三部分约束的国家,应于

批准、接受、核准或加入时通知荷兰政府声明退出《1964 年海牙订立合同公约》。

(6)为本条的目的,《1964 年海牙订立合同公约》或《1964 年海牙货物销售公约》的缔约国的批准、接受、核准或加入本公约,应在这些国家按照规定退出该两公约生效后方始生效。本公约保管人应与 1964 年两公约的保管人荷兰政府进行协商,以确保在这方面进行必要的协调。

第一百条

(1)本公约适用于合同的订立,只要订立该合同的建议是在本公约对第一条第(1)款(a)项所指缔约国或第一条第(1)款(b)项所指缔约国生效之日或其后作出的。

(2)本公约只适用于在它对第一条第(1)款(a)项所指缔约国或第一条第(1)款(b)项所指缔约国生效之日或其后订立的合同。

第一百零一条

(1)缔约国可以用书面正式通知保管人声明退出本公约,或本公约第二部分或第三部分。

(2)退出于保管人收到通知 12 个月后的第 1 个月第 1 天起生效。凡通知内订明一段退出生效的更长时间,则退出于保管人收到通知后该段更长时间满时起生效。

1980 年 4 月 11 日订于维也纳,正本 1 份,其阿拉伯文本、中文本、英文本、法文本、俄文本和西班牙文本都具有同等效力。

附录2 《跟单信用证统一惯例》
（国际商会第600号出版物）

第一条　UCP的适用范围

《跟单信用证统一惯例——2007年修订本，国际商会第600号出版物》（简称"UCP600"）乃一套规则，适用于所有的其文本中明确表明受本惯例约束的跟单信用证（下称信用证）（在其可适用的范围内，包括备用信用证）。除非信用证明确修改或排除，本惯例各条文对信用证所有当事人均具有约束力。

第二条　定义

就本惯例而言：

通知行　指应开证行的要求通知信用证的银行。

申请人　指要求开立信用证的一方。

银行工作日　指银行在其履行受本惯例约束的行为的地点通常开业的一天。

受益人　指接受信用证并享受其利益的一方。

相符交单　指与信用证条款、本惯例的相关适用条款以及国际标准银行实务一致的交单。

保兑　指保兑行在开证行承诺之外做出的承付或议付相符交单的确定承诺。

保兑行　指根据开证行的授权或要求对信用证加具保兑的银行。

信用证　指一项不可撤销的安排，无论其名称或描述如何，该项安排构成开证行对相符交单予以承付的确定承诺。

承付　指：

a. 如果信用证为即期付款信用证，则即期付款。

b. 如果信用证为延期付款信用证，则承诺延期付款并在承诺到期日付款。

c. 如果信用证为承兑信用证，则承兑受益人开出的汇票并在汇票到期日付款。

开证行　指应申请人要求或者代表自己开出信用证的银行。

议付　指指定银行在相符交单下，在其应获偿付的银行工作日当天或之前向受益人预付或者同意预付款项，从而购买汇票（其付款人为指定银行以外的其他银行）及/或单据的行为。

指定银行　指信用证可在其处兑用的银行，如信用证可在任一银行兑用，则任何银行均为指定银行。

交单　指向开证行或指定银行提交信用证项下单据的行为，或指按此方式提交的单据。

交单人　指实施交单行为的受益人、银行或其他人。

第三条　解释

就本惯例而言：

如情形适用,单数词形包含复数含义,复数词形包含单数含义。

信用证是不可撤销的,即使未如此表明。

单据签字可用手签、摹样签字、穿孔签字、印戳、符号或任何其他机械或电子的证实方法为之。

诸如单据须履行法定手续、签证、证明等类似要求,可由单据上任何看似满足该要求的签字、标记、印戳或标签来满足。

一家银行在不同国家的分支机构被视为不同的银行。

用诸如"第一流的"、"著名的"、"合格的"、"独立的"、"正式的"、"有资格的"或"本地的"等词语描述单据的出单人时,允许除受益人之外的任何人出具该单据。

除非要求在单据中使用,否则诸如"迅速地"、"立刻地"或"尽快地"等词语将被不予理会。

"在或大概在(on or about)"或类似用语将被视为规定事件发生在指定日期的前后五个日历日之间,起讫日期计算在内。

"至(to)"、"直至(until、till)"、"从······开始(from)"及"在······之间(between)"等词用于确定发运日期时包含提及的日期,使用"在······之前(before)"及"在······之后(after)"时则不包含提及的日期。

"从······开始(from)"及"在······之后(after)"等词用于确定到期日时不包含提及的日期。

"前半月"及"后半月"分别指一个月的第一日到第十五日及第十六日到该月的最后一日,起讫日期计算在内。

一个月的"开始(beginning)"、"中间(middle)"及"末尾(end)"分别指第一到第十日、第十一日到第二十日及第二十一日到该月的最后一日,起讫日期计算在内。

第四条 信用证与合同

a. 就其性质而言,信用证与可能作为其开立基础的销售合同或其他合同是相互独立的交易,即使信用证中含有对此类合同的任何援引,银行也与该合同无关,且不受其约束。因此,银行关于承付、议付或履行信用证项下其他义务的承诺,不受申请人基于与开证行或与受益人之间的关系而产生的任何请求或抗辩的影响。

受益人在任何情况下不得利用银行之间或申请人与开证行之间的合同关系。

b. 开证行应劝阻申请人试图将基础合同、形式发票等文件作为信用证组成部分的做法。

第五条 单据与货物、服务或履约行为

银行处理的是单据,而不是单据可能涉及的货物、服务或履约行为。

第六条 兑用方式、截至日和交单地点

a. 信用证必须规定可在其处兑用的银行,或是否可在任一银行兑用。规定在指定银行兑用的信用证同时也可以在开证行兑用。

b. 信用证必须规定其是以即期付款、延期付款、承兑还是议付的方式兑用。

c. 信用证不得开成凭以申请人为付款人的汇票兑用。

d. i. 信用证必须定一个交单的截至日。规定的承付或议付的截至日将被视为交单的截至日。

ii.可在其处兑用信用证的银行所在地即为交单地点。可在任一银行兑用的信用证其交单地点为任一银行所在地。除规定的交单地点外,开证行所在地也是交单地点。

e.除非如第二十九条 a 款规定的情形,否则受益人或者代表受益人的交单应在截至日当天或之前完成。

第七条 开证行责任

a.只要规定的单据提交给指定银行或开证行,并且构成相符交单,则开证行必须承付,如果信用证为以下情形之一:

i.信用证规定由开证行即期付款,延期付款或承兑;

ii.信用证规定由指定银行即期付款但其未付款;

iii.信用证规定由指定银行延期付款但其未承诺延期付款,或虽已承诺延期付款,但未在到期日付款;

iv.信用证规定由指定银行承兑,但其未承兑以其为付款人的汇票,或虽然承兑了汇票,但未在到期日付款。

v.信用证规定由指定银行议付但其未议付。

b.开证行自开立信用证之时起即不可撤销地承担承付责任。

c.指定银行承付或议付相符交单并将单据转给开证行之后,开证行即承担偿付该指定银行的责任。对承兑或延期付款信用证下相符交单金额的偿付应在到期日办理,无论指定银行是否在到期日之前预付或购买了单据。开证行偿付指定银行的责任独立于开证行对受益人的责任。

第八条 保兑行责任

a.只要规定的单据提交给保兑行,或提交给其他任何指定银行,并且构成相符交单,保兑行必须:

i.承付,如果信用证为以下情形之一:

a)信用证规定由保兑行即期付款、延期付款或承兑;

b)信用证规定由另一指定银行延期付款,但其未付款;

c)信用证规定由另一指定银行延期付款,但其未承诺延期付款,或虽已承诺延期付款但未在到期日付款;

d)信用证规定由另一指定银行承兑,但其未承兑以其为付款人的汇票,或虽已承兑汇票未在到期日付款;

e)信用证规定由另一指定银行议付,但其未议付。

ii.无追索权地议付,如果信用证规定由保兑行议付。

b.保兑行自对信用证加具保兑之时起即不可撤销地承担承付或议付的责任。

c.其他指定银行承付或议付相符交单并将单据转往保兑行之后,保兑行即承担偿付该指定银行的责任。对承兑或延期付款信用证下相符交单金额的偿付应在到期日办理,无论指定银行是否在到期日之前预付或购买了单据。保兑行偿付指定银行的责任独立于保兑行对受益人的责任。

d.如果开证行授权或要求一银行对信用证加具保兑,而其并不准备照办,则其必须毫不延误地通知开证行,并可通知此信用证而不加保兑。

第九条　信用证及其修改的通知

a.信用证及其任何修改可以经由通知行通知给受益人。非保兑行的通知行通知信用及修改时不承担承付或议付的责任。

b.通知行通知信用证或修改的行为表示其已确信信用证或修改的表面真实性,而且其通知准确地反映了其收到的信用证或修改的条款。

c.通知行可以通过另一银行("第二通知行")向受益人通知信用证及修改。第二通知行通知信用证或修改的行为表明其已确信收到的通知的表面真实性,并且其通知准确地反映了收到的信用证或修改的条款。

d.经由通知行或第二通知行通知信用证的银行必须经由同一银行通知其后的任何修改。

e.如一银行被要求通知信用证或修改但其决定不予通知,则应毫不延误地告知自其处收到信用证、修改或通知的银行。

f.如一银行被要求通知信用证或修改但其不能确信信用证、修改或通知的表面真实性,则应毫不延误地通知看似从其处收到指示的银行。如果通知行或第二通知行决定仍然通知信用证或修改,则应告知受益人或第二通知行其不能确信信用证、修改或通知的表面真实性。

第十条　修改

a.除第三十八条另有规定者外,未经开证行、保兑行(如有的话)及受益人同意,信用证既不得修改,也不得撤销。

b.开证行自发出修改之时起,即不可撤销地受其约束。保兑行可将其保兑扩展至修改,并自通知该修改时,即不可撤销地受其约束。但是,保兑行可以选择将修改通知受益人而不对其加具保兑。若然如此,其必须毫不延误地将此告知开证行,并在其给受益人的通知中告知受益人。

c.在受益人告知通知修改的银行其接受该修改之前,原信用证(或含有先前被接受的修改的信用证)的条款对受益人仍然有效。受益人应提供接受或拒绝修改的通知。如果受益人未能给予通知,当交单与信用证以及尚未表示接受的修改的要求一致时,即视为受益人已作出接受修改的通知,并且从此时起,该信用证被修改。

d.通知修改的银行应将任何接受或拒绝的通知转告发出修改的银行。

e.对同一修改的内容不允许部分接受,部分接受将被视为拒绝修改的通知。

f.修改中关于除非受益人在某一时间内拒绝修改否则修改生效的规定应被不予理会。

第十一条　电讯传输的和预先通知的信用证和修改

a.以经证实的电讯方式发出的信用证或信用证修改即被视为有效的用证或修改文据,任何后续的邮寄确认书应被不予理会。

如电讯声明"详情后告"(或类似用语)或声明以邮寄确认书为有效信用证或修改,则该电讯不被视为有效信用证或修改。开证行必须随即不迟延地开立有效信用证或修改,其条款不得与该电讯矛盾。

b.开证行只有在准备开立有效信用证或作出有效修改时,才可以发出关于开立或修改信用证的初步通知(预先通知)。开证行作出该预先通知,即不可撤销地保证不迟延地开立或修改信用证,且其条款不能与预先通知相矛盾。

第十二条　指定

a.除非指定银行为保兑行,对于承付或议付的授权并不赋予指定银行承付或议付的义务,除非该指定银行明确表示同意并且告知受益人。

b.开证行指定一银行承兑汇票或做出延期付款承诺,即为授权该指定银行预付或购买其已承兑的汇票或已做出的延期付款承诺。

c.非保兑行的指定银行收到或审核并转递单据的行为并不使其承担承付或议付的责任,也不构成其承付或议付的行为。

第十三条　银行之间的偿付安排

a.如果信用证规定指定银行("索偿行")向另一方("偿付行")获取偿付时,必须同时规定该偿付是否按信用证开立时有效的 ICC 银行间偿付规则进行。

b.如果信用证没有规定偿付遵守 ICC 银行间偿付规则,则按照以下规定:

i.开证行必须给予偿付行有关偿付的授权,授权应符合信用证关于兑用方式的规定,且不应设定截至日。

ii.开证行不应要求索偿行向偿付行提供与信用证条款相符的证明。

iii.如果偿付行未按信用证条款见索即偿,开证行将承担利息损失以及产生的任何其他费用。

iv.偿付行的费用应由开证行承担。然而,如果此项费用由受益人承担,开证行有责任在信用证及偿付授权中注明。如果偿付行的费用由受益人承担,该费用应在偿付时从付给索偿行的金额中扣取。如果偿付未发生,偿付行的费用仍由开证行负担。

c.如果偿付行未能见索即偿,开证行不能免除偿付责任。

第十四条　单据审核标准

a.按指定行事的指定银行、保兑行(如果有的话)及开证行须审核交单,并仅基于单据本身确定其是否在表面上构成相符交单。

b.按指定行事的指定银行、保兑行(如有的话)及开证行各有从交单次日起至多五个银行工作日用以确定交单是否相符。这一期限不因在交单日当天或之后信用证截至日或最迟交单日届至而受到缩减或影响。

c.如果单据中包含一份或多份受第十九、二十、二十一、二十二、二十三、二十四或二十五条规制的正本运输单据,则须由受益人或其代表在不迟于本惯例所指的发运日之后的二十一个日历日内交单,但是在任何情况下都不得迟于信用证的截至日。

d.单据中的数据,在与信用证、单据本身以及国际标准银行实务参照解读时,无须与该单据本身中的数据、其他要求的单据或信用证中的数据等同一致、但不得矛盾。

e.除商业发票外,其他单据中的货物、服务或履约行为的描述,如果有的话,可使用与信用证中的描述不矛盾的概括性用语。

f.如果信用证要求提交运输单据、保险单据或者商业发票之外的单据,却未规定出单人或其数据内容,则只要提交的单据内容看似满足所要求单据的功能,且其他方面符合第十四条 d 款,银行将接受该单据。

g.提交的非信用证所要求的单据将被不予理会,并可被退还给交单人。

h.如果信用证含有一项条件,但未规定用以表明该条件得到满足的单据,银行将视为未作规定并不予理会。

i. 单据日期可以早于信用证的开立日期,但不得晚于交单日期。

j. 当受益人和申请人的地址出现在任何规定的单据中时,无须与信用证或其他规定单据中所载相同,但必须与信用证中规定的相应地址同在一国。联络细节(传真、电话、电子邮件及类似细节)作为受益人和申请人地址的一部分时将被不予理会。然而,如果申请人的地址和联络细节为第十九、二十、二十一、二十二、二十三、二十四或二十五条规定的运输单据上的收货人或通知方细节的一部分时,应与信用证规定的相同。

k. 在任何单据中注明的托运人或发货人无须为信用证的受益人。

l. 运输单据可以由任何人出具,无须为承运人、船东、船长或租船人,只要其符合第十九、二十、二十一、二十二、二十三或二十四条的要求。

第十五条 相符交单

a. 当开证行确定交单相符时,必须承付。

b. 当保兑行确定交单相符时,必须承付或者议付并将单据转递给开证行。

c. 当指定银行确定交单相符并承付或议付时,必须将单据转递给保兑行或开证行。

第十六条 不符单据、放弃及通知

a. 当按照指定行事的指定银行、保兑行(如有的话)或者开证行确定交单不符时,可以拒绝承付或议付。

b. 当开证行确定交单不符时,可以自行决定联系申请人放弃不符点。然而这并不能延长第十四条 b 款所指的期限。

c. 当按照指定行事的指定银行、保兑行(如有的话)或开证行决定拒绝承付或议付时,必须给予交单人一份单独的拒付通知。

该通知必须声明:

i. 银行拒绝承付或议付;及

ii. 银行拒绝承付或者议付所依据的每一个不符点;及

iii. a)银行留存单据听候交单人的进一步指示;或者

b)开证行留存单据直到其从申请人处接到放弃不符点的通知并同意接受该放弃,或者其同意接受对不符点的放弃之前从交单人处收到其进一步指示;或者

c)银行将退回单据;或者

d)银行将按之前从交单人处获得的指示处理。

d. 第十六条 c 款要求的通知必须以电讯方式,如不可能,则以其他快捷方式,在不迟于自交单之翌日起第五个银行工作日结束前发出。

e. 按照指定行事的指定银行、保兑行(如有的话)或开证行在按照第十六条 c 款 iii 项 a)或 b)发出了通知后,可以在任何时候将单据退还交单人。

f. 如果开证行或保兑行未能按照本条行事,则无权宣称交单不符。

g. 当开证行拒绝承付或保兑行拒绝承付或者议付,并且按照本条发出了拒付通知后,有权要求返还已偿付的款项及利息。

第十七条 正本单据及副本

a. 信用证规定的每一种单据须至少提交一份正本。

b. 银行应将任何带有看似出单人的原始签名、标记、印戳或标签的单据视为正本单据,除非单据本身表明其非正本。

c.除非单据本身另有说明,在以下情况下,银行也将其视为正本单据:

i.单据看似由出单人手写、打字、穿孔或盖章;或者

ii.单据看似使用出单人的原始信纸出具;或者

iii.单据声明其为正本单据,除非该声明看似不适用于提交的单据。

d.如果信用证要求提交单据的副本,提交正本或副本均可。

e.如果信用证使用诸如"一式两份(in duplicate)"、"两份(in two fold)"、"两套(in two copies)"等用语要求提交多份单据,则提交至少一份正本,其余使用副本即可满足要求,除非单据本身另有说明。

第十八条 商业发票

a.商业发票:

i.必须看似由受益人出具(第三十八条规定的情形除外);

ii.必须出具成以申请人为抬头(第三十八条 g 款规定的情形除外);

iii.必须与信用证的货币相同;且

iv.无须签名

b.按指定行事的指定银行、保兑行(如有的话)或开证行可以接受金额大于信用证允许金额的商业发票,其决定对有关各方均有约束力,只要该银行对超过信用证允许金额的部分未作承付或者议付。

c.商业发票上的货物、服务或履约行为的描述应该与信用证中的描述一致。

第十九条 涵盖至少两种不同运输方式的运输单据

a.涵盖至少两种不同运输方式的运输单据(多式或联合运输单据),无论名称如何,必须看似:

i.表明承运人名称并由以下人员签署:

＊承运人或其具名代理人,或

＊船长或其具名代理人。

承运人、船长或代理人的任何签字,必须标明其承运人、船长或代理人的身份。

代理人签字必须表明其系代表承运人还是船长签字。

ii.通过以下方式表明货运站物已经在信用证规定的地点发送、接管或已装船。

＊事先印就的文字,或者

＊表明货物已经被发送、接管或装船日期的印戳或批注。

运输单据的出具日期将被视为发送、接管或装船的日期,也即发运的日期。然而如单据以印戳或批注的方式表明了发送、接管或装船日期,该日期将被视为发运日期。

iii.表明信用证规定的发送、接管或发运地点,以及最终目的地,即使:

a)该运输单据另外还载明了一个不同的发送、接管或发运地点或最终目的地,或者,

b)该运输单据载有"预期的"或类似的关于船只,装货港或卸货港的限定语。

iv.为唯一的正本运输单据,或者,如果出具为多份正本,则为运输单据中表明的全套单据。

v.载有承运条款和条件,或提示承运条款和条件参见别处(简式/背面空白的运输单据)。银行将不审核承运条款和条件的内容。

vi.未表明受租船合同约束。

b. 就本条而言,转运指在从信用证规定的发送、接管或者发运地点最终目的地的运输过程中从某一运输工具上卸下货物并装上另一运输工具的行为(无论其是否为不同的运输方式)。

c. i. 运输单据可以表明货物将要或可能被转运,只要全程运输由同一运输单据涵盖。

ii. 即使信用证禁止转运,注明将要或者可能发生转运的运输单据仍可接受。

第二十条　提单

a. 提单,无论名称如何,必须看似:

i. 表明承运人名称,并由下列人员签署:

＊承运人或其具名代理人,或者

＊船长或其具名代理人。

承运人,船长或代理人的任何签字必须标明其承运人,船长或代理人的身份。

代理人的任何签字必须标明其系代表承运人还是船长签字。

ii. 通过以下方式表明货物已在信用证规定的装货港装上具名船只:

＊预先印就的文字,或

＊已装船批注注明货物的装运日期。

提单的出具日期将被视为发运日期,除非提单载有表明发运日期的已装船批注,此时已装船批注中显示的日期将被视为发运日期。

如果提单载有"预期船只"或类似的关于船名的限定语,则需以已装船批注明确发运日期以及实际船名。

iii. 表明货物从信用证规定的装货港发运至卸货港。

如果提单没有表明信用证规定的装货港为装货港,或者其载有"预期的"或类似的关于装货港的限定语,则需以已装船批注表明信用证规定的装货港、发运日期以及实际船名。即使提单以事先印就的文字表明了货物已装载或装运于具名船只,本规定仍适用。

iv. 为唯一的正本提单,或如果以多份正本出具,为提单中表明的全套正本。

v. 载有承运条款和条件,或提示承运条款和条件参见别处(简式/背面空白的提单)。银行将不审核承运条款和条件的内容。

vi. 未表明受租船合同约束。

b. 就本条而言,转运系指在信用证规定的装货港到卸货港之间的运输过程中,将货物从一船卸下并再装上另一船的行为。

c. i. 提单可以表明货物将要或可能被转运,只要全程运输由同一提单涵盖。

ii. 即使信用证禁止转运,注明将要或可能发生转运的提单仍可接受,只要其表明货物由集装箱、拖车或子船运输。

d. 提单中声明承运人保留转运权利的条款将被不予理会。

第二十一条　不可转让的海运单

a. 不可转让的海运单,无论名称如何,必须看似:

i. 表明承运人名称并由下列人员签署:

＊承运人或其具名代理人,或者

＊船长或其具名代理人。

承运人、船长或代理人的任何签字必须标明其承运人、船长或代理人的身份。

代理签字必须标明其系代表承运人还是船长签字。

ii.通过以下方式表明货物已在信用证规定的装货港装上具名船只:

　＊预先印就的文字,或者

　＊已装船批注表明货物的装运日期。

不可转让海运单的出具日期将被视为发运日期,除非其上带有已装船批注注明发运日期,此明已装船批注注明的日期将被视为发运日期。

如果不可转让海运单载有"预期船只"或类似的关于船名的限定语,则需要以已装船批注表明发运日期和实际船名。

iii.表明货物从信用证规定的装货港发运至卸货港。

如果不可转让海运单未以信用证规定的装货港为装货港,或者如果其载有"预期的"或类似的关于装货港的限定语,则需要以已装船批注表明信用证规定的装货港、发运日期和船只。即使不可转让海运单以预先印就的文字表明货物已由具名船只装载或装运,本规定也适用。

iv.为唯一的正本不可转让海运单,或如果以多份正本出具,为海运单上注明的全套正本。

v.载有承运条款的条件,或提示承运条款和条件参见别处(简式/背面空白的海运单)。银行将不审核承运条款和条件的内容。

vi.未注明受租船合同约束。

b.就本条而言,转运系指在信用证规定的装货港到卸货之间的运输过程中,将货物从一船卸下并装上另一船的行为。

c.i.不可转让海运单可以注明货物将要或可能被转运,只要全程运输由同一海运单涵盖。

ii.即使信用证禁止转运,注明转运将要或可能发生的不可转让的海运单仍可接受,只要其表明货物装于集装箱,拖船或子船中运输。

d.不可转让的海运单中声明承运人保留转运权利条款将被不予理会。

第二十二条　租船合同提单

a.表明其受租船合同约束的提单(租船合同提单),无论名称如何,必须看似:

i.由以下员签署:

　＊船长或其具名代理人,或

　＊船东或其具有名代理人,或

　＊租船人或其具有名代理人。

船长、船东、租船人或代理人的任何签字必须标明其船长、船东、租船人或代理人的身份。

代理人签字必须表明其系代表船长、船东还是租船人签字。

代理人代表船东或租船人签字时必须注明船东或租船人的名称。

ii.通过以下方式表明货物已在信用证规定的装货港装上具名船只:

　＊预先印就的文字,或者

　＊已装船批注注明货物的装运日期

租船合同提单的出具日期将被视为发运日期,除非租船合同提单载有已装船批注注明发运日期,此时已装船批注上注明的日期将被视为发运日期。

iii. 表明货物从信用证规定的装货港发运至卸货港。卸货港也可显示为信用证规定的港口范围或地理区域。

iv. 为唯一的正本租船合同提单,或如以多份正本出具,为租船合同提单注明的全套正本。

b. 银行将不审核租船合同,即使信用证要求提交租船合同。

第二十三条　空运单据

a. 空运单据,无论名称如何,必须看似:

i. 表明承运人名称,并由以下人员签署:

＊承运人,或

＊承运人的具名代理人。

承运人或其代理人的任何签字必须标明其承运人或代理人的身份。

代理人签字必须表明其系代表承运人签字。

ii. 表明货物已被收妥待运。

iii. 表明出具日期。该日期将被视为发运日期,除非空运单据载有专门批注注明实际发运日期,此时批注中的日期将被视为发运日期。

空运单据中其他与航班号和航班日期相关的信息将不被用来确定发运日期。

iv. 表明信用证规定的起飞机场和目的地机场。

v. 为开给发货人或托运人的正本,即使信用证规定提交全套正本。

vi. 载有承运条款和条件,或提示条款和条件参见别处。银行将不审核承运条款和条件的内容。

b. 就本条而言,转运是指在信用证规定的起飞机场到目的地机场的运输过程中,将货物从一飞机卸下再装上另一飞机的行为。

c. i. 空运单据可以注明货物将要或可能转运,只要全程运输由同一空运单据涵盖。

ii. 即使信用证禁止转运,注明将要或可能发生转运的空运单据仍可接受。

第二十四条　公路、铁路或内陆水运单据

a. 公路、铁路或内陆水运单据,无论名称如何,必须看似:

i. 表明承运人名称,并且

＊由承运人或其具名代理人签署,或者

＊由承运人或其具名代理人以签字、印戳或批注表明货物收讫。

承运人或其具名代理人的收货签字、印戳或批注必须标明其承运人或代理人的身份。

代理人的收货签字、印戳或批注必须标明代理人系代理承运人签字或行事。

如果铁路运输单据没有指明承运人,可以接受铁路运输公司的任何签字或印戳作为承运人签署单据的证据。

ii. 表明货物的信用规定地点的发运日期,或者收讫待运或待发送的日期。运输单据的出具日期将被视为发运日期,除非运输单据上盖有带日期的收货印戳,或注明了收货日期或发运日期。

iii. 表明信用证规定的发运地及目的地。

b. i. 公路运输单据必须看似为开给发货人或托运人的正本,或没有任何标记表明单据开给何人。

ii.注明"第二联"的铁路运输单据将被作为正本接受。

iii.无论是否注明正本字样,铁路或内陆水运单据都被作为正本接受。

c.如运输单据上未注明出具的正本数量,提交的份数即视为全套正本。

d.就本条而言,转运是指在信用证规定的发运、发送或运送的地点到目的地之间的运输过程中,在同一运输方式中从一运输工具卸下再装上另一运输工具的行为。

e. i.只要全程运输由同一运输单据涵盖,公路、铁路或内陆水运单据可以注明货物将要或可能被转运。

ii.即使信用证禁止转运,注明将要或可能发生转运的公路、铁路或内陆水运单据仍可接受。

第二十五条　快递收据、邮政收据或投邮证明

a.证明货物收讫待运的快递收据,无论名称如何,必须看似:

i.表明快递机构的名称,并在信用证规定的货物发运地点由该具名快递机构盖章或签字;并且

ii.表明取件或收件的日期或类似词语,该日期将被视为发运日期。

b.如果要求显示快递费用付讫或预付,快递机构出具的表明快递费由收货人以外的一方支付的运输单据可以满足该项要求。

c.证明货物收讫待运的邮政收据或投邮证明,无论名称如何,必须看似在信用证规定的货物发运地点盖章或签署并注明日期。该日期将被视为发运日期。

第二十六条　"货装舱面"、"托运人装载和计数"、"内容据托运人报称"及运费之外的费用

a.运输单据不得表明货物装于或者将装于舱面。声明货物可能装于舱面的运输单据条款可以接受。

b.载有诸如"托运人装载和计数"或"内容据托运人报称"条款的运输单据可以接受。

c.运输单据上可以以印戳或其他方法提及运费之外的费用。

第二十七条　清洁运输单据

银行只接受清洁运输单据,清洁运输单据指未载有明确宣称货物或包装有缺陷的条款或批注的运输单据。"清洁"一词并不需要在运输单据上出现,即使信用证要求运输单据为"清洁已装船"的。

第二十八条　保险单据及保险范围

a.保险单据,例如保险单或预约保险项下的保险证明书或者声明书,必须看似由保险公司或承保人或其代理人或代表出具并签署。

b.如果保险单据表明其以多份正本出具,所有正本均须提交。

c.暂保单将不被接受。

d.可以接受保险单代预约保险项下的保险证明书或声明书。

e.保险单据日期不得晚于发运日期,除非保险单据表明保险责任不迟于发运日生效。

f. i.保险单据必须表明投保金额并以与信用证相同的货币表示。

ii.信用证对于投保金额为货物价值、发票金额或类似金额的某一比例的要求,将被视为对最低保额的要求。

如果信用证对投保金额未做规定,投保金额须至少为货物的 CIF 或 CIP 价格的 110%。

如果从单据中不能确定 CIF 或者 CIP 价格,投保金额必须基于要求承付或议付的金额,或者基于发票上显示的货物总值来计算,两者之中取金额较高者。

iii. 保险单据须表明承保的风险区间至少涵盖从信用证规定的货物接管地或发运地开始到卸货地或最终目的地为止。

g. 信用证应规定所需投保的险别及附加险(如有的话)。如果信用证使用诸如"通常风险"或"惯常风险"等含义不确切的用语,则无论是否有漏保之风险,保险单据将被照样接受。

h. 当信用证规定投保"一切险"时,如保险单据载有任何"一切险"批注或条款,无论是否有"一切险"标题,均将被接受,即使其声明任何风险除外。

i. 保险单据可以援引任何除外条款。

j. 保险单据可以注明受免赔率或免赔额(减除额)约束。

第二十九条 截至日或最迟交单日的顺延

a. 如果信用证的截至日或最迟交单日适逢接受交单的银行非因第三十六条所述原因而歇业,则截至日或最迟交单日,视何者适用,将顺延至其重新开业的第一个银行工作日。

b. 如果在顺延后的第一个银行工作日交单,指定银行必须在其致开证行或保兑行的面函中声明交单是在根据第二十九条 a 款顺延的期限内提交的。

c. 最迟发运日不因第二十九条 a 款规定的原因而顺延。

第三十条 信用证金额、数量与单价的伸缩度

a. "约"或"大约"用于信用证金额或信用证规定的数量或单价时,应解释为允许有关金额或数量或单价有不超过 10% 的增减幅度。

b. 在信用证未以包装单位件数或货物自身件数的方式规定货物数量时,货物数量允许有 5% 的增减幅度,只要总支取金额不超过信用证金额。

c. 如果信用证规定了货物数量,而该数量已全部发运,及如果信用证规定了单价,而该单价又未降低,或当第三十条 b 款不适用时,则即使不允许部分装运,也允许支取的金额有 5% 的减幅。若信用证规定有特定的增减幅度或使用第三十条 a 款提到的用语限定数量,则该减幅不适用。

第三十一条 部分支款或部分发运

a. 允许部分支款或部分发运。

b. 表明使用同一运输工具并经由同次航程运输的数套运输单据在同一次提交时,只要显示相同目的地,将不视为部分发运,即使运输单据上表明的发运日期不同或装货港、接管地或发运地点不同。如果交单由数套运输单据构成,其中最晚的一个发运日将被视为发运日。

含有一套或数套运输单据的交单,如果表明在同一种运输方式下经由数件运输工具运输,即使运输工具在同一天出发运往同一目的地,仍将被视为部分发运。

c. 含有一份以上快递收据、邮政收据或投邮证明的交单,如果单据看似由同一快递或邮政机构在同一地点和日期加盖印戳或签字并且表明同一目的地,将不视为部分发运。

第三十二条 分期支款或分期发运

如信用证规定在指定的时间段内分期支款或分期发运,任何一期未按信用证规定期限支取或发运时,信用证对该期及以后各期均告失效。

第三十三条　交单时间

银行在其营业时间外无接受交单的义务。

第三十四条　关于单据有效性的免责

银行对任何单据的形式、充分性、准确性、内容真实性、虚假性或法律效力，或对单据中规定或添加的一般或特殊条件，概不负责；银行对任何单据所代表的货物、服务或其他履约行为的描述、数量、重量、品质、状况、包装、交付、价值或其存在与否，或对发货人、承运人、货运代理人、收货人、货物的保险人或其他任何人的诚信与否、作为或不作为、清偿能力、履约或资信状况，也概不负责。

第三十五条　关于信息传递和翻译的免责

当报文、信件或单据按照信用证的要求传输或发送时，或当信用证未作指示，银行自行选择传送服务时，银行对报文传输或信件或单据的递送过程中发生的延误、中途遗失、残缺或其他错误产生的后果，概不负责。

如果指定银行确定交单相符并将单据发往开证行或保兑行，无论指定银行是否已经承付或议付，开证行或保兑行必须承付或议付，或偿付指定银行，即使单据在指定银行送往开证行或保兑行的途中，或保兑行送往开证行的途中丢失。

银行对技术术语的翻译或解释上的错误，不负责任，并可不加翻译地传送信用证条款。

第三十六条　不可抗力

银行对由于天灾、暴动、骚乱、叛乱、战争、恐怖主义行为或任何罢工、停工或其无法控制的任何其他原因导致的营业中断的后果，概不负责。

银行恢复营业时，对于在营业中断期间已逾期的信用证，不再进行承付或议付。

第三十七条　关于被指示方行为的免责

a. 为了执行申请人的指示，银行利用其他银行的服务，其费用和风险由申请人承担。

b. 即使银行自行选择了其他银行，如果发出的指示未被执行，开证行或通知行对此亦不负责。

c. 指示另一银行提供服务的银行有责任负担被指示方因执行指示而发生的任何佣金、手续费、成本或开支（"费用"）。

如果信用证规定费用由受益人负担，而该费用未能收取或从信用证款项中扣除，开证行依然承担支付此费用的责任。

信用证或其修改不应规定向受益人的通知以通知行或第二通知行收到其费用为条件。

d. 外国法律和惯例加诸于银行的一切义务和责任，申请人应受其约束，并就此对银行负补偿之责。

第三十八条　可转让信用证

a. 银行无办理信用证转让的义务，除非其明确同意。

b. 就本条而言：

可转让信用证系指特别注明"可转让（transferable）"字样的信用证。可转让信用证可应受益人（第一受益人）的要求转为全部或部分由另一受益人（第二受益人）兑用。

转让行系指办理信用证转让的指定银行，或当信用证规定可在任何银行兑用时，指开证行特别如此授权并实际办理转让的银行。开证行也可担任转让行。

已转让信用证指已由转让行转为可由第二受益人兑用的信用证。

c. 除非转让时另有约定,有关转让的所有费用(诸如佣金、手续费,成本或开支)须由第一受益人支付。

d. 只要信用证允许部分支款或部分发运,信用证可以分部分地转让给数名第二受益人。

已转让信用证不得应第二受益人的要求转让给任何其后受益人。第一受益人不视为其后受益人。

e. 任何转让要求须说明是否允许及在何条件下允许将修改通知第二受益人。已转让信用证须明确说明该项条件。

f. 如果信用证转让给数名第二受益人,其中一名或多名第二受益人对信用证修改的拒绝并不影响其他第二受益人接受修改。对接受者而言该已转让信用证即被相应修改,而对拒绝改的第二受益人而言,该信用证未被修改。

g. 已转让信用证须准确转载原证条款,包括保兑(如果有的话),但下列项目除外:

——信用证金额,

——规定的任何单价,

——截至日,

——交单期限,或

——最迟发运日或发运期间。

以上任何一项或全部均可减少或缩短。

必须投保的保险比例可以增加,以达到原信用证或本惯例规定的保险金额。

可用第一受益人的名称替换原证中的开证申请人名称。

如果原证特别要求开证申请人名称应在除发票以外的任何单据出现时,已转让信用证必须反映该项要求。

h. 第一受益人有权以自己的发票和汇票(如有的话)替换第二受益人的发票的汇票,其金额不得超过原信用证的金额。经过替换后,第一受益人可在原信用证项下支取自己发票与第二受益人发票间的差价(如有的话)。

i. 如果第一受益人应提交其自己的发票和汇票(如有的话),但未能在第一次要求的照办,或第一受益人提交的发票导致了第二受益人的交单中本不存在的不符点,而其未能在第一次要求时修正,转让行有权将从第二受益人处收到的单据照交开证行,并不再对第一受益人承担责任。

j. 在要求转让时,第一受益人可以要求在信用证转让后的兑用地点,在原信用证的截至日之前(包括截至日),对第二受益人承付或议付。本规定并不得损害第一受益人在第三十八条 h 款下的权利。

k. 第二受益人或代表第二受益人的交单必须交给转让行。

第三十九条 款项让渡

信用证未注明可转让,并不影响受益人根据所适用的法律规定,将该信用证项下其可能有权或可能将成为有权获得的款项让渡给他人的权利。本条只涉及款项的让渡,而不涉及在信用证项下进行履行行为的权利让渡。

参考文献

[1] 陈宪等. 国际贸易理论与实务. 北京：高等教育出版社，2004.

[2] 赵春明. 国际贸易学. 北京：石油工业出版社，2002.

[3] 朱钟棣. 国际贸易教程新编. 上海：上海财经大学出版社，1999.

[4] 陈同仇、薛荣久. 国际贸易. 上海：中国对外经济贸易出版社，1998.

[5] 陈岩. 国际贸易理论与实务. 北京：清华大学出版社，2007.

[6] 王勇. 中美经贸关系. 北京：中国市场出版社，2007.

[8] 肯那·C. 泰勒. 亚当·斯密的悖论. 经济学的困惑与悖论. 北京：华夏出版社，2001.

[9] 赵伟. 国际贸易：理论政策与现实问题. 大连：东北财经大学出版社，2005.

[10] 弗里德曼. 托勒密时代的贸易理论. 弗里德曼的生活经济学. 北京：中信出版社，2003.

[11] 梁双陆，程小军. 国际区域经济一体化理论综述. 城市经济、区域经济，2007(2).

[12] 陈宪，韦金鸾. 国际贸易理论与实务. 北京：高等教育出版社. 2005.

[13] 赵倩. 运筹帷幄：温州人的经营智慧与赚钱魔方. 哈尔滨：哈尔滨出版社，2008.

[14] 杨荣珍. 世界贸易组织规则精解. 北京：人民出版社，2001.

[15] 叶全良，王世春. 国际商务与原产地规则. 北京：人民出版社，2005.

[16] 叶全良，王世春. 国际商务与反倾销. 北京：人民出版社 2005.

[17] 叶全良，王世春. 国际商务与关税减让. 北京：人民出版社 2005.

[18] 叶全良，王世春. 国际商务与服务贸易. 北京：人民出版社 2005.

[19] 叶全良，王世春. 国际商务与技术性贸易壁垒. 北京：人民出版社，2005.

[20] 蔡玉彬. 国际贸易理论与实务. 北京：高等教育出版社，2004.

[21] 熊良福. 国际贸易实务. 天津：南开大学出版社，1998.

[22] 侯铁珊. 国际贸易实务. 大连：大连理工大学出版社，2002.

[23] 逯宇铎等. 国际贸易实务. 北京：中国科学文化出版社，2003.

[24] 侯铁珊等. 国际贸易实务案例与练习. 大连：大连理工大学出版社，2001.

[25] 袁永友等. 国际贸易实务案例评析. 武汉：湖北人民出版社，1999.

[26] 黎孝先. 国际贸易实务(第三版). 北京：对外经济贸易大学出版社，2003.

[27] 李权. 国际贸易实务. 北京：北京大学出版社，2000.

[28] 钟昌标. 新编国际贸易教程. 长春：吉林人民出版社，2004.

[29] 聂清. 国际商务谈判实务. 上海：上海交通大学出版社，1999.

[30] 霍红. 国际货运代理与海上运输(第一版). 北京：化学工业出版社，2004.

[31] 宋玲等. 电子商务实践. 北京：中国金融出版社，2000.

［32］钟昌标.国际贸易地理.长春:吉林人民出版社,2002.

［33］吴百福.进出口贸易实务教程.上海:上海人民出版社,2003.

［34］宫焕久,许源.进出口业务教程.上海:上海人民出版社,2004.

［35］祝卫.出口贸易模拟操作教程.上海:上海人民出版社,2002.

［36］钱中平,明洁,张烨.国际贸易实务.北京:科学出版社,2004.

［37］陈宪等.国际贸易——原理·政策·实务.北京:立信会计出版社,2005.

［38］林俐等.国际贸易实务.北京:清华大学出版社,2006.